# PAPE SATÀN ALEPPE

## CRONACHE DI UNA
## SOCIETÀ LIQUIDA

# 帕佩 撒旦 阿莱佩

## 流动社会纪事

意

翁贝托·埃科

———

著

李婧敬　陈英

———

译

上海译文出版社

**图书在版编目(CIP)数据**

帕佩撒旦阿莱佩：流动社会纪事/(意)翁贝托·埃科著；
李婧敬，陈英译. —上海：上海译文出版社，2018.12(2019.4 重印)
(翁贝托·埃科作品系列)
ISBN 978-7-5327-7939-0

Ⅰ.①帕… Ⅱ.①翁… ②李… ③陈… Ⅲ.①社会学
—文集 Ⅳ.①C91-53

中国版本图书馆 CIP 数据核字(2018)第 158741 号

Umberto Eco
**Pape Satàn Aleppe. Cronache di una società liquida**

图字：09-2016-652 号

| 帕佩撒旦阿莱佩：流动社会纪事 | Umberto Eco | 出版统筹 赵武平 |
| Pape Satàn Aleppe | 翁贝托·埃科 著 | 责任编辑 李月敏 |
| Cronache di una società liquida | 李婧敬 陈英 译 | 装帧设计 尚燕平 |

上海译文出版社有限公司出版、发行
网址：www.yiwen.com.cn
200001　上海福建中路 193 号　www.ewen.co
山东鸿杰印务集团有限公司印刷

开本 890×1240　1/32　印张 18　插页 5　字数 264,000
2018 年 12 月第 1 版　2019 年 4 月第 2 次印刷

ISBN 978-7-5327-7939-0/I·4887
定价：75.00 元

# 目录

# 前言

　　一九八五年，我开始为《快报》周刊写《密涅瓦火柴盒》专栏。起初是每周一篇，坚持了很长一段时间后，改成了两周一篇。正如我刚开始动笔时所说的，密涅瓦牌火柴盒的包装纸内侧有两片空白，可以随时记点什么，而写专栏的灵感恰巧也来自这些时不时从脑子里蹦出来的随想和念头，所以我就给专栏起了这个名儿。这些念头往往关乎时政，不过也不尽然。有时，我会一时兴起，在夜里读一页希罗多德，看一篇格林童话，或者翻阅一本大力水手的漫画——在我看来，这些念头同样具有现实意义。

　　我把这个专栏的很多文章都收进了一九九二年的文集《带着鲑鱼去旅行》；另有好些二〇〇〇年以前发表的文章被集结成《密涅瓦火柴盒》；剩下的一些被放到了二〇〇六年出版的《倒退的年代》里。二〇〇〇年至二〇一五年，我每年写二十六篇专栏，十五年下来也算是攒了四百多篇，其中的某些文章，我自认为还是值得再回头看看的。

　　我认为，这部文集里的所有（或者说绝大多数）文章都是针对我们所处的这个"流动的社会"作出的反思。在不久前的一篇专栏里，我曾提到过这一概念。因此，我以这篇文章作为整部文集的开篇。

尽管我删除了大量重复的主题，但还是有好些保留了下来，因为在这十五年里，那些现象一直以令人担忧的规律性反复出现，我也只好就这些不安的常态老调重弹。

最后，我要对文集的标题稍加说明。毫无疑问，这个标题来自但丁的《神曲》（《地狱篇》第七歌第一行："帕佩撒旦，帕佩撒旦阿莱佩。"）。正如大家所了解的，无数学者都在尝试弄清楚这几个字的意思，可是思来想去，大部分人都认为它并没有任何确切的含义。不过，这句出自冥神普鲁托之口的含糊之语倒是令人联想起各种稀奇古怪的事物。既然如此，干脆就用它为这部天马行空的文集命名吧（说到天马行空，这不能怪我，而要怪这个时代）。按照法国人的说法，我这部集子一会儿说公鸡，一会儿讲驴子，却也折射出了近十五年来这个社会的流动本质。

# 流动的社会

众所周知，"流动的现代性"或"流动的社会"是齐格蒙特·鲍曼提出的概念。若想了解它的复杂内涵，不妨读一读《危机状态》（埃瑙第出版社，2015）这本书，齐格蒙特·鲍曼和卡罗·博尔多尼在该书中探讨了这一概念及其他一些问题。

所谓流动的社会，是随着那种被称为后现代的潮流的兴起而显露雏形的（事实上，后现代好比一把大伞，涵盖了建筑、哲学、文学领域中的诸多现象，而它们彼此之间并不吻合）。后现代主义的出现意味着试图以秩序统领世界的宏大叙事产生了危机。后现代主义是对过往的调侃和讽刺，它时常受到虚无主义的影响。不过，在博尔多尼看来，后现代主义已是穷途末路。他认为，后现代是一种具有临时色彩的潮流，是人们在不知不觉中经历的一个时代，是与所谓的前浪漫主义相似的昙花一现。后现代的价值在于预告某种正在成形的状态，而它也的确像一艘渡船，从现代驶入了目前这个尚未可知的当下。

关于这个新鲜出炉的当下，鲍曼指出，它的一大特征就在于引发国家危机（如今，面对众多超国家实体的权力，民族国家还有何自由决定权可言呢?)。一个能够向社会中的个体确保用统一的方式解决这个时代所有问题的实体正在消失。伴随国家危机而来的,还有意识形态危机,以及政党危机。从更笼统的层面而言,所有那些针对社会中的个体发出的、通过表达某种价值理念令其产生归属感的口号都在遭遇危机。

随着群体概念陷入危机,个人主义开始肆无忌惮地滋长。人们没了同伴,多了敌人,彼此警觉提防。这种主观主义逐渐破坏了现代社会的根基,令其日益脆弱,以至于所有的参照基点全都消失,整个社会消融成液体般的流动状态。人们不再确信自身的权利(法律被视作仇敌),对于失去了任何参照基点的个体而言,唯一的出路就是不惜一切代价地露脸,将其作为一种体现价值的方式(我的好些专栏都谈到了这一现象)。此外,便是消费主义的盛行。不过,这种消费主义不再以通过拥有某件心仪之物而获得心理满足为目标,相反,某件商品一旦到手,人们就立刻想将其淘汰。在过盛的占有欲的驱使下,人们消费了一件又一件商品,却并不知道自己究竟需要什么(与旧手机相比,新手机带来的快感非常有限。被拆卸的旧手机反倒折射出消费欲望的狂欢)。

说到意识形态危机和政党危机,有人认为所谓政党已经变成了出租车,上车的不是民众领袖就是流氓头子。他们操控选票,在不同的时机泰然自若地选择上哪一辆车——见风使舵的行径早已不是什么丑闻,反而得到大众的理解。事实上,越来越不确定的不仅仅是社会中的个体,而是整个社会。

这种流动性将会被什么取代?目前尚无确切答案,过渡阶段还将持续很长一段时间。鲍曼指出(由于人们不再笃信来自上天、国家和革命的所谓救赎），愤怒运动是过渡时期的典型现象。这类运动的参与者明白自身有何不愿，却不清楚有何所愿。话说至此，某些公共安全部门的负责人曾就黑块①问题提出抱怨，说如今已经没法将他们识别出来，扣上诸如无政府主义者、法西斯分子、"红色旅"成员等帽子。这些采取黑块战术的人士随时会采取行动，但没人知道具体时间和具体方向——恐怕连他们自己也不清楚吧。

我们有办法在这个流动的社会里生存下去么？有！那就是清楚地意识到自己生活在一个流动的社会里。这种流动性首先应该被理解，继而才能被超越——而这一切都需要新的工具。然而，糟糕的是，政治家和绝大多数知识分子都还没弄清楚这现象的威力究竟能够达到何种程度。因此，鲍曼的观点目前还只是旷野里的呐喊而已。

二〇一五年

---

① 抗议游行活动中使用的一种战术，其特征是每个人都身穿黑色服装，使用围巾、墨镜、滑雪面罩、带衬布的摩托车头盔或其他物品遮挡和保护面部，隐藏游行者的身份，以防当局刑事起诉。

倒退的年代

## 随心所欲的天主教徒与
## 一秉虔诚的世俗人士

说到二十世纪末人类社会在精神层面上经历的重大转变，大家一定会想到意识形态危机。不可否认，这场危机致使传统意义上左派与右派的界限变得模糊不清。然而，柏林墙的倒塌究竟是政治理想枯竭的原因，还是其引发的诸多后果之一，这一点尚不明确。

不妨来看看科学界的发展：这是一个要求保持中立的领域，无论是对自由主义者还是对社会主义者而言，科技进步都是大家共同的理想（若说有所不同，无非在于这一进步将由谁操控，或是对谁有利。一八四八年的《共产党宣言》曾表达了无产阶级从资产阶级手中夺取权力的雄心壮志，有一句大致如下："的确，我们是要这样做的！"——这个态度就很有代表性）。进步主义者对科技进步信心满满，保守派鼓吹回归传统，回归未经污染的原始自然。至于其他主张倒退式革命的——例如捣毁机器的卢德派——则是居于边缘的少数派，相对于前两个针锋相对的派别，他们的存在无足轻重。

上述两个派别之间的裂痕出现于一九六八年。那时，热爱钢铁①的斯大林主义者、花之子②、期待通过自动化完全取代人工劳作的工运主义者，还有那些预言通过唐望③的毒品实现解放的人士鱼龙混杂。后来，第三世界的民粹主义成为极左派和极右派的共同旗帜，上述两个派别便彻底决裂了。如今，我们面临着一系列类似于西雅图运动的风潮，新卢德派、激进环保主义者、前工运主义者、流氓无产阶级及社会中坚力量齐聚一堂，共同抵制克隆、巨无霸、转基因和核试验。

　　同样，宗教世界与世俗世界之间的对立也发生了巨大的转变。数千年来，宗教信仰往往意味着对科技进步的质疑、对世俗世界的排斥以及对教条原理的固守；相反，世俗人士总是对自然的变迁、道德准则的嬗变、非主流宗教及某些原始思想的发现持乐观态度。

　　诚然，宗教信徒中总有一些另类（例如德日进神父），他们受到人间现实的感召，将历史视为通往救赎的征途；倒是世俗生活中充斥着各类末世传言、奥威尔和赫胥黎的反乌托邦言论，以及描述人类将被恐怖的科学理性所统治的科幻作品。不过说到底，向人类宣扬万民四末④的终归是宗教训道，为动力机车高唱凯歌的也始终是世俗文明。

---

① 在俄文中，"斯大林"与"钢铁"一词发音相近，故有此双关语。
② 二十世纪六七十年代嬉皮士的代名词。许多嬉皮士喜欢在头上戴花或向行人赠花，因此得了"花之子"的别称。
③ Don Juan Matus（约1891—约1973），墨西哥巫师。二十世纪六十年代，美国作家卡洛斯·卡斯塔尼达向他请教致幻植物的学问，被收为门徒。后来，卡斯塔尼达将这段经历整理成书出版，唐望因此为世人所知。
④ 天主教徒相信，人生到最后要面临四件事：死亡、审判、天堂、地狱，此为万民四末。

然而，新近举行的世界青年节①却象征着约翰·保罗二世开启的这一转变历程的终结：大批青年接受了天主教信仰，可从他们最近几日在采访中作出的回答来看，他们的观点也发生了巨大转变。他们可以接受婚前性行为，愿意使用避孕工具，有些人甚至能够容忍毒品，所有人都对去舞厅跳舞表示理解。相反，倒是世俗世界的人们成天在为噪声污染和新纪元运动（集合了所谓的新革命派、米林戈主教的追随者和沉湎于按摩疗法的人）哀叹哭泣。

　　这，才仅仅是个开始，好戏还在后头呢。

二〇〇〇年

---

① 教皇约翰·保罗二世（1920—2005）于一九八四年创立的天主教盛会，以扭转青年信徒日益远离教会的趋势。

# 我们的发明真有如此之多吗?

前些日子,我在互联网上看到了一则启事。由于那是一封电子邮件,所以具体的网址我并不清楚。那是一封没有署名的商业信函,其目的是宣传一种 Built-in Orderly Organized Knowledge①,如果我们把这几个英语单词的首字母组合起来,就得到了一个缩写:BOOK,即书籍。

"无需电线,不耗电池,没有电路、开关和按钮,结构紧凑,方便携带,甚至可以在壁炉前使用。该产品由一系列标明序号的(可再生)纸张组成,每一页都包含成千上万字节的信息。另外,该产品还附带一副精美的装订保护封套,以保证内部页面的正确顺序。"

"应使用双眼浏览该产品的每一页,其中的信息会直接载入大脑。使用者可通过'浏览'这一命令,利用手指的运动向前或向后翻阅。一种名为'食指'的工具将帮助使用者翻到正确的页面,阅读感兴趣的内容。另外,关闭该产品时,使用者还可选择使用'书签'标明上一次阅读的位置。"

然后,这则商业广告对这种极具创新性的产品作了其他详尽的描述，同时宣称他们还准备将另一种名为 Portable Erasable-Nib Cryptic Intercommunication Language Stylus ②，简写为 PENCILS（铅笔）的产品投放市场。仔细想来，该启事不仅仅是一则有趣的笑话，还回答了一个令许多人忧心忡忡的问题：面对电脑的飞速发展，书籍究竟会不会退出历史舞台。

事实上，有许多发明自它们诞生之日起就没有发生过任何飞跃性的改变，如杯子、勺子、锤子等。菲利普·斯塔克曾尝试改变榨汁机的形状，他设计出了一个相当别致的装置，但这个新设计会让果核落入果汁杯中，而传统的榨汁机却能保证将其与果肉分离开来。前天，我在讲课时发了火，那台相当昂贵的电子设备根本没法清晰地显示图片，效果远不及以前的高射投影仪，甚至还不如更加古老的幻灯机。

在二十世纪即将落幕之际，我们不由得要扪心自问：在这整整一百年当中，我们的新发明真有如此之多吗？实际上，我们在日常生活中使用的几乎所有物品都是在十九世纪发明的。这样的例子不胜枚举：火车（其中的蒸汽机车还是在十八世纪发明的），汽车（以及作为其发展前提的石油工业），由螺旋桨推进的蒸汽轮船，钢筋混凝土结构的建筑，摩天大楼，潜水艇，地下铁道，直流发电机，涡轮，柴油发动机，飞机（当然，怀特兄弟最具决定意义的飞行体验发生于十九世纪结束后的第三年），打字机，留声机，电话录音机，缝纫机，电冰箱，保鲜食品，巴氏杀菌奶，打火机（和香烟），耶鲁安全锁，电梯，洗衣机，电熨斗，自来水笔，橡皮擦，吸水纸，邮票，气

---

① 英语，按顺序构建起来的系统化知识。
② 英语，便携式可擦除的笔尖形隐秘交流语言手写笔。

压传送信件，抽水马桶，电铃，电风扇，吸尘器（一九〇一年），刮胡刀片，折叠床，理发椅，办公转椅，摩擦火柴和安全火柴，雨衣，拉链，别针，碳酸饮料，（带外胎、气室、钢制轮圈和链条的）自行车，公共汽车，有轨电车，高架铁路，玻璃纸，赛璐珞，人造纤维以及出售上述商品的仓储式商场，等等。如果还不够，我们还可以罗列出其他许多物品，如电气照明、电话、电报、无线电、摄像和电影等。另外，巴贝奇研制出了一台每分钟做六十六次加法的计算器——从那时起，我们便已朝着电脑时代迈进了。

毫无疑问，本世纪的新发明也相当令人瞩目，如电子科学、青霉素以及其他各种延长人类生命的药物、塑料、核聚变、电视和航天技术等。但同时我们也惊讶地发现，如今最昂贵的自来水笔和钟表却在模仿一百年前的经典款式。另外，我在以前的专栏里也曾提到，在通讯领域最新的一场革命中，有线的互联网居然超越了马可尼发明的无线电报，从某种意义上来说，这一点也意味着从无线电报向有线电话的一种回归（倒退）。

至于本世纪最具代表性的两种发明：塑料和核聚变，人们正尝试将其毁灭——因为它们正在吞噬我们的星球。要知道，进步并不等于要不惜一切代价地奋勇向前。我已向学校提出申请，要求使用原先的投影仪。

二〇〇〇年

# 全速倒退!

在以往的一篇专栏中,我曾提到人类正在经历一场有趣的科技倒退。首先,人类发明了遥控器,令电视机的负面影响得到了控制。有了遥控器,观众便可通过切换频道进入一个被称为 Blob① 阶段的自由创意期。摄像机的发明将人类从对电视机的依赖中彻底解脱出来,逐渐向摄影转变。此外,人们还可通过遥控器实现静音效果,重现无声电影的繁荣。而互联网的发明则将纯粹基于字母的交流方式强加给人类社会,使一度令人惶恐不安的图像文明土崩瓦解。在这一阶段,人们甚至能彻底抛弃图像,通过一种只能发出声音,且无需遥控器的小盒子获取信息。我曾通过这样的玩笑畅想无线电收音机的发明(那必然是受了某位神灵的启示而产生的灵感),但事实上,我却预言了 iPod 的诞生。

当人们开始用以太网传输付费频道的电视节目时,就完成了这一倒退过程的最后一步,从而开启了用电话线传输信号的新纪元,由无线电报时代进入有线电话时代——这个过程最终由互联网技术彻底实现。如此,我们就超越了马可尼,直追穆奇先生而去。

在《倒退的年代》一书中，我重拾上述观点，指出人类在政治生活中也在退步（在一篇最近发表的专栏中，我提到在街上巡逻的士兵以及身着制服的小学老师和孩子，这些场景仿佛把我们拉回了一九四四年的那些夜晚）。类似的情形在政治领域里的确愈发常见。

现如今，无论是谁，只要想购置一台新电脑（三年之内必然落伍），就会发现所有电脑里都预装了 Windows Vista 系统。大家不妨在各类博客上看一看用户对该系统的评价（为了避免惹官司上身，我就不贸然列举了），或者问问那些特意不买预装该系统的电脑的朋友（他们的想法或许不对，但坚定得很）最后掉入了怎样的陷阱。但凡想要一台体积相对合理、功能相对先进的电脑，就不得不忍受 Vista 系统的存在，否则就只好使用一台由热心经销商安装的、如货车般庞大的克隆机，里头的系统或许还是 Windows XP 或更低的版本。这样一来，你们的书桌就好比放有一台好利获得牌打字机（一九五九年推出的 Elea 系列）的实验室。

我想，电脑生产商们一定察觉到了，有许多用户为了不安装 Vista 系统，宁可不换电脑，销售额亦因此锐减。后来他们采取了何种对策？大家若想知道究竟，不妨去网上搜索 Vista downgrading[2] 或类似的关键词。那些网站会告诉你，如果你有一台预装了 Vista 系统的电脑，除了支付电脑本身的费用，你还要支付一笔附加费（除了交钱，还得完成一套复杂的操作——我想我是弄不明白的），在历经千难万险之后，便可以

---

① 意大利一档电视节目的名称，该节目专门播出其他电视节目中的精彩片段。
② 英语，Vista 系统降级。

获得重新降回 Windows XP 或更低版本的系统的可能。

使用电脑的人都知道什么是升级——这是一种令电脑程序与时俱进、保持完美的途径。同理，降级是让一台已经极为先进的电脑恢复到老程序，从而获得安宁的手段，只不过这个手段并不是免费的。在互联网发明降级这一极为有趣的新词以前，普通的英意词典是这样解释 downgrade（降级）一词的：名词，意为衰落、下降、缩小；动词，意为倒退、退化、缩小、消失。基于这一解释，降级操作意味着我们可以通过支付一笔费用和完成一系列操作，主动让我们先前买来的东西变得低端或原始。倘若不是确有其事，这实在是令人难以置信。吉安保罗·普罗尼也曾就此问题在 Golem 网的专业期刊《不可或缺》（*L'indispensabile*）上发表过一篇相当好笑的文章。然而，此刻的确有好几百个可怜的家伙在线上忙于为自己的电脑系统降级，并且为此赔了夫人又折兵。或许有一天，我们会支付一人笔费用，把我们的电脑变成一个笔记本、一只墨水瓶和一支装有派瑞牌笔尖的钢笔——不知这一阶段究竟会何时到来呢？

这并非一种完全自相矛盾的现象。科技进步在某些地方的确存在不可逾越的边界。举个例子，我们发明不了机械勺子——老祖宗在两千年前发明的勺子至今依然好用。协和飞机尽管只用三个小时就能完成从巴黎到纽约的航程，但人们还是抛弃了它。我并不确信人类的这一决定是否正确，但有的时候，进步也意味着往后退两步，就好像人类用风能取代石油能源。对未来提高警惕！全速倒退吧！

二〇〇八年

# 重生，重生，在一九四四 *

人的一生不过是对童年记忆的缓慢回放——我赞同这一说法。出于对遥远年代的怀念，某些曾经痛苦的时刻会在回忆中变得美好（例如滑倒在阴沟里，踝关节脱臼，不得不打上石膏、缠上浸有蛋清的纱布，在家里待上半个月），因此，记忆的回放也就显得格外甜蜜。就我个人而言，小时候那些在防空洞里度过的有趣夜晚至今仍历历在目：半夜熟睡之时被警报唤醒，抓起一件外套罩在睡衣上，被大人们拽进潮湿的混凝土地下掩体；孩子们就着昏暗的灯光相互追逐嬉戏，不管头顶上的轰鸣究竟是高射炮发射还是炸弹爆炸；母亲们又冷又怕，瑟瑟发抖，孩子们却将那段日子视为神奇的历险。这就是我所说的怀念。出于这种情怀，我们能够接受所有令我们记起恐怖的四十年代的事物。年龄大了，自会如此。

那个年代的城市是什么样的？在夜里，城市是漆黑的。那时，夜幕一旦降临，少有的行人便要使用装有电池（而不是直流发电机）的引路灯。例如，自行车头灯就得依靠手部按压触发器产生的摩擦力充电。后来，宵禁政策颁布，夜里也就没有人上街了。

白天，城里到处都是军队，这情况至少持续到一九四三年（那时，城里还驻扎着皇家部队）。萨罗共和国时期，气氛更加紧张：常常见到海军圣马可团或黑色旅的巡逻队穿行于各大城市之间，游击队则以村镇为主要势力范围——无论是哪一派势力，全都武装到牙齿。在一个时常被军队管制的城市里，集会是不被允许的。成群结队的巴利拉①和身着制服的意大利小巾帼声势浩大地走来走去。午间时分，系着黑色围裙的小学生走出校门，随母亲前往副食品店购买少得可怜的食品。那些年，人们根本没有白面包可吃，哪怕为了吃上一点不那么令人反胃的、没掺锯木屑的面包，都得花重金从黑市购买。家里的灯光常年都是昏黄的，就更别提暖气了——只有在厨房才能感受到些许暖意。夜里，人们只能在被子里放一块热砖头取暖。关于生冻疮的经历，我至今记忆犹新。如今，我虽不敢夸口能把所有的细节一一唤醒，但我的确闻到了记忆的缕缕馨香。就从政府里的法西斯分子说起吧！确切地说，那时的政府已经不再是法西斯政府了——不过不要紧，大家都知道，历史总是以悲剧的形式首次登台，而后以闹剧的形式再度重演。与政治氛围遥相呼应的，是建筑外墙上的海报：一个令人作呕（且醉意醺醺）的美国黑人将钩子般的大手伸向洁白如玉的米罗的维纳斯。如今，我们在电视上看到成千上万的黑人正在踏入我们的领土，他们形容瘦削，

---

\* 标题源自意大利黄昏派诗人圭多·葛查诺（Guido Gozzano，1883—1916）的诗歌《祖母斯佩兰扎之友》中的诗句："重生，重生，在一八五〇！"

① 巴利拉和下文的意大利小巾帼均属于意大利法西斯主义青少年组织"国家巴利拉组织"（Opera Nazionale Balilla），该组织成立于一九二六年，按年龄和性别对成员进行划分，其中九至十岁的男孩被称为巴利拉，九至十三岁的女孩被称为意大利小巾帼。

脸上写着威胁。说实话，我身边的人都比当年更觉惶恐。

黑色围裙在校园里再度现身，我无可反驳，这服装总强过那些纨绔子弟身上的名牌短袖，至少能让我的嘴里泛起一股蘸过椴花茶的玛德莲蛋糕的味道，仿佛葛查诺跑来对我说："重生，重生，在一九四四。"最近，我在报纸上看到诺瓦拉的北方联盟派市长颁布了一条政令，禁止三人以上的群体夜间在公园内聚集。我不禁打了一个普鲁斯特式的冷颤，觉得自己穿越回了实行宵禁的年代。如今，我们的军队正在位于东方的亚洲大陆（可惜不再是非洲了）激战。与此同时，我也看到身着迷彩服、全副武装的士兵在国内城市的人行道上来回巡逻——不在前线打仗，却越俎代庖地干起了警察的工作，这情形简直与当年一般无二。我感到自己再度置身于"罗马，不设防的城市"。时值今日，我读到好些文章，听到好些言论，其观点与当年《种族的捍卫》刊发的文章如出一辙，只是当下这些言论不仅攻击犹太人，还攻击吉卜赛人、摩洛哥人以及更广义上的外国人。这些年，面包的价格也越来越昂贵了。政府告诫我们要节约石油、节约用电，夜间要关闭商场橱窗的灯光。小汽车偃旗息鼓，"偷自行车的人"重操旧业。为了标新立异，恐怕不久就会开始定量供水。目前，我们的国家还没有南北分治，但不乏"有志之士"朝这个方向奋斗。

我期待能有这样一位领袖，他愿意发自内心地拥抱健壮的农妇，并纯洁地亲吻她的面颊，然而，不同的人，大概都有不同的品味吧。

二〇〇八年

# 打倒"意达利"!

在一年前的一篇专栏中,我曾提到互联网上出现了越来越多反民族复兴运动和亲波旁王朝的网站。最近有报纸称,约三分之一的意大利公民赞成死刑制度。此外还有一个令人感激涕零的复古现象,就是急急忙忙地重新开办收容所——不是根据各类具体情况设计的现代救助机构,而是那种老式的救济站:进门就是厕所,还有一位大妈高声张罗:"大家都赶紧回房间,别在这儿拖拖拉拉!"当然,如果还能加上灯火管控或宵禁政策,那一切就更加耐人寻味了。对了,最近的电视女郎竞选难道不会让人想起从前那些令人难忘的夜场综艺演出吗?当年那些舞蹈演员难道不是怀揣着同样的梦想?

上世纪五十年代初,我曾有意与罗贝托·雷蒂①一起创建一个反爱国主义社会。那是我们针对自己在万恶的法西斯统治时期所接受的教育做出的调侃之举。当年,政府竭尽所能,对祖国这一概念添油加醋,简直令人作呕。此外,新法西斯主义社团蠢蠢欲动;电视机里只有一个频道,播放黑白节目;为此,我们不得不想些办法,用来打发晚间的时光。我们打算以

《拉德斯基进行曲》作为反爱国主义社会的主旋律；毫无疑问，人们将重新看待这位典型的反民族复兴运动者的道德水准；随后将举行全民公决，将伦巴第和威尼托两个大区归还奥地利，将那不勒斯归还波旁王朝，将罗马归还教皇，将皮埃蒙特让给法国，将西西里让给马耳他；接着，意大利众多广场上的加里波第雕像将统统被打倒，所有以加富尔或其他民族统一主义者的名字命名的街道也都得改名；此外，学校教材中提到的卡罗·皮萨卡内[2]和恩里克·托蒂[3]的道德品质也将遭到质疑；如此等等，不一而足。

然而，一个令人震惊的发现却让我们脑海中的反爱国主义社会理想彻底破灭，原因如下：倘若这个社会果真主张反爱国主义，且以毁灭意大利为目标，必得推举一位真正彻底摧毁过意大利的法西斯领袖上台，如此一来，我们便成了所谓的新法西斯主义者——这是我们断然无法接受的，构建反爱国主义社会的计划也就此作罢。

如今回想起来，当年的想法不过是个玩笑。然而，几乎所有旧日的想象却在今天一一变成现实，尽管我们从来不曾打算将博西宣称实行的那套计划冠以民族主义的大旗，也从没想出过那样绝妙的点子——为枪杀庇亚门下狙击手的人高唱赞歌。

那时，政府里的天主教民主党成员为了保护国家的世俗性，竭力限制罗马教廷对国家政权的影响，但陶里亚蒂对臭名

---

① Roberto Leydi（1928—2003），意大利民族音乐学家。
② Carlo Pisacane（1818—1857），意大利社会主义思想家、爱国志士。
③ Enrico Toti（1882—1916），意大利发明家、自行车赛车手，第一次世界大战中的英雄人物。

昭著的《宪法》第七条（承认《拉特兰条约》的合法性）的支持使新教权主义达到了顶峰。普通人阵线①运动早在多年前就已销声匿迹。这场运动曾反对统一的意大利，质疑江洋大盗般的、腐败的罗马政府，痛斥毫无作为、只知吸食纳税人血汗的国家官僚体系。我们想也不敢想的是，上述现象居然会在某一天成了当今意大利共和国诸位部长的真实表现。

那时，也不曾有过这样的灵光闪过我们的脑海：只要颁布一条法律，规定众议员不再由民众选举，而是在国家元首大选之前被任命产生，就可以架空议会的实际权力，且完全剥夺其尊严。当时，我们认为若要让国家的政治体制回归"战斗的法西斯及劳资合作团代表会议"②阶段，那无异于天方夜谭。

我们原本只是想逐步解散意大利：按照当初的设想，至少需要一个世纪的时间。不曾想，这预言提前变成了现实——不只是意大利，连意大利航空公司也处于分崩离析的状态。在整个过程中，绝妙的一点就在于，这个国家的毁灭并不是因为我们几个寥寥可数的、怀有理想主义情结的国之栋梁发起了政变，它是伴随着大多数意大利公民的默认而走向末路的。

二〇〇八年

---

① Il Fronte dell' Uomo Qualunque，意大利战后思潮，奢望以普通公民身份来表达观点和期望。
② La Camera dei Fasci e delle Corporazioni，意大利王国的司法机构，曾于一九三九年至一九四三年间替代意大利众议院行使权力。

被万众瞩目

# 镜头里的挥手者

时下，我正亲身经历全球变暖和春秋两季逐渐消失的现象，并试图在各类权威报告中寻找依据。我忽然间想到了自己两岁半的孙子：假如有一天，当他从别人口中听到"春天"一词时，会作何反应？当他在学校课本里读到一首关于忧郁之秋的诗歌时，会作何反应？等他长大一些，听到维瓦尔第的《四季》时，又会作何反应？或许，那时的他会十分惬意地生活在另一个世界里：冬天暖意融融，硕果累累，令他乐不思"春"。的确，我小时候也没见过恐龙，却也能想象它们的样子。或许，怀念春天，就好比怀念那些在防空洞里玩捉迷藏的日子，是中老年人的专利吧。

这个孩子长大后，会习惯另一个世界的生活——在那里，知名度（将超越财富和性）被视为最重要的需求。为了得到他人的关注，而不是在藉藉无名的状态下惶惶不可终日，人人都要千方百计地抛头露面，或许是在电视上，或许是通过其他已经取代电视的传播渠道。在那个世界里，举止端庄的母亲将在催人泪下的煽情节目里讲述鸡零狗碎的家庭生活，只为第二天在超市里被人认出，而后被索要签名。小姑娘们纷纷表示自己想当演员（今天的情形已经是如此了），但不是为了成为杜丝或嘉宝，也不是为了演绎莎士比亚的戏剧或像约瑟芬·贝克一样穿着香蕉服在女神游乐厅的舞台上轻歌曼舞，甚至不是为了像曾经的电视女郎一样在镜头前扭腰撒胯，而是为了成为某个电视问答节目的主持人助理，一个毫无意义的花瓶形象。

孩子们将会在学校了解古罗马君王的更迭、贝卢斯科尼的倒台，或许还会观看题为《菲亚特兴衰史》的历史电影（法国《电影手册》杂志称其为无产者电影或大众电影）。除此之外，老师还将教导孩子们，人类自古以来就有被人认识和关注的欲望。因此，男人们立志成为晚间小酒馆里人见人爱的聊天伙伴，或在乡村节庆中的球赛和射击比赛上独占鳌头，要么凭自己钓上大鱼的经历得到众人艳羡；姑娘们希望在星期天前往教堂做弥撒的路上因一顶别致的小帽子赢得赞许；老奶奶们则心心念念，想要成为整个村庄的烹饪或缝纫状元。谁要是做不到这些，那可谓生不如死，因为无论是谁，都需要得到他人的注视，从他人那里获得的爱戴和欣赏越多，个人的价值也就越大（至少能获得更多的心理安慰）。假如有人不仅得到个别人的注视，还被成百上千、成千上万的人瞩目，那就堪称功成名就了。

在一个所有人都在持续大幅度流动的社会里，家乡和根的概念将会被彻底淡化，"他人"也就成为彼此相距遥远的、通过互联网进行交流的群体。那时的人们会通过其他渠道达到被他人关注的目的。村镇的小广场自然也就会被几乎覆盖全球的电视节目或其他更为先进的媒体所取代。

　　然而，学校的老师（以及他们的老师）可能已经忘记了，在遥远的古代，赫赫有名与遭人非议之间有着泾渭分明的界限。人人都希望自己声名远扬，成为他人口中最优秀的射手或最曼妙的舞者，谁也不愿因戴绿帽子、性功能障碍和搞破鞋成为街坊邻里的谈资。在那个时代，出卖肉体的女子会把自己伪装成舞蹈演员；性无能者会谎称自己有过匪夷所思的性经历。然而，在未来世界里（今日已初现端倪），美誉与恶名的界限将会消失：人们将不惜一切代价，求得自身成为他人关注和议论的对象。到那时，无论是知名的免疫学专家还是用斧头砍死母亲的小伙子，无论是花花公子还是获得最短小鸡鸡殊荣的人，无论是在中非建立麻风病救治中心的慈善家还是精明的逃税者，他们的声名将不存在任何区别。在那个一锅烩的世界里，人们的要求无非是上电视露脸，并在第二天被杂货店的老板（或银行的柜员）认出来。

　　倘若有人指责我故意危言耸听，我倒想问问，如今那些为了上镜宁可站在麦克风后面挥手说"你们好"的家伙究竟想干什么（这现象早在几十年前就出现了）；那些明明知道自己连"独燕不成春"都没听过的蠢货哪儿来的胆子参加《吉卜赛女郎》①的直播。其实，只要能出名，他们根本不在乎出的是什么"名"。

　　我确实没有危言耸听。或许，在未来的世界里，长大的孩子将会加入另一类以隐藏自身为宗旨的团体：前往荒漠流

---

① 意大利国家电视台于二〇〇〇年前后播放的一档知名电视问答节目。

浪，独居寺院修行，以沉默为荣。事实上，在那个"帝王任命自己的马匹为终身元老"①的年代末期，类似的情形已经发生过了。

二○○二年

---

① 据史学家记载，古罗马暴君卡利古拉曾将一匹战马任命为元老院元老，令元老院受到了空前的羞辱。

## 上帝知道，我是蠢货……

　　前天，我在马德里与我的国王共进午餐。为了避免引起误会，我要对此加以说明：尽管共和的大旗始终飘扬在我的心中，我却在两年前被封为雷东达王国的公爵（名曰昨日之岛公爵）。与我同列爵位的还有佩德罗·阿尔莫多瓦、安东尼娅·苏珊·拜厄特、弗朗西斯·科波拉、阿图罗·佩雷兹-雷维特、费尔南多·萨瓦特尔、皮耶特罗·齐塔迪、克劳迪奥·马格里斯、雷·布拉德伯里等人。上述一干人等的共同之处就在于他们对国王颇为热情。

　　雷东达岛位于西印度群岛，面积三十平方公里①（形同手帕），岛上荒无人烟。我确信，没有任何一任君王曾经踏足那里。一八六五年，一位名为马修·多迪·希尔的银行家买下了这座岛，并向维多利亚女王申请将其建立为一个独立王国。优雅的女王欣然应允——这座小岛断然不会对庞大的不列颠帝国殖民地形成分毫威胁。几十年过去了，雷东达岛数度易主，某些君王还将自己的头衔多次出售，引发了不少纷争（若是想知道该岛频繁的改朝换代史，在维基百科网站上搜索

"Redonda"一词即可）。一九九七年，国王退位，将王位转让给了西班牙著名作家哈维尔·马里亚斯（他的许多作品都被译成了意大利文，广为流传）。随后，这位新科国王便开始四处封爵。

　　以上便是关于雷东达岛的故事，听起来充满了类似于啪嗒学的疯狂意味——毕竟，一举封爵可不是每天都能发生的事情。然而，我的重点却并不在此：在我与马里亚斯交谈的过程中，他表达了好些值得反思的观点。我们谈到，当今的人们为达到在电视上露脸的目的可以不择手段——哪怕像个傻瓜一样站在被采访者的身后对观众挥手致意。最近有一个意大利男青年，他的妹妹惨遭杀害。在痛苦地读完报刊专栏的悼念文章之后，这个小伙子居然找到了星探乐乐·莫拉，说自己渴望凭借妹妹惨死而带来的知名度上电视表演。除此之外，还有好些人，只要能出现在舞台上，宁可说自己戴了绿帽子，是性无能或江湖骗子。难怪有犯罪心理学家宣称，连环杀手的作案动机往往是希望自己被他人发现和引人瞩目。

　　我们不禁要问，人们何以变得如此疯狂？马里亚斯提出了一个假设：所有这些现象都是因为当今的人们已经不再信仰上帝了。从前，人们认为自己的一举一动至少会被一个特殊的观众所关注，这个观众了解他们所有的行为（和想法），时而给予理解，时而予以惩罚。因此，人们可以接受自己被旁人忽略，做一个默默无闻的好人——即使一旦死去，周围的人会在

---

① 原文有误。该岛实际面积 1.6 平方公里。

一分钟之内将他们彻底遗忘，但始终会有那么一个人，对他们的一切了如指掌。

身患重病、被儿孙厌弃的祖母会说："上帝知道我遭了多少罪。"身陷囹圄的人会说："上帝知道我是清白无辜的。"母亲会对忘恩负义的儿子说："上帝知道我为你付出了多少辛劳。"惨遭抛弃的爱人会号啕痛哭："上帝知道我有多爱你。"命运多舛的人（他的经历无法引起任何人的关注）会说："只有上帝知道我的命运有多么坎坷。"总之，从前的人们认定，没有任何事物能够逃脱上帝的目光。只要被上帝看上一眼，最麻木不仁的生命便立刻有了意义。

如今，这个无所不知的见证者一旦消失，人类的世界还剩下些什么呢？我们还有社会之眼、他人之眼。因此，为了不坠入默默无闻的黑洞和被人淡忘的漩涡，人们不惜一切代价，拼命展示自己。为了达到这一目的，他们甚至可以把自己包装成傻子，穿着内裤在小饭店的餐桌上跳舞。总之，在超验的信仰消失之后，在电视上露脸就成为唯一的替代方式。总体说来，这种替代方式挺招人喜欢：我们既出现在电视里，又能在别处看见电视里的自己，同时，别处的人们也都在看着我们（尽管画面总是一闪而过）——想想看，我们享受的这一切，简直是神灵才拥有的特权，这就意味着当我们的灵魂飞升至天堂，还能在家里（在人间）接受他人瞩目。

这类情形下，若是弄不清知名度的概念，那就相当悲惨了。所有人都希望因自己的成就、贡献或其他优秀品质而声名远扬。然而，倘若只是为了在出镜后的第二天在酒吧里听别人说"我昨天在电视里看见你了"或"我认识你"（也就是认识你这张脸），这种知名度却是与前者风马牛不相及的。

二〇一〇年

# 为何只有圣母马利亚？

上周五，《共和国报》在博洛尼亚举办了一场晚宴。活动期间，我与斯特法诺·巴特扎吉①聊了聊名声这一话题，觉得很是有趣。以前，名声有好坏之分。倘若一个人被冠以糟糕的名声（例如事业一败涂地、被戴绿帽子等），他往往会以自杀或名誉杀人的方式摆脱恶名。至于好名声，毫无疑问，那是人人都喜欢的东西。

然而，很长时间以来，名声的概念已经被知名度取而代之了。人们非常在意自己能否被周围的人识别出来。这种识别不必是崇敬或赞赏，只消路人冲自己说一句："看，就是他。"因此，名声的含义就变成了抛头露面。自然，最稳妥的渠道就是在电视里出镜。这倒也不难，大可不必成为丽塔·列维-蒙塔尔奇尼②或马里奥·蒙蒂③，只要在某个煽情的电视节目里哭诉一番自己被伴侣抛弃的惨痛经历即可。

那些站在受访者身后挥手致意的人可谓抛头露脸的状元。这种行为足以在出镜后的第二天让他们在酒吧里被人认出来（"知道吗？我在电视里看到你了！"）。当然，此类露脸行为带来的知名度只能维持一个上午。因此，人们逐渐接受了一个新的观念：若要持续露脸，且给人留下深刻印象，就必须做出一些有朝一日会带来恶名的举动。显然，人们不是不渴望美誉，但获得美誉实在是太难了：要么作出英雄壮举，要么赢得重大奖励（得不了诺贝尔奖，至少也得拿个斯特雷加文学奖），要么用一生心血治疗麻风病人……这都不是轻而易举就能做到的。相比而言，成为他人的谈资就容易多了——若是长相变态，或者曾为了钱财与知名人士发生性关系，又或者曾因贪污遭到起诉，那么出名的可能性就会再增加几分。这绝不是玩笑话，你们看看那些贪赃枉法之人在电视新闻里露脸时（很可能是被捕的镜头）高傲的神情就会明白：只要能换取几分钟的知名度，承受牢狱之灾也是值得的（至少比过了诉讼时效要好，否则刚赚来的知名度就得烟消云散了）——被告之所以微笑，原因大抵如此。几十年前，人们会因坐牢的经历一辈子抬不起头，而今，那个年代一去不复返了。

如今的人们认定："既然圣母马利亚可以露脸，为什么我就不行？"他们似乎忘记了，自己跟圣母马利亚不一样，早就没了处子之身。

这番探讨是在上周五（十五号）进行的。就在第二天，《共和国报》刊发了罗贝托·埃斯波西托的一篇长文《沦丧的羞耻心》，他在文中对加布里埃拉·图尔纳图里的《羞耻：一种情绪的变迁》（费尔特里内利出版社，2012）和马可·贝尔

---

① Stefano Bartezzaghi（1962—　），意大利记者、作家。
② Rita Levi-Montalcini（1909—2012），意大利神经生物学家，诺贝尔奖获得者。
③ Mario Monti（1943—　），意大利经济学家、政治家。

波里提的《不知羞耻》（冠达出版社，2010）进行了反思。事实上，很多人都在探讨和思考羞耻心的沦丧在当代社会风尚中的体现。

时下，这种渴望抛头露面的抓狂心态（不顾一切地提升知名度，甚至去做多年前曾被视为无耻之举的事情）恰恰源自羞耻心的沦丧，或者说人们已经丧失了羞耻的概念，因为主流价值观就是以抛弃羞耻心为代价，不择手段地露脸。引人瞩目、成为谈资已成为第一需求——为此，人们时刻准备放弃那个曾经叫做节操（一种对自身隐私的严密保护）的东西。我们常常看到一些人，他们在火车上拿着手机高谈阔论，恨不得把以前那些只能低声耳语的私事统统讲给所有人听。在埃斯波西托看来，这种行为正是由于羞耻心的沦丧导致的。他们并非意识不到自己的话语会被他人听见（除非他们毫无教养），而是从潜意识里希望这些私事被他人听见——尽管全都是些鸡毛蒜皮的小事。噢，拜托！也不是所有人都能像哈姆雷特或安娜·卡列尼娜一样，总能遇到天大的事情。所以说，只要能被他人识别出来，哪怕成为遭人非议的应召女或欠钱不还的无赖，也是一件令人欣慰的事情。

今天，我从报纸上读到某教派打算恢复先前的公开忏悔传统。啊哈，真不错！倘若内心的愧疚只能被神父一人听见，又有什么意思呢？

二〇一二年

# 我"推"，故我在

　　我不用推特，也不用脸书——这是宪法赋予我的权利。但我知道，推特网上有一个假冒我的用户名，似乎还有一个假冒卡萨莱焦①的用户名。有一次，我遇到一位女士，她满怀感激地对我说，自己经常看我发表在推特上的文章，有时还会与我互动，获益匪浅。我试图向她解释，推特上的那个埃科是个冒牌货。对此，她感到难以置信，那眼神仿佛在说我才是假的。这么说来，我只有上推特才有存在的意义。换言之，我"推"，故我在。

　　我并不在意自己最终能否说服那位女士——无论她怎么看我（哪怕她和那个冒牌埃科更加情投意合），意大利历史和世界历史都不会发生丝毫改变，甚至连我的个人生活也不会受到任何影响。我曾在某段时间里定期收到大宗文件包裹，寄件人是另一位女士，她声称自己遭到迫害，因此要将这些文件寄给共和国总统和其他政界要人，以此伸张正义。之所以也要给我寄一份，是因为她认为我的每一篇专栏都在为她打抱不平。也就是说，无论我写的是什么主题，她都会理解为围绕她个人发表的评论。我从未向这位女士作过任何解释，因为我知道，无论我如何否认，都无法改变她的想法，而她独有的偏执和妄想也不会令中东局势发生任何变化。后来，由于我长时间不曾回复，那位女士便转移了注意力。至于她后来又折磨了哪位作家，我亦不得而知。

我之所以说推特上的观点无足轻重，是因为发表意见的人实在是太多了。有人相信梅久戈耶的圣母显灵事件，有人相信算命先生看手相，有人相信9·11事件是犹太人所为，还有人认为丹·布朗所说的一切都是真的。我很喜欢在看泰莱塞和波罗主持的电视节目时，浏览屏幕下方的推特留言。果真是众说纷纭，每个人的观点都不一样。然而，所有意见加在一起，却不能代表民众在想什么，只能反映某些天马行空的想法。

推特网就好比村镇里的运动主题酒吧，说话的既有村里的傻子，也有自认为被税务机关迫害的小业主；既有没能在知名大学拿到比较解剖学讲席、只好当市镇医生的失意者，也有喝得醉醺醺的路人；既有津津乐道于环形路边搔首弄姿的站街女的卡车司机，也有时不时冒出两句睿智之语的顾客。然而，所有的言论都从那里开始，也在那里结束，酒吧里的闲聊从来都无法改变国际政治局势。只有法西斯政府才会担心酒吧言论蛊惑人心，因此禁止民众在酒吧里妄议政府。事实上，所谓的民心所向不过是大选期间的统计数据。人们在投票时所思虑的一切都是基于他人的宣言，至于自己先前在酒吧里发表的见解，早就抛到脑后了。

---

① Gianroberto Casaleggio（1954—2016），意大利企业家、政治家、五星运动党创始人之一。

就这样，互联网上充斥着各种信口开河的说法。这也难怪，谁能在一百四十个字符的空间里发表一言九鼎的宏论呢（例如"爱你就像爱自己"）？若要阐释亚当·斯密的《国富论》，必得占据更多的字符，至于讲解爱因斯坦的质能方程式 $E = mc^2$，就更得占据大幅版面了。

值得注意的是，为何像恩里克·莱塔①这样的大人物也热衷于在推特网上留言呢？按理说，他只要把想法告诉安莎社，便会被报刊和电视节目竞相报道，普通大众即使没有上网，也能了解详情。同理，为何教皇要专门招聘神学院的学生到梵蒂冈兼职，把他几分钟前在电视上向罗马和全世界的数亿观众发表的言论转发到网上呢？坦白说，我并不清楚其中的缘由。或许有人告诉他们，这也是一种教化广大网民的方式。莱塔和教皇的想法算是得到了解释。然而，为什么罗西兄弟、保塔索、布兰比拉、切萨罗尼和埃斯波西托也都用推特呢？

大概是想找找当总理和教皇的感觉吧。

二〇一三年

---

① Enrico Letta（1966—　），意大利中左翼民主党副党首，曾出任意大利总理。

# 隐私权的沦丧

（据媒体报道）时下，所谓的 privacy [①] 是一个令所有人都颇感头疼的问题。若要摆出一副绅士派头，大可以将该词翻译成隐私权，其含义不言而喻：任何人都有权避免在众目睽睽之下做自己的事情（尤其是避免被与中央政权相关的特务机构监视）。如今有组织专门致力于确保所有人都能享受该权利（依我看，还是 privacy 一词比较正式，若说隐私权，恐怕没人会拿它当回事）。正是出于对隐私权的重视，人们担心信用卡会泄露自己的购物清单、下榻的酒店和晚餐的同伴。至于不以抓捕罪犯为目的的手机窃听行为，就更令人惴惴不安了。最近，沃达丰公司发出警告，每个国家的特务机构都有可能知晓我们的通话对象和通话内容。

这样看来，隐私权貌似一种所有人都会不惜一切代价捍卫的权利。有了隐私权，我们才不会生活在类似于《老大哥》真人秀的环境里（或是奥威尔描述的真实世界里）：一双无所不能的眼睛时刻监视着我们在做些什么，甚至在想些什么。

然而，我的问题是：民众果真如此在意自己的隐私权吗？

从前，危害隐私权的是八卦，人们害怕闲言碎语损害自身的清誉，让不可外扬的家丑闹得尽人皆知。可是，在如今这个流动的社会里，人人都身陷价值观和身份的危机，不知哪里才能找到识别自身的参照点。如此一来，求得社会认同的唯一渠道就成了不顾一切的抛头露面。

正是出于这样的动机，曾经的家庭主妇开始推销自己（从前，她们根本不愿让街坊亲友知晓自己的私事），自称应召女，她们乐此不疲地扮演这一公众角色，甚至在电视上出镜；曾经小心翼翼、假装亲密的夫妇纷纷开始参加各类垃圾节目，在观众的掌声中一会儿讲述通奸的经历，一会儿讲述遭遇背叛的辛酸；在火车上，相邻座位的旅客在电话里高声谈论自己对姐夫的看法，或是公开指点财务人员如何做假账。至于那些因各种理由接受审查的人，他们原本应在丑闻平息之前躲得远远的，如今却面带微笑争取上镜的机会，因为宁做路人皆知的小偷，也不能当默默无闻的老实人。

最近，《共和国报》刊登了齐格蒙特·鲍曼的一篇文章，其中提到社交网站（如脸书）已经成为监控他人思想和情绪的工具，承担起为政府提供管控手段的功能。鲍曼认为，民众对这类社交网站的热捧促成了一个"坦白型社会"的诞生。这个社会鼓励民众展示一切、暴露一切，将其描述成一种用以证实自身社会价值的最卓著、最便捷，似乎也是最有效的手段。换言之，在人类历史发展的悠悠长河中，被监视者首次与监视者通力合作，并从中获得满足——因为他们的生命曾被他人见

---

① 英语，隐私权。

证。至于在他人眼中，他们究竟是罪犯还是蠢货，这都无关紧要了。

必须承认的是，一旦人们得以知晓关于所有人的所有事，且所有人指的是地球上的所有居民，那么过度丰富的信息只会造成混乱、噪声和沉寂。到那时，忧心忡忡的将是监视者；至于被监视者，他们并不介意自己的私密琐事被朋友、邻居，甚至敌人知晓——于他们而言，那是获得社会存在感和参与感的唯一渠道。

二〇一四年

# 藏在 DNA 里的秘密

在上一篇专栏里，我曾就隐私权的沦丧发表了看法，说人人都能知道其他人在做什么。在结尾处我表示，那些捍卫隐私权的战斗似乎毫无必要——民众为了找到存在感，心甘情愿地让自己被他人看见、听见，甚至为此不择手段。换言之，民众只是把隐私权挂在嘴上，内心里却并不需要它。

不过，最近的亚拉事件①倒是反映出一些不同寻常的问题。有人（无非是调查委员会、媒体或其他信息来源）不但指出博塞蒂是真凶（目前，当我写下这篇专栏时，他还只是涉嫌杀人），且其罪行是通过 DNA 检测发现的，还进一步指出，DNA 检测表明，博塞蒂是非婚生子。几十年前，博塞蒂的母亲曾与某男子发生婚外性关系，她的丈夫对此一无所知，一直把博塞蒂当成自己的亲生儿子。如今事情曝光，博塞蒂的父亲怒不可遏。

在最初的震惊过后，指责之声纷纷而起：警方抓捕罪犯本无过错，但是否真的有必要拿着高音喇叭将其家庭隐私暴露在公众面前？是否真的有必要让博塞蒂的母亲和非亲生父亲当众难堪，使他们的夫妻感情遭到伤害？是否真的有必要让这两个与案件毫无关系的人在公众面前暴露无遗？他们原本拥有让家丑不外扬的权利。

这一质疑立刻引发了连锁效应，媒体纷纷宣称："Mea culp."[2] 表示不该欢天喜地地传播消息，导致事态扩大。随后，公众假惺惺地表示赞同。事实上，他们正忙于幸灾乐祸，从他人的不幸和痛苦中获得无耻的满足。

现在，让我们好好反思一下。我们假定调查委员会宣称他们发现了凶手（在我写这篇文章时，此人还是嫌疑犯），并表明此人的罪行是通过 DNA 检测确证的。此时，媒体和公共舆论原本应该追问，何以在成百上千号人中最终认定博塞蒂就是凶手。当然，当局一定会这样回答："这一点无可奉告。如果日后举行审判，我们要保持沉默，直到开庭为止。"

接下来事情的进展就很容易想象了。公众会猜测法庭和警方到底隐瞒了什么秘密。有谁会说调查委员会做得对（或者说，他们的做法彰显出"应有的职业水准"）吗？公共舆论一定会愤然高呼："民众有权知道真相！"

在"维基解密"和斯诺登事件发生后，公众已经习惯了"任何事情都必须公开"。在一定限度内，这话的确没错：某些公共或私下的猫腻的确应该被公之于众，但这一举动应该遵从

---

① 二〇一〇年十一月二十六日，一个名叫亚拉·甘比拉索的十三岁意大利少女失踪，次年二月二十六日，警方找到尸体，认定她死于谋杀。通过 DNA 检测，警方认为一名四十四岁的泥瓦匠马西莫·博塞蒂有重大嫌疑，并于二〇一四年六月十六日将其逮捕。二〇一五年二月二十八日，博塞蒂作为唯一嫌疑人接受审判，但由于证据不足，法庭宣布推迟宣判。目前，此案仍在审理当中。由于案情离奇，且检测手段独特，引发了意大利各界媒体的广泛关注。
② 拉丁语，我的过错。

一个前提，即国家机器能够正常运转。因此，驻外使馆的报告和各类政府公文都应保密。不妨想象一下，倘若警察机关不得不告诉公众："我们正在搜捕凶手，目前已经确定大致范围，只待时机到来，抓他个措手不及。此人名叫张三，家住某某路……"这个张三恐怕会闻风而逃，根本不可能银铛入狱。因此，有些计划的确应该保密，如此才有成功的可能（这才是真正成就一件好事）。

然而，在"维基解密"和斯诺登事件发生后，隐私权的沦丧被置于道德伦理的视角之下。所有人都认为，无论如何，一切真相都必须公开。这样一来，若是没有公开博塞蒂家里那些痛苦的往事，调查委员会就会被指责为卑鄙的同谋。

既然如此，我们还能抱怨什么呢？博塞蒂的母亲，以及昨天还自认为是他亲生父亲的那个男人只好将自己家的脏衣服拿到电视上去洗①——最好是在插播洗衣机广告的时段。假如隐私权的沦丧已经（理所当然地）深深植入 DNA 的隐秘之处，那么不管我们愿意与否，它都将无往而不胜。

二〇一四年

---

① 出自意大利谚语"脏衣服在自家洗"，意为家丑不可外扬。

老年人与青年人

# 平均寿命

不知道还有多少人记得德·亚米契斯的那首诗:"美好并不总被岁月磨去/或在泪水和辛劳中凋零/我那花甲之年的母亲/我越看越美丽。"①诗人的意图并不在于描述女性之美,而是表达儿子的孝敬之情。如今,接受子女孝心的年龄已经延迟至九十岁上下。至于六十来岁的老太太,倘若身体健康,完全可以算作青春未老、活力四射的盛年——加上某些整形手术的修饰,看起来还能比真实年龄年轻二十岁。小的时候,我常常对自己说,人不该活过六十岁。一旦超过那个年龄,势必百病缠身、口角垂涎、神志迟钝,只能在养老院里苟延残喘。一想到二十一世纪,我就想起但丁的观点②,并由此作出决定,自己应该活到七十岁,即二〇〇二年。那时,活到古稀之年是相当远大的志向,真正能坚持到那个备受尊崇的年龄的人屈指可数。

记得几年前,我曾见过汉斯·伽达默尔。那时,年逾百岁的他不远万里赶来参加某学术会议,用餐期间他吃得津津有味。我问他一切可好,他告诉我说双腿不太灵便。当时,尽管他挤出了一个苦笑，但仍然难以掩饰那近乎无耻的开心，我简直想扇他两个耳光（事实上，他又非常愉快地活了两年）。

在我们生活的这个年代，科学技术每天都在大踏步前进。我们常常问全球化趋势最终将把人类引向何处，却很少想到人类取得的最大进步（事实上，该领域的进步远远超过任何其他领域）就在于平均寿命的延长。关于人类对于自然的驾驭，早在原始时期，当穴居人类发明人工取火时就已模糊地意识到了；晚些时期，我们的祖先又发明了轮子；罗杰·培根、列奥纳多·达·芬奇和西哈诺·德·贝热拉克都预见了飞行器的诞生；自蒸汽革命开始，人们的出行速度就成倍提升；早在伏打所处的年代，人类就看到了用电能照明的希望。但是，千百年以来，人类对于不死仙丹和不老泉水的渴求却始终只是白日做梦。中世纪的人们发明了精良的风车（时至今日也还能为人类提供替代性能源），然而，那时的信徒纷纷前往朝拜的教堂却只能令他们获得活过四十岁的奇迹。

三十年前，人类成功登月，但至今还未成功登陆火星。在登月的年代，一个七十岁的老人已经走到了生命的尽头。但在今天（除了血管梗死患者和癌症患者），活到九十岁已不再是痴心妄想。总而言之，最大的进步（假如我们说的是真正意义上的进步）在于人类寿命的延长，而不是各类电脑的研发。事实上，当帕斯卡发明计算机时，就已经预言了电脑的诞生。然而，帕斯卡本人却在三十九岁就英年早逝了。此外，亚历山大

---

① 参见德·亚米契斯《致我的母亲》（*A mia madre*）。
② 但丁在《神曲·地狱篇》第一歌第一行描述，三十五岁的自己已走过"人生的一半旅程"。

大帝和卡图卢斯都是终年三十三岁，莫扎特终年三十五岁，肖邦终年三十九岁，斯宾诺莎终年四十五岁，圣托马斯终年四十九岁，莎士比亚和费希特终年五十二岁，笛卡儿终年五十四岁，黑格尔算是长命——活到了六十一岁。

今天，我们面临的许多问题（不只是退休养老的问题）都源于人类寿命的延长。第三世界国家的民众之所以纷纷拥入西方国家，一方面当然是为了寻求食物和工作——正如电视和电影向他们许诺的那样，另一方面也因为他们渴望生活在一个寿命更长的地方，或者说逃离一个早死的地方。然而我相信（尽管我手头并没有精确的统计数据），人类用于老年医学和预防医学领域的研究经费远远不及对战争科技和信息科技的投入。换言之，我们更精通如何摧毁一座城市以及进行低成本的信息传输，而不是协调各个社会群体之间的利益、筹谋年轻人的未来，应对全球人口膨胀和平均寿命的延长。

年轻人可以认为进步就是用手机发短信或乘坐廉价航班飞往纽约，但令人震惊的事实（一直未能得到解决的问题）却是，如今的他们直至四十岁才成年，而他们的祖辈早在十六岁就独立了。

毫无疑问，我们应该为自己可以活得更久而感谢上帝（或命运）。与此同时，我们也必须面对这个时代最具悲剧色彩的问题，这并非一件皆大欢喜的事情。

二〇〇三年

# 美即丑，丑即美？

　　黑格尔曾说，随着基督教的诞生，对于痛苦和丑陋的表现也被纳入艺术范畴，因为"古希腊的美学形式无法表现被鞭打的耶稣、荆棘冠……钉上十字架的耶稣、濒死的耶稣"。他说得不对：古希腊的世界里不仅有用光洁的大理石塑造的维纳斯，也有受刑的玛耳绪阿斯、焦虑的俄狄浦斯以及美狄亚的致命爱情。当然，在基督教题材的画作和雕塑作品中，的确常常出现因痛苦而变形的面容——尽管其变态程度不及梅尔·吉布森的《耶稣受难记》。难怪黑格尔（尤其是在谈到高地德国画派和弗拉芒画派时）曾多次提起，当艺术作品开始展现耶稣的迫害者时，就意味着丑陋事物的凯旋。

　　最近有人告诉我说，耶罗尼米斯·博斯曾绘有一幅著名的《耶稣受难》（现存于根特），画面上展现了好几个残暴的刽子手，其中两人的形象定能让如今的摇滚歌星和他们的模仿者心生艳羡：其中一人的下巴穿了两个孔，另一人的脸上挂满了各种金属饰件。博斯的意图或许是表现"罪恶形象的显灵"（提前宣告了切萨雷·龙勃罗梭的理论：任何文身者和试图改变自己身体的人都是天生的罪犯）。如今，我们可以对那些在舌头上打钢珠的少男少女表示反感，然而，至少从统计学角度来说，我们却不能将其视作天生有基因缺陷的人。

其实，那些少男少女也会在乔治·克鲁尼和妮可·基德曼的"经典之美"面前心醉神迷，倘若我们能考虑到这一点，便会明白这一行为与其父辈一般无二：他们的父母一方面会购买按照文艺复兴时期确立的神圣比例设计出来的小汽车和电视机，或蜂拥至乌菲齐美术馆感受司汤达综合征；另一方面，他们也热衷于观看血腥暴力电影，有滋有味地看着脑浆飞溅到墙上；他们还会给孩子购买恐龙模型和其他怪物造型的玩偶，或去观看某些艺术家自残双手、肢体甚至生殖器的偶发艺术表演。

因此，无论是前辈还是后辈，他们在不放弃追求美好事物的同时，也时常选择千百年来被视为恐怖的丑陋之物。当年，为了震慑资产阶级，未来主义者宣称："我们要勇敢地在文学中展现丑。"阿尔多·帕拉采斯基更是（在他的《治愈痛苦》一书中）提出，要对孩子们进行健康的"丑陋教育"，将驼背的、瞎眼的、癌变的、残疾的、无耻的、患有性病的、一扭开关就会哭闹、嚎叫、叹息的、受癫痫、瘟疫、疟疾、脑出血、痔疮、淋病、疯癫折磨的、备受煎熬、垂死挣扎、命丧黄泉的玩偶形象作为教具让孩子们接触。总之，今天的人们一面（按照传统标准）欣赏美好的事物：可爱的小孩、秀丽的风景、精致的古希腊雕塑，一面也从那些曾被视为丑得无以复加的事物中获得享受。

不仅如此，人们有时还会把丑当成一种全新的美的模式——当下的赛博哲学便是典型的例子。几年前，威廉·吉布森的早期小说作品（参见他所提到的 nomina sunt numina[①]）就曾描绘装有多处机械或电子肢体的人类形象，倘若那个形象尚且只是一个令人担忧的预言，那么时下的某些激进派女权主义者则在宣扬通过制造中性的、后有机的、具有"超人特性"的躯体来超越性别差异。唐娜·哈拉维更是喊出了如下口号："宁做赛博人，不做女神。"

有人认为，上述现象意味着在后现代世界里，美与丑的对立已经消失。这跟《麦克白》里女巫们所说的"美即丑，丑即美"是两码事。他们认为，这两种价值已经失去了原先的特征，完全混为一谈了。

事实果真如此吗？为何某些年轻人和艺术家的行为仍然被视为边缘现象，只为地球上的少数人所称许？在电视节目中，我们会看到骨瘦如柴、腹部肿胀甚至死于饥饿的儿童，遭入侵者强暴的妇女以及许多备受摧残的身体，这令我们的眼前浮现出一系列并不遥远的画面，想起毒气室里那些瘦骨嶙峋的受害者。昨天，我们目睹了在高楼爆炸案和空袭案里那些血肉横飞的肢体，今天便生活在类似事件可能再度发生的恐惧之中。人人都清晰地意识到，某些事物千真万确是丑陋的，任何美学相对论都无法说服我们从那些事物中获得愉悦。

至于赛博人、血腥暴力电影、来自其他世界的怪物形象以及所谓的灾难电影都是一些被媒体炒作起来的表层现象，人们试图通过它们驱逐围绕在身边的、更为深层的丑陋。这

---

① 拉丁语，诸神的名字。

些表面上丑陋的事物令我们不寒而栗，于是我们便绝望地试图忽略一切真正的丑陋——假装它们跟那些电影一样，全都是虚构的。

二〇〇六年

# 白活的十三年

前天，一名记者在采访中问我（其实很多人都提过相同的问题），哪本书对我的人生影响最大。我想说，倘若这辈子只有一本书对我产生了决定性的影响，那么我必定是白痴一个——大概其他许多人也会如此回答。一些书曾对我生命中的前二十年举足轻重，另一些则令我在之后的三十年里受益匪浅。目前，我正在等待对我的百年人生产生巨大影响的好书出现。另外一个令人无法回答的问题是："在您的一生中，有谁给过您至关重要的教导？"对于这个问题，我实在不知该如何回答（除非说是父母双亲）：在不同的人生拐角，总有不同的人给予我教诲和建议，既有生活中的亲朋好友，也有早已作古的亚里士多德、圣托马斯、约翰·洛克和皮尔斯。

无论如何，某些书本上学不到的知识的确改变了我的人生。我首先想到的是贝里尼小姐，她是我上初中一年级时一位非常出色的老师。她常常给我们一些提示词（如母鸡、地下室等），让我们根据这些词汇写一篇论文或故事。一天，我不知着了什么魔，说无论她给出什么样的提示词，自己都能在第一

50

时间出口成章。她站在讲台上看着我，说出了"本子"一词。如今回想起来，我完全可以说说记者的采访本，或是萨尔加里笔下探险者的旅行日记本，可当时的我心高气傲地站起身后，居然不知从何开口。那一天，贝里尼小姐教会我一个道理：永远不要高估一己之力。

第二个教训是鲍斯高慈幼会士——唐·切利神父给我的。他曾教我演奏一种乐器。最近，他似乎有被封为圣人的可能——当然，并不是因为他会演奏乐器（相反，这才华很有可能成为别人指责他是魔鬼代言人的理由）。一九四五年一月五日，我兴高采烈地找到他，对他说："唐·切利神父，今天我满十三岁了。"他粗声粗气地回答我说："你这十三年简直是白活了！"他这话究竟是什么意思？难道说我长到这个年龄，应该展开严肃的自我剖析？难道我不该因自己能茁壮成长到这个年龄而期待获得他人的赞许？难道这是皮埃蒙特人不轻易浮夸、彰显稳重的特有方式，或者说，这是他对我的热情祝贺？如今想来，唐·切利非常清楚，他教会了我这个道理：作为老师，不应过分称赞学生，而应时常给他们泼些冷水。

自从有了那一次的教训，我对许多期待我夸奖的人都惜"赞"如金——除非他们真有令人意想不到的精彩表现。或许我的稳重曾令许多人感到痛苦，假如真是那样，那我白活的就不仅仅是人生中的前十三年，而是前七十六年了。但我已经下定了决心：最直接的表达赞许的方式就是不提出批评。没有批评，就意味着他们做得确实不错。我十分反感"好教皇"①、

① 指约翰二十三世，一九五八年至一九六三年任罗马教皇，是历代教皇中颇受敬重的一位，人称"好教皇"。

"诚实的扎卡尼尼"① 这类称呼，仿佛其他教皇都恶贯满盈、其他政治家都假仁假义一般。约翰二十三世和扎卡尼尼不过是履行了自己的职责，我不明白这有什么值得大夸特夸的。

当年，唐·切利神父的回答还让我明白另一个道理：一个人无论做了什么，哪怕是自认为非常正确的事，也不能自高自大，尤其不能四处自吹自擂。这是不是说做事情不要尽力而为呢？当然不是。但是唐·切利神父的回答让我想起了小奥利弗·温德尔·霍姆斯的一句话："我的成功秘诀就在于我从小就知道自己不是上帝。"这是多么重要的品质：明白自己不是上帝，常常反思自己的言行并能够意识到先前的人生旅程并非完美无憾——唯有如此，方能把余下的岁月过得更好。

大家或许要问，我何以想到这些。这几天，大选宣传战刚刚开始，参选者为了赢得胜利，多少得把自己包装成类似上帝的模样，志得意满地历数先前完成的工作，并像完成创世的上帝那样，见一切非常好，便对自己的无所不能感到沾沾自喜，接着还许下诺言，保证一切会更好（相反，上帝倒是认为先前创造的世界已完美无缺，因而相当知足了）。拜托，我并不是想站在道德的制高点。我承认，在进行大选宣传时，参选者别无选择。倘若某个参选者对未来有可能投票的选民说："直到现在，我还一事无成，我也不确定将来是否能有所改善，只能保证自己会全力以赴。"他势必无法当选。所以，我再次声明，我并不想假惺惺地讲

---

① Benigno Zaccagnini（1912—1989），意大利政治家。

什么道德，只不过是在看过太多的电视选举后，我忽然想
起了唐·切利神父。

二〇〇七年

# 左右为难的大宝仔 *

　　最近，"大宝仔"一词在全国范围内引起热议。然而，居然没有人想到去翻一翻权威的《意大利语词典》（萨尔瓦托雷·巴塔利亚编，都灵联合出版社出版），查查这个词的含义——坦白说，我对此颇感诧异。关于"宝仔"一词，该词典给出了如下解释："该词是'孩子'的昵称，带有戏谑含义，常用来形容笨手笨脚、张口结舌、不善言辞也不擅思考、布娃娃一般的胖小孩。"至于具有增大含义的"大宝仔"，在日常生活中亦被广泛使用。托马塞奥和里古蒂尼共同编纂的《意大利语同义词词典》中有如下描述："提到大宝仔，我首先想到的并不是胖，而是大……所谓大宝仔，一定长着一张红光满面的大脸。"巴尔蒂尼①则写道："如今，人人都想过安逸的日子，例如她——贝尔托迪诺——米兰的一位小媳妇，还有一个名叫卡卡塞诺的大宝仔。"

　　关于卡卡塞诺这个人物（在克罗齐的经典版《贝尔托多和贝尔托迪诺》之后，邦齐耶里又续写了一篇关于卡卡塞诺的故事②），我们能读到如下段落："卡卡塞诺生得膀大腰圆、低额头、大眼睛、粗睫毛、尖嘴巴，看上去像黑猫恶魔玛门，也像一只猴子。"他上马时的姿态格外好笑："卡卡塞诺抓住时机，左脚踏入右边的马镫，纵身上马，却发现自己面朝马屁股坐着；艾米尼奥忍不住大笑起来，招呼他下马，他却怎么也不肯下来。"

后来，国王来了，"宫廷里的马夫掀开门帘，让卡卡塞诺进来。只见那家伙肩上扛着一扇木板门，那副滑稽的样子简直让国王和王后笑掉了下巴——这人实在太古怪了；外祖母马可尔法更是惊得瞠目结舌；至于宫廷总管，他费了好大劲才憋住了笑意，对克罗尼国王夫妇解释道：'克罗尼国王和王后陛下，您二位有所不知，马可尔法进来的时候，那个大宝仔正走在宫殿前头的台阶上，他跟马夫说自己想要小便。马夫便带他前去出恭。'总管强忍笑意，继续说道：'事后，他匆匆离开，忘了关门。当时我恰好也在厕所里，便对他说：小伙子，把门带上，省得被臭气熏倒！没想到这大宝仔二话不说，居然卸下了厕所门的合页，直接背到您二位跟前来了。'"

国王问："卡卡塞诺，你为什么要背着那扇门呢？"卡卡塞诺说："关你什么事？"国王反驳道："当然关我的事，我是这王宫的主人呀！"卡卡塞诺不依不饶："既然你是王宫的主人，不管我把这扇门背到哪里，它都是你的。说吧，我现在该放在

---

＊ 指成年却无法自立的年轻人。
① Antonio Baldini（1889—1962），意大利作家、记者。
②《贝尔托多、贝尔托迪诺和卡卡塞诺》是一部由巴尔蒂尼编辑的民间故事集，其中包括《狡猾的贝尔托多》《呆萌的贝尔托迪诺》和《呆萌的贝尔托迪诺之子卡卡塞诺的轶闻》三则故事。前两则的作者是克罗齐（Giulio Cesare Croce，1550—1609），第三则的作者是邦齐耶里（Adriano Banchieri，1568—1634）。

哪儿?"国王答曰:"随它去吧。"卡卡塞诺便对背上的门说:"门,去吧。是你的主人说的。爱去哪儿去哪儿吧。你也太沉了,我实在背不动你了。"马可尔法"再也看不下去了,赶紧让卡卡塞诺放下那扇门,又让他向国王和王后鞠躬。随后,她俯下身子,亲吻了国王和王后的手。卡卡塞诺见到这情形,便立刻趴在地上,张大了嘴,对国王和王后说:'噢,陛下!按照我外婆的要求,我给您二位跪下了,请把手伸到我的嘴里吧,好让我亲亲它们!快来吧,我等着呢!'"。

倘若卡卡塞诺是个不折不扣的大宝仔,托马索·帕多阿-斯基奥帕[①]所说的大部分大宝仔却名不副实。如果一个人超过三十岁还跟父母生活在一起,星期六晚上开着父母的车去蹦迪(没准凌晨三点还在高速公路上撞车),那么他很可能比卡卡塞诺要精明——在他看来,自己无所事事是因为谁也没法让他获得一份工作,因此,要怪也只能怪这个社会。

这真是要命啊!然而,由于职业关系,我经常接触年轻人,也非常清楚他们中有相当一部分为了学业忙得焦头烂额。他们四处寻求奖学金或工作机会,住在离学校很远的地方,很可能四个人挤在一个房间里。看到这样的情景,我不禁要问,我们的小企业里为何充斥着大量非欧盟籍员工?他们中许多人是收发邮件的快递员,"无耻地"(这是北方联盟派的说法)占据着大量工作岗位——这些工作原本可以由那些三十岁还被父母养着的意大利青年来承担。

显然,大家会这样回答:这些三十岁的意大利青年都有高

---

① Tommaso Padoa-Schioppa(1940—2010),意大利经济学家、政治家。

中或大学毕业文凭（如今，他们还有一个搞笑的称呼：上过三年大学的人①），必然不愿意大材小用地去运送邮件。然而，在所有伟大的美国作家和政治家的履历中，我们却发现，他们在大学毕业后等待成名期间都曾擦过皮鞋、洗过盘子或卖过报纸。为什么美国人能屈尊而意大利人就不行呢？或许斯基奥帕的观点也不无道理？至于那些反对斯基奥帕言论的德才兼备的左派和右派政治家们，你们可得抓紧争取那些大宝仔的选票啊（不过也有这种可能，作为大宝仔，咱们的年轻人连投票都不会了）。

二〇〇七年

---

① 自一九九七年起，意大利开始实行三年本科学制。"上过三年大学的人"是对本科毕业生的戏谑称呼。

# 从前，有个人叫丘吉尔

我曾在三月初那一期《国际报》上读到一篇短评，说英国的一项问卷调查显示，有四分之一的英国人认为丘吉尔、甘地和狄更斯是虚构的角色。相反，许多受访者（并未说明具体数字）认为夏洛克·福尔摩斯、罗宾汉、埃莉诺·里格比①是真实存在的人物。

刚看到这条消息时，我的第一反应是：不要夸大其词。首先，我想弄清楚，那些不知道丘吉尔和狄更斯是谁的人究竟属于哪一个社会群体。假如调查对象是与狄更斯同时代的伦敦人（即古斯塔夫·多雷在版画中表现的苦难的伦敦人和威廉·贺加斯笔下的那些悲苦形象），那么至少有四分之三食不果腹、衣不蔽体、蓬头垢面的受访者说不出莎士比亚是谁。同样，对于那些认为福尔摩斯和罗宾汉是真实人物的回答，我也不觉得有什么稀奇。首先，对福尔摩斯的崇拜在伦敦已经形成了一种产业，游客甚至可以前往贝克街造访他所谓的寓所；其次，罗宾汉这一形象也的确有其现实生活中的原型（唯一让人觉得不靠谱的是，在封建经济时代，那是一个劫富济贫的英雄，而在市场经济时代，他却在干劫贫济富的行当）。其实，我小时候一直以为"水牛比尔"是一个虚构的角色，直到父亲告诉我说，这个人不仅真实存在，而且他还亲眼见过：那时，他的马戏团在美国西部已经不再吃香，便来到了意大利的皮埃蒙特，来到了我所在的城市。

然而，有一个情况的确值得重视。当人们向意大利的年轻一代（就更别提美国的年轻人了）问起有关历史（哪怕是过去不久的现代史）的问题时，他们的记忆非常模糊。某些问卷调查显示，有人认为阿尔多·莫罗②是"红色旅"头目，阿尔契德·加斯贝利③是法西斯头子，佩德罗·巴多格里奥④是游击队员，如此等等。或许有人会问："事情已经过去很多年了，一个十八岁的小伙子为什么要知道五十年前的政府领导是谁呢？那时他们还没出生呢！"能说出这话的人想必是法西斯学校的毕业生。而我在十岁时就已经知道二十年前"向罗马进军"时期的总理是路易吉·法克塔；十八岁时，我已经了解谁是乌尔巴诺·拉塔齐和弗朗切斯科·克里斯皮，并知道发生在前一个世纪的许多事情。

如今，人们与历史的关系已经发生了变化，恐怕在学校里也是如此。从前，我们对过去的事情很感兴趣，因为关于当下的消息并不丰富。想想看，一份日报只有区区八个版面。然

---

① *Eleanor Rigby*，英国摇滚乐队披头士一首歌曲的名字。
② Aldo Moro（1916—1978），意大利政治家，曾两次出任意大利总理，一九七八年遭"红色旅"绑架并被杀害。
③ Alcide de Gasperi（1881—1954），意大利政治家、天主教民主党创始人。
④ Pedro Badoglio（1871—1956），意大利元帅，二战末期推翻墨索里尼政府，与盟军签订停战协议。

而，随着大众传媒的发展，大量关于当今社会的信息迅速传播。通过互联网，人们可以搜寻到那一刻在世界各个角落发生的数以百万计的新闻（哪怕是最无足轻重的小事）。当然，媒体上也能找到许多关于过去的信息，例如古罗马皇帝的更迭、"狮心王"理查的生平，或第一次世界大战的详细过程，但这些信息往往通过好莱坞的电影或类似的媒体产业来呈现，并且与大量关于当今世界的信息混杂在一起。在这种情形下，一个电影观众就很难区分斯巴达克斯和"狮心王"之间的年代差异了。同样，虚幻与真实的界限也被彻底打破，继而消失不见了。大家说说，一个在电视机前看电影的孩子如何能够分辨斯巴达克斯是真实人物，而电影《暴君焚城录》里的维尼奇乌斯却是虚构的角色；卡斯蒂利昂女伯爵确实存在，而艾丽莎·迪·利凡布罗萨却是编出来的；伊凡四世确有其人，而蒙古暴君"无情的明"则只是电影中的形象？——在观众眼中，他们实在是太相像了。

面对此种"历史与当代重叠扁平化"的现象，美国文化界表现得相当淡定。你甚至能遇到某个哲学教授，说是否了解笛卡儿对于人类思考方式的论述无关紧要，因为更为重要的是现代认知科学的各种新发现。他们似乎已经忘了，认知科学之所以能够发展到今天的程度，也是因为早在十七世纪，我们的先辈已经开始了早期的思索。所以说，他们已经放弃了通过借鉴历史经验来指导今日研究的方法。

在许多人眼里，古为今用这句老话已经沦为德·亚米契斯式的老生常谈。然而，假如希特勒仔细研究过拿破仑为何会在俄国惨败，就不会重蹈他的覆辙；假如小布什仔细研究过十九世纪英国发起的阿富汗战争（或者是更近一些的，苏联与塔利班的战争），便会在当下的阿富汗战场上采取不同的策略。

表面看来，将丘吉尔当成虚构人物的英国傻子和自以为能在十五天内摆平伊拉克战局的小布什之间是风马牛不相及的，但事实并非如此。上述两种行为的根源都来自他们对历史的一知半解、糊里糊涂。

二〇〇八年

# 杀死年轻人，你好我也好

　　在上一期《快报》周刊上，我津津有味地想象了一番"维基解密"引领的透明化潮流将会给外交领域带来什么样的影响。当然，那是天马行空式的幻想，但即便是幻想，却也基于一个无法否认的事实：既然最隐秘的档案和机密都有可能泄露，那么一定会引发某种变革，至少是档案保存方式的变革。

　　新年伊始，我何不引用某些千真万确的事实数据，再来一番《启示录》式的浮想联翩呢？当年，圣约翰到底是凭他的《启示录》赚足了名声。直到今天，每当有灾难发生，人们还会拿他的预言牵强附会。既然如此，我不妨也毛遂自荐，当一回帕特莫斯岛①的圣约翰第二。

　　在我们这个国家（别处姑且不论），老年人的数量将越来越明显地超过年轻人。以前的人们只能活到六十岁，现在却能活到九十岁。这就意味着他们要多消耗三十年的退休养老资源。显然，这笔费用是需要年轻人承担的。可这些老年人偏偏还霸道得很，不到老态龙钟就绝不肯离开各类政府部门或私营机构的领导岗位（还有很多人明明已经年老，也没有退位让贤的打算），这样一来，年轻人找不着工作，自然也就供不起老年人的养老金。

在这种环境下，即使政府强制推行各类税收减免政策，国外投资者也望而却步，社会养老金的缺口也因此进一步扩大了。不仅如此，找不到工作的年轻人免不了还得靠父母或更老一辈的亲人接济。这无异于雪上加霜。

怎么办？最有效也最明显的方案如下：年轻人应该列出清单，将那些没有后代的老年人一举消灭。这样还不够，出于自卫的本能，那些有后代的老年人——即他们自己的父母——也将被赶尽杀绝。听起来很残酷，但过不多久，人们便会习以为常。父亲大人，您上六十岁了吗？既然人不可能长生不老，不如让全家人陪着您去火车站，把您送上开往"毁灭营"的人生之旅末班车吧。孙子们会跟您道别，说："爷爷，再见！"倘若老年人不从，年轻人便可通过举报，开展一场"猎杀老年人行动"。既然以前可以对犹太人展开猎杀行动，为何如今就不能将退休的老年人聚而歼之呢？

问题在于，那些尚未退休、仍然大权在握的老年人会甘心认命吗？或许他们会尽可能避免生育，降低将来出现潜在杀手的可能，这样一来，年轻人的数量还将进一步减少。此外，这些身经百战的老船长（老骑士）将会做出重要决定，忍着生不如死的巨大痛苦，将儿孙们斩草除根。由于老一辈的爱国主义和家庭观念较重，他们当然不会像年轻人那样，将其统统赶去"毁灭营"，而是择最为年轻的群体杀之而后快——有未来主义

---

① Patmos，爱琴海上的一座岛屿，使徒圣约翰曾被流放于此。据说，圣约翰就是在岛上的岩洞里完成了《启示录》。

者认为，只有这部分群体才是全世界"最干净"的人群。

接下来的后果便是我们的国家没有几个年轻人，却充斥着老骥伏枥、志在千里的老年人。他们将不辞辛劳地兴建人民英雄纪念碑，深切缅怀那些为了国家慷慨捐躯的人物。可他们的养老金将由谁支付呢？外来移民！移民做梦都想获得意大利国籍，迫不及待地要去黑市出卖自己廉价的劳动力，并且认为五十岁之内去世是天经地义的事情。如此，他们可源源不断地为我们的高强劳动力市场输送新鲜血液。

展望未来的两代人，将有上千万黑皮肤的意大利公民为一大批年逾耄耋、身体健硕、居于社会高层的白皮肤人士提供生活保障。这些受惠群体（系着丝巾、身着花边小衫的老太太）将在海边或湖畔的宽敞别墅里品威士忌、喝苏打水；那时，散发恶臭的大城市将变成有色僵尸聚集地，他们在那里醉生梦死，电视上放的也将是消毒水的广告。

总之，我坚信人类的进步好比大虾的步伐，欲进还退。与此同时，各位还会发现我们所处的社会已经与印度的殖民帝国、马来群岛和中非地区十分接近。至于那些倚仗医药学发展荣幸活过百岁的人士，他们必然感觉自己好似沙捞越王国的白人拉者——詹姆斯·布鲁克先生——大约只有从小读萨尔加里科幻小说的人，才会有如此雄心壮志吧。

二〇一一年

# 可怜的狙击手

我从几个同事那里听说，在一次三年制本科考试中，考官不知怎地向学生提了一个关于博洛尼亚火车站惨案的问题。那考生一脸迷惑，一副不知所措的样子。考官见状，转而问他记不记得惨案是何人所为。考生答曰："狙击手。"

其实，考官能够想象的错误答案有很多种，比如宗教激进分子或"撒旦之子"成员，但狙击手这个回答着实令人始料不及。按照我的猜想，那个倒霉孩子一定是模糊地想起了火车站墙体的某个裂口，结果导致大脑短路，将车站惨案同另一桩与庇亚门突破口相关的历史事件混淆起来了。于他而言，这两桩事件不过是虚空的声响。无独有偶，二〇一一年三月十七日，一档名为《土狼家族》的时事评论节目出了这样一道题：为什么选择某月某日作为意大利统一一百五十周年纪念日？当时，受访的议员（甚至包括某大区的政府官员）给出了五花八门的回答，有人说那天是"米兰五日暴动"纪念日，也有人说是为了纪念"攻占罗马"。

狙击手事件是一个具有典型性的例子，证明当今的年轻人对过往的历史（以及狙击手的故事）知之甚少。不久前，一些接受问卷调查的年轻人曾表示，阿尔多·莫罗是"红色旅"头目。相比之下，我十岁时已经非常清楚"向罗马进军"时期（我出生前十年）意大利政府的领袖是"愚蠢的法克塔"。我之所以知道这些，一方面显然是因为我上的法西斯学校天天在我耳边念叨。这不禁让我感叹，无论方式如何，詹蒂莱[①]的改革终归比杰尔米尼[②]的改革要成熟些。不过，也不能将所有的问题都归咎于学校。我认为，一定还有其他的原因。事实上，不仅是年轻人，甚至成年人也在遭受一种持续的信息屏蔽。我所说的屏蔽并不一定是该死的沉默造成的：有一种屏蔽叫作"过度喧嚣"。间谍和侦探电影中的罪犯可谓深谙此道，每当他们想秘密传递消息时，一定会将收音机的音量调到最大。那个可怜的学生大约并不缺少向他传输信息的人，相反，有太多人在他耳旁喋喋不休，以至于他没法筛选到底什么是值得记住的内容。他之所以对历史常识的认识模糊不清，并非因为没有人告诉他，而是因为那些可靠有用的信息已经被一大堆无足轻重的信息埋没了。由于获取信息的渠道完全处于失控状态，人们正面临另一种风险：不知如何区分真正必要的信息和毫无价值的胡说八道。

最近，人们就"越过出版社环节，自由印刷和发行书籍"的利弊展开了讨论。支持者认为，以前有许多杰出作家都因为出版社的不合理壁垒遭到埋没，书籍的自由发行显然是鼓励言

---

① Giovanni Gentile（1875—1944），意大利哲学家，曾任意大利教育部部长。
② Mariastella Gelmini（1973—　），意大利政治家，曾任意大利大学、教育及科研部部长。

论自由的春风。然而，我们非常清楚，许多书的作者都是标新立异的古怪人士，许多网站也是如此。大家如果不信，可以上网查看以下页面：nonciclopedia. wikia. com/wiki/Groenlandia。在这个页面上，你们会看到如下文字："格陵兰岛是一座位于地球角落的岛屿。倘若它真的存在，就能证明地球是方形的。该岛是全世界人口最为稠密的地方，其冰川……此外，它也是一个欧洲国家，至少我是这么认为的。我懒得去查世界地图，但愿大家愿意相信我的说法。该岛位于北半球，北方的北方。"

青少年如何会去怀疑面前这个作者在信口开河，如何会看穿此人在故弄玄虚，不好好说真话？书籍也会遭遇同样的情形。出版社通常不会轻易出版类似的作品，除非是在封面或勒口上特别说明，此书是一本充满欢乐调侃意味的作品。然而，一旦没有出版社告诉读者哪本书该认真读，哪本书该一翻而过，那时的我们该怎么办呢？

二〇一一年

# 两个令人愉快的惊喜

几个同事苦恼地对我说，在一次三年制本科考试中，一名学生把尼诺·比克西奥（Nino Bixio）①写成了尼诺·比贝里奥（Nino Biperio），这显然是因为近年来的短信简语让人们已经习惯将字母 x 拼写为 per②。这不禁令人颇为担忧："如今的高中究竟在教些什么？国立高中果真得让位给私立高中吗？"即使某些私立高中的确出色，他们最擅长的也只是推销富裕家庭的愚蠢子女。既然如此，我们的国立高中难道真的要退出舞台吗？

三月中旬，我曾前往阿尔本加，担任"一次转折"文学奖的评委。这原本是由乔尔达诺·布鲁诺国立高中设立的一个区域性奖项，但随着时间的推移，十四年过后，该奖已经成为全国性奖项（今年有来自二十九个省区、三十八所高中的一千二百余名学生参赛）。每年，大赛组委会都会邀请一位作家撰写一篇故事的开头，接下来的部分由参赛者自由发挥（比赛在统一场地举行，有着严格的规则）。所有的匿名作品首先交由内部评审委员会进行海选，再由外部评审委员会进行复选。经过数轮筛选之后，五篇入围作品将交由当年出题的特邀作家进行最终评判，选出最佳作品。

今年，作为该项赛事的特邀作家，我颇有兴致地给出了一个主题：一群疯狂的文人决定要给世界上最短的小说添加开头和结尾，他们各自提出不同的设想。那是奥古斯托·蒙特罗索③的作品，全文只有一句话："当他醒来，恐龙还在那里。"

诚然，在一千二百余篇参赛作品中，某些作品的价值的确不高（两个评审委员会的成员都曾向我抱怨说，他们在评审过程中感到十分尴尬），但必须肯定的是，交到我手里的五篇文章令我觉得难以取舍。鉴于这五篇作品全都彰显出非常出色的文学水准，我甚至试图通过抽签来决定最高奖花落谁家。不得不承认，这五个孩子的思想相当成熟，某些职业作家甚至会毫不犹豫地在他们的文章后面署上自己的大名。大家若感兴趣，可在下一期《字母》杂志上阅读这五篇入围决赛的佳作。在我看来，该赛事已经达到很高的水准。其实，不止这一所学校，从东北边境的戈里齐亚到南部的小岛，有三十多所高中都达到了类似的水准。

我所说的第二个惊喜来自皮亚琴察的梅尔基奥雷·焦亚中学。这所学校给我寄来了文科五年级某班和理科五年级某班学生一年的学习成果。那是一份包含四十四张精美彩页的日报，版式与《共和国报》十分相似，名曰《三色旗报》。该报在米

---

① 指 Gerolamo Bixio（1821—1873），又称 Nino Bixio，意大利将军、政治家，意大利统一运动期间的重要人物。
② 由于字母 x 与数学运算中的乘号十分相似，在意大利语中，乘号的说法 per 又与介词 per 重合，近年来，意大利年轻人常用 per 一词代替字母 x。
③ Augusto Monterroso（1921—2003），危地马拉作家。

兰市区定价五欧分，在外省定价七欧分，标注的出版日期是一八六一年三月十八日。

显然，这份报纸的主要内容是关于意大利统一运动的。报上发表了好些关于加富尔、卡塔内奥和马志尼的文章，还刊登了维托里奥·埃马努埃莱二世在议会发表的宣言。我还读到焦苏埃·卡尔杜齐的发言稿，马梅利的回忆录，一篇报道安徒生访问米兰的新闻稿，关于卡萨帝法案的反思，以及德·桑蒂斯关于委派新任教育部部长的建议。此外，该报还提到了刚刚当选美国总统的林肯和已经荣登普鲁士王位的威廉一世。出现在文化版面的有克里斯蒂娜·迪·贝尔吉奥索，哈耶兹，关于波德莱尔的《恶之花》的争论，伊波利托·涅沃去世的消息，对维尔加《山中的烧炭党人》的评论，社会名流威尔第，新鲜出炉的达尔文《物种起源》第三版，以及一篇关于利物浦的通讯：《足球，没有未来的竞赛》。尤为值得赞许的是，该报刊登的许多广告也相当有趣。

当年若真有这样一份《三色旗报》，是否能呈现如此丰富的信息，并且如此清晰明朗地反映出刚刚统一的意大利内部的诸多矛盾和冲突呢？这个惊喜同样来自国立高中。此刻，我坐等某些私立高中拿出令人振奋的成果来。

二〇一一年

# 异化的一代

　　我认为，米歇尔·塞尔代表了当今法国最为细腻的哲学思维。与所有优秀的哲学家相似，塞尔也懂得弯下腰来，思考一些现实问题。在此，我打算"无耻"地引述一篇（我的零星评论除外）他于三月六号至七号发表在《世界报》上的相当精彩的文章。对于较为年轻的读者来说，文章探讨的是他们的子女，对于更为年长的读者，文中提及的则是他们的孙辈。

　　首先，这些儿孙从未见过一头猪、一头牛或一只母鸡（这令我想起了三十年前美国的一项社会调查，说绝大多数生活在纽约的孩子都认为超市里的盒装牛奶与可口可乐一样，是人工合成的饮料），新一代人类不再适应自然界的生活，唯一令他们感到熟悉的只有城市（当他们去度假时，会住在被马克·欧杰称之为"非地方"的地方。未来的度假村将与新加坡的机场类似，处处呈现一派精致优雅、富有田园风情的人造自然）。这是人类自新石器时代以来所经历的最重要的人类学革命。新一代将生活在一个人口过剩的世界，期望寿命值已接近八十岁。由于其祖辈和父辈的长寿，他们若有遗产可继承，也得等到行将迈入暮年之时，而不是以前的三十多岁。

六十多年以来，欧洲的孩子们从未见过战争，加之医药科学的迅猛进步，他们不会遭受其祖辈曾经承受过的痛苦。他们的父母比我们的父母长寿（但大部分都已离婚）。在学校里，他们的身边坐着不同肤色、不同信仰，遵守不同习俗的外国孩子（塞尔提出，那首针对有着不纯血统的外国人的《马赛曲》还能唱多久？），他们对农村生活、葡萄园、侵略战争、死难者纪念碑、被敌军撕扯的旗帜以及对伦理道德的急切渴求一无所知，鉴于此，文学作品何味之有呢？

他们将是被成人媒体滋养的一代，已经习惯了每一帧画面只持续七秒，每一个问题只用十五秒回答。他们在电视里看到的，将是自己根本不曾在日常生活中见识的情景：血肉模糊的尸体、山崩地裂、践踏与毁灭。如塞尔所说："十二岁的孩子已经在成年人的压迫下看过两万次谋杀的过程。"电视节目里充斥着滥用缩写和外文词汇的现象，孩子们已不再有母语的概念，也不记得什么是"十进位米制"，因为那时的航空公司积分都按英里来计算。学校不再是传道授业的场所，孩子们将会习惯以虚拟的方式在电脑前度过大部分时光。新的一代不再用整只手写字，而改用食指敲击键盘，因此"激发的不再是原先的神经元或大脑皮层"（大脑完全演变成多任务处理器）。如果说，今天的我们生活在一个可以感知的度量空间里，未来他们所生活的世界将是一个没有任何远近之分的虚拟空间。

关于如何满足未来世界的全新教育需求，塞尔进行了一系列反思，我不再赘述。然而，按照他的宏观展望，我们将经历一个颠覆式转变期（与古人先发明文字，又在许多世纪后发明印刷术这一过程相似，方向却完全相反）。不过，当今的科技发展速度可谓一日千里，与此同时，我们自身也在发生变化：出生、死亡、病痛、医疗、职业、空间、习惯、存在……这些行为都在改变。为什么我们至今没能适应上述转变呢？塞尔认为，这或许是哲学家的过失：他们原本应该十分关注理论知识与实际情况的演变，却不够尽职尽责。因为许多哲学家都"投身于夜以继日的政治生活，没能察觉到当下日新月异的变化"。我不知道塞尔的观点是否完全正确，但从某种意义上来说，的确是不无道理的。

二〇一一年

# 六十岁的好汉，你们都去哪儿了？

　　阿尔多·卡鲁佐在四月二十五日的《晚邮报》上发表了一篇谈论（四十六岁的）恩里克·莱塔的文章，称他为八十年代的小伙子，即一个成长于"热衷星期六夜晚、对政治不感兴趣的年代"的人。卡鲁佐随后说，八十年代是一个存在争议的时期：在某些人眼里，那个年代雅痞流行，米兰是醉生梦死之地，各种意识形态相继坍塌；但在另一些人眼中，八十年代却有着相当关键的意义。在一九九七年的一篇专栏中，我曾表示，八十年代之所以伟大，是因为冷战在那时结束，苏联在那时解体，生态主义在那时兴起，志愿者运动在那时起步，痛苦却具有划时代意义的移民潮（由第三世界国家拥向欧洲）在那时初露端倪，个人电脑革命在那时拉开了第三个千年的帷幕（尽管当时的人们还不曾察觉）。因此，我们如何能将八十年代视为死气沉沉、毫无生机的十年？至于那个年代孕育了怎样的一代人，我们拭目以待。显然，莱塔只能算是第一只报春燕，而九年后出生的伦齐直到九十年代才算成熟起来。

　　我想谈的是另一个问题。最近的危机表明，我们的"九〇

74

后"制造了好些运动，却还未打造出真正的领袖。上个星期，几乎所有关于人格魅力的讨论都是围绕那些年龄在八十岁上下，甚至超过八十岁的人士展开的，如纳波利塔诺、贝卢斯科尼、罗多达、马里尼等，至于七十五岁的阿玛托、七十四岁的普罗迪和七十岁的扎戈莱波斯基，都要算作年轻一代了。为什么在高山仰止的老一辈和八〇后新一代之间，存在如此之大的领袖空缺？因为我们缺少出生于上世纪五十年代的一代人，即在一九六八年前后满十八至二十岁的人。

当然，任何规则都有其例外。我们的确可以列举出贝尔萨尼（一九五一年）、达莱马（一九四九年）、朱利亚诺·费拉拉（一九五二年）等名字，甚至还能算上格里罗（一九四八年），然而，前三位经历了一九六八年的学潮（包括一九五八年出生、更为年轻的温多拉也是如此），而格里罗当年还在当演员。总之，曾经的六八学潮干将从未参与政治角逐，也未曾成长为真正具有国际影响力的中流砥柱。

他们其中一些人陷入了恐怖主义的泥沼，卷入议会外斗争；另一些人选择担任较为低调的政治职务（如卡帕纳）；还有一些人（他们的革命激情只是装模作样，或者说是见风使舵之举）变成了贝卢斯科尼的幕僚。他们有的著书立说，有的发表政治评论，还有的干脆躲到了充斥着痛苦和不甘的象牙塔里。斯特拉达等人投身于志愿者运动。然而，在危急时刻，却没有任何国家拯救者挺身而出。

当年的六八学潮的确是一场颠覆全世界的运动，其中的参与者也的确心怀伟大的理想，这场运动令社会习俗和社会关系发生了部分改变，却始终没能触及最为核心的政治经济体系。

当年，他们的确风华正茂，得到无数青年男女的支持，甚至可以与政府首脑面对面交流（甚至对其恶言相向）。他们自以为无所不能，却忘了（或是还没来得及学会）一个普遍规则：在当上将军以前，首先得成为二等兵、下士、中尉，一步一个脚印地成长。若是刚上战场就当将军（只有在拿破仑所处的年代或庞丘·维拉率领的部队里才会出现类似的情形），最终只能落得个重返连部的下场，任何调兵遣将的技巧（绝非易事）也学不到。

当年，崇尚天主教和信仰共产主义的青年都知道，身经百战，方能指点江山。

将时间付之一炬的那一代人，最终也在岁月的长河里将自己的（政治）前途燃成了灰烬。

二〇一一年

# 迟钝的特雷莎

　　上期《快报》周刊刊登了我写给孙子的一封信。我在信里提醒他多做记忆练习，例如背一背童谣《机灵的特雷莎》①。他们这一代人正面临丧失个人记忆和社会历史记忆的双重危机。举个例子，有相当数量的大学生（我提到了具体的统计数据）都认为阿尔多·莫罗是"红色旅"的头目。这封给孙子的信是在十二月中旬写的，就在那几天，YouTube网站上出现了一条被八十万网友迅速关注，随后又被各大报刊相继转载的消息。

　　事关卡罗·孔蒂主持的智力问答节目——《遗产》。按照常理，节目组事先肯定会对参与者进行筛选，确保其具备令人愉悦的外貌、自然的情绪反应和一定的好奇心。当然，基本的常识也是必不可少的，至少不能在镜头前面红耳赤抓耳挠腮，却想不起加里波第究竟是自行车运动员、探险家、军事领袖，还是热水器的发明者。在最近的一期节目里，孔蒂向四位参赛者提出了如下问题："希特勒在何时被任命为德国总理?"四个选项分别是：一九三三年、一九四八年、一九六四年和一九七九年。第一位参赛者名叫伊拉利亚，是个年轻可爱的小姑娘；第二位名叫马泰奥，是个三十岁上下的壮小伙，剃光头，戴项链；第三位名叫蒂奇亚娜，是位风姿绰约的女士，看上去也就三十出头；最后一位参赛者的名字我想不起来了，总之是位戴眼镜的姑娘，看上去像是班里的学霸。

众所周知，希特勒死于第二次世界大战末期。鉴于其他几个年份均晚于二战，正确答案只可能是一九三三年。然而，伊拉利亚选择了一九四八年，马泰奥选择了一九六四年，蒂奇亚娜甚至大胆选择了一九七九年，最后那位选手只好选了一九三三年（当时，她故意表现得迟疑，不知是出于讽刺，还是出于惊讶）。

下一道题是关于墨索里尼接见埃兹拉·庞德的年代，选项还是一九三三年、一九四八年、一九六四年和一九七九年。坦白说，任何人（包括庞德基金会的成员）都没有义务知道谁是埃兹拉·庞德，我本人也并不清楚墨索里尼究竟是在哪一年接见了他。但有一点是众所周知的——一九四五年，墨索里尼的尸体被悬挂在洛雷托广场上示众。基于这一点，唯一可能的答案也只有一九三三年（话说回来，这位独裁者对美国诗歌流派的及时关注着实令我诧异）。雷人的一幕发生了：可爱的伊拉利亚勇敢地选择了一九六四年——不知她那甜美的微笑是否能换取观众的宽恕。

毫无疑问，主持人孔蒂惊讶得目瞪口呆。事实上，在

---

① 意大利诗人路易吉·塞勒（Luigi Sailer, 1825—1885）于一八五〇年创作的小诗，讲述了小姑娘特雷莎扑蝴蝶和放蝴蝶的故事，是一首朗朗上口、家喻户晓的民谣。

YouTube网站上观看视频的观众也是一片哗然。然而，问题并没有这么简单：镜头前那四位二三十岁的青年很有可能代表了一个庞大的群体。选项中的年代都在他们出生以前，对于他们来说，这些年代只是笼统地代表着过去，却没有了远与近的区别。倘若选项里有一四九二年，他们没准也会落入陷阱。

当然，这种对于历史的扁平化、模糊化认知古已有之。例如拉斐尔笔下圣母的婚礼，其中的人物居然穿着文艺复兴时期式样的服装。然而，当今的人们似乎无法为这种扁平化模糊的认知找到任何借口——哪怕是最普通的民众也能从互联网、电影院或（十分优秀的）国家电视台历史频道获取大量信息。我很好奇，在那四位参赛选手的脑海中，希特勒走上政治舞台的时期和人类登上月球的时期究竟有没有差别？亚里士多德认为，任何事物只要出现过至少一次，就有存在的可能。这样看来，很有可能在某些人（许多人？）的记忆里，一切都被压缩成永恒的当下，且那里的牛全都是黑色的。所以说，这个现象是一代人的顽疾。

不过我还是抱有希望，因为这条 YouTube 上的消息是我十三岁的孙子以及他的同学告诉我的（对此，他们哄然大笑，唏嘘不已）。或许，他们还能流利地背诵那首童谣：《机灵的特雷莎》。

二〇一四年

上网

# 貌似我的电子邮箱

我试图通过电子邮件联系一位美国同事,我在浏览器搜索引擎上发现了一种功能,可以让我通过人们的姓名找到他们的电子邮箱。我把同事的名字输了进去,然后看到了十几个不同的地址,有一个甚至在日本。怎么会这样呢?我用我的名字搜索了一下,然后发现了二十二个地址,其中有两个地址是我知道的,但都已经过期了,虽然我的名字没有出现在地址里,却还是被收录了进去。其他地址看起来都很正常,比如umbertoeco@hotmail.com,或者 umberto _ eco@hotmail.com,但让我惊讶的是,有一个地址也划归在我名下,就是 agartha2@hotmail.com。

阿加尔塔(Agartha)是我的小说《傅科摆》里世界的中心所在地,是一个常被神秘主义者提到的非常有名的地方。我明白,用这个名字做电子邮箱是一件很正常的事儿,因为在网上注册电子邮箱的人想取什么名字都可以,有人可能会选一个读过的作者的名字,假如愿意的话,他也可以选但丁·阿利吉耶里的名字。我觉得但丁肯定要比我更受欢迎,我一时嫉妒，就去网上查了一下，果然，但丁名下有五十五个邮箱地址，其中有 dante@satanic.org，danteSB@yahoo.com，alighieri@virgil. inferno. it，belzebius@ yahoo. it，divinpoeta@ yahoo.it，mostromaldino@yahoo.it。

我又选了一个富有争议的当代人物——萨尔曼·拉什迪，我一共找到了三十六个地址，其中有一些很普通，比如说 salman@ netcom. com，salman@ grex. com，salman. rushdie@ safe. com，还有一些令人不安，比如说 satan@durham.ac.uk，love@iraq. com，atheist@ wam. umd. edu，blasphem@ aol. com，sephiroth@ zombieworld.com，假如要给这些地址写邮件的话，可能会让人心生畏惧。但问题不在于这些怪异的邮箱地址，而是那些看起来很正常的地址。没人会想着但丁会回复一封电子邮件，但有一些天真的人可能会和 salman.rushdie@safe.com 联系，也可能会收到以萨尔曼·拉什迪的名义发送的一封传播病毒的邮件，所以唯一的解决方案就是：不要相信电子邮箱地址。网络提供的这个服务可能是完全无效的，就好像电话目录可以随便被人做手脚，他们可能会把贝尔蒂诺蒂①的电话放在贝卢斯科尼的名下，或者是把维多里奥·梅索里②的地址放在一个有名的脱衣女郎名下。

不信任原则已经在网络聊天中得到了广泛应用。所有人都知道，一个怀着恋爱情愫的小伙子，可能和某个名为科雷塔·巴尔博的女孩子网恋，事实上这个女孩可能是一名退休的元帅。在最近发生的"I-Love‐You 病毒"事件之后，这种原则变得

---

① Fausto Bertinotti（1940—　），意大利政治家，曾任意大利重建共产党总书记。
② Vittorio Messori（1941—　），意大利著名作家、记者。

更加广为人知。我们不仅不能相信那些来源不确切的消息，有时候也不能相信我们的常用联系人，因为病毒可能会通过他们的地址转发一些致命消息。

　　假如一份报纸明说自己只发布假消息，当然不会有人买，买来也是看着玩儿的。同样，我们不会掏钱买一份错误的列车时刻表，我们本想去巴蒂帕利亚，结果坐到了维皮泰诺。实际上，无论是报纸还是列车时刻表，它们和购买者都有一个隐形的契约，那就是它们提供的信息是真实的，这是一种不能违背的社会契约。然而，我们新千年最主要的交流和联系方式，都无法维护和参照这个基本契约，最后到底会发生什么事情呢？

二○○○年

# 如何竞选总统

第一个好消息，正如我在上一期《快报》周刊上所说的，你们登录www.poste.it，在上面注册用户，就可以通过电脑发信件或者电报，邮局会把这封信或者电报打印出来，发到你要发往的地方去，一封信的价格是一千七百里拉，这避免了火车运输邮件，在火车站堆积分拣的问题。意大利邮局真是太棒了（说起来都让人难以置信）！

现在有一个坏消息，是关于美国总统大选，很明显，他们用的分析选票的机器没有意大利邮局那么先进高效。其实解决方案也是有的，那是六十年代艾萨克·阿西莫夫在一本小说里提出来的，书名是《选举权》，这本小说的意大利语版是一九六二年十二月在银河出版社出版的。我简述一下这个故事：在很遥远的二〇〇八年（相对于那时候），美国要从两个总统候选人中选一个，他们的支持率难分上下，一直是50：50，当时的民意测验是通过一台非常强大的电脑来计算的，可以把数字结果做得非常具体，几乎接近实际情况。为了做出一个科学的判断，这台巨大的计算机马尔蒂瓦克（体量是半英里长，相当于三层楼高——这是科幻小说没能准确预测的事情）还需要考虑到人脑一些非常难以解释的表现。

在一个文明发达的国家里，所有人的脑子和思想基本上类似，这是故事一个显而易见的前提，马尔蒂瓦克只要对一个选民进行测试就可以了。就这样，每次进行选举的时候，计算机会随机选定一个州，然后随机选定这个州的一位居民，这位居民就会成为选民，美国的总统就根据这个选民的思想和心情选出。每一次选举，选民都会提出一个名字，他会说"我选马克·库默"或者"我选马勒"等等。

阿西莫夫通过一种引人入胜的语言，讲述了这件事在当选者家庭中引起的反应（这个被选中的人有机会出名，会接很多广告代言，前途无量，就像《老大哥》真人秀最后的赢家）。家中小女儿表现出来的惊异让人觉得很有趣，因为爷爷告诉她，以前所有人都参加选举，而她没法想象儿十万选民直接参加选举的情景，她觉得还是马尔蒂瓦克比较可靠。

卢梭早就否定了在大国实行全民民主的可能性，要实行全民民主，除非是一些很小的国家，大家都相互认识，比较容易聚集在一起。民主代表制度，也就是让人民每四年或者每五年选出可以代表他们的人物，这种制度在目前也陷入了危机。在一个以电子媒介交流为主体的文明社会里，所有候选人的观点都趋于一致，他们的提议也类似。这些候选人不是人民选举出来的，而是各个党派指定的，人民要在（别人选的）两个人中选出一个，这两个人也像两滴水一样，几乎没什么差别。这种局面会让人想到苏联，只是在苏联指定的人只有一个，人民只要投他就可以了。假如苏联人提出两个候选人，而不是一个，那苏联的民主就和美国的民主类似了。

我知道，在一个民主国家里，在仓促的选举仪式过后，那些执政者会受到媒体、反对党还有大众舆论的控制和监督，但其实也可以按照阿西莫夫提出的办法来做。

二〇〇〇年

# 黑客对于体制是必要的

最近在网络上发生了一些全球性事故，但我们并未觉得惊讶。众所周知，一种技术发展得越精密，就越有可能受到攻击。在一架螺旋桨飞机上，处理一个劫持者轻而易举，打开窗子扔出去就是了；但在一架洲际长途飞机上，一个手持打狗棒的疯子都会让人心惊肉跳。

问题在于科技发展得太快了，在莱特兄弟（飞机的发明者）第一次尝试飞行后，布雷里奥、冯·里希特霍芬、巴拉卡、林白和巴尔博又用了几十年时间，进一步改进了这种飞行工具。我现在开的汽车上的功能是我在刚拿驾照时开的那辆菲亚特600根本无法想象的，但假如那时候我就开上了现在的汽车，那么我很可能已经在某处撞得粉身碎骨了。幸运的是，我开过的汽车伴随着我的成长，它们的动力越来越强，我也因此而有了一个适应的过程。

但电脑就不一样了，我根本就来不及学习电脑的所有功能，或者说程序的运行，市场上就推出了新电脑、新程序。可能老电脑也够用了，但我没办法继续使用老电脑，因为新电脑上已经出现了一些必不可少的优化。虽然我们自己觉得没有那个必要，但这种更新速度首先是商业的需求，工商业都要求我们报废老机器，更换新机器。尤其是，我们无法阻止研究者研发出一些更强大的处理器。手机、录像机、掌上电脑和其他电子产品也都一样。

假如汽车每两个月就提高一次性能，那么我们的身体根本就来不及适应。幸运的是，汽车非常昂贵，高速公路的路况还是老样子，但电脑越来越便宜，而且网路也越来越宽，不能构成束缚，结果是我们还没把一台电脑的功能完全搞清楚，新一代电脑就已经面市了。这不仅仅涉及普通人的生活，还涉及监控信息传播的人，包括美国联邦调查局、银行，甚至五角大楼。

有谁一天二十四个小时都在琢磨电脑的用途，还有电脑能做的事儿？是黑客。他们就像那些在沙漠里苦修的人，每天都沉浸在（电子）思考里。你们有没有看到那个入侵克林顿邮箱的黑客的样子？黑客基本都是这个样子：胖胖的，笨手笨脚，四肢发育不协调，他们是在屏幕前长大的。只有他们才能完全掌握这种让人无法忍受的技术革新，他们有时间搞清楚新电脑上的所有功能，还有网络上可以做的所有事，但他们不会创建自己的思想，也不会把他们学到的东西用到好的方面，他们那种过人的能力只用于这些事情：劫持、骚扰，让全球系统陷入瘫痪。

在搞这些破坏时，很多人都带着一种西雅图精神，反对新出现的摩洛，但实际上他们是体制最好的合作者，因为要对付他们，系统必须要加速更新，这是一个死循环，因为那些破坏者会强化他们要毁掉的东西。

二〇〇〇年

# 这是个好玩的游戏！

假如现在又出现一个小说《洛丽塔》中的著名人物亨·亨伯特这样的人，带着一个小姑娘离开家，我们会马上知道他所有的事儿。他的汽车卫星定位系统能告诉我们他在哪里，他要去哪儿；他的信用卡消费记录会显示出在汽车旅馆他订的是一个房间还是两个房间；超市的闭路系统会拍摄到他买的是色情杂志还是一份日报，从他买的日报上，我们能看出他的政治倾向；假如他在超市里买了一个芭比娃娃，我们可以推测那个女孩是未成年人；假如他还上过恋童癖的网站，我们就可以得出应有的结论。假如亨·亨伯特这时还没有犯罪行为，我们会认为他的爱好非常危险，最好把他抓起来。假如那个小姑娘是他侄女，假如他的私人想象并没有得到任何施展，那也没关系，牢里多个无辜者，总比在社会上出现一颗危险的地雷好。

我说的这些都是可以实现的，弗里奥·格伦堡在他的著作《隐私》（里佐利出版社，2001）里加入了一丝科幻色彩，他想象有一种设备，不仅可以控制人的行为，还可以操纵人的思想。围绕这个设备，他建立起了一个至善的意识形态，非常合理，可以预防人们犯错，奥威尔的《一九八四》和这本书相比，成了一个皆大欢喜的故事。

你们读一读这本书，想想我们是不是已经接近了书中预言的未来。我想以这本书为前提，设计一个游戏，介于当前的现实和格伦堡预言的未来之间。

这个游戏被称为"意大利兄弟"，但这个模式在其他国家也可以推广，是《老大哥》真人秀的优化版本，不是让大家都待在电视前，看少数几个人在一个人工搭建的布景中的表现，而是要把在超市采用的监控系统扩展到整个城市，包括每条街道、所有公共场所，可能也会涉及私人住宅，观众时时刻刻可以看到所有地方发生的事情，可以看到其他任何一个公民的生活：逛街，购物，做爱，上班，车祸，争执。这是一个消遣，真实发生的事情要比演出来的更吸引人，我们每个人都有一点偷窥、说闲话的倾向，在这种情况下，我们的这些"爱好"可以得到极大的发挥。

我不否认这会导致一些问题：谁演？谁看？一开始，可能那些闲得没事干的人会观看，那些要办事儿的人会出演。可以推测的是，后来有人为了不让别人看到，他们会在家里待着，看别人演。但这个监控系统也会显示那些正在观看的人，可能会有七千万观众同时观看七千万观众，窥测他们脸上的表情。更有可能，被别人看到会成为一种价值的体现，所有人都会努力被别人看到。在这种情况下，谁当观众呢？每个人都需要一个小小的便携式屏幕，在他上演时也可以看到其他人的反应，但这个节目最后可能导致七千万人在行动时会不停地观察另外七千万人的反应，这简直像是抽风！他们走在街上，可能会因为看小屏幕上别人的反应而被绊倒。总之，我们有好戏看了！

二〇〇一年

# 课本和老师一样

政府提议用网络上下载的资料来替代学校课本（这样可以减轻学生书包的重量，也可以降低学校的课本费用），这个提议引起了各种各样的反应。教材出版社和书商认为，这对他们的行业是一个致命打击，可能会导致成千上万人失业。我坚决站在出版社和书商这一边，可以说，和他们出于同样的理由：在蒸汽火车出现时，那些生产马车、铺路石，还有赶马车的人也会抗议。在机械纺织出现之后，纺织工人会进行抗议（历史上也确实如此）。假如历史是按照政府设想的方向走，这些劳动力应该转向别的地方，比如说他们可以生产需要付费的网上教材。

第二个反对的理由是，这样一来，就需要给每个学生配备一台电脑，国家有没有这样的财力，这值得怀疑。假如把这个决定强加给学生家长，那他们要花的钱比买课本还要多。另一个方面，假如一个班级只有一台电脑，那么个人查询资料进行研究的可能性就没有了，这个方案的魅力也就没有了。除此之外，还需要每天早上用国家的油墨打印成千上万张材料分发给每位学生，就像慈善机构给流浪汉发面包那样。但有人可能会说，人手一台电脑终会实现。

但最主要的反对原因是：网络终究无法取代书籍，它只是书籍的一个非常庞大的补充，可以促使人们读更多的书。书籍仍旧会是提供和传播知识的主要工具（假如停电了，那孩子们学什么呢？），课本可以教育孩子们使用书籍，这一点是无法取代的。此外，网络虽然是一个非常棒的资料库，但网络上的信息是没有经过过滤的，教育的目的并不仅限于传播信息，而是教给孩子们筛选信息的方法，这是老师的职责，也是课本的作用。课本正是这样一个范本，它是从已有的信息海洋里筛选出来的，包括那些不怎么样的课本也一样（这就需要老师批评这些课本的片面性，然后把它们补充完善）。知识并不只是积累，更重要的在于筛选，假如学校里的孩子学不到这一点，那就不是好的教育，只能造成思想的混乱。

有一些被采访的学生回答说："如果用电脑取代课本，那真是太棒了！我可以只打印用得着的几页，而不用把整本书都带着。"这是不正确的想法。我记得我是在乡下上的初三，那是战争的最后一年，老师（那是在我求学生涯中唯一没有记住名字的老师）并没有教给我什么，我当时有些气愤，就一直在翻阅手头上的文学选读。在那本教材上，我第一次读到了翁加雷蒂、夸西莫多和蒙塔莱的诗歌，那是我个人成长中非常重要的发现。课本的价值就是让我们可以发现老师忽视（有时候是因为懈怠，有时候是因为时间关系），但其他人觉得非常重要的东西。

除此之外，课本还是上学时光的纪念，能勾起让人痛苦但又有用的回忆。那些临时打印的、需要马上阅读的材料经常会滑落到地上，可能上面也记着笔记，也划出了重点，但最后还是被丢弃了（这种情况在我们这些学者身上时有发生，更别说那些小学生了）。这些打印的东西不会在记忆里留下痕迹，他们绝对会忘得一干二净。

当然啦，学校课本要是能去掉一些彩色插图，就可以做得轻一点，便宜一点。比如说历史课本，说清楚谁是恺撒大帝就好了，假如学生有个人电脑，他可以在谷歌图片里查询恺撒大帝的画像、那个时期罗马的建筑，还有罗马军团架构的示意图，那肯定是很棒的体验。假如有些书籍能推荐一些比较可信的网站作为补充阅读材料，那就更好了，学生会觉得那是一种非凡的个人体验。除此之外，老师还要给学生讲解如何辨别哪些是严肃网站，哪些是粗制滥造、肤浅的网站。书籍和网络结合起来，当然比书籍和滑膛枪放在一起要强。

最后，虽然无法取消学校课本，但网络绝对可以取代词典，因为在学生的书包里，词典是最重的了。从网上免费下载拉丁语、希腊语或其他外语词典，当然会更加便捷。

但是，所有这一切都应该围绕书籍展开，虽然我们的总理说，他已经有二十年没看过一本小说了，但在学校里，并不是要教小孩子都成为总理，至少是不要成为和他一样的总理。

二〇〇四年

# 如何在网上抄袭

在网络世界里，关于维基百科的讨论最近变得很激烈。我不知道那些终端编辑是怎么检查来自世界各地的词条和解释的，就我而言，有时候我也会查一些我研究领域的东西，比如一本书的书名或者出版日期，我觉得维基百科做得很不错，里面信息很全。但这是一个开放的百科全书，人人都可以参与编写，所以它也有风险。比如在涉及一个人物时，会把他没做过的事情，甚至是一些该受谴责的行为也算到他身上。当然，在一些人的抗议下，相关词条会得到修订。关于我的那个词条，个人信息里有一些不是很准确，我对那个词条进行了修改，后来那个错误就消除了。除此之外，关于我的一本书的简述，我觉得有一个地方阐释得不对，在简述里说我发展了尼采的思想，但实际上我是坚决反对尼采的思想的，于是，我把develops（发展）改成了argues against（坚决反对），这条修订也被采纳了。

但这事儿还是让我无法安心，将来无论谁都可以在这个词条上做手脚（开玩笑的、恶意的，或者因为愚蠢），说我做了一些我没做过的事儿，或者说了我没说过的话。除此之外，网络上还流传着一篇文章，说我就是卢瑟·布利塞特——一个有名的造假者（尽管这些玩笑的作者已经浮出水面很多年了，都是有名有姓的人物）。假如我是坏人，我会去篡改那些我讨厌的作者的词条，我可以说他们弄虚作假，有恋童癖或者和撒旦之子有来往。

除了对词条的内容进行编辑和检查，有人建议对那些指出问题的人进行奖励，这样一来，那些假消息迟早会被人指出来。但愿如此，但要知道，我们在这方面也没有任何保证，没有一个充满智慧的特莱卡尼①先生编写《意大利百科全书》的所有词条，并承担全部责任和后果。

维基百科并不是网络上的大问题，相较于其他问题而言，还不那么让人担忧。一些非常可信的网站是由一些称职的人创办的，但围绕这些网站，常常会出现很多仿造网站，它们多是由一些心理失衡、居心不良的人或者纳粹分子制作的，并不是所有网民都能区分，这会让他们不知道该相信哪些网站。

这给学校教育也带来了很糟糕的影响，因为大家都知道，无论是小学生还是大学生，经常懒得去查阅书本和百科全书，他们会直接在网上搜索信息。一段时间以来，我都认为学校里应该开设一门非常基本的课程——教学生怎么在网上筛查信息，这也是一种非常难以掌握的技艺，因为我觉得，有些老师和学生一样没有经验。

有很多老师抱怨说，有时候让学生们写一篇小论文，甚至

---

① Giovanni Treccani（1877—1961），意大利企业家，曾出资创办特莱卡尼学院，编纂《意大利百科全书》。

是大学毕业论文，他们也从网上下载。如果他们从一个不可信的网上下载文章，老师可能会发现文章在胡说八道，但如果涉及一些非常专业的内容，老师就很难一下子发现学生抄袭的虚假信息。我们假定一个学生要写一篇论文，是关于一位并不为众人所知的作者，这位作者写了某部著作，老师对这位作者没有任何直接的了解，没有掌握一手材料，这时候怎么才能发现他根本没写那部作品呢？或者说，老师收到的每篇论文（有时候会是几十篇），他都能够核实资料的来源和出处吗？

不仅如此，学生完全有可能提交一篇看起来精确的论文（实际上也是），但他是直接从网络上复制粘贴来的。我倾向于不过于严厉地处罚这种行为，一个抄得好的学生应该得到一个不错的分数，因为抄得好并不是一件很容易的事儿。从另一个方面来说，网络不存在的时候，学生也可能会在图书馆找书来抄，除了在抄写的过程中要费力一些，事情的本质是一样的。总的来说，一位好老师总会发现一篇论文是不是抄来的，假如是没有任何原则的抄袭，他会嗅到那种气息（我要再强调一下，假如抄得有原则，那要向这个学生致敬）。

然而，我认为有一种非常有效的方法，可以在教学中把网络的这些缺点利用起来。可以给学生布置一些家庭作业，或者课堂作业，甚至是毕业论文，题目要求是：你们找到一个主题，在网上查询相关的论文，然后说明为什么这些文章不可靠。这样的研究是需要批判精神的，也需要对不同信息进行比较，这会有效地训练学生的辨别能力。

二〇〇六年

# 让诗人去哪儿？

　　上个星期六的《晚邮报》上展开了一场辩论，表面上看起来是关于夏天的讨论。所有一切都产生于南尼·巴莱斯特里尼[①]在《解放报》上面的访谈，这位长者虽然年事已高，但还是不能避免夸大其词，引起争议。他抱怨说，现在的出版业已经逐渐停止出版诗集了，多亏有了网络，才可以让所有人写的诗歌得到流传。很明显，巴莱斯特里尼说的是那些收录名家作品、推出新诗人的网站，他也承认，众多网站泥沙俱下，很难摸到门路，需要给读者推荐一些比较权威可信的网址。

　　记者采访了一些诗人和评论家，他们对这个观点表示了反对，主要有三个方面。首先（我觉得是对的），尽管有一些系列诗集已经停办了，但不能说出版社已经停止出版诗集了，有一些著名诗人，他们的诗集（我说的是当代诗人的作品，并不是过去的经典作品）有时候会卖到一万册以上。其次（我觉得太对了），对于那些想出名的年轻诗人，他们有其他渠道，比如说杂志、诗会，还有朗诵会。第三个原因，就像某个桂冠诗人说的："你在网上输入'诗歌'，会冒出很多呆板或者煽情的作品，还有很多村里痴汉的情感宣泄，博客就是给那些爱出风头、爱展示自己的人设计的，在网上能看到最糟糕的无病呻吟，简直一点儿也不着调。"

第三个反对意见也没错，因为在网络上，真的可以看到所有东西，但需要进行进一步反思，需要运用托马斯·阿奎那教给我们的方法，在听了他人的论证之后，提出正解。当然，系列诗集、诗会，还有诗歌朗诵会，对于年轻诗人和读者来说都很重要。

对于年轻诗人来说，在诗会上他们可以和别的诗人进行切磋，他们的作品会受到评论和筛选。我就直说吧，有些评论家会建议他们改行，他们有的人本来就在从事其他行业（识字的人中，有百分之九十迟早都会尝试写诗）。年轻读者需要一些人给他们提供一些保障，预先进行筛选。通常，年轻的诗歌爱好者会接受一些写得不怎么样的诗，或者认为一些模仿别人的诗歌是好作品。假如去找一些有名的丛书，他们可以对这些诗集的品位放心，因为他们阅读的东西是经过行家的筛选和认可的，那些行家是在阅读方面受过训练、嗅觉灵敏的人。

我年轻时是在一个外省城市度过的，我记得，在那里我顶多能买到蒙达多利出版社出版的"镜子"系列丛书，但我每个星期都会读《文学阅览》。这本杂志有一个专栏（就像其他杂志一样，也有《读者来信》栏目），会发表一些诗歌片段，都是读者投的稿，这些诗歌片段下都附带评论，有的是溢美之词，有的是鼓励，有的甚至是修订，有的则是无情的抨击，所有评论都基于那个时代的诗歌创作原则，还有评论者的品位。

---

① Nanni Balestrini（1935— ），意大利著名作家、诗人。

对于我来说，那是一个非常棒的文学评论课程，让我看到诗歌的风格而不只是动人的情感，最直接的结果是：我把自己写的诗都丢到废纸篓里去了（学界应该对《文学阅览》充满感激）。

有些网站是不是也具有同样的功能？有人可能会提出反对。当时只有一份《文学阅览》，是意大利文艺青年能在报刊亭买到的唯一文学艺术周刊。而现在，网络可以提供上万个类似的网站，在这种情况下，也会出现无法选择的问题。但我记得，在我那个年代也有一些免费的小册子，是诗人自费印刷的，尽管如此，我还是觉得应该相信《文学阅览》而不是其他那些破玩意儿（出于直觉，或者是别人的评论）。网络上的诗歌也有同样的问题，有人说诗会或诗歌杂志也是一个交流平台，他们说得对，但前提是这些诗人或严肃的诗歌读者要知道哪些网站是可信的。

其他人呢？那些宣泄情感的痴汉呢？还有那些迷恋网络，一天到晚都挂在网上，不知道有诗会和诗刊的人呢？就让他们自生自灭吧！就像在网络出现以前那样，有多少诗歌"旅鼠"都落入了虚荣出版的陷阱以及报上的虚假诗歌奖的獠牙之下，他们让那个地下的自费作者队伍更加壮大，他们平行于官方文学世界，这个世界无视他们，他们也无视这个世界。这种局面的好处在于，糟糕的诗人可以在网上发表那些"地下出版物"，他们就不会继续壮大那些欺世盗名的诗人的队伍。一切皆有可能，上帝的恩惠是无穷无尽的，在地狱的污泥里也可能会开出一朵鲜花。

二〇〇六年

# 老师有什么用呢？

最近有很多文章都在讲校园里的霸凌事件，我也看到了一篇，我觉得不应该定义为霸凌，顶多可以算得上言语莽撞，但无论如何，这都是一个值得深思的莽撞行为。事情是这样的，一个学生为了激怒老师，说道："请问，在这个网络时代，您还有什么用呢？"

这个学生的话说对了一半，至少在二十年前就有很多老师说过，学校里教的不应该仅仅是知识，更应该教给学生理念。小学的乘法口诀表，中学的马达加斯加的首都，到高中的三十年战争的日期，伴随着新事物的出现，我不说电脑了，就是电视，甚至是收音机、电影，都会让孩子们在学校之外获得这些知识。

我父亲小时候不知道广岛在日本，没听说过瓜达尔卡纳尔，对德累斯顿的了解也不是很确切，通过历险小说家萨尔加里的作品，他才对印度有所了解。在战争时期，通过广播，还有报纸上的地图，我从小就知道了这些地方，而我的孩子通过电视看到了挪威海峡、戈壁滩、霸王龙，看到蜜蜂如何在花上采蜜。现在的小孩对臭氧层、考拉、伊拉克和阿富汗都很了解。也许现在的小孩不知道干细胞具体是什么，但他可能听说过，而在我那个年代，即使是自然科学课的老师也说不上干细胞是什么。那么，老师在学校里教什么？

我说过，那个学生说对了一半，老师除了教书，还要育人。一个好的班级并不是能让学生记住多少历史事件的日期，而是能够建立一种持续的对话，一种观点的对照，讨论从学校里学到的知识和发生在校外的事情之间的差别。当然，电视会告诉我们在伊拉克发生了什么事情，但为什么那里总有矛盾，从美索不达米亚文明开始就一直纷争不断，而在格陵兰岛就不会这样，这只有在学校里才可以搞清楚。假如有人不同意这种说法，说是《面对面》节目里的权威人士也会谈到这个问题，那学校应该讨论《面对面》这个节目。

大众媒体会告诉我们很多事儿，甚至会传递给我们一些价值观，但在学校里应该讨论媒体传递这些信息的方式，无论是印刷品还是电视，对于它们的语气、论证的说服力进行分析，然后确认媒体传递的信息是否正确。比如说，我们从电视上学来的错误英语发音，如果不是老师纠正我们，那还有谁？

刚才提到的那位学生，他不是说他已经不需要老师了，因为收音机和电视会告诉他非洲的廷巴克图在哪里，或者说冷熔是什么；他也不是说老师的角色已经被碎片化的信息取代了。这些信息出现得非常随意、混乱，每天都涌现在各种各样的媒体上，我们对伊拉克了解很多，对叙利亚却不怎么知道，这都是源于小布什的好恶。这个学生想说的是：现在有了网络——所有百科全书的"母后"，在网上可以了解到叙利亚、冷熔、三十年战争，还有关于最大奇数的讨论。他想说的是网络上的信息量非常大，也很详细，可能要比老师提供的信息更加深入。但他忽视了非常重要的一点：网络提供了所有东西，但是它没有告诉你怎么查找、过滤、选择、接受或者拒绝那些信息。

要存放新信息，只要有点儿记性，所有人都能做到，但要决定记住什么，不记住什么，这需要技术，这就是一个上过正规学校的学生（尽管学习不怎么样）和一个自学的学生（尽管很有天分）之间的差别。

假如老师也不知道如何教学生做选择，那就悲剧了。不是说老师应该了解所有知识，他至少应该熟悉自己的领域，假如他没能力给学生进行直接具体的指导，他可以给学生提供一个范例，努力对电脑上提供的信息逐个进行判断。最后，他还可以经常强调知识的系统性，网络信息是按照字母顺序排列的，帖木儿和单子叶植物都会出现，但它不会告诉你这两个概念之间的联系。

对于这种联系的领悟，只有学校才能提供，假如学校没有办法提供，那他们应该想办法解决。否则三"I"——Internet（网络）、Inglese（英语）和 Impresa（企业）——只剩下第一部分，那就彻底悲剧了。

二〇〇七年

# 第五种权力

　　我们已经习惯于两个原则，其中一个可以通过一句西西里俗语表现出来："有权要比有情人更爽！"当然这已经是美化过的翻译，它是说"权力是最好的春药"。另一个我们习以为常的事情是：那些有权有势的男人如果想发生性关系的话，他们的目标很可能是卡斯蒂利昂女伯爵、玛塔·哈里、莎拉·伯恩哈特或者玛丽莲·梦露。

　　现在让人惊讶的是，政治上有权力或者生意上很成功的男人，他们已经不会被巴拿马运河上的生意伙伴所腐蚀，他们会让一些专业女性提供服务，预算不会超过一千欧元——这对于一个临时工来说并不是个小数目，但在蓬帕杜尔夫人那个好排场的时代，真不算多。现在这些人的口味会有所不同，有时候他们的交往对象不是高雅的交际花，而是变性人，甚至可能是在小胡同里饱经风霜的变性人。

　　不仅如此，很多人都渴望拥有权力，并不是因为这样一来他们在性方面会占优势，而是因为他们可以尝试各种类型、前所未有的性关系。需要注意的一点是，并不是过去那些有权的人对于肉欲都没有感觉，当然了，德·加斯贝利或者贝林格[1]在这个问题上都比较严肃。陶里亚蒂顶多是勇敢地离了一次婚，假如一个未成年女孩叫他"爹地"，那只能是他的养女。恺撒大帝来者不拒，无论是罗马军团的百人队队长、罗马女贵族，还是埃及女王；法国"太阳王"宠妃一大堆；维托里奥·埃马努埃莱二世喜欢漂亮的罗丝娜；肯尼迪就不用说了。这些伟大的男人好像认为女人（或者说男宠）是他们战斗的港湾，也就是说在找他们的女人之前，他们先要去征服巴克特里亚，羞辱维钦托利[2]，从阿尔卑斯山一直打到金字塔，或者先要统一意大利，性事只是一件锦上添花的事情，就像经过一天辛苦的工作，喝一杯加冰的马提尼。

而今天的权贵好像要先享受一下有电视女郎出席的聚会，他们才不管什么伟大的事业，或者说伟大的企业。

过去那些大英雄，他们醉心于普鲁塔克的作品；我们如今的英雄在夜半时分看点儿成人电影，或者兴奋地浏览色情网站。出于好奇，我上网查看了一下，有一百四十万个关于教皇庇护的网站，这真不错。我输入了"耶稣"，一共有四百八十三万个网站——这位拿撒勒人比那位皮耶特罗齐纳人的网站多。我输入了"色情"，出现了一亿三千万个网站！我觉得色情没有耶稣那么具体，我想应该把色情和宗教进行对比，就输入了"宗教"，出现了九百万多一点儿个网站，当然要比关于耶稣的网站多一倍，这在政治上是正确的，但相对于色情还是

---

① Enrico Belinguer（1922—1984），意大利政治家，曾任意大利共产党总书记。
② Vercingetorix（约前82—前46），高卢阿维尔尼人的部落首领，曾率领高卢人对罗马统治作最后的反抗。

太少了。

色情网站可以给那些因为任何原因不能进行真实性爱的人提供宣泄，或者给那些疲软麻木的夫妻提供必要的刺激（从这方面来说有积极的作用），但也会刺激那些性压抑者的想象，让他们通过强奸、猥亵和凌辱来发泄他们的本能。除此之外，色情视频会让你觉得，一千欧元的高级妓女会做一些芙里尼①想也想不到，甚至无法理解的事情。

我们不能只想着百分之三十上网的意大利人，其余百分之七十的意大利人在电视屏幕上平均每天也会看到十多次诱人的图像。那些图像要比在四十年代米兰权贵花大价钱买来的图片还要赤裸，当时他们可能会每年去看一次旺达·奥西里斯②的表演。现在一个正常人面对的性诱惑要比他祖父那一代多得多，你们想象一下，一个可怜的教区神父以前只能看着圣母，阅读材料仅限于《罗马观察家报》，现在他们每天晚上都能看到露着大腿的姑娘在扭屁股，然后人们又说，有的神父有恋童癖。

为什么不想一想，这些对性的过分刺激会影响担任公职的那些人物的行为，会引起物种的变化，甚至会改变他们的社会行为？

二〇一〇年

---

① Frine，公元前四世纪古希腊著名交际花。
② Wanda Osiris（1905—1994），意大利女明星。

旁注

　　有人曾经说过，社会学家就是那些在有脱衣舞表演的地方，关注的不是舞台，而是看台的人。我没办法看到色情网站后台会发生什么事情，我也没办法看到整个舞台。看一下网上的调查，那些色情网站的数量真是多到无法计算。根据二〇〇三年的一次调查，色情网站的数量大约有两亿六千万个，我觉得有些夸张，他们可能把一个载有卡罗尔·贝克衣冠不整的照片的网站也算作色情网站了。我们选一个网站作为例子，可能是访问量最多的，我看到那个网站上有七十一个分类，每个分类里都有大约上千个录像。我们还要考虑到这些网站每天都会更新（但他们也有可能会采用之前的录像），大概算一下，约有十七万个录像。从这个网站还可以链接到其他二十一个网站，考虑到有些录像可能是重复的，有些网站的规模比较小，算下来就有三百五十七万个，并没有两亿六千万，但至少有三百多万，这就是我们研究的这个现象的规模。

　　我没办法把这三百多万个网站都浏览一下，因为生命短暂，而艺术永恒。我随机看了一些网站，我不奢望能得到科学的、有说服力的结论，只是一些个人观点就够了。首先要说清楚的一点是，我的目光基本上都停留在女主角的面孔上（因为镜头都不会对准男性的面孔，一般只会落在他们的生殖器上），我注意到，大部分进行色情表演的女性，当她们张大嘴巴时（她们经常张大嘴巴，不仅仅是为了微笑，而是为了表达她们的满足），就会露出一口不怎么完美的牙齿。通常她们的门牙还说得过去，但她们的犬齿要么很小，要么是歪的，更不用说臼齿了，经常还能看到补牙的铅封。

假如一个女演员要到好莱坞发展，她们首先要整牙，但整牙的费用非常高昂，去过布加勒斯特牙医诊所的人都知道。那些参与演出的女性通常很美，或者算得上漂亮，她们都来自社会下层，没钱去看牙医。我不认为她们希望通过演出积攒足够的钱去整牙，据说愿意出演的姑娘很多，所以报酬应该不是特别高（尽管网上说，那些最受欢迎的艳星可能会挣到一万美金，但她们的花季很短，真正有名的艳星屈指可数）。也许，她们希望出现在电脑屏幕里，可能会有好莱坞大亨注意到她们，能帮她们把两排牙齿修整一下。或者事情并不是这样，她们知道，就凭她们牙齿的状况，是没办法去好莱坞发展的，她们只能满足于出演这种档次很低的三级片。

这告诉我们一个现实：那些无穷无尽、全天候从事色情行业的大部队都来自无产阶级，整个色情产业都是对那些没有希望的临时工的压榨，是买卖妇女的一种形式。

需要说明的一点是，那些访问色情网站的人，他们通常认为这些女演员不知廉耻举止轻浮，做这一行是出于爱好或者说放浪，这个想法会让他们更加兴奋，他们会觉得那些姑娘更加诱人。但实际上，她们干这一行是因为绝望，她们知道，她们的牙齿让她们没有未来，只有一个囊中羞涩的现在。

二〇一五年

# 教条主义和难免犯错主义

　　在上个星期天的《晚邮报》上，安杰洛·帕内比安科写了一篇文章，是关于信仰科学时可能会出现的教条主义。我特别赞同他的观点，而我想说说这个问题的另一个方面。

　　帕内比安科简要地解释了科学在本质上是反教条的，因为科学发展都是建立在尝试的基础之上，会出现各种各样的错误，而且（在这里我想加上皮尔斯，正是他激起了波普尔的灵感）科学隐含的一个原则就是难免犯错主义，因此它总是很警惕自己的错误。科学在新闻传播的简化过程中变得教条，这些介绍性的新闻会把一些人们相信会创造奇迹的发明，还处于探索阶段的事情说成绝对的事实。在接受绝对准则时，也很容易变得教条，因为每个时代的文化都被一种教条所主宰，不仅仅是达尔文或爱因斯坦主宰的时代，还有哥白尼的时代。每个科学家都坚持自己的观点，都认为与自己的观点不一致的人是疯子，包括那些认为地球是绕着太阳转的人。革命性的创新总是发生在有人对主宰性的教条产生质疑之时，我们怎么来解释这个问题？当科学隐藏在某个教条之中，可能是为了保卫自己获得的领地，它就会像疯子或者异教徒一样迫害那些反对它的人，这难道不是一种教条的表现吗？

这个问题非常严重。教条总是被捍卫，或者被反抗吗？现在，一种文化（也就是一个特定群体共享的一种知识体系、观点、信仰、习俗和历史遗产）不仅仅是事实的堆积，也是一个沉淀后的结果。文化有一种能力，就是会丢弃那些没有用的或者不必要的东西。文化和文明的历史是由那些难以计数的、被埋葬的信息组成的。对于一种文化来说是这样，对于我们的个人生活也同样如此。博尔赫斯写了一个短篇小说叫做《博闻强记的富内斯》，里面有一个人物富内斯，他能记住所有事，在每棵树上看到的每片树叶，他一生中听到的每句话，他嗅过的每种气味。他说过的每句话，他都记得清清楚楚。尽管如此（或正是因为这个缘故），富内斯是一个彻头彻尾的傻子，因为他是一个没有选择和丢弃能力的人。我们的潜意识在运转，因为它在不停地丢弃。假如有什么不对头的地方，一个人可以去找心理分析师，重新找回那些因为出错而被丢弃的、对我们有用的东西。但幸运的是，其他大部分记忆都被消除了，我们的灵魂正是由这种不间断的选择性记忆组成的。假如像富内斯那样，我们就是没有灵魂的人。

这样一来，一种文化和它的教条就是一个大家共享的百科全书，它不仅仅是由保存下来的东西组成的，而且可以说是由它抹去的东西组成的。在这个大家共享的百科全书之上，人们可以进行讨论。为了形成一些大家都理解的讨论，我们需要从已经存在的教条开始，不说别的，就是为了确保这些教条已经站不住脚了。假如没有对托勒密教条的否决作为背景，人们会

112

无法理解哥白尼的论述。

现在的网络就像富内斯，它提供的所有信息都乱七八糟地堆积在一起，没有经过过滤、沉淀和整理，它使得每个人都可以建立自己的百科全书，或自由的信仰价值系统。在网络上，所有一切都可以共存，就像在每个人头脑里发生的事情一样，无论是水还是 $H_2O$，或者是太阳绕着地球转，原则上可以形成六十亿个不同的百科全书，人类社会就会变成六十亿人零碎的交流，每个人说的话都不相同，只有说话的人才能知道自己说了什么。

幸运的是，这只是理论上的推测，因为科学界会对语言进行监控，使得共同话语能得以传播。他们知道，要推翻一个教条，首先要承认这个教条的存在。对教条的捍卫当然会很容易产生新教条，但在这个矛盾之上，知识才得以发展。为了避免仓促结尾，我要说，我完全赞同帕内比安科最后引用的科学家常说的一句话："我不知道，这是一个非常复杂的问题，我要研究一下。"

二〇一〇年

## 玛丽娜！玛丽娜！玛丽娜！

我收到一封电子邮件（你们可以体会一下这封邮件的措辞和语法）："你是我想深入了解的男人。你好。我的称号是玛丽娜，我三十岁。我看了你的介绍，我决定写给你。你怎么说？我的精神世界很美好。我要找一个人发展一段严肃的关系，你在找一个什么类型的关系？我很感兴趣认识你，但我们最好先通信，这是我的电子邮箱：abhojiku@nokianail.com，或者你把你的 Email 邮箱给我，我写你。我希望你不写给我这种事不会发生。我很高兴能得到你的看法。我迫不及待地等你的邮件。你的玛丽娜。"

附件的照片简直可以媲美环球小姐，可以直接邀请到阿尔科雷别墅的奢华晚宴上。我们要问自己了："像玛丽娜这样一位美丽的少女，怎么会在网上寻觅一段'严肃'的关系？"那张照片可能是在网上找的（就像出现在《谜语周刊》填字游戏里那些没透露姓名的演员），在玛丽娜的背后其实是一个神秘人物，可能会引起萨维亚诺①的兴趣。但谁知道呢，蠢人一抓一大把，我在这里也写上了玛丽娜的电子邮箱，可能会有人给她回信，期望发展一段美好的友谊，但我要说：后果自负。万娜·马尔奇②的客户、那些凡事都看星座的人，还有上次大选的很多选民都可能成为这个虚拟的玛丽娜的潜在网友。

说到虚拟，很多人都知道（因为网上的回应很多），最近推特上有一个假冒我的账号，发布消息说《达·芬奇密码》的作者丹·布朗去世了，而另一个账号宣布了我的死讯。尽管所有信息部门都宣布说这是谣言，但是我看到有人理解为：我的一个"真实"账号发布了一则"虚假"的消息。总之，那些沉迷于网络的人有时会变成瞎子，我希望卡萨雷乔（好像他认为网上出现的事情都是真的）能和玛丽娜联系一下，他们真是天造地设的一对。

对于那些告诫孩子们不要轻信网络的老师，你们可以让他们上这个网站 http://piazzadigitale.corriere.it/2013/05/07/storyful-il-social-checking-anti-bufala，这里列举了许多识别网上谣言的办法（幸运的是，网络里除了有虚假的东西，还会提供揭穿骗局的方法，只要学会如何甄别就好了）。

但网上这些蛊惑人心的东西还是祸害了一些人，上个星期就发生了这样一件事。消息说，在罗马有一个二十三岁的小伙子，他住在一栋楼的九层，他骑在阳台的护栏上，拿着一把刀对着自己的肚子，威胁说要自杀。这时候，亲戚朋友、警察和消防员都拿着气垫站在楼下，却没办法让他放弃轻生的念头。直到后来这个小伙子说，他要参加一场真人秀，还要坐一辆加

---

① Roberto Saviano（1979—　），意大利记者、作家。处女作《蛾摩拉》揭秘意大利黑帮组织，为他赢得多项大奖，也招来生命威胁。
② Vanna Marchi（1942—　），意大利著名星象学家。

长轿车去。那些警察想起附近恰好有一辆加长轿车，是前一天做广告用过的，就让人把那辆车开了过来，小伙子这才从阳台上下来。

这件事要说明什么呢？唯一"真实"的、能让一个人放弃轻生念头的办法，就是许给他一个虚拟的现实。那个小伙子精神是有问题，但这也不能让我们觉得心安理得，因为我们很容易联想到那些相信真人秀的人（就是那些会给玛丽娜回信的人，他们可能会通过心理疾病测试，但他们会相信网上说的类似这样的信息：袭击"双子塔"的人是小布什或犹太人），因此虚拟的问题（除了一些特殊情况）不仅仅是病人的问题，也是健康人的问题。

二〇一三年

# 宇宙光那婊子

有一个朋友批评了我的上一篇专栏文章，说在意大利这么糟糕的情况下谈论007里的马提尼鸡尾酒，就像泰坦尼克号下沉时船上乐队的表现。说真的，我认为（事情真的是这样）泰坦尼克号上的乐队是整个事件中唯一表现得很专业的一群人，因为当所有人都惊慌失措、方寸大乱，甚至表现得自私自利时，他们的表现就像尼尔森在特拉法尔加海战之前说的那样："英国需要那些履行自己义务的人。"无论如何，我不想让人觉得我是一个躲在象牙塔里，只会愤世嫉俗的人，我现在要说两个很有分量的政治问题。

关于新语言　好像最新的政治词汇是：婊子、嫖客和去你妈的。请原谅，因为作为专栏作家，我不得不采用一些与之前时代不同的词汇，比如说持不同政见者、潜在反应、工人阶级。

最让我惊异的是这些新词汇里夸张的男权主义倾向，原创歌手巴蒂亚托用"婊子"一词来称呼一些议员（这当然是欠考虑的），所有人都觉得很气愤，觉得这是一种粗鲁的攻击，这还得罪了那些女议员。为什么人们一听到婊子这个词马上就会想到女性呢？这个词现在也经常被用于指代那些出卖自己的选票，在党派问题上朝三暮四，或者在议会上宣称露比①是穆巴拉克孙女的议员。我觉得即使是齐基基②，在他实验失败、极端愤怒时也会冒出来一句："宇宙光那婊子，简直让我抓狂！"他是想说那些可爱的"实体"和夏娃一个性别吗？哎呀，我们所有人都是男权主义者，我们觉得除了妈妈，所有婊子都是女的，所有女的都是婊子。

　　关于推特的一点感想　这是一个推特爆炸的时代，就连教皇都在使用它。这个全球性的、大家都参与的媒介应该取代民主代表制，但它存在两个悬而未决的问题。首先是推特只允许发表一些很简洁也很表面的言论，大家都知道，那就像用一百四十个字把《纯粹理性批判》写出来。第二个问题是：推特不是让人简洁，而是让人压缩。

　　请允许我缓和一下这两个问题的严重性。手机短信让年轻人编写和理解一些电报式的表达，但不要忘了，第一则电报是萨缪尔·摩尔斯在一八四四年发的，然而，在"母病，速归"或"祝贺卡特琳娜"出现之后很多年，还是有人像普鲁斯特那样写作。人们学会了发短信，但一九八一年，马尔科·博阿多在议会上做了一个持续十八个小时的发言。

　　至于推特教大家长话短说，我觉得这是夸大其词，写一百

---

① Ruby，意大利新闻人物、雏妓，贝卢斯科尼涉嫌与之有染。
② Antonino Zichichi（1929—　），意大利物理学家。

四十个字也有可能拖泥带水。当然了，这个消息："起初，神创造天地。地是空虚混沌，渊面黑暗；神的灵运行在水面上"，我觉得这段话应该得普利策奖，因为它通过三十一个字就说明了读者想知道的信息。可以用更简洁的方式说明一些更加机警、更加深刻的问题（失去父母中的一个可以看成是一种不幸，失去双亲看上去就像是一种粗心。所有糟糕的诗歌都源于真情实感①），或者说一些影响了人类历史的句子和概念，比如："遵命！②""我来，我见，我征服！""我们向前走吧！③""我们不能（不谈论耶稣）！""我们在阴凉处作战！④""要么建立意大利，要么死！"

　　推特用户们，你们试试把福斯科洛翻译成现在的话，我建议你们简明扼要。

二〇一三年

---

① 王尔德的名言。
② 加里波第给国王发的电报。
③ 意大利爱国主义者阿马托雷·谢萨（Amatore Sciesa, 1814—1851）在临刑前，刽子手带他从他家楼下走过，说如果他说出其他同伴的名字，就释放他。他用方言说了一句："我们向前走吧！"
④ 温泉关战役中的名言，因为弓箭遮天蔽日。

论手机

# 手机新语

上世纪九十年代初，手机还只是少数人的专利。然而，这为数不多的手机持有者已经将火车上的旅途搅扰得嘈杂不堪。当时，我曾愤然写过一篇专栏，说手机这种物件，只配给等待器官移植的病人、管道工人（由于身体状况和工作性质的关系，这两类人都必须随叫随到）和偷情者使用。除此之外，任何其他使用手机的行为——尤其是在火车或飞机上通过手机就一些原本不应被他人听见的事情（如个人行迹、某金属型材、银行按揭事宜）高谈阔论——都是自降身份的表现：真正的大人物根本不带手机，他们有秘书随时通报往来信息。所以说，需要使用手机的，要么是中层职员（必须随时随地回应领导的指示），要么是小业主（银行需要时不时地联系他，通知他的账户赤字）。

至于偷情者，到目前为止，他们与手机的关系至少发生了两次重要变化。起初，他们不敢使用这种极为私密的联络工具，因为一旦买了手机，其配偶便可将其视为偷情的铁证。后来，情况发生了反转，鉴于手机已经成为人手必备的工具，那么使用手机进行联络的行为也就失去了证实奸情的作用。如今，情人们大可坦然使用手机，只要偷情对象不是公众人物——否则，他们的通话必然会被窃听。但无论如何，手机使用者的草根身份并没有发生任何变化（至今没见过任何一张"小布什接听手机"的照片）。然而，手机的确变成了一种母亲与子女之间（过度）联络的工具、高中毕业会考的作弊工具和摄影强迫症患者的拍照工具。现在的年轻人已经抛弃了戴手表的习惯，他们更喜欢通过手机来掌握时间；人们发明了短信，还有每分钟更新一次的各类手机报；此外，还能通过手机上网收发邮件。论及手机最精妙的功能，就在于它几乎成了一台便携式电脑——从社会意义和科技手段来看，这是一项根本性的变化。

离了手机，人们还能活吗？"因手机而生存"体现了与当下紧贴的心态，也表达了与人保持联系的急切渴求，却剥夺了一切独处和自省的空间。心中存有自由的人（无论是外部环境的自由还是内心世界的自由）会利用科技手段提供的种种便利，却独独不会使用手机。当他们打开手机时，至多是为了叫一辆出租车，或是告诉家里人火车晚点了三个小时，绝不是等着被别人呼叫（所以他们大多数时间都关机）。每当有人批评我关机的习惯时，我总会向他们讲述一个沉重的事实：四十年前（那时还没有发明手机），当我的父亲去世时，我正在外地，因此，当我得到消息时，已经晚了好几个小时。然而，晚的这几个小时并没有对事情的发展造成任何改变。即使我在十分钟之内就得知了父亲去世的消息，事情也不会有任何变化。换言之，通过手机实现的即时通讯与生老病死等人生大事并没有多大关系，对研究亚里士多德思想的学者来说，手机起不了多大作用；同样，对那些正为上帝是否存在而绞尽脑汁的人而言，手机也帮不上什么忙。

这么说，对于哲学家而言（除非他想用书包装下三千本关于马勒伯朗士的文献），手机是毫无价值的了？非也！恰恰相反，许多科技创新成果深深地改变了人类的生活，以至于成为哲学探讨的论题——文字的发明引发了从柏拉图到德里达无数哲学家的思考，而纺织机的发明则是马克思探讨的重要对象。令人费解的是，有许多看似重要的发明却鲜有相关的哲学思考，例如汽车和飞机（当然，它们改变了人类对速度的衡量尺度）。这其中的缘由或许是因为汽车、飞机等工具只在特定时刻被使用（除非我们是出租车司机、卡车司机或飞行员），而文字和那些与日常劳作相关的机器则对人类生活的每时每刻都产生了根本性的影响。

最近，毛里奇奥·费拉里斯专门写了一部谈论手机的书，题为《你在何处？手机本体论》（邦皮亚尼出版社，2011[①]）。尽管标题可能会令人产生误会，以为本书是一部异想天开的调侃之作，但事实上，作者进行了一系列非常严肃的思考，并让读者与他一道进行了一场陷阱遍布的哲学游戏。由于手机深刻改变了人类的生活方式，因此已成为一件"在哲学层面上非常有趣"的事物。它集掌上记事本、微型电脑和上网功能于一身，正在由"口头联络工具"逐渐转变为"书面联络工具"。此外，它还是一种无所不能、善解人意的"记录工具"。想想看，那些与德里达有着相同志趣的人，一听到"书写""记录""注册"等词汇，大概立马就会竖起耳朵吧。

---

① 原文如此。疑为编者添加。

该书的前一百页是从人类学的角度谈论手机——对于非专业的读者来说，这部分相当有意思。作者指出："使用固定电话联络"和"使用手机联络"是有着实质性差别的。例如，在固定电话里，人们往往问某某在不在家；但如果用手机通话，人们通常都知道接电话的人是谁（除非手机被人偷了），以及他是否在听电话（这改变了人们的隐私状况）。再比如说，通过固定电话，人们可以知道接听者身在何处，但手机通话却无法告诉我们对方究竟在哪里（假如对方使用的是国外通讯公司的网络，那么当他说出"我就在你背后"时，这句话也已绕地球跑了半圈了）。然而，我们虽然不知道通话者身在何处，通讯公司却对我们双方所处的位置了如指掌——所以说，手机虽然令人类摆脱了其他个体的控制，却将自身彻底暴露于奥威尔所说的《老大哥》真人秀的状态之中。

对于新一代"手机人类"，我们可以进行一系列悲观主义思考（充满矛盾色彩，因此格外靠谱）。有了手机，甲乙两人之间的面对面交流也将发生改变。此种交流将不再局限于两人之间，因为谈话会随时被第三个人的手机通话打断。如此，甲乙两人的交流要么是断断续续地进行，要么就会彻底结束。这样看来，手机这种主要的"联络工具"（令我随时出现在他人面前，也令他人随时出现在我面前）同时也会成为一种"阻联工具"（甲可以与所有人保持联系，唯独与对面的乙无法顺畅沟通）。在所有针对手机的乐观主义思考中，我最喜欢日瓦戈医生的例子。在电影里，日瓦戈医生在电车上看到了多年不见的护士拉拉，却没能及时下车与她相见，结果抱憾而终。假如他们两人都有手机，这个悲惨的故事又会有怎样的结局呢？费拉里斯在手机带来的利与弊之间来回摇摆（也属正常），时而分析它给人类带来的机遇，时而探讨它对人类生活造成的"阉割"，尤其是它剥夺了人类独处的机会和反思自身的可能，此外，还让人们无法摆脱那个永远也不会过去的当下。不是任何转变都能带来解放。

行文至三分之一处，费拉里斯话锋一转，由手机转到近几年来他持续关注的其他论题上面，包括对他所属流派的前辈（从海德格尔到伽达默尔和瓦蒂莫）的反驳、对后现代哲学的反驳、对其他某些不成形的理论的反驳，以及对如"自然之镜"般与真理完全相符的知识的坚定维护。当然，他的论证过程并非完全值得信赖，我的确没能环环相扣地跟上他的思路，弄明白费拉里斯是如何构建起被他称为"弱文本主义"的现实主义理论的。

如何能够从手机延伸至真理的问题？基于三种不同的客体：物理客体（如椅子、勃朗峰）、理想客体（如毕达哥拉斯定理）、社会客体（如《意大利共和国宪法》、为自己在酒吧的消费买单的义务）。前两种客体的存在不以我们的意志为转移，而第三种客体的效力发挥则基于某种"记录"和"注册"行为。费拉里斯正想尝试创建某种自然的"记录"和"注册"行为，手机恰好成为实现这一行为的不二之选。

书中还有不少精妙的观点，例如探讨"记录"行为（如银行账户、法律和任何形式的个人数据采集）和"交流"行为之间的差异的段落。费拉里斯对于"记录"行为的探讨相当精彩，但对于"交流"行为的分析则略显笼统（套用他在前一部作品中所说的，就像是在宜家家居购物）。鉴于专栏篇幅有限，在此我就不展开深入的哲学探讨了。

　　某些读者可能心生疑问，即使从分析"书写"或"签名"行为出发，也能得出类似的结论，既然如此，还有什么必要从"手机"开始探讨呢？毫无疑问，哲学家自然可以从一条蠕虫身上获得灵感，进而扩展到整个形而上学，但是，本书的最大亮点或许并不在于费拉里斯是通过手机展开了本体论思考，而在于通过他的本体论思考，作者本人和读者都真正地理解了手机。

二〇〇五年

# 生吞手机

我在上星期的日报上读到一则令人匪夷所思的消息："罗马，一名摩洛哥籍男子吞下一只手机，后被警方救下。"具体情况是这样的：一名警察夜间经过某地时，见一名男子倒地吐血，周围站着许多同一国籍的人。警察将该男子救起，送至医院。医护人员从他的喉咙里取出一只诺基亚手机。

在我看来，一个人无论如何变态，都不可能吞下一只手机（除非是诺基亚的创意广告）。报纸就此提出假设，认为该事件很有可能是假钞团伙内部的报复行为。手机似乎是在外力作用下被生生塞进了受害者喉咙里，因此，这并非"生吞手机"事件，而是报复事件（或许受害者曾给不应该的人打了电话）。

"口中的石块"曾是黑手党最具污辱性的惩罚手段：将泄密者尸体的口中塞入石块（朱塞佩·费拉拉还曾拍过一部同名电影）。或许这一习俗已经传给了其他国家——对此倒也不必大惊小怪，黑手党已经成为了国际化现象。几年前，我去莫斯科出差，有人还向我的俄语翻译打听，意大利语中的黑手党怎么说。

然而，在这一案件中，被塞进嘴里的不是石头，而是手机，这一做法令我感到大有深意。新型的犯罪已经摆脱了乡村特色，越来越具有城市化和科技化色彩。被害者不再被五花大绑，而是被弄成一个"机器人"。不仅如此，把一部手机塞进嘴里就好比把睾丸塞进嘴里——两者都是最私密的物体，是身体的组成部分。手机是更大的眼睛、更尖的耳朵，在某些情况下，还是更长的阴茎。将一个人的手机塞进他本人的身体，就好比用他本人的五脏六腑勒死他自己。吞吧，有你的信息到了！

二〇〇八年

# 草莓奶油蛋糕

不久前，在罗马的西班牙皇家语言学院，我正要开始做讲座，一位女士将一束强光打在我的脸上（或许是为了调整她的摄像机镜头），晃得我看不清笔记。我很不客气地说道："由于工作性质不同，在我工作时，其他人请务必停止工作。"（类似的话，我对毛手毛脚的摄影师也说过。）那位女士关闭了摄像机，但脸色十分难看，像是遭受了语言暴力。上个星期，我在圣莱奥参加了市政府举办的一场十分有趣的活动——有人在皮耶罗·德拉·弗朗切斯卡的一幅画作中发现了蒙特费尔特罗的风景。当时，有三个人在我面前频繁使用闪光灯拍照，我不得不跟他们探讨一番什么叫作"教养"。

值得注意的是，上述两桩事件所涉及的人并不是《老大哥》真人秀里的无知者。他们理应具有一定层次的文化素养，才会自愿来参加这类讲座活动。然而，他们显然是患了电子眼综合征，令他们从原本希望企及的教养层次上一落千丈：事实上，他们对讲座的内容不感兴趣，只是想将整个活动记录下来，然后传到 YouTube 网站上去展示。他们宁可用机器去记录原本可以用眼睛观看的场景，并为此放弃了去真正弄懂发言内容的可能性。

由此看来，这种以电子眼取代大脑的到此一游式的做法已经让有文化的人群产生了思维上的异化。他们乐于出席各种活动，然而，当他们走出会场时，只会留下一堆照片（看到照片，大家便会知道，我是否一名脱衣舞女郎），脑子里却记不起任何与活动相关的实质性内容。我猜，倘若他们在周游世界的过程中一路拍照，很可能会在第二天就完全忘记头一天用机器记录的内容。

我曾多次提起，自一九六〇年起，我就不再拍照了。因为此前我曾前往法国参观各地的教堂，一路上疯狂地拍照。回到家以后，我不仅发现自己拍的照片质量相当差，而且已经想不起自己究竟看过什么了。从那以后，我就扔掉了照相机。之后的每次旅行，我都用大脑来记录看到的一切。为了留下纪念（主要是为其他人，而不是为了自己），我会买一些精美的明信片。

我还记得十一岁时曾被疏散到一个城市。刚一到那里，我就被环城路上一阵不同寻常的喧嚣吸引了。我远远地看见一辆卡车撞翻了一驾轻型马车，马车上是一对农民夫妇。女人被撞翻在地，脑袋开花，倒在一摊血泊和脑组织之中（至今回想起来，我仍感到毛骨悚然，那一摊东西像极了一个被打翻的草莓奶油蛋糕），她的丈夫紧紧地抱着她，绝望地哭嚎着。

当时，我吓得心惊胆战，没敢再往前走一步：不仅因为我是头一回看到脑浆在柏油路面上摊了一地（谢天谢地，也是最后一回），更因为那是我第一次直面死神、痛苦和绝望。

假如我像今天的孩子们一样，用手机拍下了那幅场景，将会如何处置呢？或许我会把这幅被我用手机记录下来的画面展示给朋友们看，以示我当时就在现场，然后再把它作为视频资源上传到 YouTube 网站上，去迎合其他那些幸灾乐祸者的口味，让他们因别人的痛苦而感到狂喜。谁知道，我若多记录几次类似的不幸，会不会变成一个麻木不仁的家伙？

然而，我选择用自己的记忆保存一切。七十年过去了，那幅画面至今仍震撼着我、教育着我，让我不要变成一个在他人的痛苦面前无知无觉的麻木的人。我不知道今天的孩子是否还有机会真正成熟起来，当下的成年人成天只知道盯着手机，算是彻底完蛋了。

二〇一二年

# 进化：单手操控一切

　　前天，我在街上先后与五个人擦肩而过：两个人在打电话；两个人在疯狂地按手机键盘，差点绊倒；还有一个人手里拿着东西，但时刻准备回应让他与别人进行联络的任何声响。

　　我的一个朋友——一位文化名人，扔掉了原来的劳力士手表，说可以在黑莓手机上看时间。科技发明了手表，是为了让人类不用背着一台座钟上街，也不用每两分钟就从大肚腩旁边的口袋里掏出老式怀表来看时间。然而，我的朋友有一个习惯，他不管做什么，总有一只手不闲着。人类原本有两只手，如今却让其中的一只不断退化，尽管我们心知肚明，在我们的这一双手上，拇指能与其他四指对握，这一点对人类的进化曾起到多么大的作用。我不禁想起一幅画面：当古人拿着鹅毛笔写字时，只需要一只手；然而，当今天的人们敲击键盘时，却需要两手并用。因此，持手机者不可能同时使用手机和电脑。不过我转念一想，如今的手机瘾患者已经不需要电脑了（电脑已经沦为史前文物），因为有了手机，就能联网收发信息。由于可以通过直接通话来纠缠他人，或被他人纠缠，甚至连发送电子邮件都是多余的。的确，查询维基百科将变得更加辛苦——因此只适宜进行较为快速和浅表的查询，信息也将简短得几乎跟电报一样（若是使用电子邮件，还能将《雅科波·奥尔蒂斯的最后书简》[①] 写完），但是那些拿手机的人应该没有心思在百科全书上收集信息，也没有时间在表达想法时精心组织语言，因为他们忙于进行各种电话交谈，自有窃听者替他们传递完整的语义。由此可以推断，手机瘾患者已经完全放弃了各种隐私权，心甘情愿地在电话里一字一句地阐述自己的计划，包括省略号的每一个点，以及少数几个属于尼安德特人的口头禅，如"混蛋""他妈的"。

　　但愿大家还记得卡洛·维尔多内的片子《爱有多久，就多永恒》，其中那个古怪的女孩让鱼水之欢变得噩梦连连——当她骑在男伴的肚子上疯狂摇摆时，居然不忘回复十分要紧的信息！一次，我曾读到一位西班牙女记者（看上去很有素养，也很睿智）撰写的采访稿，她说我是个特别懂礼貌的人，因为我在接受采访的过程中居然从未被手机打断。她一定想象不到，我要么不把手机带在身边，要么不开机，因为我根本不想用它来接收那些"不速之信"，只是为了看看日程表而已。

二〇一三年

---

① *Ultime lettere di Jacopo Ortis*，意大利作家乌戈·福斯科洛（Ugo Foscolo，1778—1827）的书信体小说。

# 手机与白雪公主的王后

　　一次，我走在人行道上，迎面来了一位女士，全神贯注地盯着她的手机，毫不注意前方的路况。若不是我有所防备，我们俩一定会撞个满怀的。我忽然停下了脚步，出于恶作剧式的想法，我快速背过身去，假装走在她前面，我猜那位女士一定会撞上我的后背。为了自我保护，我绷紧了全身的肌肉。还好，我站住了，那位女士猛地朝前一扑，手机掉落在地。她立刻意识到自己撞上了一个背对她（因此看不见她）的人，所以只能怪自己不好。她含混地说了几句表示歉意的话，我十分善解人意地安慰她说："没关系，这种事情如今常常发生。"

　　我真希望她的手机已经摔坏了。同时，我还建议所有遭遇类似情形的人也像我这么做。这些手机强迫症患者真应该从小就被斩草除根，只可惜大希律王①不常有，所以惩罚一下这些成年人也不失为一种办法，只可惜他们很难意识到自己究竟坠入了怎样的深渊，无法自拔。

　　我很清楚，目前已经出版了几十本探讨手机综合征的书，问题也都已经被说得很清楚了。然而，如果我们稍加反思，便会发现还有一个现象一直没有得到合理的解释：为什么全人类都陷入了这样一种疯狂，人们不再进行面对面的交流、不再欣赏身边的风景、不再思考关于生命和死亡的问题，只想拼命地用手机通话，哪怕谈论的都是些无关紧要的鸡毛蒜皮，也要在这种看不见对方的通话中消磨生命。

如今，我们所处的年代第一次让人类能够实现好几百年前人们一直渴望通过魔法实现的三个梦想之一。其一，不借助任何机器，只通过自己的身体膨胀和双臂摆动翱翔天际；其二，通过神秘咒语，或是朝黏土小人身上扎针，给敌人或爱人施法术；其三，越过千山万水进行远距离交流，通过某个天才或神奇的装置，在瞬间联通弗罗西诺内与帕米尔、茵尼斯弗里与廷巴克图、巴格达与波基普西，与相隔万里的对方进行实时联络，且这种联络应该完全自主，无需像电视一样：有赖于他人的决定，还经常无法进行现场直播。

是什么让人们在千百年里不断寻求此类魔法？是内心的焦虑。通过魔法，人们便可找到因与果之间的捷径，无需经历中间的过程：念出一句咒语，就立刻把铁变成黄金；呼唤天使的名字，他就能替我传递讯息。即使是实验科学的诞生也打消不了人们对于魔法的信赖，因为人类将瞬间得出结果的梦想托付给了技术。如今的技术能给人们带来立竿见影、无所不能的成效（按下手机上的一个键，就能在瞬间与远在悉尼的人通话）；然而科学的脚步却缓慢而谨慎，难以满足人类的需求。人们希

---

① 《圣经·新约》记载，大希律王得知伯利恒有君王诞生的消息后，派三博士前去朝拜。当三博士从另一方向离开后，他便下令将伯利恒及其周围两岁及以下的所有婴儿统统杀死。

望立刻就能找到治愈癌症的灵丹妙药，不想等到明天，因此，我们将希望寄托于那些江湖医生，指望他们免去我们的连年苦等，立马就开出制造奇迹的药方。

人类对于技术的热情和对于魔法的痴迷颇为相似，且两者都是因为人类曾对宗教中闪电般的奇迹笃信不疑。技术理念一直在与我们谈论奇迹（至今依然如此），要么为了向人类表明它们平淡无奇，要么为了表明它们深不可测；然而，对于奇迹的笃信展现的却是神明和神圣，是不容置疑的决断。

那些许诺能治好癌症的人、毕奥神父①、手机、《白雪公主》里的王后，他们之间有什么联系吗？从某种意义上说，的确存在某种联系。文章开头提到的那位女士就生活在一个童话世界里，只不过令她着迷的不是魔镜，而是一只耳朵。

二〇一五年

---

① Padre Pio（1887—1968），意大利神父，因其自一九一八年起终身携带圣伤而广为人知，后被追封为圣人。

论阴谋

# 深喉何在？

众所周知，关于9·11事件的真相，存在五花八门的阴谋论调。某些极端派（如宗教激进分子或新纳粹主义者）认为，这是犹太人策划的一场阴谋，因为在爆炸的头一天，"双子塔"内的所有犹太裔员工都被通知第二天不要来上班——然而，在那场惨剧中死亡的美籍犹太人或以色列人却有四百人之多；反小布什派则认为，该事件是由美国一手策划的，目的是要找到出兵阿富汗和伊拉克的借口；有人说制造该事件的是美国那些不干正事的情报机构；有人说罪魁祸首是宗教激进分子，但是美国政府一早就知晓该阴谋的详情，却并未加以阻止，只等事件发生便可一举出兵阿富汗和伊拉克（说起来倒与罗斯福的策略如出一辙：当年他早知日本将要偷袭珍珠港，却选择视而不见，听凭美国的太平洋舰队遭到突袭，只为找到一个理由，名正言顺地攻打日本）；还有人认为该事件毫无疑问应归咎于本·拉登领导的"基地"组织，只是美国的相关国防机构反应太慢，行动太无能，才导致了惨剧的最终发生。上述所有派别，无论持哪种观点，都无一例外地认为官方公布的事件经过是虚假、幼稚，且具有愚弄性的。

　　大家若对上述阴谋论感兴趣，可以去看看朱利耶托·基耶萨和罗贝托·维尼奥里编写的《零：为何9·11事件的官方声明纯属谎言？》（皮耶美出版社，2007）。该书收录了不少知名人士的观点，包括弗朗科·卡尔蒂尼、詹尼·瓦蒂莫、戈尔·维达尔、莉迪亚·拉维拉等，此外还有大量外国人士的撰文。

　　当然，若想看看其他人是如何唱反调的，也得感谢皮耶美出版社。该社秉承兼容并包的原则，于同年推出了另一部反阴谋论的作品：《9·11，不可能的阴谋》。该书的编者是马西莫·波利多罗，其中收录的文章亦不乏名家之作：皮耶尔乔治·奥迪弗雷迪、詹姆斯·兰迪等。该书也收录了我曾经发表于"密涅瓦火柴盒"专栏的一篇老文章——其主题并非专门针对9·11事件，而是探讨长久以来一直存在的阴谋综合征——对于我而言，这件事情既不会给我带来恶名，也不会增添我的美誉。我认为，我们所处的这个世界是偶然诞生的，因此，千百年来发生的那些给人类造成伤害和折磨的事件大部分也都是出于各种机缘巧合，从古代的特洛伊战争到今日的种种事件，大抵如此。或许是出于人之天性，或许是出于怀疑主义，或许是出于谨慎之心，我对各类阴谋论相当质疑。在我看来，身边的凡夫俗子实在不够聪明，没本事策划一桩完美的阴谋。当然——出于我的脾气，也出于难以抑制的冲动——我倒很愿意相信小布什和他的政府是无所不能的。

　　（由于篇幅限制）我在此不再重复各派的具体言论——每个人的观点看上去都挺有道理，我只想谈谈所谓"沉默的证据"。举个例子，我们可以用沉默的证据来驳斥那些质疑美国宇航员登月是电视假象的观点。假如美国的航天飞机不曾到达月球，那么肯定会有"某人"站出来监控这一事件，并毫不犹豫地将其公之于众，这个"某人"就是苏联人。然而，既然苏联人都没有说话，那么美国人曾经登陆月球这回事自然就是千真万确的，任何疑心都是多余的。

至于所谓"阴谋"和"秘密"，经验（和故事）告诉我们：一、若存在所谓秘密，哪怕最初只有一个人知道，也迟早会被此人泄露出去，很可能是跟自己的枕边人（只有天真的共济会会员和圣殿骑士团信徒才会相信秘密是必须被遵守的）；二、若存在所谓秘密，就必定会有一笔数量合理的钱财，保守秘密的人收下钱财，自然愿意把秘密透露出去（那个英国军官就是在收了大笔英镑之后，把他和戴安娜王妃的闺阁秘事抖了出去，倘若给出双倍的价格，估计还会有某位正人君子情愿公开他与戴安娜的婆婆之间的诸多隐情）。如今，若想袭击"双子塔"（埋炸药、通知空军不予干预、隐藏令人难堪的证据等），至少需要好几百号人参与。通常来说，这些事件的参与者绝不会是所谓的"正人君子"，因此，他们中不可能没有一个人不会为了一笔适量的钱财而透露整个计划。总之，这是一个缺少了"深喉"的故事。

二〇〇七年

# 阴谋和诡计

　　最近，凯特·塔克特的作品《阴谋、诡计、误导及其他令人不安的隐情》有了意大利文译本（卡斯特尔维奇出版社，2007）。阴谋综合征古已有之，关于该现象的最为精辟的哲学论述，莫过于卡尔·波普尔的一篇论文，该文收录于《猜想与反驳》（穆里诺出版社，1972）一书，就阴谋的社会学理论进行了探讨。"说起来，阴谋好似某种理论，但实际上，它比许多形式的有神论更为原始，与《荷马史诗》中的世界颇为相似。在荷马笔下，特洛伊平原上发生的一切无非是对奥林匹斯山上错综复杂的权力纷争的一种反射。同样，关于阴谋的社会学理论不过是一种有神论，一种迷信，即所有的一切都有赖于神的兴致或意志。如今，这种迷信源于人类对神灵的信仰的削弱及其引发的困惑：'谁取代了神？'是一批大权在握的人和团体——险恶的压迫团体，人们可以将经济大萧条和其他所有社会弊病统统推到他们身上……一旦阴谋派理论家掌权，他们将用阴谋论来解释一切真实事件。例如，希特勒上台时曾十分笃信锡安长老会的神话，便设法在他的反阴谋行动中表现得旗鼓相当。"

阴谋心理之所以会产生，是因为那些关于恐怖事件的浅显解释令人们感到不满足，因而无法接受。不妨想想阿尔多·莫罗绑架事件发生后关于幕后老大的种种说法：人们百思不得其解，一群三十岁上下的年轻人怎么可能策划出一场如此完美的绑架事件？背后必定还隐藏着一个老奸巨猾的幕后老大。他们不会想到，三十岁的年轻人已经能够胜任企业管理、驾驶波音747飞机、发明全新的电子仪器。所以说，问题并不在于三十岁的年轻人为何能够在法尼路成功地绑架莫罗，而在于他们是那些天天将幕后老大的传说挂在嘴边的人的子女。

从某种意义上说，对于阴谋的揣测会降低我们的责任感，因为这种论调总让我们认为，在令人担忧的事实背后隐藏着某个秘密，恰恰是这不可告人的秘密构成了对我们具有危害的阴谋。对阴谋的笃信与对奇迹般病愈的幻想十分相似，只不过在后一种情况下，人们解释某事件的方式不是通过威胁，而是通过奇迹般的好运（波普尔认为，两者都源于人类对于神灵之诡计的信仰）。

幸亏在日常生活中，没有什么比阴谋和秘密更透明的了。一场卓有成效的阴谋迟早会造成某种后果，从而变成阳谋。同样，所谓秘密，早晚会被一系列类似于"深喉"的人物所泄露；不仅如此，无论这秘密关乎什么，只要它具有一定的重要性（某种神奇的配方或某种政治策略），就迟早会被曝光。那些无法见光的阴谋或秘密，只可能是徒劳无功的或空洞无物的秘密。倘若有人宣称自己知晓一个秘密，他的目的并不在于宣称自己有能力隐藏它，而在于让别人相信那个秘密的确存在。

从这个意义上说，只有掌握在不信阴谋诡计的人手中的阴谋诡计，才能成为行之有效的武器。

格奥尔格·齐美尔曾就"秘密"写过一篇著名的论文，他这样写道："秘密赐予掌握它的人一种与众不同的地位……秘密与秘密的内容是彻头彻尾、完完全全相互独立的，自以为独享某个秘密的人群越是广泛，该秘密就越是具有效力……对于不知晓秘密的人而言，'出于本能的想象'和'出于本能的害怕'相互交织，最终殊途同归：猜想使'无知感'愈演愈烈，即使显而易见的事实就摆在眼前，这种'无知感'也无法消解。"

最终的结果是自相矛盾的：在每一桩假阴谋背后，或许都隐藏着某个人希望大家都信以为真的阴谋。

二〇〇七年

# 一个了不起的团体

　　每当我在专栏里谈到阴谋论这一话题，总会受到某些读者的愤然批驳，说许多事件的背后确实有阴谋。其实，这是不言自明的：任何一次政变，直至它发生的前一天，都是阴谋；无论是常年累月地损害公司利益，还是埋下炸弹一举炸毁地铁，都属于阴谋。阴谋常常存在，只是其中的一些胎死腹中，无人察觉，另一些则成功曝光。但无论属于哪一种类型，阴谋的最大特征往往在于其行动目的和影响范围的特定性。我所说的阴谋综合征是一种"宇宙阴谋论"思想（持有此种思想的甚至包括一些具有世界影响力的神学理论），这种思想认为，对于所有人来说，历史上的所有事件都受到某个隐藏在阴影中的、神秘且唯一的力量的摆布。

　　波普尔将上述论调定义为阴谋综合征。关于这一现象，丹尼尔·派普斯也曾写过一部名为《历史的阴暗面》的论著，并于二〇〇五年由林道出版社译介成意大利文。二〇〇七年，该书的意大利文版正式发行，标题一针见血：《阴谋：妄想从何而来，何以猖狂》。可惜的是，这部作品并未在意大利引起重大反响。书的开头引用了克莱门斯·梅特涅在得知俄罗斯大使去世时所说的一句话："他的动机何在？"

瞧瞧，阴谋综合征就是要用恶毒且隐秘设计的陷害来替代历史长河中的种种偶发因素。

大家似乎有理由担忧，我在用各种妄想的证据来批驳阴谋综合征，即我表现出了一种认为人人都患有阴谋综合征的妄想症。果真如此吗？只要上网随意搜索一番，便可打消此种顾虑。阴谋论者可谓成群结队，他们那些一本正经的胡思乱想有时真令人哭笑不得（当然，他们可不是为了搞笑）。前天，我偶然间在某网站看到了一篇长文：《耶稣会士股掌中的病态世界》，作者名叫若埃尔·拉布吕耶尔。正如标题所述，该文将世界上的所有事件（不仅是当代事件）都归咎于无所不在的耶稣会阴谋。

十九世纪，耶稣会士（从巴鲁埃尔神父到《天主教文明》杂志，再到布莱西安尼神父的小说）曾不遗余力地罗织"犹太人-共济会"阴谋论，如今他们成为自由派、马志尼派、共济会和反教会派的众矢之的，也算是他们的报应。上述派别发表了大量关于耶稣会阴谋的言论，然而，这些言论之所以得以广泛流传，却并非得益于某些宣传册和论著的出版——如帕斯卡的《致外省人信札》、温琴佐·乔贝尔蒂的《现代耶稣会士》以及托马斯·米什莱和埃德加·基内的文章，而是得益于欧仁·苏的小说《流浪的犹太人》和《人民的秘密》。

因此，无非是新瓶装旧酒，但拉布吕耶尔的网站的确令人们对于耶稣会士的疯狂猜想达到了历史新高。由于专栏文章的篇幅限制，我只能蜻蜓点水地略举一二事例，但拉布吕耶尔的阴谋论想象却如荷马史诗一般波澜壮阔：耶稣会士一直致力于组建具有世界性的政府，试图将教皇和欧洲的诸多君王都置于其掌控之下；通过臭名昭著的巴伐利亚光明会（作为由耶稣会一手炮制的机构，光明会后来被耶稣会宣布为共产主义组织），他们曾设计陷害许多妄图取缔耶稣会的君王；耶稣会士策划了泰坦尼克号沉船事件，并借此机会通过受他们操纵的马耳他骑士团，成立了联邦储备银行；在泰坦尼克号沉船事件中，有三位世界上最为富有的犹太人丧生：约翰·雅各布·阿斯特四世、本杰明·古根海姆、伊西·斯特劳斯，他们的死亡并非偶然，因为他们曾反对联邦储备银行的成立；耶稣会士通过联邦储备银行资助了两次世界大战，并使梵蒂冈成为其中唯一的获益者；说到肯尼迪遇刺事件（奥利弗·斯通显然是耶稣会的傀儡），假如我们没有忘记美国中央情报局是由耶稣会按照依纳爵·罗耀拉的精神指引而组建的，就能知道耶稣会如何通过苏联的克格勃来操控美国中央情报局，也就能进一步看穿刺杀肯尼迪的人就是阴谋导致泰坦尼克号沉船的人。

自然，所有的新纳粹分子和排犹主义者都是耶稣会士；尼克松和克林顿都曾受到耶稣会士的指使；俄克拉何马城爆炸案的元凶是耶稣会士；大肆煽动越南战争的红衣主教斯佩尔曼深受耶稣会的影响；耶稣会从联邦储备银行获利两亿两千万美元。此外，主业会也是耶稣会士通过马耳他骑士团操控的团体。

类似的阴谋数不胜数。现在，大家不用再好奇丹·布朗的小说为何能够畅销：耶稣会很有可能是他的幕后主使。

二〇〇八年

# 天晓得！

巫师、占卜师或星相学家常常使用一些模棱两可的表述方式。有人若是听他们说："你是一个温和的人，同时也知道如何赢得他人的尊重。"一定会为这句话里的两种美德而沾沾自喜——尽管这两种品质并不兼容。巫师行业之所以欣欣向荣，原因大抵如此。至于那些预测某时某刻会发生某事的预言家们，他们的预言往往被事实毫不留情地证伪，他们又何以生存呢？

意大利超自然现象调查委员会（CICAP）每年都会定期对前一年发布的星相预测进行监测。

诺查丹玛斯的解读者卢奇亚诺·桑皮耶特罗预测了二〇〇九年的教皇遇刺事件；彼得·范伍德在《白上之黑》期刊上预言了（二〇〇九年）希腊、克罗地亚、印度尼西亚和阿姆斯特丹的地震——还好意大利不在名单之列。巫师奥特尔玛预测奥巴马将在秋天受到人身安全威胁。

女灵媒特奥多拉·斯坦凡诺瓦在 *Quotidianonet* 网站上预测所罗门·帕西将出任新一届北约秘书长；《黑胡子年鉴》预测

中国将找到西藏问题的解决办法；乔凡尼·特拉菲利——"巫师强尼"（在《民族报》上）预测，三月份将有一场针对奥巴马的谋杀事件，且"该事件将是一场群体杀戮，某著名电视人将死于非难，全球体育界也将进行哀悼"。

关于意大利，女星相学家荷鲁斯（在《共和国报·周五特刊》上）预测，先前未能落实的一系列改革措施将在年底付诸实施；路易莎·德·吉利（在 Mediaset① 的网络频道 TG COM 上）宣称，二〇〇九年六月底以前，立法部门将成功调和社会不同群体之间的不平衡现象；星相学家毛罗·佩尔费迪（在《闲谈足球》中）预言，都灵队将以乙级球队的身份东山再起；女星相学家梅瑞迪斯·杜肯（在《晨报》网络版）预言，卡拉·布吕尼与萨科齐之间的爱情将无法维持到二〇〇九年九月。不过，她又补充说："我也不能确认，我并非算命师。"幸亏如此！

大家不妨想象一下：倘若医生一开处方，病人就一命呜呼，或律师一上法庭，官司必输无疑，这样的医生或律师肯定无人问津。然而，尽管人人都能在年底发现算命先生们的预言几乎无一言中，却仍然会在来年查阅星象手册或花钱请大师算命。显然，人们期待的并不是知晓什么，而是满足一种迷信的需求，尽管他们相信的全都是显而易见的胡言乱语。我能说什么呢？只能说神灵刺瞎了甘愿迷失的人们的双眼。说到底，巫师和星相学家的言谈举止与电视上的那些政治家如出一辙。

自然，星相学家会时不时地煞有介事一番，但事实上，我

① 意大利最大的广播公司，一九七八年由贝卢斯科尼创办。

们每个人都能干这一行，去编一些程式化、规律化的预言：遭到宗教激进分子和恐怖分子袭击的指数很高；以色列人与巴勒斯坦人的关系日趋紧张；意大利一些商业丑闻曝光；罗科·布蒂利奥内虽可继续左右逢源，但步履维艰；对于韦尔特罗尼来说，前路将会荆棘密布；莱奥卢卡·奥兰多的处境还不算最糟；翁贝托·博西的健康状况不容乐观；除了时间之轮，无人能欺骗朱利奥·安德烈奥蒂；兰贝托·迪尼的前路得边走边瞧（女星相学家安东尼娅·博诺米的妙语）；画龙点睛之笔出自巫师奥特尔玛："停车位将一位难求。"

　　以下是超自然现象调查委员会发布的最新消息：几年前在《毛里奇奥·科斯坦佐脱口秀》中让嘉宾与已故亲人通灵的女灵媒罗斯玛丽·阿尔提亚被女助理丹尼丝·霍尔窃取了二十万美元。这位女灵媒为何没能未卜先知呢？我不禁想起一个玩笑：若你看见一扇门，上头写着"算命"二字，你尽管敲门，屋里的人一定会问："谁呀？"

二〇一〇年

# 别相信巧合

有人曾写道："贝卢斯科尼的敌人曾经（现在亦然）有两个：共产党人和法官，且在前几次地方选举中，胜出的是一位（前）共产党人和（前）法官。"其他人则注意到，一九九一年，当总理贝蒂诺·克拉克西号召意大利人去海边度假，而不是去人选投票时，关于选举制度的全民公决大获成功，而克拉克西的仕途则从那时开始走上了下坡路。我们还能观察到其他类似的情况：一九九四年三月，贝卢斯科尼上台，同年十一月，波河、塔纳罗河及其他支流泛滥，导致库内奥、阿斯蒂和亚历山德里亚遭遇洪灾；二〇〇八年，贝卢斯科尼再度掌权，一年不到，拉奎拉省发生地震。

这些貌似有趣的巧合其实并没有任何依据（贝卢斯科尼与克拉克西之间的相似性除外）。然而，自古以来，无数妄想狂和阴谋论者就对猜测各类巧合乐此不疲。事实上，所谓巧合——尤其是与日期相关的巧合——怎样牵强附会都不为过。

对于9·11事件的众说纷纭可谓巧合猜测行为的集大成者。几年前，保罗·阿迪维西莫在《科学与超自然现象》上列举了一系列关于 9·11 事件的数字推论，我在此仅引述其中的一部分：纽约（New York City）这个词包含十一个字母；阿富汗（Afgannistan）也包含十一个字母；曾发出摧毁双子塔恐吓的恐怖分子拉姆辛·约瑟布（Ramsin Yuseb）的名字包含十一个字母；小布什（George W.Bush）包含十一个字母；"双子塔"的形状如同数字十一；纽约是美国的第十一个州；第一架撞上"双子塔"的飞机的航班号是十一；该航班载有九十二名乘客，九加二等于十一；第二架航班号为七十七的飞机也撞上了双子塔，机上共有六十五名乘客，六加五等于十一；日期"9·11"与美国的紧急呼救号码一致，三个数字之和等于十一；该劫机事件的死难者总数是二百五十四，个、十、百三位数之和等于十一；九月十一日是一年中的第二百五十四天，三位数之和等于十一。

可惜的是，纽约包含十一个字母的前提是加上城市（city）一词；阿富汗的确由十一个字母组成，可劫机者并非来自阿富汗，而是沙特阿拉伯；拉姆辛·约瑟布的姓名的确有十一个字母，但若在音译过程中将其姓名拼作"Yussef"，上述推测就无法成立；同样，若说小布什的姓名包含的字母数是十一，中间的名字必须用首字母缩写；"双子塔"形同十一，却也与罗马数字 II 相似；航班号为七十七的那架飞机并没有撞上"双子塔"，而是撞上了五角大楼，且该架飞机上的乘客并非六十五人，而是五十九人；劫机事件死难者的总数不是二百五十四，而是二百六十五；如此等等，不一而足。

互联网上还有关于其他巧合的推测吗？林肯于一八四六年当选国会议员，肯尼迪于一九四六年当选国会议员；林肯于一八六〇年当选美国总统，肯尼迪于一九六〇年当选美国总统；两人的妻子都曾在居住白宫期间丧失一子；两人都于星期五被某南联邦杀手击中头部身亡；林肯的秘书名叫肯尼迪，肯尼迪的秘书名叫林肯；林肯的继任者名叫安德鲁·约翰逊，出生于一八〇八年，肯尼迪的继任者名叫林登·约翰逊，出生于一九〇八年。

刺杀林肯的凶手约翰·威尔克斯·布斯出生于一八三九年，刺杀肯尼迪的凶手李·哈维·奥斯瓦尔德出生于一九三九年；林肯在福特剧院遇刺，肯尼迪在由福特公司生产的林肯轿车上遇刺。

刺杀林肯的凶手在剧院行刺后逃往一座仓库，刺杀肯尼迪的凶手在一座仓库开枪后逃往一家剧场。布斯和奥斯瓦尔德都是在未经审判的情况下被处死。

（多少有些恶俗的）压轴好戏到了：遇刺一周前，林肯在马里兰州的门罗（Monroe，Maryland），遇刺一周前，肯尼迪在玛丽莲·梦露（Monroe，Marilyn）那儿。

二〇一一年

# 关于阴谋的阴谋

马西莫·波利多罗是意大利超自然现象调查委员会和《质疑》杂志最为活跃的合作者。二〇一四年，他在皮耶美出版社出版了新作：《揭秘：秘密与阴谋之书》。此前，他已写过许多类似的文字，专门谈论那些在媒体上盛传，甚至被知名人士深信不疑的"无稽之谈"，这部作品便是其中的一本。根据我的猜测，波利多罗之所以会选择如此讨巧的标题，定是想吸引那些津津乐道于各种秘闻的读者的注意力。关于"秘密"，迈锡尼文字（线性文字 B）破译专家约翰·查德威克曾说："揭开秘密的欲望深深地植根于人类的本性。若是向某人许诺，让他知晓别人不知道的秘密，即便是最不好奇的头脑，也会立刻兴趣盎然。"

毫无疑问，破译文字（在过去，对于某些人来说，此举是有意义的）与猜测"美国人是否登陆过月球""9·11事件是否小布什甚至犹太人的阴谋""达·芬奇密码是否真正存在"是有一定区别的。波利多罗针对的正是第二类人群，其目的并非单纯出于对商业利益的追求（当然，这也无可厚非）：该书的文字亲切和婉，在读到每一个短小章节之初，读者心中总会充满揭秘的希望，但读到最后，便会发现无论是"肯尼迪遇刺始末""希特勒的最终结局""雷恩堡秘事"还是"耶稣的妻子抹大拉"，归根结底都是无稽之谈。

无稽之谈如何能够甚嚣尘上？最大的原因就在于它让人们误以为自己了解了其他人无从知晓的秘密。另有许多其他的原因，波利多罗参考了波普尔的社会阴谋论。此外，该书还援引了理查德·霍夫施塔特的观点，将精神病学理论置于社会层面，从而诠释人们为何对阴谋论如此热衷。这是两种不同层面的妄想。单个精神病人偏执地认为全世界都在针对自己进行阴谋陷害，执迷于妄想的社会群体则认为隐秘的权力机构在针对自己所属的人群、种族、宗教团体进行迫害。在我看来，执迷于妄想的社会群体比单个的精神病患者更具危险性，因为前者的疯狂涉及成百上千万人，煽动他们不分青红皂白地去对抗所谓阴谋。这一理论很好地解释了当下世界的诸多问题，以及曾经发生的许多事件。

波利多罗还提到了帕索里尼的观点。帕索里尼认为，阴谋论会令人们忘记将猜测与事实进行比对，进而使人发狂。如今，我们对这满世界的阴谋论者已经麻木了：假如有人一口咬定美国人不曾登陆月球，那是他自己在犯傻。然而，丹尼尔·乔利和凯伦·道格拉斯的最新研究表明："与长期接触反阴谋论信息的人相比，长期接触宣扬阴谋论信息的人会对政治感到懈怠。"事实上，假如一个人坚信世界的历史是被某些秘密团体所操控的（无论是光明会还是彼尔德伯格俱乐部），且这些秘密团体正在建立崭新的世界秩序，那么他又能做些什么呢？——只好听天由命，顾影自怜了。所以说，所有的阴谋论都在引导公众的想象力去关注那些虚拟的危险，却忽略了真实的隐忧。乔姆斯基（几乎是在设想一个针对阴谋论的阴谋）有言："能够从关于假想阴谋的众说纷纭中获得最大利益的，正是那些表面上被阴谋论所伤害的机构。"换言之，假如有人猜测制造9·11事件的是小布什本人，说他想借此找到进军伊拉克的理由，那么为了证实这个猜测，他势必得胡思乱想出许多理由，却忽略了小布什干预伊拉克内政的真正手段和动机，也忽略了新保守派对他和他的政府产生的影响。

由此，我们可以这样推测，传播"小布什阴谋炸毁'双子塔'"言论的始作俑者，恰恰是小布什本人。好在我们并不是阴谋论者。

二〇一四年

# 论大众媒体

# 催眠广播

在之前写的一期专栏里，我讲到了战争年代一个小伙子在广播上听歌时的感受，他收听的是伦敦电台的《游击队之声》。这些事都铭刻在我的记忆里，非常鲜活，充满了传奇色彩。现在这个年代的孩子，会不会同样铭记电台里播报的海湾战争或者科索沃战争？

我是在上个星期提出这个问题的，当时在搞意大利奖①——我们重听了过去七十年的广播片段。马歇尔·麦克卢汉可能会给出这个问题的答案，他把媒体分为"冷媒体"和"热媒体"（他对于媒体做出的区分，很多写过广播剧的人，包括布莱希特、本雅明、巴什拉和阿恩海姆都提出过类似的观点）。热媒体只会激发你的一种感觉，它不会给你任何互动的空间，具有催眠作用；但冷媒体会激发你的各种感觉，它通过一种零散的方式感染你，让你合作来进行填补和连接，对你获取的信息进行加工。对于马歇尔·麦克卢汉来说，讲座或者电影都是热媒体，你坐着被动接受就可以了，一场辩论或者电视访谈节目，一张像素很高的照片也是热媒体，但漫画是冷媒体，因为它通过一些简洁的笔法表现了现实。

在广播的历史上，开始播放第一个广播剧时，主持人建议大家要在黑暗中倾听。我记得有一些晚上，广播里播放着每周一期的喜剧，灯光很暗，我父亲坐在一张沙发上，耳朵贴着收音机喇叭，在那里默默地听上俩小时。我趴在他的膝盖上，尽管当时我不怎么能听懂那些故事，但我也参与了这个仪式，这就是广播的力量。

阿多诺是第一批抱怨广播上播放的节目太多的人，音乐几乎失去了它的仪式感，变成了一种纯粹的商品，但阿多诺考虑的是广播如何破坏一个音乐爱好者的品位，他没有想到一个青少年会在音乐中成长。我记得，因为有收音机的缘故，我一直都在收听广播，我发现了古典音乐，我按照《电台邮报》的指南，在特定的时间调到那些频道，收听肖邦的波兰舞曲，或者听一段协奏曲。

现在广播越来越多地被当作背景声音，喜剧片大家都去电视上看了，音乐都去网上听了。广播现在的处境是这样的，明天也会是这样吗？对于那些在高速公路上听广播的人，广播已经没有那种催眠的作用（幸亏如此，要不然有人会撞上大卡车）：他们一边开车，一边换台，就像摁遥控器一样，加上每开出十公里就没有信号了，需要换一个台。人们收听的节目也无非是皮亚琴察的杰西卡或者墨西拿的萨尔瓦多谈的一些鸡毛蒜皮的事儿。

幸运的是，收音机越来越便宜了，外观也越来越漂亮了，

---

① Prix Italia，意大利电视、广播和网络奖，设立于一九四八年。

就像"最后的武士"一样。人们使用这些收音机,更多是为了放碟片和磁带,而不是去收听(就像之前的那些短波电台)那些来自遥远、神秘地方的电台,比如说塔林①、里加②、希尔弗瑟姆③的电台,但这些媒介的发展很难预测。也许会有一些难以预料的技术革新,让收音机重新成为我们记忆中最难忘的部分,不知道这种迷人的摆设能不能给我们带来新的"热情",这一点我们很难说。

二〇〇〇年

---

① Tallin,爱沙尼亚共和国首都。
② Riga,拉脱维亚首都。
③ Hilversum,荷兰西部城市。

# 来包"寂静"？

　　阿德里亚诺·索弗里在《全景》杂志上的最新专栏里预言说（我们最好要忘记寂静的存在），将来的主流是"反噪音"，用悦耳的声音掩盖噪音。帕皮尼在他的《高格》中早已提到这种情况了。你们想想飞机上的音乐，非常柔和，但无孔不入，就是为了抵消飞机的噪音。但是两分贝的噪音加上一分贝悦耳的音乐，结果不是一点五分贝，而是三个分贝多，这个解决方案简直太糟糕了。

　　寂静是一种正在消失的美好事物，包括在那些本该寂静的地方。我不知道在西藏的寺庙里情况怎么样，但我到过米兰一座大教堂，有一群出色的唱诗班被请到那里唱歌，那些人兴高采烈，把气氛搞得像在迪厅里一样，他们让那些信徒参与了进来，这可能是一种神秘主义体验，但至于分贝，那简直就是地狱某个恶囊里的动静。后来我离开了那个地方，嘀咕了一句"non in commotione，non in commotione，Dominus ①"。

　　我们这一代人都是伴随着弗兰克·辛纳屈和佩里·科莫的浅吟低唱跳舞的，但新一代年轻人需要狂喜来应对星期六晚上的喧嚣。用耳机在任何地方都可以听音乐：在电梯里、开车时（伴随着汽车的马达声）、工作时，这时候从开着的窗口会传来汽车的声音。在美国的宾馆，所有房间里都有电器发出的让人焦虑的声音。看看我们周围的人，有人很怕寂静，他们总是通过手机倾听朋友的声音。

也许未来的人类最好适应噪音，但就我所知，物种进化一般都需要上千年时间，有一部分生物会适应，另外还有上百万死在路上。一月十六号，大城市车辆禁行，人们有的骑马，有的穿滑轮鞋上街，经过了这个美好的星期天之后，乔瓦尼·拉波尼在《晚邮报》上写道，市民都到街上去享受那种忽然出现的神奇寂静。真的，但有多少人去街上享受寂静，有多少人留在家里把电视机声音开到最大？

寂静现在已经成为了一种非常昂贵的财富，实际上只有那些富裕的人才能在远离喧嚣、草木旺盛的地方有一座别墅，或者还有带着睡袋住在山里的隐修之人。他们完全沉醉在山顶的寂静里，没有任何噪音，但他们可能会在欣喜若狂之余掉到山涧里，随后救助的直升机的轰鸣声会破坏那个区域的寂静。

到这样的时刻，那些受不了噪音的人可以买一包"寂静"，在一个类似于普鲁斯特的那种加了隔音的房间里待上一个小时，票价类似于斯卡拉大剧院一个座位的钱。最后还有一些残存的希望，因为人的智慧是无限的，大家都知道，除了那些通过电脑搜寻非常吵闹的音乐的人，其他人在电脑显示屏前还是很容易获得寂静的，只需要摁一下静音键。

---

① 拉丁语，不在混乱中，上主不在混乱中。

这种寂静的代价就是放弃和自己的同类接触，但这也是那些在沙漠里修炼的神父的做法。

二〇〇〇年

# 有两个"老大哥"

九月末，在威尼斯举办了一场关于"隐私"的国际研讨会。人们的讨论有好几次都涉及《老大哥》真人秀，斯特法诺·罗多塔是个人信息的捍卫者，但他从一开始就声明，《老大哥》真人秀没有侵犯任何人的个人隐私。

毫无疑问，这类真人秀节目刺激了电视观众的偷窥欲，他们会看到有些人被置于一个人工构建的场景之中，他们做出一副客气的样子，假装彼此尊敬但实际上是你死我活的对头。但人很坏，他们兴高采烈地看着基督徒被狮子撕碎，看着角斗士进入场地，他们的存活建立在同伴死亡的基础之上，观众会付钱去月神公园看那些肥胖女人的缺陷，看奥古斯都踢侏儒的屁股，或者说去公共广场上看对犯人执行死刑。假如事情是这样，那么《老大哥》是非常符合道德的，不仅仅是因为在这种真人秀里不会有人死掉，参与的人即便在心理上可能会受到创伤，但并不比促使他们参加节目时的心理失衡更严重。基督徒更愿意在那些废弃的墓穴里祈祷，而不是被迫害；角斗士如果能成为罗马贵族，他们会更幸福；侏儒假如能有兰博①的体魄，

167

他们会更高兴；那些肥胖的女人如果有碧姬·芭铎的身材，死刑犯若能得到豁免，那就太好了。但《老大哥》里的竞争者都很乐意参加这个节目，他们甚至愿意掏钱加入，从而获得出名的机会。

老大哥对人的负面影响是另一个方面，正是因为这个缘故，有人给这场真人秀取了"老大哥"这个名字。有人可能不知道，老大哥是奥威尔小说《一九八四》里的一个隐喻：老大哥是一个独裁者（他的名字对应的是小父亲），他一个人（或者和一小部分他任命的人）能监控所有臣民，无论他们在什么地方。老大哥每分钟都能看到这些人的所作所为。这是一个让人难以忍受的处境，会让人想到边沁②的圆形监狱，在那里，狱卒可以监控那些被关起来的人，而囚犯们却无法知道自己什么时候被监控。

奥威尔的老大哥是少数人监控所有人，但电视上的老大哥是所有人监控极少的几个人。我们会想，老大哥是一个非常民主、让人很愉悦的东西，但我们忘了看自己背后。当我们观看这个节目时，真正的老大哥却是这场关于"隐私"的研讨会讨论的真正问题。老大哥是由几股势力组成的，来监控我们：我们在上网时，在一家宾馆里使用信用卡时，在邮购某个商品时，在医院里检查疾病时，甚至当我们在超市购物时，都会时时被一个闭路电视监控着。大家都知道，如果这种情况得不到有效控制，我们所有人都会积累数量惊人的数据，我们被剥夺了隐私权，变成透明人。

---

① Rambo，电影《第一滴血》中的主角。
② Jeremy Bentham（1748—1832），英国哲学家、法学家和社会改革家。

观看电视上的《老大哥》真人秀时，我们在心理上很像一个已婚的人在小酒吧里带有一点尴尬和人调情，因为不知道另一半会不会同时也在给自己戴绿帽子，而且更加过火。老大哥这个题目会让我们意识不到，甚至会忘记，在同一个时刻，有人正在我们背后发笑。

　　　　　　　　　　　　　　　　二〇〇〇年

# 罗伯塔

　　罗伯塔和统治阶层　按照我的个人体验，要对《老大哥》真人秀有一个概念，就需要连着两三个星期四的晚上，在所有矛盾出现时观看。其他时候，我试着上网看了一下，我看到一个有文身的先生，穿着内裤用一个平底锅煎蛋，像素不高。我坚持看了一会儿，后来就放弃了，因为我还有别的事儿要做。在这个节目中，时不时会看到意大利普通人的社会心理状况，这可能会让一些社会学家感兴趣。我们就拿那个恶名远扬的罗伯塔来说，她是一个外向、吵吵嚷嚷的女人，按照意大利人的民意，她被淘汰出局，这让那套房子变得死气沉沉。

　　在罗伯塔招人恨的所有做法中，她居然敢说她的社会地位要比同伴高一个等级，因为她的同伴都是屠夫，而她经常和古董商吃饭。后来，不仅仅是和她一起参加节目的人，就连关注这个节目的观众，都认为她属于统治阶层，因此她受到了惩罚。没人想到，掌权的并不是和古董商共进晚餐的人（假如不算佳士得拍卖行的总裁），而是那些把古董商叫到家里，给他们展示一幅拉斐尔的绘画，或者一幅十一世纪俄罗斯圣像

170

的人。

这个统治阶层会把罗伯塔和她的朋友们关到一套房间里，这个房间就像是"德瑞克检察员"设计装修的，他们会用钥匙把门反锁。


**为什么我们可以容忍艺术家吸毒**　前几个星期，有人给蒙特内里在《晚邮报》上的专栏写了一封信，问他为什么自行车运动员或者足球运动员服用兴奋剂会让人觉得这是一桩天大的丑闻，而一位伟大的艺术家吸食鸦片，用致幻药或可卡因激发一下灵感，大家会觉着这很酷。这话听起来颇有道理：假如我们觉得靠兴奋剂赢得冠军不光彩，为什么我们明明知道一部作品不是出自诗人的个人才华，而是因为他注射了某种毒品，我们还是要欣赏他的作品？

对运动员的严厉和对艺术家的宽容，这两者隐含着（还有一些人没意识到这个问题）一个非常深刻的道理。这种公共舆论的本能反应，比任何美学理论给我们揭示的问题都要多。在运动场上，我们欣赏和崇拜的并不是球被踢进了球门，也不是一辆自行车比其他自行车更早到达目的地（因为物理学原理会解释这些现象），我们欣赏和崇拜的是有人能做到我们做不到的事儿。假如是一门大炮把球射进了大门，那足球就会失去任何意义。

但艺术方面呢？我们首先欣赏的是作品，其次才会关注创作者的心理和生理特征。说真的，我们会觉得一些作品非常棒，即使这些作品的作者很不道德；我们看到阿喀琉斯和奥德修斯的故事会非常感动，虽然我们不知道荷马这个人是否存

171

在。假如有人说《神曲》是一只猴子在打字机上随意写的，那这部作品会更加惊人。我们欣赏一些天然形成或意外出现的东西，我们看到一些废墟会很感动，但说起来，这些废墟也不是杰出的艺术家创作的。面对作品的神奇感染力，我们会在艺术家怎么创作这个艺术品的问题上进行妥协。我们可以容忍波德莱尔和他的"人造天堂"，因为他给了我们《恶之花》。

二〇〇〇年

# 侦探小说的使命

伯纳德·本斯托克是一位出色的美国学者，专门研究乔伊斯，他英年早逝之后，他妻子把他收藏的关于乔伊斯的书籍全部捐献给了弗利市的高级翻译学校。这一年，他的另一系列收藏——大约七百册图书也被捐赠了出来。上个星期，当我们缅怀这位朋友时，我想，为什么会有那么多思想家、评论家和学者都喜欢读侦探小说。当然，那些通常阅读严肃作品的人，晚上会读一些比较轻松的读物作为消遣。但为什么有那么多人追捧侦探小说？在我看来有三个方面的原因。

第一个是哲学原因。侦探小说的本质是形而上学，英国人把侦探小说称作 *whodunit*，意思就是说"谁干的"，"所有这一切是为了什么"，这是苏格拉底之前的哲学家就已经提出、我们至今还在思考的问题。我们从托马斯·阿奎那身上学到了五种揭示上帝存在的方式，这也是一个侦探调查的杰作：我们要从神在这个世界上留下的痕迹和我们的经历开始追溯，我们要像那些寻找松露的猎犬一样，鼻子贴地，从第一个因果开始进行调查，或者说对人类行为最原始的动力进行研究……

我们已经知道（从康德开始），假如从结果可以推测出原因，在我们经验的世界里是合理的，但要推测经验之外的东西，这个论证过程就值得怀疑了。在这种情况下，侦探小说会给我们带来很大的安慰，所有行为的最终原因和秘密动力都不在小说世界之外，而是在小说里，是小说的一部分。这样一来，每天晚上侦探小说都会带给我们哲学无法带来的慰藉（至少对于很多人来说都是这样）。

第二个原因是科学方面的。很多人已经发现，夏洛克·福尔摩斯和他的同伴在侦探过程中使用的程序和方式非常类似于搞科研，无论是自然科学还是人文科学都会用到这种方式，比如在一个文本里找到它的潜文本，或者一系列手抄本的源头。这些行为表面上看来像是占卜，福尔摩斯——他简直什么都不懂——把这个过程称之为演绎，他会犯错误，皮尔斯把这称之为推理，虽然存在细微差别，但这实际上就是波普尔的假设逻辑。

最后，从文学角度来看，一个文本最好读两遍，一遍是为了搞清楚它说的是什么，第二遍是看它的讲述方法（这时候会充分享受到它的美）。侦探小说是一个模板（被减缩了，但依然很严格），当你知道了谁是凶手，你会有意无意地回顾整本书，以弄清作者如何把你引向一个错误的推论，或者让你相信他对你没有隐瞒任何事情，只是你不像侦探那样敏锐，能把事情看清楚。

这种阅读体验，在让你觉得愉悦的同时，也会给你带来一种形而上学的安慰，激发你进行调查分析，对于解读那些更加难懂、更加神秘的作品提供了提问模式，同时对于"学者的使命"也是一个很好的辅助。

二〇〇一年

# 本·拉登的同盟

最近有一个热点问题，讨论的不能说是出版审查，而是关于大众媒体的谨慎态度。媒体在发布一则消息时，怎么才能避免对恐怖分子的消息推波助澜，有时候甚至是传播他们的暗语？

五角大楼要求报纸和电视要慎重一些，这很明显，因为没有任何军队喜欢把自己的作战计划到处乱说，或者对敌人的口号进行宣传。在过去，那些传播对国家安全不利的消息的人会被枪决，但大众媒体已经习惯于一种绝对的自由，他们没办法接受战时的政策，且很难从这个症结里出来，因为在一个传媒社会，有了网络之后，所有消息都很难有所保留。

实际上，现在问题更加复杂了，恐怖分子的每次行动（这已经是老故事了）都是为了传递消息，引起恐慌，或者说给人带来不安，引起社会的动荡。事情一直是这样的，以前那些恐怖分子的手段只是通过杀死一个人，或在街角放置一枚炸弹来达到这个目的。有时候，可能恐怖主义造成的损伤很小，只涉及一个不怎么出名的人，假如他们攻击的对象是一个知名人士，且此人是某件事情的象征，那么，他们的信息就会更加明确，引起的恐慌会更大。

我们看到，在意大利"红色旅"的行动中，一开始他们会谋杀一些记者或者政要人物的顾问，但都不是非常著名的公众人物，后来他们绑架、监禁莫罗，最后谋杀了他，这时候他们的行为发生了质的变化。

现在，本·拉登袭击"双子塔"的目的到底是什么呢？可能就是要制作一场"全世界最精彩的节目"，即使是灾难片的导演，也想象不出那样的场景，这就是攻击西方权力的一个象征性视觉效果，展示出这个权力的最大圣殿也会遭到毁坏。本·拉登的目的不是要造成多大的人员伤亡（这对于他来说只是一个附加值）：如果"双子塔"被击中了（或者倒塌更好），他也可以接受实际一半的人员伤亡。他不是在发动一场战争，需要计算杀敌数目，他是要发出一个恐吓信号，最主要的是制造影像。

假如本·拉登是想通过影像来震惊世界，他的目的是如何实现的？大众媒体不得不播报这个消息，很明显，各个媒体还要进行跟踪报道，报道后来的救助、挖掘还有曼哈顿被改变的天际线。

他们每天重复这些新闻，通过图片、影像还有那些亲历者讲述的故事，在每个人眼前不断揭开那道伤疤，报道至少持续一个月。他们必须要这么做吗？这个问题很难回答，配有灾难图片的报纸销售额提高了，播放这则消息的电视台收视率提高了，公众也要求再次看到那些可怕的场景，有人是出于愤恨，有人是因为潜在的施虐倾向。可能事情只能这样，在 9·11 之

177

后的那几天，全世界群情激愤，这使得所有电视台和报纸根本没办法克制自己的情绪，没办法做到有所保留，所有人都没法保持沉默，他们都争先恐后地宣传这件事情。

事实上，大众媒体通过这种方式给本·拉登做了上亿美元的免费广告，媒体每天都在上演他们制造的场景，所有人都能看到，西方人会因此而恐慌，本·拉登的追随者则会从这些图像里获得自豪感。

除此之外，事情一直在继续，本·拉登用了很小的代价，获得了很大的结果，加上炭疽病袭击，虽然相对于"双子塔"来说，炭疽病袭击造成的死伤非常有限，却让人更加恐惧，这让那些不坐飞机、不住在象征着权力的建筑附近的人也会受到威胁。

应该说，大众媒体在重播这些画面时成为了本·拉登最好的同盟，通过这种方式，本·拉登大获全胜。

表面上看起来，这个问题似乎没办法解决，但这个事件造成的迷茫和恐慌，也有让人觉得安慰的一面：当年"红色旅"通过绑架和谋杀莫罗提高了恐怖活动的等级，这个消息是那么令人不安，以至于所有人都开始反对这起恐怖事件的制造者。这个事件并没有造成国家分裂，反倒促成了几股政治势力的融合，加上人民群众对恐怖活动的排斥，从那时开始，恐怖分子就开始走下坡路了。

未来会告诉我们，本·拉登上演的这不同寻常、令人难以忍受的一幕会不会也是他遭到毁灭和清除的开始。到那时，大众媒体就胜出了。

二〇〇一年

# 去往同一个地方

我们总是说，我们越来越多地生活在一个虚拟现实里。我们通过电视认识这个世界，通常，我们认识的不是世界本身，而是对它的构建（通过一段段的影像构建的科索沃战争，甚至是构建一个 ex novo ①，如《老大哥》真人秀），我们看到的越来越多的是幻影。

但实际上，没有任何一个时代的人像我们一样热衷于旅行。越来越多的人，他们的父辈最多是从一个城市迁徙到附近的一个城市，但他们现在会告诉我，他们去了一些地方，那是作为资深旅行家的我也只是想想而已的地方。他们去的地方并不是充满异域色彩的沙滩，也不是一些偏远城市，他们在圣诞节时去加尔各答，在八月份暑假时去波利尼西亚。这种旅游的激情是出自逃离"虚拟现实"的需要，是为了看到"真实的事情"，难道不是这样吗？

说真的，尽管不是非常确切，但旅游代表了一种生活方式，可以让很多人重新适应这个世界。以前，旅行经历对人是有决定性作用的，旅行归来，人会变得和之前不一样；如今，

"别处"对一个人的冲击和影响很小。人们刚从外面回来，心里就开始盘算下一次旅行，他们不会跟你谈那些让他们有所改变的见闻。

发生这样的事情，也许是因为在现实中，他们参观的地方已经非常类似于那些虚拟的地方。有一次，一个专家告诉我，在一个马戏团里，他们会花一整天的时间去清洗大象，给（本身又脏又乱的）大象化妆，让它看起来像观众在电影里或者在照片上看到的大象。同样，旅游景点会尽量像媒体宣传和打造的那样，当然，要把游客带到那些和他们的想象一样的地方，让他们去参观市场和庙宇，而不是麻风病院；去参观那些修复好的古迹，而不是被盗墓贼洗劫过的墓穴。就这样，他们就会构建一个"新现实"，和媒体宣传的一样，所有人都知道，我们星期天参观的"白磨坊"食品厂和广告里展示的一模一样，更别说迪士尼乐园，或者是拉斯维加斯修建的"威尼斯"。

但有一个趋势，所有地方都变得越来越相似，这确确实实是全球化的缘故。我想到巴黎一些神奇的地方，比如圣日耳曼区的一些老餐馆，它们在慢慢消失，那些灰暗的书店和老手工作坊很多也关门了，取而代之的是一些世界风格的商店，在纽约第五大道，在伦敦、米兰也可以看到那些商店。大城市的市中心都很相像，都能看到同样的商店。

有人可能要说，尽管世界上的大城市都变得相同，但还有一些大城市保留了自己的外貌特征，比如说巴黎有埃菲尔铁塔，伦敦有大本钟，米兰有大教堂，罗马有圣彼得大教堂。这

---

① 拉丁语，全新开始。

是真的，但现在大家都习惯用彩灯装饰这些塔楼、教堂和城堡，光彩夺目的灯光会让建筑的构造消失，因此这些标志性建筑也越来越相像（至少在游客的眼里是这样的），因为它们已经沦为这些世界风格的彩灯的支架。

所有地方都变得一样，人们出来旅游，也看不到一个真实的世界，无论走到哪里，他们都会看到他们已经认识的、待在家里电视机前就可以清楚看到的东西。

二〇〇一年

# 曼德雷克是意大利英雄吗?

阿特·斯皮格曼①来到了米兰，是为了介绍他给《纽约客》绘制的漂亮封面。斯皮格曼因为那部非常恢宏的《鼠族》而出名，他展示出，漫画可以像长篇历史小说一样有力，能表现犹太人大屠杀。另外，他经常重新阐释《漫画》杂志里的古老故事，积极参与和评论时事，通过一些故事展示出我们所面对的现实，总之，我觉得他是个天才。

他来家里喝开胃酒，我给他看了我收藏的漫画，都是过去流行的漫画书，有的是原版旧书，有的是凸版复制品。他看到内尔比尼出版社的连环画封面:《幻影侠》《曼德雷克》《吉诺和弗兰克》，还有《飞侠哥顿》。他看到《飞侠哥顿》时，反应不是那么强烈，因为哥顿在大洋彼岸也是一个传奇人物，但他对其他三本兴趣很高。假如你手上有一册美国出版的漫画史，你会发现，书里会提到《幻影侠》和他的盟友，网上也可以看到。后来很多超级英雄主题的改编，与其说是围绕着《超人》《蜘蛛侠》，比如用后现代手法创作的超级英雄联盟，不如说这些人物的原型是更古老的橡胶人(就像斯皮格曼在他的一本小书里揭示的那样）。你们可以试着看看《吉诺和弗兰克》（这本书的原版叫做《提姆·泰勒的运气》），有很多电影和电视剧都从这里汲取了灵感（他们从这个漫画中也搞出了一大套《飞侠哥顿》漫画，让人不堪忍受，现在是"垃圾派"的膜拜对象），但关于最初的原创连环画，人们提及得非常少。

斯皮格曼告诉我，他觉得幻影侠、曼德雷克和他的同盟在意大利要比在美国更受欢迎，他问我这是为什么。我对他说明了我的看法，我本人是一个历史见证者，我是看着这些漫画出版的。这些漫画在美国出版后，经过一定程度的改编，很快就被介绍到了意大利（内尔比尼出版社有几本漫画书的标题是《曼德拉卡》，是为了使它意大利化），和独裁时期的漫画（代表作品是《闪电迪克》《罗马军团》和《儿童邮报》，故事里的青少年或者把文明带到了阿比西尼业，或者做了一番大事业，他们和西班牙长枪党党员联合起来对抗残酷的红色民兵）相比，哥顿给意大利儿童展示的是：人们可以为了芒果星球的自由而斗争，来对抗像明一样的血腥独裁者，幻影侠不是和黑人作战，而是和他们联合起来，对抗那些掠夺非洲的白人。在辽阔无比的非洲，巡逻队在巡逻，就是为了逮捕贩卖象牙的人，那些英雄并不是穿着黑衬衫出去，而是穿着燕尾服，头戴斯塔雷斯称之为"煤炉管子"的帽子，还有其他故事。最后要说的是，米老鼠当记者的故事也揭示了出版自由的问题，这个动画在我们的荧屏上出现（战后的事儿了）之前，最初的版本是亨

---

① Art Spiegelman（1948— ），美国著名漫画家。

弗莱·鲍嘉对着电话说:"美人儿,这就是出版!"(因为原文是:"这就是出版的力量,宝贝儿,你拿它没办法!")这真是一段让人热泪盈眶的岁月,米老鼠什么时候才能回归成电视记者?

在那些灰暗的年代,美国漫画教会了我们很多东西,给我们的生活带来了很大的影响,这也包括成人的生活。既然我们已经提到这些,那让我给报纸、周刊和电视节目提一个建议,或者说提醒一下。每年我们都会庆祝一个什么周年,纪念一位作家、一本书,或者说一个重要的事件,好吧,我们做好准备(我们有六个月时间)庆祝一九三四年过去七十周年①吧。

一九三四年一月,在美国出现了第一本《飞侠哥顿传奇》,附录是《黑森林里的吉姆》,是亚历克斯·雷蒙德绘制的,两个星期之后同一作者绘制了《X9 秘探》(里面的文字是达希尔·哈米特写的!)。十月,意大利推出了《冒险者》,是哥顿历险系列的第一本漫画,但书中的英雄不是一个打马球的人(太资产阶级了!),而是一个警察局局长。三月,美国推出了我们称之为《鲍勃·思达和无线电巡逻队》的系列,这个我们可以忽略不计。重要的是,在六月,李·福克和菲尔·戴维斯的《曼德雷克》出场了,艾尔·凯普的《莱尔·阿布纳》出版了(在战后才介绍到意大利)。九月,华特·迪士尼推出了《唐老鸭》:唐老鸭现在已经七十岁了,你们意识到了吗?十月,推出了米尔顿·卡尼夫的《特里与海盗》(在意大利是后来才默默推出的,作为《少年连环画》的附录出现,题目是

---

① 原文如此。

《中国的海上》），在同一年，法国出现了《米老鼠日志》，是米老鼠的法语版本。

你们说，一九三四年是不是很有意义、值得怀念的一年？

二〇〇二年

# 最新消息

　　小时候，我父亲总是对我说，要学会念外国人的名字，应该仔细听电台新闻主播的发音（我记得当时最著名的主播好像叫克雷默），正是通过他，我才学会了"丘吉尔"的发音，用意大利语写出来就是"ciercill"——以前都是这么标注英语发音的，因为大家唯一都比较熟悉的外语是法语，丘吉尔用法语拼写出来就是"sciurscìl"。要搞清楚一个重要人物或者一个城市名字的拼写，也要仔细看看报纸上怎么写，尤其是报纸副刊。

　　现在，家长已经不能这样教自己的孩子了，因为音乐台的主持人，还有新闻主播都不能把那些外国名字念得很清楚，没有任何音乐会广告能把布列兹的名字读准，就更别说报纸上通常都会把波德莱尔（Baudelaire）写成"Beaudelaire"，把西蒙娜·德·波伏瓦（Simone de Beauvoir）写成"Simone de Beauvoire"。

　　这种降低标准的做法，加上人们在很多不必要的情况下也使用外语，使得情况愈发糟糕了。"Pole position"就是一个典型，本来可以用意大利语说"领先"或者"占优势"的，结果到后来就演变成了"Pool Position"——假如存在这种表达方式的话，那也是游泳池里的某个位子。

当人们不得不采用英语外来词时，那就更加悲剧了，外来词在意大利化的过程中变得非常奇怪。有一些意大利化的词汇，比如巴黎索邦大学，我们不说"Sorbonne"，而是"Sorbona"，但我们说法兰西学士院（Collegio Francese）时会觉得很尴尬，这时会直接说法文"Collège de France"。但最糟糕的是美国大学的名字，在报纸上通常会写哈佛的大学，或者耶鲁的大学，就好像哈佛和耶鲁是地名，但其实这些都是大学自己本身的名字，就好像外国人在说博科尼大学时说成了博科尼的大学（博科尼这个搞笑的小城市到底在哪里？），还有乌尔姆的大学（当然是在巴登-符腾堡州），或者是天主教的大学（很明显，这可以和加比切马雷的大学相媲美）。

几天前，在一个非常重要的日报上，一位在美国的特派记者提到了 SUNY 大学，用来称呼"State University of New York"（就像 CUNY 的意思是 City University of New York），因此写成 SUNY 就可以了（但意大利人可能都不明白），要么你写大学全名 State University of New York，或者纽约州立大学，但你不应该称之为纽约的大学——纽约大学（NYU），因为纽约大学是一个私立大学，它选择了这个城市名字作为大学的名字。我还没有检查过有没有人把哥伦比亚大学叫成哥伦比亚的大学，如果真的有，我也不会太惊讶。

意大利人害怕用缩写吗？但是我们也写 KGB，而且不慌不忙地念成"cheghebe"或者"cappagibi"，因为写不出"Komkitet

187

Gosudarstvennoi Bezopasnosti"（克格勃），我们念出这个名字的时候，肯定会咬到舌头，但我们也没有胆量缩写"Comitato di sicurezza dello Stato"（俄罗斯国家政治保卫局），因为没人知道那是啥机构，但为什么我们不缩写"Yale University"（耶鲁大学），就连文盲也能理解。

最近，我还是向一个大报纸的主编抗议了一下，因为现在编辑部已经取消了一个非常重要的角色，一个让人钦佩的人物——印刷主管，他们会把《梅尔兹最新语言用法词典》倒背如流，不会放过任何一个印刷错误。很明显，让人觉得失落的回答是，那些文章都直接来自记者的电脑，收到之后马上就拿去印刷了，一个带有副刊的日报有时候可能会有一百多页，有谁能在半夜之前一行行检查完所有文字呢？

因此，我们不得不阅读一些带着众多"印耍错物"（印刷错误）的文章，就好像具有传奇色彩的第一期《世界之声》——《记者米老鼠》里出现的无畏报纸，意大利语版本里就是这样拼写的：最——新消——息，居留了一个留氓（最新消息，拘留了一个流氓）。

要写对一个外语名字当然很难，我有一个德国同事，跟我很熟悉，最近他给我写邮件，邀请我参加一个活动，他把我的名字写成了"Umberto Ecco"（多写了一个 C）。我每次要提到或者引用吕西安·戈德曼（Lucien Gordmann）和欧文·戈夫曼（Erving Goffman）时，都会有些肝颤，我总要想着他们俩到底谁的名字里有两个"n"（要说他们都是我的朋友，我们还经常通信）。每次要提到他们时，我都要上网去查一下，或者在《加尔赞蒂小词典》上查一下。

为什么那些记者或出版社编辑不愿意进行这样一个很有必要的仪式，这一直是一个谜。

二〇〇八年

# "MINCULPOP ①" 和肚脐眼

　　我不知道当这篇专栏刊登出来时，关于在那不勒斯创办电视女郎学校的争议有没有结束，但我对这件事有几个想法，可能现在和将来都值得考虑。通常来说，做电视女郎并不是一个不合时宜的职业，有的电视女郎后来会成为节目主持人，或者主流媒体的明星。在一个热衷于作秀的社会，那些漂亮姑娘渴望走上这条路，这也很正常。

　　但要创办一所专门培养电视女郎的学校，那就像创办一所培养诗人的学校，招收一百个学生，要把他们培养成为诗人，假如苍天有眼，他们中有一位成为真正的诗人也是有可能的，但其他九十九位都不得不过着一种充满挫败感的生活，在银行里当职员，对自己的差事不满，不断给编辑部投稿，但退稿堆积如山。这个类比合适吗？我们可以算一下账，假定每天晚上每个电视频道都有两场播报，每场播报都会用到两名电视女郎，每天晚上总共有十个频道（我们要忽略那些卖地毯的频道，这些姑娘即使在上面做电视女郎，也不会有成功的可能），这样算下来，每天晚上会用到四十个电视女郎。但我们不能说一个星期会用到二百八十个，因为在两场播报中就会有一场会用到同一名电视女郎，所以我们用二十乘以七，再加上二十个固定的，我们就要一百六十个电视女郎，她们会工作一整年。从电视女郎学校毕业的女生，机会可能要比诗人多一些，我不是说她们要和顶级诗人相比，而是和那些在比较体面的文学杂志上发表诗歌，或者给一些专业出版社做图书的诗人。

　　除此之外，诗人可以一辈子做诗人，但电视女郎的花季很短，只能工作几年。并不是所有从电视女郎学校里毕业的女生都可以在《新闻播报》栏目工作，极有可能，大部分人都只能在地方台表演，可能无法实现自己的光辉梦想。

　　最近出版了一本法国小品文，叫做《年轻女孩儿的基础理论》（波拉蒂·博林吉耶里出版社，2003），书中谈论的不仅仅是各种类型作秀的女孩，还有那些紧跟时尚潮流的姑娘（比如穿露脐装）。书中讲到，她们是这个社会的牺牲品，正是社会促使这些女孩出卖自己的诱惑力，她们已经成为人民精神的新鸦片。在《全景》杂志上，姜皮耶罗·穆吉尼对这本书做出了评论，他说，这本书流露出一种怀疑主义，从根本上来说，有些图像会激发那些美少女的梦想。"没有梦想的生活是没有意义的，"他最后总结说，"谢谢你们这些爱美女孩的存在。"我也并不是对于这些美丽的姑娘没有感觉，我可以理解穆吉尼从这里获得的慰藉，就像一位斗牛士也会获得极大的满足，但谁会考虑那些斗牛的感受？问题不在穆吉尼身上，而在那些姑娘身上。

---

① 意大利人民文化部的缩写。

假如没有那些半裸着扭屁股的漂亮姑娘，有些节目是无法存活的。其他一些节目，比如我爱看的一些竞答节目（例如《莫扎特》和《斯科蒂》），最后会出现一个笑容灿烂的电视女郎陪着那些被淘汰的人走下去，这也是一件好事儿，因为通常那些参加竞答的人长得都没有电视女郎那么赏心悦目。在这两种情况下，包括那些最狂热的反对女性主义的人，也会承认这些女孩儿是花瓶。但假如在《莫扎特》节目结尾，是这些女孩自己提出来要穿着内裤出现，这也让人没有话说，但《莫扎特》是注重思想的节目（不对，女士，吐根是美洲中部的一种蔓生植物！）。这时候，电视女郎出现在那里，这使得穆吉尼也不得不承认很感谢她的存在。

假如这算不上拿女人当花瓶，那唯一拿女人不当人而是作为工具的就只有妓女了，唯有牵扯到贩卖妇女时，我们才应该忧虑，其他情况我们可以高枕无忧。假如做电视女郎也是把女人当工具，那我觉得开一所公立学校，鼓励那些姑娘变成花瓶，这不是什么好主意。

最后一个问题可能没人想过，为什么里奇在《新闻播报》里要把这些电视女郎称之为"Velina"（她们也只是会跳舞，说几句话）。"Velina"这个词其实本意是政府通告，当时法西斯宣传机构"MINCULPOP"（意大利人民文化部）把这些政府通告发到每个报社，告诉他们什么话可以说，什么话不能说。《新闻播报》节目在创办时是对另一个严肃新闻报道的戏仿（但后来它报道的事情比它模仿的节目还可靠，这就是后话了）。很明显，这个节目的创建者里奇把这两个陪衬主持人的美少女称为"Velina"，这有戏谑的成分。从那时候开始，这个称呼越来越根深蒂固，现在人们用这个词，好像它的意思只能是电视女郎了。无论如何，大家都不记得这个称呼其实源于一个审查制度。

法西斯文化部的政府通告是为了避免意大利人想太多了，那些露着肚脐眼的电视女郎是不是具有同样的功能，这事儿值得琢磨一下。

二〇〇三年

# 观众对电视有害？

　　我的马德里同事兼朋友豪尔赫·洛萨诺在康普顿斯大学教授符号学和传播理论。他写信给我说："您有没有看到最近发生在我们这儿的事？这真是应了您在六十年代说过的话。我正让学生读您和保罗·法布里、皮耶保罗·吉廖利发表的那个公告，您一九六五年在佩鲁贾写的东西，还有您一九五七年在纽约的发言，是关于符号游击战的，您在一九七三年写的那篇论文《观众对电视有害？》已经把事情说得很清楚了。"

　　未卜先知，这是一件让人高兴的事儿，但我提醒洛萨诺，我们那时候不是在预言，而是把已经存在的事情发展脉络揭示出来了。好吧，好吧，豪尔赫跟我说，唯有政治家没读过那些文章，将来可能也一样。事情是这样的，六十年代到七十年代初期，不同的研究机构都在说，电视（通常指大众媒体）是一个强有力的工具，可以控制当时称之为"信息"的东西，通过对这些信息进行分析，可以了解它们如何对用户的观点产生影响，甚至塑造他们的意识。但我们要知道，"信息"所传达的东西并不是观众可以看到的，就像人们所说的：说者无心，听

194

者有意。举一个普通的例子，面对一排排母牛，欧洲屠夫和印度婆罗门的看法是不一样的；一则捷豹汽车广告可以激发有钱人的购买欲望，但会让一个穷人内心失衡。总之，一则消息可能是为了达到某种效果，但结果可能会产生一种回飞棒的效果，因为每个人情况不同，具有不同的心理、欲望和恐惧。

在西班牙就发生了这样的事儿。政府想传递的信息是："你们要相信我，那场恐怖袭击是'埃塔'的杰作。"但正因为他们说得很肯定，简直不容置辩，这就使得大部分听众解读为：我很害怕承认这是基地组织干的。在这里可以提及另一个现象，当时称之为符号游击战，话是这么说的："假如一个人控制了信息发送，那他就不应该站在摄像头前的第一把椅子上，而是要坐到电视机前的第一个位子上。"

换句话说，符号游击战应该是一系列评论，这些评论不是从消息发送者那里来的，而是消息接受者编写的，目的是要让用户讨论一件事情，批评一则消息，而不是消极接受。在六十年代，这种游击战的方式还比较原始，比如散发传单，在电影论坛的基础上组织一些电视论坛，在酒吧里演讲，因为当时大家还习惯于聚集在城区酒吧唯一一台电视机前面。但在西班牙，人们现在已经生活在一个网络和手机的时代，符号游击战的效果完全不同，游击战并不是那些精英团体或各种类型的活动家组织的，并不是产生于一个"金刚钻头"，而是即兴产生的，由人民大众口口相传。

洛萨诺告诉我，让阿斯纳尔政府陷入危机的是一个漩涡，是一些势不可挡的私媒体形成了规模；人们行动起来，他们看电视、读报纸，同时又和其他人进行交流，讨论他们读到的消息是不是真的。网络也可以让大家看到外国的媒体报道，人们可以对比和讨论获得的消息。在短短几个小时里会形成一种公众舆论，而这并不是电视引导的结果。这是一个划时代的现象，我再一次向洛萨诺重申，观众真的是对电视有害，可能会表现为：No pasaran[①]！

几个星期前，我在一场辩论中提出：假如电视是由同一个老板控制的，竞选宣传可以由那些送快餐三明治的人来完成，他们走街串巷，对人们讲一些电视上不会说的事情。我这样说并不是开玩笑。我真的认为，这个传媒世界给我们提供了那么多可供选择的渠道，比如说手机短信，它不仅仅可以传送"我爱你"，也可以传递一则受控制的消息。

面对热情洋溢的朋友，我回答说，在我们这儿，也许非主流媒体还不太发达，因为那些搞政治的人（因为政治就是悲剧性的）会占领一个体育场，中断比赛，在我们这儿，信息游击战的作者都忙于相互倾轧，而不是对电视造成危害，所以西班牙的经验可供我们反思一下。

二〇〇四年

---

① 西班牙语，誓死捍卫。

# 切身体会

当电视广告说某个产品要比其他品牌的产品都好，它并不期望大家会相信，最重要的是让顾客记住这个品牌，并在商店里认出这个产品。假如广告并不期望大家相信，那些代言的知名人士出现在广告里，向大家保证这个产品的质量，会起到什么作用呢（一位知名球星给一双球鞋代言，当然要比给矿泉水代言更让人觉得可信）？

但现在，通常是足球运动员代言矿泉水。从另一个方面来说，大家都知道（除了公益广告），代言人会拿很多报酬，他们对产品的保证并不是出于对产品的热爱。事实在于，公众对于这些证人的可靠性并不在意，只要这则信息能被关注，代言人的出现引起大家的注意就好了。

在美国的广告里，比我们意大利更早出现的是来自内部的证明，是那些产品的生产者直接来作证（就好像说：这些东西是我生产的，我是和你们一样的人，你们应该相信我），而不是那些外人（演员、科学家、运动员，等等）。但实际上，这是很危险的：我不想引起诉讼，所以就不指名道姓了，但我记得，我在电视上看到一位生产者，他的面孔是那么不堪，我当时就琢磨，像这样的人，我敢不敢从他手里买辆二手车。

为了避免这种风险，我们需要记住，观众会被迷人的形象所吸引，这些形象并不是来自现实生活，而是由广告本身创造的（你们想一下梅根·盖尔）。他们有可能推出虚拟的生产者，也就是让一名演员出演生产者，向大家保证他的产品很好。这种类型的广告公然采取了"戏仿"的手法（玩的就是碰巧同名的游戏），就是让格里·斯科蒂代言斯科蒂大米，他和斯科蒂博士的幽灵交谈，让人想象这些大米拥有斯科蒂提到的、看得见的所有有益元素。

现在让我们聊一下一位先生，他名叫乔瓦尼·拉纳。拉纳先生是谁呢？他是一位面条生产商，他变成了一个著名人物，因为他给自己生产的面条代言。拉纳先生真是那种"自我代言"兼"产品代言"的典型，他出现在一则视频里，说自己是拉纳先生，他为自己代言；同时，他证明拉纳牌面条很好。拉纳面条的代言人真的是拉纳先生本人，还是一个扮演他的演员呢？我觉得观众不会考虑这个问题。现在，电视上的拉纳先生已经不是一个来自真实世界的人了，而是一个广告里的人物形象。

后来，我在电视上看到某个产品的广告（不是面条广告，我觉得好像和电话有关），在这则广告里，拉纳先生又出现了。我觉得这是一个创举：A 广告里的一个虚拟人物出现在 B 广告里，或者说 A 广告的一个代言人在 B 广告里代言他自己，可以说从一则广告产生了另一则广告。就好比米老鼠冒出来，证明大狼阿尔贝托①真的存在，或者大狼阿尔贝托为米老鼠作证。

所有我提到的事情中，只有一件很显然：就是拉纳先生进入了一个他不熟悉的领域，这种出场很特别，很引人关注，从一个领域闯入了另一个领域（就像《哈拉之乐》，在一个舞会中，忽然有一队骑马的印第安人闯了进来，他们是不小心从另一场电影里出来的），最后（就像我给你们展示的这样），我不记得那个短片到底是给什么做广告。这种情况也不是第一次发生了：这种类型的广告越来越多，广告短片那么吸引人，人们会记住广告中好玩的场景，就是记不住那个产品。

为了让大家记住商标，需要在俏皮话里把商标说出来，这样会给人留下比较深刻的印象。你们想一下"无马提尼，不欢聚"（No Martini，No party），还有一个小孩子不记得"西门塔"（Simmenthal）的名字，或者在那个经典的旋转木马上，和警探洛兑父谈（"我也犯了一个错误，我从来都没用过丽奈特水钻!"）的广告。

为什么有些广告商（尤其是委托人），出于对俏皮话的热爱，竟然忘了让人们记住他们的商标？我得说，到现在我还没想明白这事儿。

二〇〇五年

---

① 意大利著名漫画形象。

# 赐予我们今天的"犯罪"吧

我认为，假如毁掉新奥尔良的那场飓风没有遇到一片平坦的凹地：有沟渠，树木被砍伐并遭到破坏，那么它的威力就会小得多，损失也会小得多。我觉得在这一点上大家都会同意我的看法。争议的焦点是：那场飓风或者台风是不是全球变暖的一个结果。尽管我不是这方面的专家，但是我马上就摆明态度，我确信：假如我们关注这个星球的命运，某些因为自然环境改变而产生的现象就不会出现，我认同并支持《京都议定书》，但我也认为龙卷风、飓风和台风一直都存在，否则我们就不可能看到康拉德描写的那些精彩片段，或者展现自然灾害的著名电影了。

我斗胆说一句，在过去几个世纪里发生了很多可怕的灾难，造成了几十万人员的伤亡，这些灾难都是在短时间内相继出现的，就像这次亚洲的旋风和美洲的卡特里娜飓风。这些自然灾害有些我们听说过，围绕某些灾难甚至产生了相关的文学作品，比如关于庞贝古城和里斯本大地震的作品，但关于其他灾难，则只有一些可怕的、不确切的消息，比如印度尼西亚喀拉喀托火山喷发。我们很容易推测出还有其他几十起、上百起灾难，袭击了那些遥远的海岸和人群，而当时我们都在过自己的日子，没太关注这些事儿。但是，在一个全球化的世界里，消息传播得非常迅速，我们马上就知道发生在这个地球上某个遥远角落的事故，这让我们感觉到，现在的世界没有之前太平了。

比如说，一个普通电视观众会怀疑，周围是不是有什么病毒在传播，导致很多母亲杀死了自己的孩子。这种情况很难归咎于臭氧层空洞，应该是别的什么原因造成的。实际上，的确有别的原因，但这其中没有任何秘密，也没什么需要掩藏的东西，这就是：对儿童的残杀一直存在。在过去的岁月里，这种行为一直存在。古希腊人去剧场看《美狄亚》，为她的故事所感动，我们都知道，出于对丈夫的愤恨，她在几千年前杀死了自己的孩子。我们可以从中获得一些安慰，在全球大约六十多亿人口中，一直都存在一些杀手妈妈，但占的百分比非常非常小，因此我们不要用怀疑的目光看待所有推着童车从我们身边走过的太太。

尽管如此，无论谁看到现在的电视新闻，都会感觉我们生活在地狱的某个恶囊里，每天不仅有杀死自己孩子的妈妈，开枪的十四岁少年，抢劫的非欧盟移民，割人耳朵的牧师，枪杀了全家人的父亲，在矿泉水瓶子里注射漂白水的变态，还有把叔叔切片的"孝顺"侄子等。当然啦，所有这些事都是真的，从统计学来说也是正常的，已经没人想起，在战后那些幸福和平的年代里，有一位肥皂厂女工在家里把她的邻居煮了，丽娜·福特用榔头敲碎了情人孩子的脑袋，贝伦塔尼女伯爵用一把来复枪搅扰了一场 VIP 晚宴。

现在，假如时不时有一两个妈妈把自己的孩子杀了，这"几乎"是正常的，不正常的是，每天都有很多美国人和伊拉克人被炸飞，所有人都知道那些死去的孩子，我们却不是很清楚这些死去的成年人。那些严肃的报纸，头几个版面都会谈到政治、经济、文化和艺术领域的主要事件，股市行情，公告，还有奶奶辈的人热衷于看的讣告。除非发生一些特别重大的事情，一般会在报纸中间几页谈论这些社会恶性事件。实际上，过去对这类事情的报道要比现在简洁，那些嗜血的读者不得不去购买专门讲这类事件的杂志，比如《犯罪》。我们想想看，他们不看电视上的泛泛而谈，不满足于理发馆提供的有插图的小杂志，而是找一些专业的杂志，来了解这些暴力事件。

现在呢，电视新闻在谈完那些常规战争、屠杀、恐怖袭击或者其他类似的问题，在不过于惊吓观众的前提下，会报道一连串犯罪行为：弑母、杀姊、杀兄、弑父和杀童，还有偷窃、抢劫和枪杀。为了让观众什么都能看到，这些事件每天都好像倾盆大雨一般"落在"我们的省份，相比而言，宇宙大洪水都像水管漏水，算不上什么。

这些报道里里外外都暗含某些东西，也就是说，我们的尼亚加拉电台台长不想让政治经济方面的危险消息太过于损害自己，于是他们采取了《犯罪》栏目策略，报道一系列被打破的脑袋，还有斧头砍下去的样子，这会让人们乖乖的，脑子里不再胡思乱想。

二〇〇五年

# 阿伽门农可能比小布什还要糟糕

　　我在火车上看着一份报纸，旁边的一位先生开始和我搭讪，他说："您看到了吗，这是什么世道啊?"他可能仔细阅读了那些恶性事件的报道：一个男人杀死怀孕的妻子；两个人在几个月前杀死了邻居全家，只因为他们的收音机声音开得太大；一个罗马尼亚妓女把一把伞插到了一个女孩的眼睛里，也是因为鸡毛蒜皮的小事儿；还有最近母亲杀子案件，那个杀死女儿的（不用说，那是非欧盟国家的人干的，而且是一个穆斯林），是为了阻止女儿和一个基督徒结婚。我们再往前回顾一下，诺维的一个姑娘杀死了自己的母亲还有弟弟；有人绑架了邻居的小孩，他们后来把小孩杀了，是因为孩子哭。他说的是这些事情吗?

　　我告诉他，他知道的并不是全部。假如他仔细阅读了我看的那些报道（可能出自网上），他就会意识到，这类事情并没有到此结束。

　　您看了在皮亚琴察发生的事儿了吗?为了对一个支持他的人表示感谢，一个叫门尼尼的人把自己的女儿送给了那人，他明知那人肆无忌惮，他女儿凶多吉少，但他还是若无其事地出门做生意去了，和教皇一样排场。他走了以后，他太太很寂寞，就找了一个小白脸，叫做艾吉狄，俩人情投意合，门尼尼回来时，太太就和情人联手把他害死了。他们把门尼尼的死因推到了别人身上，门尼尼太太在葬礼上嚎啕大哭，但她儿子识破了真相，他从留学的地方归来，杀死了艾吉狄之后还不满意，又杀死了自己的母亲（他妹妹想救他，给他做假证）。"真可怕！"那位先生感叹说。

莫尔费塔的梅迪太太呢？丈夫把她抛弃了，她知道丈夫很爱几个孩子，为了报复，她就把那几个孩子都杀了。"真是没天理，也没有理性了，这些疯狂的女人！她们不仅会把丈夫的阴茎割了，还会把自己的骨血杀了，就是为了让丈夫感觉到痛苦。"旁边的人说，"这是什么母亲啊？照我说，这是电视对人的影响，还有暴力节目带来的后果。"

我接着说，可能您没看到萨图尔尼亚的克罗尼先生的事儿吧，我不记得是因为什么缘故，可能是因为遗产，他把父亲的阴茎割了，因为父子关系很差。他自己也不想要小孩，他让怀孕的妻子把孩子打掉，他把可怜的胎儿吃了。那位先生说："他可能是加入了某个邪教组织，小时候经常从高速路的天桥上往下扔石头，但可能在村子里，大家都觉得他是个好人。您看看，现在报纸上都在赞美堕胎，还鼓吹变性人结婚，世风日下啊！"

我对他说："您看，现在大部分性犯罪是在家庭内部发生了。您一定听说过巴蒂帕利亚发生的事儿吧，一个叫拉伊的人被自己的儿子杀死，这个儿子和他母亲搞在一起，后来他母亲支撑不住了，就自杀了。在距离那里不远的一个小城市里，提耶斯特兄弟出于利益，杀死了他们同父异母的兄弟，他们中有一个和嫂子搞在一起，另一个为了报复，就杀了他的几个孩子，烤了给他吃，那个兄弟在不知情的情况下吃了很多。"

"天呐！天呐!"和我聊天的先生感叹道，"这些人到底是意大利人，还是欧盟之外的人?""他们不是意大利人，"我对他说，"这些人都是希腊人，我只是改变了地名和人名，这些故事不是在报纸上看到的，而是我在《神话辞典》里看到的。门尼尼先生是阿伽门农，他向诸神祭献了自己的女儿，就是为了远征特洛伊取得的胜利，那个年轻的艾吉狄是埃癸斯托斯，他就是杀死阿伽门农的人，那个背叛丈夫的女人是克吕泰涅斯特拉，后来她被自己的儿子俄瑞斯忒斯杀了。梅迪太太就是美狄亚，克罗尼先生是克洛诺斯，罗马人称之为萨图尔努斯。拉伊先生是拉伊俄斯，他被俄狄浦斯王杀了；那个犯了乱伦罪的女人是伊俄卡斯忒；提耶斯特兄弟是梯厄斯忒斯，哥哥阿特柔斯诱骗他吃了自己的骨肉。这些都是我们西方文明的基本神话，卡德摩斯和哈耳摩尼亚的婚礼只是一小部分。"

诗人和作家时不时会写一部悲剧或者长诗，来讲述这些故事。现在的报纸非常关注暴力事件，有满满两三页讲的都是这些事情。假如我们算一下，现在世界上有六十亿人口，那时候的世界人口也不过一千多万而已，一切都是按照比例的，排除战争期间，只是在日常情况下，那时候的谋杀也要比我们现在多。也许，阿伽门农比小布什还要糟糕。

二〇〇七年

# 开路吧！路！

　　今年八月十五圣母升天日，没什么事情发生，除了佐治亚州的惨案，还有奥运会的消息。这几个星期出现了一个问题，可以用永恒来定义，有人想用一个法西斯分子的名字，或者有争议的人物的名字来给一条路命名，比如贝蒂诺·克拉克西，有些地方已经开始讨论。还有人提议改掉一些街道名称。在罗马尼亚的一些小城市，有很多马克思街、列宁街。坦率来讲，这件事变得让人无法忍受，看来只有一个解决方案：制定一条法律，禁止使用那些死了不到一百年的人物的名字作为路名。

　　当然了，如果这条"百年"规定通过，除了马克思，从二〇四五年开始，才会有街道可以叫贝尼托·墨索里尼街，到时候我们的孙子都已经四十多岁了，他们（不用说重孙了）会很不了解这些人物，但也只能这样了。现在，罗马尼亚善良的基督徒心平气和地走在克拉·迪·里恩佐街上，他们不知道洛雷托市有一个广场也叫这个名字，给一条非常重要的街道起这样一个名字，这是在复兴运动前夕共济会的人干的，目的是为了对教皇表示不敬。

除此之外，还有其他因素需要考虑，至少是出于对那些过世的人的敬意，给一条街道起一个历史人物的名字，很容易让所有人只知道他的名字，却忘记他是谁，做了什么。除了很少的一些例外，比如加里波第和加富尔，大部分街道和广场所纪念的人物，可能过去人们都知道，但后来就被忘了，大家对这个人物的集体记忆就成了一条街道的名字。在我出生的城市，我经过了斯基亚维那街几千次，我从来都没有想过这个人是谁（现在我知道了，他是一个十九世纪的编年史家），还有凯纳街（我现在知道他是谁了，因为我家有他写的亚历山大城主教史的书籍，一七八五年出版），更不要说洛伦佐·布尔宫奇奥，我在网上找到了他的画像，他是《萨尔维圣母马利亚的历史故事》（维梅尔卡蒂出版社，1738）的作者。

　　我敢说，很多住在安得卡里街、库沙尼街，或者梅尔兹·戴利尔街上的人，都不知道这些值得纪念的人是谁；也许研究过的人知道，梅尔兹·戴利尔是拿破仑时代意大利共和国的一个副总统。但我觉得，一个普通的路人，如果不是历史学家，就不会很了解库沙尼或者安得卡里家族的事儿（除此之外，很多人以为安得卡里这个名字来自凯尔特语"andeghee"，意思是英国山楂）。

　　地名不仅仅会导致"damnation memoriae[①]"，也可能会导致另一种情况，一个好人的名字和一条恶名远扬的街道联系在一起，一些不幸的人，他们的名字在很多个世纪里都被用于指代一些勾栏花坊。我上大学的时候经常去都灵，我记得卡兰德

---

① 拉丁语，除忆诅咒。意指从记忆中抹除一个人的存在。

拉路和两家窑子联系在一起，但当时给这条路起名字时，却是为了纪念一位让人尊敬的十九世纪作家——埃德瓦尔多·卡兰德拉。还有波多尼广场，是为了纪念一位伟大的印刷商，那里有一家非常著名的音乐学院，曾是同性恋者聚会的地方（你们可以想象五十年代的情景）。因此，对于那些对古典音乐和印刷术都不感兴趣的人，这个地名通常被用于指代同性恋（用场地指代内容）。更不用说，在米兰，那些当兵的经常去基亚拉瓦莱街上逛窑子，现在大家提到尊贵的基亚拉瓦莱大修道院时，都会有些不自在。

那我们该怎么给街道取名字呢？公共管理机构应该运用自己的想象，因为他们不能在波塔伊或伊塔洛·巴尔博的家谱里随意找一个名字，他们也应该重新发现一些名字，比如萨尔维诺·德伊·阿玛蒂——传说是发明眼镜的人，或者贝蒂奇亚·戈扎蒂尼——中世纪第一个在博洛尼亚大学教书的女人，或是伍古乔内·法加拉和法西诺·凯恩，这些人算不上圣贤，但巴尔博也不是。从另一个方面来说，纽约的街道都是用数字表示，这也没什么问题，假如米兰有一条街叫做宽街，也是一样的道理。意大利有上百个城市，有很多上坡路可以叫做蟋蟀路，街道可以称之为熊路、麦穗路、小山路，另外我们可以加上百合路（柏林已经有一条路叫这个名字），还有桤木路，以及其他一些植物的名字。

二〇〇八年

# 让我们扬起"船尾"

第一个问题　我在巴黎和几个法国朋友吃晚饭,其中一个朋友对其他人说,意大利电视节目娱乐性很强,你随便打开一个频道,无论什么类型的节目,包括新闻节目和竞答节目,都能看到衣不遮体的姑娘。听到这里,所有人都瞪大了眼睛:真有这样的节日吗?有人直接说,他会开通卫星电视上的意大利台。还有一个人说,他明白了为什么意大利人会原谅那些和年轻女孩儿来往的政客,因为他们接受的教育就是这样。我有些尴尬,从根本上来说,我们不都是色魔。

两天后,我回到了罗马特米尼中央火车站,那里有一个非常大的广告牌,是那不勒斯-卡塔尼亚渡轮通(TTTLines)的广告,广告上能隐约看到这个公司的邮轮线路,但特别扎眼的是一排排姑娘都穿得很暴露,尤其是可以看到她们优美的臀部。做广告的人可能觉得那些美臀还不足以引起人们的注意,广告牌上还写了一排很大的字:"我们有意大利最优美的船尾!"对于看不懂这句话含义的人,可能需要解释一下,因为这句话有双重含义,"Poppa"这个词在意大利语里既指船尾,也指女孩子的臀部。我的那些法国朋友都说得没错儿吗？

问题是：你们会不会把儿子送到渡轮通的广告部接受培训？我担心的是大部分意大利人都会说愿意，他们都希望自己的儿子和意大利的这些风标式人物一起，变成聪明人。


第二个问题　北方联盟在议会上提出了一个法案，要在公立小学里教授方言。很自然，全国联盟提出了反对，要不然全国联盟就成了大区联盟。五月三十一号的《晚邮报》上刊登了一篇非常精彩的文章，是达里奥·福写的，如果不那么较真的话，可以说他使用的是波河平原的官方语言（一种从来没有存在过的语言）；文章后面附着托斯卡纳语翻译。其实，达里奥·福影射的就是这件事。

我觉得，我们需要采取一定行动，使将来的孩子也能看懂《滑稽神秘剧》，但话又说回来，傻子他妈老怀孕[1]，比如有人提议：复兴运动要按照大区来讲。也就是说，都灵人应该听老师讲加富尔和加里波第的事迹，那不勒斯学校里应该讲西西里国王弗朗西斯科二世、妖僧，还有鲁夫主教的事迹。让那些都灵人、利古里亚人听一听布朗特、尼诺·比克西奥的不地道的做法，这是对的，但让南方人崇拜复兴运动之后的匪帮活动，这可能会有点儿不合时宜。这就像要给杰莫尼奥的小孩教方言，就是为了避免他们长大了移居到别的大区，甚至是国外；就像说如果父亲是粗人，那孩子也不能太偏离轨道。

图里奥·德·毛罗[2]已经重复了无数次了，他说在五十年

---

① 意大利俗语，意思是世界上的傻子很多。
② Tullio de Mauro（1932—2017），意大利语言学家。

代，电视对于在整个国家传播意大利语起到了很大作用。有些人没有参与这种进步，他们保留了方言，但另一些人完全融入了语言的统一，这段历史时期被称为意大利"经济奇迹"。但同样他也说了，在这个过程中，语言的统一标准化是一件很遗憾的事，因为大家会失去自己的根。在我出生的城市，每年都会上演《牧民哲林多》，那是一个非常有趣、亲切的圣诞节童话，但对白都是皮埃蒙特方言，我看到，多年以来这个节目遭受了两个方面的危机，因为移民的缘故，很难找到那些会说方言的孩子，而最大的问题是很难获得新观众的认可。这样一个美好的传统丢了，这真是一件很让人遗憾的事情。

因此我觉得，假如能保证全国的孩子都学好意大利语，一个星期学上一个小时的方言，那也没有什么错。对于经常使用方言的孩子来说，这非常有教育意义（他们可以对比意大利语和方言之间词汇和句法的差别）。但假如在米兰的某所学校里，大部分学生都是罗马尼亚人或者中国人，问题就来了。他们可以在课后选修方言，不知道那些中国学生会不会学得不亦乐乎。

在米兰，有一个黑得不能再黑的黑人在卖打火机，他说一口非常地道的米兰方言，他走近路人，抱怨周围有太多"南方土鳖"。好吧，他是好人家的孩子，他的生意挺好的。

全世界的无产阶级，学习语言会让你们更加自由！

二〇〇九年

# 高中低三档

在上个星期六的《共和国报》副刊上，安杰洛·阿夸罗和马克·欧杰在推荐费德里科·马尔特的著作《主流》（费尔特里内利出版社，2010）时，又提出了之前讨论过的一个问题（这次还谈到了文化全球化的新形式），但角度是新的，也就是高雅文化和低俗文化之间的分隔线。

假如有个年轻人，他听莫扎特，也听民族音乐，区分起来就太古怪了。我记得在上个世纪中叶，这曾是一个热点问题，德怀特·麦克唐纳在一九六〇年出版的一本书——《大众文化和中产文化》——里就讨论过这个问题。这本书非常棒，很有格调。在这本书里，他不是把文化分成两个等级，而是分成三个等级。简单来说，高雅文化的代表是乔伊斯、普鲁斯特和毕加索，被称为大众文化的是好莱坞的"低俗"玩意儿、《星期六晚邮报》封面，还有摇滚乐（麦克唐纳属于那种家里没有电视机的知识分子，那些接受新事物的知识分子会在厨房里放一台）。

麦克唐纳还把文化划分出了第三个等级，就是中产文化，这是一种中等文化，代表作品是一些消遣读物，有时候甚至会从先锋派那里借鉴一些东西，但从根本上来说很媚俗。麦克唐纳认为，中产文化在过去是以劳伦斯·阿尔玛-塔德玛和埃德蒙·罗斯丹为代表，他那个时代中产文化的代表人物是萨默塞特·毛姆，最后是海明威、桑顿·怀尔德，也许他会在书里引用很多阿德尔菲出版社出版的畅销书，有一系列作家可以和毛姆、乔治·西默农写的上乘之作（麦克唐纳会把"非麦格雷的西默农"列入中等文化之列，而把"西默农-麦格雷"列入低俗文化）放在一起。

但是，把人民文化和贵族文化分开来，开始得要比我们想象得晚。欧杰提到，雨果的葬礼有成千上万人参加（雨果代表的到底是中产文化，还是高雅文化？）；索福克勒斯的悲剧演出时，那些比雷埃夫斯的鱼贩子也会去看；《约婚夫妇》刚问世时有很多盗版书，表示它很受欢迎；我们还要想象那个吟诵但丁诗句的铁匠，他咬字不清，这让诗人很生气，但这说明了他的诗句在文盲中也得到传颂。

说真的，有的罗马人的确放弃了看泰伦奇奥的演出，而去看狗熊了，但现在也有一些高级知识分子会放弃一场音乐会，而跑去看球赛。事实在于，对两种（或者三种）文化做清晰的区分，历史上只有在先锋运动中才会比较明显，他们的目的是挑衅资产阶级，他们突出了"不可解读性"，或者拒绝阐释。

这种断裂延续到我们这个时代了吗？并不是，因为像卢西亚诺·贝里奥①或者普索尔②这样的音乐家，他们做摇滚乐做得非常认真，很多摇滚歌手都非常了解古典音乐，简直超出了

---

① Luciano Berio（1925—2003），意大利作曲家。
② Henri Pousseur（1929—2009），比利时作曲家、教授、音乐理论家。

我们的想象，波普艺术把这些等级都打乱了，很多西部口水音乐都被列入了音乐会的演出曲目，对于不可读性的记录，如今重新在一些漫画中得到了体现。你如果看一下晚间的电视拍卖节目就会了解到，那些观众并非高雅之士（通过电视购买一幅画，很明显不是文化精英的所作所为），他们会买一些很抽象的画作，他们的父母会评价说，那些画是用驴子尾巴扫出来的。正如欧杰所言，"在高雅文化和低俗文化之间有一种地下交流，通常低俗文化从高雅文化里汲取养分。"（我还想补充一句：反之亦然！）

无论如何，现在这些文化等级的划分已经从内容或者艺术形式，转移到了它们的运用方式上。我想说，它们之间的差别已经不是贝多芬的作品和圣诞歌曲《铃儿响叮当》之间的差别，贝多芬现在经常被用作手机铃声或者机场、电梯里的背景音乐。本雅明会说，贝多芬的音乐已经成了一个类似于广告短片的东西。相反，《铃儿响叮当》诞生于一则洗衣粉广告，它可能会引起批评家的注意，批评家会分析和欣赏这段音乐里体现的节奏、韵律或和声。这不是艺术本身的问题，而是目光不同，有的目光是严肃专注的，而有的目光是不经意的，对于那种不经意的目光（或者耳朵），也可以把瓦格纳的音乐用于《名人岛》真人秀，但对于那些高雅之士，他们可能在一个僻静的地方听一场老唱片上的《不要忘记我的话》①，这首流行歌曲又成了高雅文化。

二〇一〇年

---

① *Non dimenticare le mie parole.*

# 从知识分子的角度来说

　　上星期的一个晚上，有个意大利记者告诉我，有消息传到意大利，说我早上在耶路撒冷举办的出版研讨会上说，贝卢斯科尼就像希特勒。有权威人士已经发表了声明，批评我简直是信口胡说，按照他们的看法，我这话会得罪所有犹太人，但这又是另一码事儿。第二天早上，有几家以色列报纸用了长篇大论，报道了那场出版研讨（《耶路撒冷邮报》居然把关于研讨会的报道放到了封面上，而且用了第三版整页来讲，真是慷慨），但他们没有提到希特勒的事儿，而是如实报道了研讨会上讨论的问题。

　　尽管有人对贝卢斯科尼持批评态度，但一个正常人不会想拿他和希特勒做对比，因为贝卢斯科尼并没有掀起一场世界规模的战争，造成五千万人死亡，也没有屠杀六百万犹太人；他没有解散魏玛共和国议会，也没有建立纳粹党冲锋队、卫队等。那么，那天早上到底发生了什么？

　　有很多意大利人还没意识到，我们国家的总理在海外多么没威信。在回答外国人的问题时，我有时出于对祖国的热爱，不得不站出来捍卫他。由于贝卢斯科尼、穆巴拉克还有卡扎菲都是被迫宣布辞职的，有一个比较无礼的人想诱导我说贝卢斯科尼是意大利的卡扎菲。我理直气壮地回答说，卡扎菲是一个嗜血暴君，他在残杀自己的国人，而且他是通过军事政变上台的，但贝卢斯科尼是名正言顺的，是由意大利人选举出来的领袖。我是说笑的，我想把类比继续下去，还说倒是可以把贝卢斯科尼和希特勒进行对比，因为他们都是人们正常选举出来的。这是一个不太谨慎的反证法，随后我们就又谈起了其他严肃的问题。

当我的意大利同事告诉我这句被曲解的话时，他评论说："你知道，记者会把那些隐含的消息也挖掘出来。"我不同意这种观点，记者应该报道真正存在的东西，而不是捕风捉影。但这也说明了我们国家的舍本逐末，他们毫不在意加尔各答就这个地球的命运说了什么，只有当有人在加尔各答说了支持或者反对贝卢斯科尼的话，他们才会关注。

还有一个让人好奇的方面，我回到意大利以后，看到每份报纸上都在谈论这事儿，我说的那些话被用双引号标出来，它们出自会场的简讯。按照简讯的说法，我只是提了提希特勒的名字，说他是一个"充满矛盾的知识分子"，我把他和贝卢斯科尼放在一起，是"从知识分子的角度来说"。我可能在喝醉酒的情况下才会把贝卢斯科尼和希特勒放在一起进行对比，但即使我醉得不省人事，我也不会说出那么没水平的话，比如"矛盾的知识分子"，或者"从知识分子的角度来说"。"矛盾的知识分子"对应的是什么？这是什么话？是感官上的，还是别的？不能指望所有人都对修辞学或逻辑学的一些术语了如指掌，但是"矛盾的知识分子"是文盲的说法，期望别人"从知识分子的角度来说"的人也没什么幽默感。这就意味着简报上双引号里的话，是有人动了手脚。

这么一个显然是哗众取宠的事儿，掀起了一阵愤慨的热潮。像往常一样，为了表示对那些抹黑总理的人的愤恨，他们都穿上了"天蓝色袜子"。居然没人发现，根本就没办法拿贝卢斯科尼和希特勒进行对比，因为希特勒虽然臭名昭著，但他是一个忠诚的男人，他坚持一夫一妻制。

二〇〇九年

# 侦探和粗鲁的人

在前面的专栏里，我批评了电影和电视里的一些坏习惯，我们从电视屏幕上看到：一对夫妻躺在床上（i），他们在睡觉之前会做爱（ii），吵架（iii），女的会说她头疼（iv），然后他们各自转过身，背对背睡觉。从来，从来都没有一个镜头，显示两人中有一个在读书，这就是事实。我们还抱怨人们都在效仿电视里的人物，从来都不读书。

但还有更糟糕的事儿。一个侦探或警官进入到人们家里，开始提一些问题，并不是让人尴尬的问题，那么会发生什么事儿呢？假如你是一个劣迹斑斑的惯犯，是记录在案、已经被人发现的黑手党，一个神经失调的连环杀手，也许你会冷嘲热讽，破口大骂，或者一头栽倒在地，假装癫痫发作。但实际上你是一个普通人，没有任何前科，你会让警察局的人坐下来，礼貌地回答他们的问题，心中可能会带着一丝担忧，但你会乖乖地待在警察面前。假如你做过什么亏心事儿，那你会更加小心翼翼，尽量不惹恼他们。

在一些侦探片里会出现什么情况呢（我要声明一点，我不是一个墨守成规的老古董，我看这些节目时总是带着很大的兴趣，尤其是那些法国和德国的侦探片，都没有过于暴力的场面以及爆炸场景，除了《眼镜蛇11》）。每次都会发生这样的情况（真的是每次，你们可以留意一下）：警察进入一间房子，开始调查，被问话的市民还是该干吗干吗，他们会朝窗外张望，会继续在煎蛋里加火腿、收拾屋子、刷牙，就差去撒尿了，他们还走到桌子前，在一张纸上签字，跑去接电话，总之，他会像个松鼠一样蹿上跳下，把警察抛在脑后，过一会儿，他会说他有事儿要出门了。

这是什么态度啊？难道这些电视剧的导演要让观众形成一种观念，就是对待那些警察局的调查员要像对待上门推销吸尘器的人？你们会说，那些不速之客上门调查会激起观众强烈的报复心理，他们很享受警察受到羞辱的场面，这是真的。但假如有一些脑子发育不良的观众学到了这一点，遇到这种情况时就会很粗鲁地对待警察，以为这是很酷的事儿，那可怎么办呢？可能购买这类电视剧的人不会考虑这一点。《西斯卡》调查的不是小打小闹，而是大案子和重要人物，但这些人物教给我们的，却是一个人可以不出席法庭？

事实在于，这类电视剧的导演认为，假如这场调查持续超过几分钟，他不能让两个演员面面相觑，他得想个办法让场面动起来。为了让场面动起来，他就让那个被问话的人动起来。因为让两个人面对面，用几分钟时间谈论一些非常重大的事情，导演自己受不了，他觉得观众也受不了吗？这种面对面的场景，至少需要奥森·威尔斯这样的导演？演员应该是《蓝色天使》里的安娜·马格纳尼、埃米尔·强宁斯，或者《闪灵》

里的杰克·尼科尔森？因为所有这些人都能经受得住特写镜头，他们可以用目光、嘴的动作来表露自己的精神状态？英格丽·褒曼和亨弗莱·鲍嘉在《卡萨布兰卡》里，可以好几分钟都不说话，迈克尔·柯蒂斯（他也不是爱因斯坦）也没用一个半身镜头。但假如导演不得不在一个星期里拍完一集（有时候是两个星期），一个制作人不会允许柯蒂斯和其他演员那么做。这些演员遍地都是，就像德国警匪片里的演员一样，他们在工作间隙，在工位上吃热狗时，才会表现得最好。

二〇一二年

# 贱人！让我说完！

我要说，我这几个星期最爱读的杂志是《谜语》周刊，希望《快报》周刊的主编不要生我的气。我爱这份杂志，是因为它不仅仅让读者阅读杂志里的内容，而且还需要我们协作填满那四十八页。

在填字游戏里，对词汇的定义非常有教育意义。意大利的传统和法国不一样，他们对词语的定义就像谜语一样，比如说格雷马斯提到过一个"草药的朋友"，应该填的词是草药学家（这个定义就是假定做填字游戏的人知道古代这种职业）。我们国家的填字游戏则会让大家想起一些比较普遍的观点，比如说"和面条、蔬菜相关的饮食"，应该填写"地中海饮食"，又比如说"美国蛇"的答案是"蟒蛇"。

现在我在一张填字游戏里看到了"在脱口秀节目上，用于活跃气氛"这个题目，我想到答案可能是节目里出现的名人，或者是和时事相关的词汇，但答案并不是这些，要填写的词是"撕逼"。那些编写词汇定义的人已经重新审视了大众的看法，让一场脱口秀吸引人的不再是像维斯帕①这样的公众人物，以

221

及弗拉基米尔·卢克西鲁亚②或其他大神，或者恋童癖、乌斯蒂卡等话题。所有这些辅助因素当然很重要，但一场脱口秀如果是由一位拜占庭语文学家来主持，嘉宾是一位患有缄默症的尼姑，或者研究阿特米多鲁斯③古书的专家，那节目肯定很枯燥。

有一次，我参加了一场脱口秀，坐在我旁边的是一位老太太，每当那些参与节目的人争先恐后地发言时，她都会说："为什么他们要打断别人的话？他们不能一个说完，再让另一个说吗？这样根本听不到他们在说些什么！"她以为，意大利的脱口秀就像贝尔纳·皮沃那些令人回味的节目一样，主持人用一个小拇指的动作就能让说话的人明白，他应该闭嘴让另一个人说话了。

事实在于，只有在嘉宾吵架时，收看脱口秀的人才会觉得有趣。嘉宾说什么已经不重要了（通常他们说的话的确也无关紧要），但他们做出一副霸道的样子，叫喊着："让我说完！我刚才并没有打断你。"（这种反应当然也是游戏的一部分）或者他们会用一些侮辱性的话，比如用"贱人"来问候对方，后来，这个不怎么常用的称呼得到了广泛流传。去参加脱口秀就像去看斗鸡表演或摔跤比赛，大家都不在意那些参与格斗的人是不是假装，就好像不在意利多里尼的喜剧片里一块蛋糕是不是全糊在脸上了，最重要的是假装自己是认真的。

假如一场脱口秀就像《老大哥》真人秀一样纯属消遣，这

---

① Bruno Vespa（1944—　），意大利著名主持人，《面对面》栏目的创始人。
② Vladimir Luxuria（1965—　），演员、意大利第一位跨性别者议员。
③ Artemidorus，古希腊占卜家和释梦家，约活动于公元前二世纪前后。

也没什么问题。但有人把《面对面》节目定义成第三议院，或者法院的前室。在议会上要讨论的某个问题，或者重罪法庭上要说的事儿，比如某个罪犯掐死一名少女，案子的最后审判现在已经在一场脱口秀之中预先上演了，这种预演让事情变得不那么严肃。

同时，假如重要的不是内容，而是"撕逼"的形式，这好像学校里一节关于时态配合的课程，由达里奥·福的跨界演讲，或演员特洛西的呓语提前预告了。

然后我们又抱怨说，人们对发生在众议院和参议院的事不感兴趣，不理会贝卢斯科尼在奥格提纳街上包养情妇的事件和最高法院的审判，或者不去投票。

二〇一三年

# 摇的还是搅的？

　　我看了一则读者发给安东尼奥·多里科的信，多里科公布出来，刊登在《柒》杂志上：在最近推出的意大利语版007电影《生死关头》中，詹姆斯·邦德要了一杯马提尼鸡尾酒，是用红马提尼酒调的，并谈到一份用甜苦艾酒调配的马提尼，简直不可理喻。在之前的意大利语版本里，说的是金酒加红马提尼酒，这又是另一回事儿。按照一些历史学家的看法，马提尼鸡尾酒最初产生于十九世纪的美洲，是由两盎司意大利红马提尼、一盎司金汤姆加上马拉斯加酸樱桃酒，以及其他让任何受过教育的人心生恐惧的成分调配而成的。红马提尼酒产生于一八六三年，按照一些马提尼鸡尾酒专家的看法，刚开始的配方里并没有苦艾酒，而是用诺里帕特调配的。马提尼这个名字源于加利福尼亚一家酒馆的名字"马丁内斯"，马丁内斯是酒吧里的调酒师。总之，这件事情错综复杂，你们可以看看洛厄尔·埃德斯蒙写的那部了不起的《不加冰的马提尼》（*Martini straight up*），意大利阿尔琴多出版社在二〇〇〇年翻译成《马提尼马上来》。

邦德到底喝的是什么？实际上，他什么都喝。《金手指》的那个开头很有名，一九六四年的意大利语版翻译为：邦德坐在迈阿密机场的候机大厅里，他已经喝了两杯双份波本威士忌，他在思考生死问题。这样的描述，就好像邦德是一个等飞机的普通游客，但（风格大师）伊恩·弗莱明是这样写的："邦德坐在迈阿密机场候机楼的休息室里，两杯双份波本下肚，他在思考生死问题。"但邦德的第一杯马提尼是在《皇家赌场》里喝的，这里提到了维斯帕马提尼：三个单位的哥顿、一个单位的伏特加，还有半个单位的基纳利莱，把所有酒倒入一个调酒器里，摇晃至酒变得冰凉，然后加一大块柠檬。基纳利莱是苦艾酒里比较不常见的一种，邦德在《量子危机》里也喝了一杯维斯帕马提尼。

实际上，邦德喝的就是我们常见的马提尼鸡尾酒，但他在要酒时会加一句"摇的，不要搅的"，意思是要把所有配料都放到调酒器里摇一摇，而不要放在搅拌机里搅拌。这个问题在海明威之后就出现了，要做一份可口的马提尼，就要把一个单位的干马提尼还有金酒倒入加满了冰块的搅拌机里，搅拌一下，然后把酒过滤到一个经典的三角形杯里，最后加一枚橄榄。但那些行家里手，加入马提尼酒搅拌好了之后，会在搅拌杯口加一个滤网，把苦艾酒滤出来，味道留在冰块上，加入金酒，最后把金酒过滤出来。冰金酒没有什么特殊的味道。金酒和苦艾酒的比例，不同行家有不同的要求，有的是要求有一丝苦艾酒从瓶子里倒出来，挨着冰块就好了。还有一种美国人称之为冰上马提尼的鸡尾酒，就是把冰块也倒进杯子里，这是那些讲究的人所不齿的。

为什么像邦德这样一个讲究的绅士，会要一份摇的而不是搅拌出来的马提尼？有人认为，在调酒器里摇出来的马提尼会吸收更多的空气，（一口闷）会增加口感。但我个人认为，像邦德这样的绅士，不会喝摇出来的马提尼。实际上，在一些网站上，有人会指出在小说中没出现但在电影里出现的句子（就像在柯南·道尔的小说里从来都不会出现：亲爱的华生，事情很简单!）。这个充满争议的马提尼也是电影里加上去的台词。但我承认，假如要查看弗莱明作品集的话，不知道什么时候才能写出这期文章。

二〇一三年

# 尼罗·沃尔夫有太多数字了

因为心情的缘故，圣诞节前的两个月，我都在重读尼罗·沃尔夫的那八十个故事。我沉浸在那个醉人的世界里，发现了一些问题，其实这些问题已经困扰到了故事的作者——雷克斯·斯托特的追捧者。首先说到门牌号，沃尔夫不是住在西街上三十五号那栋有名的砂岩建筑里吗？"沃尔夫公园"（沃尔夫系列小说爱好者的组织）推测这是在纽约城，一九六六年，他们在四五四号放了一个纪念性的牌子。但斯托特在他的小说中提到了几个不同的门牌号——在《尼罗·沃尔夫和他的女儿》里，他们住在五〇六号，在《顾客太多》里又成了六一八号，在《不要相信》里是九〇二号，在《四角》里是九一四号，在《红匣子》里是九一八号，在《死人会说话》里是九二二号，在《尼罗·沃尔夫：侦查邀请》里却是九三九号，等等。

但这可能并不是这些故事里唯一一个不确切的地方：我们知道，沃尔夫是黑山共和国人，但可能出生在特伦顿，他小时候就去了黑山，作者在小说里多次提到，他很晚才加入美国国籍，因此他不是在新泽西出生的。他有可能出生于一八九二年或一八九三年，但如果事情是这样，那他在最后一本书里，也就是在一九七五年，应该已经八十三岁了，但他还是跟在一九三四年故事刚开始时一样年轻，更不用说阿奇·古德温了。根据不同的迹象，我们可以推断他生于一九一〇年或一九一二年，在以越南战争为背景的故事中，他应该已经快六十岁了，但他还是一副三十岁花花公子的模样，让二十多岁的女人心生爱恋，而且他还会用一记直拳，把那些比他强壮的男人击倒。

总之，斯托特写了一本又一本书，他准确无误地描写了沃尔夫家里房子的结构，他吃的东西，还有他种的上万种兰花，每一个品种都描写到了，但他从来都没想过做一个整体规划（让主人公的生平说得过去），把他笔下的那些人物整理一下。他没这么做应该另有原因。

这种情况会出现在很多畅销小说里，故事里的人物都没有年龄，他们永远都不会变老。"超人"没有年龄，小孤女安妮也没有年龄（根据她永恒的童年，出现了很多戏仿），"幻影侠"从来都没有年龄，五十年以来他都是戴安娜·帕尔默的男朋友。这些人物的创造者使他们都处于现在，沃尔夫和古德温的情况也是一样，他们永远年轻。同时，斯托特的故事是建立在非常详细的描摹之上的，有具体的历史背景（沃尔夫和阿奇·古德温都参与了第二次世界大战，还和麦卡锡主义有关联），他非常热衷于描写街道、角落、出租车行驶的轨迹等，来搞乱读者的脑子。他是不是想着，那些不断发生的事件需要一些历史事件，还有具体的环境作为参考？

斯托特让记忆在我们的眼前纷飞，假如一个人拿着计算器读他的小说的话，书里的日期和数字真是非常离谱，让人无法接受。他希望用一种极端真实的笔触，给我们梦境一样的感觉。要说，在文学虚构中他非常有创造力，他不是随意就开始写作的，开始时他不怎么成功，几乎是一个实验性的讲述者，写了一本名为《悬崖上的两个山坡》的小说。他了解受众的机制：他预测读者不会像我一样，一口气看完所有作品，但他知道，读者每年都会去读他的故事，重读的时候，对年代的记忆已经没那么清晰了。他侧重于把人们的注意力引到那些反复出现的情景之中（沃尔夫神经质的动作，完成一天的工作之后，晚上的收场，在厨房里的停留等），但会忘记那些比较大的事件。实际上，我们很高兴重读这些小说，每次总能找到一些不变的因素，但总会忘记最主要的东西，也就是说——谁是杀手。

二〇一四年

# 诸如此类

　　很明显，那些上了岁数的人对语言革新都很排斥，他们很难接受青少年创新的语言。他们唯一的希望就是这些新语言朝生暮死，转瞬即逝。"老古董"（Matusa，五六十年代年轻人常用的词，到现在还有人在用，但这个词会暴露他们的年龄，用这个词的人已经是"老古董"了）或者"巨"（Bestiale，我听见一位看不出年龄的女士用了这个词，马上明白她是"五〇后"）的出现都经历了这个过程。这些词汇在年轻人中间流传，那是他们的事儿，很风趣，但牵扯到我们自己时就变得让人很不快。

　　从八十年代开始，学生叫我"Prof."（教授的简写），我一直都无法忍受这种称呼，他们会把工程师称为"Ing."，或者把律师称为"Avv."吗？他们顶多会把博士称为"Doc."，但在美国西部，"Doc."通常指那些快死于酒精中毒或者肺结核的人。

　　我从来没公开反对过这种称呼，因为这能体现出某种程度的亲切，但这个称呼至今都让我很厌烦。六八学潮期间，学生和校工都直接叫我的名字"翁贝托",并且用"你"而不是"您"来称呼我,那时候我还觉得舒服一些。

还有一件事情我没办法习惯,就是把女人分成"金发女郎"和"黑发女郎"。后来有一段时间,"黑发女郎"这个称呼过时了,现在这个词会让我想起四十年代听过的歌曲,还有姑娘的刘海。大家不再说"黑发女郎"了,而是说"摩尔姑娘",问题在于,后来不仅仅是小孩,成年人也说起了"摩尔姑娘"(有一天,我在报纸上看到一则描述,说一个男舞蹈演员是帅气的"摩尔小伙子")。这是一种非常可怕的表述方式,因为在古时候,摩尔姑娘指的是土耳其穆斯林女奴,她们在捍卫法马古斯塔①城的勇士尸体上跳舞。现在这个词汇让我想到一个穿着背心的痴汉,对路过的姑娘非常猥亵地叫喊:"嘿,摩尔妞!"这个词让我们自然而然联想到博卡西莱②笔下的人物,或者那些参加"一个微笑,五千里拉"选美的意大利姑娘,她们身上散发着意大利人民最喜欢的香水味儿,胳肢窝下是一片黑森林。

事情就是这样,金发姑娘一直都是金发姑娘(无论是金色、浅黄色还是黄灰色),但那些长着黑头发的姑娘成了"摩尔人",尽管她的面孔可能像奥黛丽·赫本。总之,我更喜欢英国人的说法,他们说"dark-haired"(黑发姑娘)或者"brunette"(褐发姑娘)。

说到这里,我想说,我不是一个守旧的人,我也逐渐接受了这种说法,但我没有主动使用这个词汇。我被动地听着年轻

---

① Famagusta,塞浦路斯岛东岸城市。
② Gino Boccasile(1901—1952),意大利插画家。

人的词汇：喝大了、高了、地沟朋克、大神、变态、涮了、抽风了、美女、石化了、骚包，等等。几天前，一个十四岁的小男孩跟我说，在罗马，大家都知道"逃学"这个词，但现在学生已经不用"翘课"这种说法了，而是说"尿学校"。

无论如何，说心里话，相对于成年人的一些陈词滥调，比如每句话说完都说一个"诸如此类"，我更容易接受年轻人的新词汇，他们不能说"等等"吗？幸运的是，"一下下！"还有"的的确确"的表达已经很少有人用了。意大利是一个很美丽的国家，"的的确确"听起来很好，但"诸如此类"是很严肃的口头禅，在法语里，只有"Incontournable"（不能回避，绕不过去的）可以与之媲美，就是说遇到一件事情，你不能绕圈子，也不能回避，只能直视之，这可能是一个人、一个问题、要付的税、要给狗戴嘴罩或者上帝的存在。

算了吧，装腔作势也好过用词不当。最近我们有一个众议员在议会上说，他不会讲太久，他的演讲是"环切了的"。他如果只是说一句"我的演讲不会太长"诸如此类的话就好了，至少那不是反犹的话。

二〇一四年

# 国之不幸

　　最近，报纸和电视都表达了对于"诺曼大西洋号"救援结果的满意。有人遇难，也有人失踪，但总的来说这场救援行动很高效。媒体尤其聚焦于指挥救助的阿尔吉利奥·贾科马齐船长，他在船上指挥救援，最后一个从船上下来。这当然会让人觉得很感动，因为上次出现类似的事件时，船上的指挥很早就溜之大吉了，所以在一些报道中，贾科马齐被称为英雄。

　　媒体简直无法克制夸大其词的习惯，比如说有人对某些东西提出反对意见，媒体就说，他的话"如雷贯耳"，好像那个反对者是奥林匹斯山上的宙斯。人们已经不说"人话"了，他们要力挽狂澜，像"雷霆"出现在飓风眼中（这是另一个误用，飓风眼其实很平静，只是公众很激动）。

　　我们再回到贾科马齐身上，我知道现在谈论这个话题已经有些晚了，我说的有些话可能别人已经说过了，比如说卢奇亚诺·坎弗拉在一月二日的网络日报《莱泰拉 43》（Lettera 43）上已经发表了他的看法，我和他的观点有些类似，但我们再聊一聊这个话题也无妨。贾科马齐船长一定是一个很称职的人

（尽管对于这场事故的发生，他可能也要承担一定的责任），我们希望将来每个船长在那种情况下都能表现得和他一样。但他不是英雄，他只是一个勇敢诚实地承担了自己责任的人，这在招聘船长的要求上都写得很清楚，船长在出事故时应该最后一个离开，这种义务当然包含一些风险，正如一个伞兵可能会在交火中丧生。

英雄到底是什么样的人？假如我们接受卡莱尔对英雄的定义，那英雄就是一些伟大的人，他们具有超凡的感召力，在历史上留下了重要的影响。在这种意义上，莎士比亚和拿破仑都是英雄，尽管他们可能（我不是想冒犯谁）都很胆小。但卡莱尔的思想后来遭到了托尔斯泰以及一些唯物主义历史学家的批判，这些学者不侧重那些重要事件，他们仔细研究了经济结构和社会结构，或者说社会团体的趋向。假如要去百科全书上查的话，对于英雄的定义还是那些做出非凡之举的人，尽管没人要求他们那么做，但为了别人的利益，他们义无反顾，冒上了生命危险。萨尔沃·达奎斯托当然是一个英雄，没人要求他承担起一个不归他承担的责任，但他为了拯救整个村庄的居民，毅然站在了行刑队前面，后来英勇就义了。要成为一个英雄，并不一定要是一位士兵或者将军，英雄是冒着生命危险去救落水儿童或矿井中的同伴的人，放弃在自己祖国一家医院里的平静工作和生活，冒着生命危险去非洲救助那些感染了埃博拉的人。从另一个方面来说，贾科马齐在回来后接受采访时说："英雄没什么用，唯一要怀念的是那些已经不在了的人。"他婉拒了媒体给他戴的高帽子。

因为对于这个勇敢、冷静的人来说，他只是在履行自己的义务，怎么会谈到英雄呢？布莱希特在《伽利略传》里提到，那些需要英雄的国家很不幸。为什么不幸呢？因为这样的国家缺少正常的人，缺少那些通过诚实的方式完成自己任务的人，这些人并不会沽名钓誉，或者逃避自己的责任；若缺乏正常的普通公民，一个国家当然非常渴望英雄人物，所以会到处给人塞金牌。

　　一个不幸的国家，就是没人知道自己的义务是什么，他们非常绝望地想给自己找一个首领，赋予他感召力，让他发号施令。假如我没记错的话，这就是希特勒在《我的奋斗》里表达的思想。

二〇一五年

# 时间和历史

．

　　假如你们晚上不喜欢电视里的垃圾节目，也没人和你们玩纸牌，你们可以看看意大利国家电视台的历史频道。那是国家台最好的频道，我尤其建议年轻人看一看，回顾一下历史，就不会忘记过去的我们是什么样的。我几乎每天晚上都看的电视节目是马西莫·伯纳蒂尼主持的《时间和历史》，假如他们能把片头缩短一点就更好了（在片头和正片之间都可以去趟洗手间了）。尽管如此，这是一个不容错过的节目。

　　前几天，有一期节目讲到了法西斯统治时期少年儿童的教育（狼崽队、意大利小巾帼、仪仗队、学校的课本，等等）。后来忽然冒出一个问题：对那一代人的这种专制主义教育，到底有没有影响意大利国民性格的形成？我不能不提到帕索里尼的一个论断，他说战后新资本主义阶段对意大利国民性格的影响，要比整个法西斯独裁时期还要大。这期节目中还有伯纳蒂尼和历史学家亚力山德拉·塔尔奎尼之间的对话，但他们谈的更多的是法西斯主义对意大利人的影响，而不是新资本主义。

　　当然（除了新法西斯极端主义），一些法西斯精神遗产在意大利国民性格里得到了保留，时不时会暴露出来，比如说种族主义、恐同、男权主义，还有反共和右倾，但这些态度在法西斯之前的意大利也存在。我觉得帕索里尼说的有道理：意大利人的国民性从根本上受到了消费主义、自由主义梦想还有电视的影响——这事儿根本就不需要麻烦贝卢斯科尼，这并不是他造成的，他自己也是这种意识形态的产物，它产生于解放者的口香糖、马歇尔计划，还有五十年代的经济奇迹。

法西斯主义对意大利人有什么要求（或强加给了他们什么）呢？那个时代要求他们信仰和顺从法西斯，崇拜战争，而且要进行战斗，要有英勇就义的精神，要有跳火圈的勇气，要尽可能生很多孩子，要把政治作为生活的最终目的，要坚信意大利人是优等民族。这些要求在意大利的国民性格中得到保留了吗？想都别想！但这些观点在宗教激进主义中都能找到，正如上个星期，哈米德·阿卜杜勒-萨马德在《快报》里阐述的一样，在宗教激进分子身上，我们可以看到对传统的狂热崇拜，对女性的压制，对于英雄的推崇和"死亡万岁"的信念，他们有长期作战准备，有经文加步枪的理想。意大利人对这些理念吸收得极少（除了左派和右派的一些恐怖分子，但他们只是倾向于让别人当肉体炸弹，而不是自己去干），证据就是意大利参加二战的方式。矛盾的是，意大利人坦然面对死亡的态度只有在二战的最后阶段才有所表现，那就是游击队和萨罗共和国残余分子的斗争，这极其罕见。

从新资本主义直到贝卢斯科尼主义有什么样的理念和偏好呢？他们的价值观就是：购买汽车、冰箱、洗衣机和电视，这是他们的权利，他们可能会分期付款买这些东西。他们认为逃税是一种符合人性的需要，晚上他们会全身心地投入到娱乐活动中去，甚至去看脱衣舞表演（还有更过火的方式，现在硬色情点一下鼠标都可以看到），不要过于考虑政治问题，对选举越来越没有参与的热情（从根本上来说，这也是美国的模式）。总之，大家都想过一种舒适的生活，避免做出过多牺牲，意大利社会的大部分人都充满热情地接受了这种模式。有人也会做出牺牲，去救助第三世界那些绝望的人，但这毕竟是少数。很多人都说了，这些人真是吃饱了没事儿干，他们待在自己家里看看电视多好啊！

二○一五年

纳粹主义的各种形态

# 女哲学家

　　有一句古老的哲言说，男人可以想到无限，但女人侧重于有限。这可以用各种方式来解读，比如说男人不能生孩子，他只能拿芝诺悖论来安慰自己。在这句关于性别论断的基础上，产生了一种普遍的观念（至少直到二十世纪），就是历史上出现了很多伟大的女诗人、女作家还有女科学家，等等，但从来都没有出现过非常有影响力的女哲学家和女数学家。

　　在性别偏见之上，大家长期以来都觉得女人不擅长绘画，除了极个别的像罗萨尔巴·卡列拉或者阿尔泰米西娅·真蒂莱斯基这样的女画家。起初，绘画都是教堂里的壁画，让一个姑娘家穿着裙子爬上脚手架，可能不是很合适；主持一家有三十个学徒的画坊，也不适合女性。但自从可以在画架上进行创作，大批女画家就冒了出来。这有点像说犹太人在其他方面都很擅长，但在绘画方面要差一点，直到最后马克·夏加尔出现了，大家都没话说了。说真的，犹太人的文化主要是听觉文化，而非视觉文化，因为他们不能呈现神的模样，但在犹太人的作品中，也出现了很多很有价值的视觉艺术作品。问题在于，在过去的几个世纪里，绘画艺术始终掌握在教会手中，一个犹太人很难被授命去绘制圣母或者耶稣遇难，所以说犹太人不擅长绘画，那就好比说没有犹太人成为教皇一样。

博洛尼亚大学的校志里提到了贝尔提西亚·戈扎蒂尼和诺维拉·迪安德烈亚两位女教授，都长得极美，她们站在一道纱帘后上课，以免让学生分心，但她们不教授哲学。在那些哲学课本里，我们也看不到教授辩证法或者神学的女士，比如说，爱洛伊丝是阿伯拉尔一个非常聪慧，但很不幸的女弟子，她最后不得不满足于做一个修道院院长。

女修道院院长的职位也不容低估，我们这个时代的一位女哲学家——马利亚·特蕾莎·福马加利用长篇文字分析了这个角色，女修道院院长是那个时代的精神和政治领袖，具有组织能力，在中世纪有非常重要的传承知识的作用。一本非常好的哲学课本应该把那些伟大的神秘主义女性也收录进来，比如说圣加大利纳，希尔德加德·冯·宾根就不用说了，在形而上学和无限的观念方面，她们都是火炬一样的人物。

说神秘主义不属于哲学，这个观点是站不住脚的，因为哲学史收录了很多伟大的神秘主义者，比如说亨利·苏瑟、陶勒尔或者说埃克哈特。总的来说，大部分女性神秘主义者都更重视实体，而不是一些抽象的观点，按照这个标准，莫里斯·梅洛-庞蒂也应该从哲学课本里消失。

很长时间以来，女性主义者都推崇五世纪亚历山大城的希帕提娅，这是她们的楷模，她是一个柏拉图哲学大师，对数学的研究也非常深入。希帕提娅变成了一种象征，但不幸的是，她的作品后来都遗失了，她也被遗忘了，只留下了一个传说。

我们可以说，她的作品被一伙恼怒的基督徒撕碎销毁了，按照一些历史学家的说法，这些基督徒是被亚历山大城的区利罗挑拨起来的，他后来居然被封为圣人，但并不是因为这桩事儿。只有希帕提娅遭遇了这种情况吗？

在不到一个月之前，法国出版了一本小书，叫《女哲学家史》（Histoire des femmes philosophes）（阿赫莱亚出版社）。你们要问这本书的作者是谁，那我告诉你们，他是吉勒·梅纳日，人们发现他生活在十七世纪，是一位拉丁语专家，也是塞维涅夫人和拉法耶特夫人的家庭教师。他的书出现于一六九〇年，题目是《女性哲学家史》（Historia Mulierum Philosopharum），所以不仅仅存在希帕提娅一个女哲学家。尽管梅纳日的书侧重于古典时期的哲学，但他给我们呈现了一系列令人振奋的人物：苏格拉底学派的蒂奥提玛、昔兰尼加的阿莱特、墨伽拉学派的尼卡莱特、犬儒主义者伊帕尔奇亚、伊壁鸠鲁学派的莱翁兹娅、毕达哥拉斯学派的地米斯托克莱阿。梅纳日翻阅了古代的文献以及那些拉丁教父的作品，找到了六十五个女哲学家，尽管这是从广义上的哲学来说的。还要考虑到在古希腊，女性都生活在闺房之内，而同时代那些哲学家都热衷于和少男而不是和少女进行交流。为了在社会上获得一定的影响，作为女性，她们要去宫廷做仕女才有机会，我们可以想象，这些女思想家为了获得认可所做的牺牲。从另一个方面来说，作为宫廷仕女，因为智慧出众被记得的有阿斯帕齐娅，人们忘记了她在修辞学和哲学方面的成就，苏格拉底也很乐意和她来往，普鲁塔克就不用说了。

我去翻阅了至少三套现代出版的百科全书，都没有找到这些名字（除了希帕提娅）。并非不存在研究哲学的女性，而是那些哲学家决定忘记她们，可能是在占有了她们的思想之后，把她们的名字抹去了。

二〇〇三年

# 反犹太主义者在哪儿？

最近发生了一系列事件（不仅仅是恐怖袭击，还有那些让人忧心的民意调查），让反犹太主义问题又一次浮出水面。人们很难把反对阿里埃勒·沙龙的政策（很多犹太人的观点都一致）和反以色列主义、反犹太主义区分开来，但公众舆论和大众媒体通常都趋向于草木皆兵。除此之外，西方的公众舆论好像是建立在两个自欺欺人的思想上：反犹太主义是阿拉伯世界的问题，在欧洲只涉及少数纳粹主义者。

欧洲也从来分不清宗教、民众和"科学"的反犹太主义。宗教上的反犹太主义，当然要为民众反犹太主义负责，因为他们说，犹太人是弑神的民族。欧洲人迫害并处决了很多少数种族，也因为他们很难接受那些向外散居但又保持自己传统的人。那些崇拜《圣经》热衷于阅读的人，在一个文盲的世界里就像一些非常危险的知识分子，说着一种不为人所知的语言。"科学"的反犹太主义，指的是从人类历史角度，认为雅利安血统要优于犹太血统，认为犹太人在谋划阴谋，目的就是要控制整个基督教世界，关于这一点，在《锡安长老会纪要》里有深入表述，这也是欧洲世俗知识分子创作的。

在阿拉伯世界里不存在反犹太主义神学，因为《古兰经》承认《圣经》里那些先知——从亚伯拉罕到耶稣。在阿拉伯人扩张的阶段，穆斯林对于基督教和犹太教也持有宽容态度：这些异于自己的教徒虽然是二等公民，但他们也缴税，他们可以信仰自己的宗教，发展自己的商业。阿拉伯的反犹太主义并非宗教性的，而纯粹是种族和政治性的（宗教原因是次要的，不是最主要方面）。假如十九世纪的犹太复国主义者在犹他州建立了新的以色列国，阿拉伯人就不会成为反犹太主义者。我不希望有误解：因为历史和宗教原因，犹太人有理由把目标对准巴勒斯坦，他们的渗入是和平的，长达一个世纪之久，他们有理由待在那里，因为这是通过自己的劳动获取的。总之，阿拉伯的反犹太主义是领土上的，而非宗教性的。

在反犹太问题上，欧洲要承担的责任更大。宗教性反犹太主义支撑着民众性反犹太主义，造成了一些屠杀，但这是地方性的，也没有任何计划。真正的"科学"上的反犹太主义产生于十八世纪晚期以及十九世纪，并不是产生于德国，而是意大利、法国那些维护正统王权的人发明的。在法国产生了种族主义理论，或文明的种族根源学说，在法国和意大利之间产生了犹太人阴谋论，首先是关于法国大革命的根源，还揭露了一系列犹太人要把基督教文明踩在脚下的阴谋。历史证明，《锡安长老会纪要》出自维护正统王权的耶稣会教士和法俄间谍组织之手，在晚些时候，才被反革命保皇派和纳粹分子奉为经典。在网络上，大部分阿拉伯反犹太网站都是建立在欧洲反犹太主义的"科学"基础之上的。

尊贵的菲尼正在尽一切努力，摆脱他过去在政治上的反犹太主义倾向，以及那些主张给他造成的影响。但如果你们随便去逛一家专业书店，你们会看到关于圣杯的神秘主义著作、墨索里尼的演讲和《锡安长老会纪要》都放在一起。这种让人好奇的混合得到了一位意大利思想家的充分运用，他一直都在此类书店里泡着，我说的是埃佛拉[①]。

当然，还有一些恐怖主义组织自称为共产主义者，但他们和法西诺或者达莱马什么干系都没有。意大利左派通过自己的死亡在战场上获得了一个权利，那就是把自己和这些极端主义团伙区分开来，坚定支持国家反对恐怖主义。贝卢斯科尼草木皆兵，尽管在政治上很有效，但是在文化上没有权威。尊贵的菲尼先生代表的右派也是一样吗？他们会不会承认：埃佛拉在不发癫时，也是蛮可爱的，虽然他故事讲得很精彩，但在思想上我们要反对，他是一个发狂的反犹太主义者，即使是在第二次世界大战之后，他也没改变自己的立场。癫狂的《种族保护》杂志就是建立在这些"科学"之上，要推翻反犹太主义的狂热学说，我们还要在学校里对学生以及对成年人进行长期教育，谁应该负担起这个责任？是尊贵的艾尔米兰特吗？

抵抗阿拉伯恐怖主义是必要的，也是必需的，但我们在对民众的教育方面，至少要先和家里的敌人作对，那也是阿拉伯反犹太主义的灵感来源。

二〇〇三年

---

[①] Julius Evola（1898—1974），意大利哲学家、隐微论者、文学家、画家。

# 谁说要戴面纱了？

　　关于面纱问题，大家已经翻来覆去说了很多次了。普罗迪总理的立场让我觉得非常有意义：假如面纱是那种只露脸的纱巾，那谁想戴就戴吧（另外，这也是一种装饰，纱巾让女士的面孔变得端庄，看起来像安托内罗·达·梅西那笔下的圣母），但是其他类型的面纱让人看不到一个人的尊容，这是法律所不允许的。当然，这种明文禁止可能会引起一系列的争议，因为这样一来，连狂欢节的面具也要禁止了（你们还记得《发条橙》这部电影吗？那个人戴着一张有趣的面具，却犯下了滔天罪行），我们只能说，面具是很次要的问题。

　　假如撇开物体本身，它们还包含一些别的意义或象征，那穆斯林的面纱就是一个符号学现象，就像制服（最主要的功能不是在糟糕的天气中保护身体），也像修女戴的帽子（通常都很精美），因此面纱引起了很多争议。我们从来都不会去讨论以前农村妇女顶在头上的手帕，因为这些手帕没有任何象征意义。

　　面纱被批判了，因为它是一种身份象征，但没有明文禁止一个人标识自己的身份或归属：每个党派的人都戴着自己的标志，基督教修士穿着褐色僧袍，或者剃了头发，这也是一种身份象征。一个有意思的问题是，那些穆斯林姑娘为什么戴面纱，有人说《古兰经》里是这样要求的。最近，意大利刚出版了一本书，标题是《伊斯兰》（埃莱科塔出版社，2006），作者是加布里埃尔·曼达尔，他是意大利苏菲派的代表，我觉得这是关于穆斯林历史、神学、民俗和习俗的一本好书。在这本书里，他说用纱巾把头发和面孔盖住，这是伊斯兰教建立之前的一种习俗，是因为气候的缘故，但在《古兰经》第二十四章，这一章通常会提到类似的规定，但只是说了女性要盖住胸脯，但没有提到面纱。

怎么说呢，我担心曼达尔的翻译可能有一点现代化、温和化了。我在网上找到了哈姆扎·比卡尔多翻译的意大利语版《古兰经》，这是意大利伊斯兰协会审核过的版本，我在这个版本上看到："你对信女们说，叫她们降低视线，遮蔽下身，莫露出首饰，除非自然露出的，叫她们用面纱遮住胸膛，莫露出首饰，除非对她们的丈夫，或她们的父亲，或她们的丈夫的父亲，或她们的儿子，或她们的丈夫的儿子，或她们的弟兄，或她们弟兄的儿子，或她们姐妹的儿子，或她们的女仆，或她们的奴婢，或无性欲的男仆，或不懂妇女之事的儿童；叫她们不要用力踏足，使人得知她们所隐藏的首饰。"出于慎重起见，我去查看了亚历桑德罗·巴伍萨尼翻译的经典《古兰经》（布尔出版社），他是一位伟大的伊朗问题研究专家，在书里我也找到同样的内容，只是让女性用纱巾把胸脯掩住，表述上有细微差别。

对于一个像我这样不懂阿拉伯语的人，找到三个完全不同的文献已经够了。《古兰经》里只要求女性贞洁，假如现在西方也要写一个类似的经文，可能会要求女性盖住肚脐眼，因为现在大街上很多人穿得像跳肚皮舞的。

那到底是谁要求女性戴上面纱的？曼达尔指出，是圣保罗（在《哥林多前书》里写到），但圣保罗只是说，那些布道和提出预言的女性应该戴上面纱。但这也是《古兰经》出现之前的事儿了，特土良（他是一个孟他努派异教徒，但也算是个基督教徒）在《关于信女的装束》中写道："你们应该只取悦你们的丈夫。你们越多地取得他们的欢心，就越少考虑到取悦别人……所有丈夫都期望自己的妻子贞洁，而不是美貌，假如他是个基督徒的话……我不是建议你们要蓬头垢面，也不想说服你们要不修边幅，我只是建议你们，要适度地关注自己的身体……因为那些涂脂抹粉，把面颊染红，用烟灰把睫毛加长的女人会违背神的意愿，是一种罪过……上帝要你们掩盖自己，我想，让你们每个人的脑袋不被看到。"这就是在历史上，为什么所有圣母还有虔诚的女人都戴着面纱的原因，她们看起来很像优美的穆斯林女性。

二〇〇六年

# 犹太人、共济会以及左派时髦人士

当这篇文章发表时，唐杰尔米尼事件引起的争论在报纸上应该尚未平息。首先我想声明的是，我对于事件中提出的控诉是真是假并不感兴趣，因为是人都有错，无论是神父错了，还是法官错了，都是个人问题。从另一方面来说，我承认，提出控诉的人是有前科的，而且还跟毒品有关，这难免让人对他怀有偏见。假如在毒品的作用下，一个人会产生幻觉，觉得有一个长着昆虫眼睛的妖怪在追他，那他也可能会产生别的幻觉，以为自己被一个八十多岁的老神父亲吻，因为恐惧从来没有尽头（洛夫克拉夫特①非常了解这一点）。

然而，这个事件中最有意思的一面（在两天内就被推翻了），是说对神父的起诉是一伙犹太左派时髦人士的阴谋陷害。面对犹太人的激烈反应，唐杰尔米尼神父修订了自己的说法，他怀疑这是共济会策划的。共济会就像主业会或者耶稣会，周围是非越少越好，因此他们的反应不是很大，另外，也没有六百万人共济会成员（只是在复兴运动前夕，有一些烧炭党人被枪毙了）遭到杀害，因此他们在这方面没有犹太人那么小气。

很快又出现了几篇文章（我还记得塞拉和巴蒂斯塔写的文章），他们在唐杰尔米尼的话里听到了（有意或者无意的）弦外之音，是关于教士之间那些古老的争论，这是整个事件中最让人忧心的一面。实际上，我觉得比较严重的事情是：犹太共济会的阴谋论在滋养《锡安长老会纪要》之前，已经在耶稣会的环境中诞生了，在经历了整个法国大革命和复兴运动之后，后来一直在延续。

从某天开始，梵蒂冈放弃了这种犹太共济会的阴谋论，就好像这个论断已经被遗忘在神学院落满尘埃的图书馆中，它的版权已经卖给了希特勒和本·拉登。但一个生活在我们这个时代的神父，他可能在三十年代上过神学院（一九二九年，法西斯政府和梵蒂冈签订《和解协议》之后），他的言论表现出：在他的灵魂深处，依然记着那些困扰他的师长多年的魔性话语。

一九九二年，有一个可怜的主教，他从来都没有考虑过犹太人的问题，他只是在批判黑手党，把它定义为"撒旦的会堂"。他说，老天睁眼吧！他的说法立刻掀起了一场争论，我也写了两篇专栏，参与了那场争论。有人解释说，"会堂"在词典里的意思是聚会、集会，或某个集团碰头的地方，在《启示录》里就出现过。在《启示录》之后，这个词汇往往用在反犹太的语境中，它现在的用法也是源于一本一八九三年出版的书籍，是一个名叫默兰的先生写的，标题就是《撒旦的会堂》。在这本书里，他展示出共济会是路西法的崇拜者，渗透着犹太

---

① Howard Phillips Lovecraft（1890—1937），美国恐怖、科幻与奇幻小说家。

文化（默兰很慷慨地列出了赫耳墨斯·特里斯墨吉斯忒斯的著作、不可知主义者、摩尼教、圣殿骑士、马耳他骑士和其他异端），他说明犹太人会通过共济会征服世界。

在默兰先生妖魔化犹太教的书籍（在当时获得了巨大成功）之后，现在已经不能随便使用"撒旦的会堂"这种表述了，就好像不能随便举着一个有"卐"字标志的旗帜，尽管这个标志在史前象征着星界。

我在前面一篇专栏里曾经提到，一方面报纸上开始了新一轮反教士、反宗教的辩论，另一方面他们又延续了教士和教权主义的老话题：批评这个现代社会，抨击复兴运动的神话，还有国家统一的意识形态（在我们国家）。这可不只是历史倒退！也许我错了，这不是借尸还魂，继续讨论一个已经僵死问题，而是一个被根除的东西现在又大摇大摆地回来了，也许它一直在那里，只是囿于教养，大家都没有提起而已。一个人从小就被教育说要提防犹太人的阴谋，尽管改变了说法，添加了像左派时髦人士这样的表述，尽管经过文化的洗礼，那么他长大以后依然会记得。总之，这就好像有人一直都在看（包括晚上）布雷夏尼神父的小说。

在这个事件中，唐杰尔米尼神父提到了共济会，唯一让我震撼的是那些乱七八糟的引文。他真是好眼力，他也得到了贝卢斯科尼的慷慨资助（我从他写的那些东西里看到），贝卢斯科尼是前 P2 组织成员，证件标号 1816，编码 19.78，属于第 17 组，第 0625 卷。

二〇〇七年

# 反犹太主义者的矛盾

　　丹尼尔·巴伦博伊姆①要求全世界的很多知识分子在一份倡议书上签字，那是针对巴勒斯坦发生的悲剧的倡议书。一眼看上去，这份倡议书要求通过一切可能的途径，让对立双方进行有力的沟通。这非常有意义，因为这位伟大的以色列艺术家的倡议，标志着以色列那些思维最清晰、最有头脑的人也要求放弃追究谁对谁错，只求两个民族的人民和谐相处。假如事情是这样，我们就可以理解为什么那些抗议以色列政府的游行，通常打的牌子都是反犹太主义。有的游行者甚至公开承认，他们是反犹太主义者，有的报纸上写着类似于"在阿姆斯特丹举行的反犹太游行"这样的话，就好像那是再正常不过的事儿了。这些话听起来很正常，可实际上很不正常。让我们设想一下，假如我们把一个反对默克尔政府的政治游行定义为反雅利安人的游行，或者把一场反对贝卢斯科尼政府的游行定义为反拉丁人游行，那会发生什么事情？

　　通过一篇专栏并没办法说清楚延续了几千年的反犹太主义，因为不同的诱因，这个问题会时不时冒出来。假如有很多人相信魔鬼的存在，认为他一直在想方设法把我们引入歧途，那么为什么不能相信犹太人控制世界的阴谋呢？这种和宗教信仰相关的态度已经存在两千多年了，有基督教基要主义因素，可以把它定义成宗教狂热的一种，已经传染了我们的星球几个世纪了。

我很高兴提出一点，反犹太主义者就像所有非理性盲目崇拜者一样，有很多自相矛盾的地方，但他们根本就感受不到这一点，即使意识到了也毫不尴尬。比如说，在十九世纪那些典型的反犹太主义著作里流传着两个观念，它们在不同的著作中出现：一个说犹太人生活在阴暗狭窄的地方，他们比基督教徒更容易感染疾病（因此很危险），另一个说，因为一种神秘的原因，犹太人要比一般人更能抵抗传染病和瘟疫，此外，他们很放荡，繁殖能力很强，因此对于基督教世界是一个极大的威胁。

还有另一种偏见，左派和右派都会利用，比如说典型的反犹太教社会主义者图森奈尔于一八四七年出版的《犹太人，时代之王》，还有天主教神权主义者顾热诺·德·穆索于一八六九年出版的《犹太人、犹太教和基督教民众的犹太化》。这两人都注意到，犹太人从来都不会从事农业活动，他们脱离了自己所处国家的生产活动，积极地从事商业，获取黄金，他们本身是没有根基的人，假如受到弥赛亚希望的召唤，他们随时都可能会离开他们寄居的国家，并带走所有金子。但那个时代的其他反犹太文本，包括臭名昭著的《锡安长老会纪要》，则控

---

① Daniel Barenboim（1942—　），世界著名钢琴家、指挥家。

诉犹太人抢占一些地主的产业，把田地据为己有。

我们说过，反犹太主义者从来都不害怕自相矛盾，但实际上，以色列犹太人有一个非常显著的特点，他们通过非常现代的方式在巴勒斯坦耕种着自己的土地，他们修建一些非常棒的农场，假如他们进行战斗，那也是为了捍卫自己赖以生存的土地。这正是反犹太阿拉伯人谴责他们的原因，实际上，阿拉伯人的主要目标是摧毁以色列国。

总之，对于一个反犹太主义者来说，任何经过他家的犹太人都会让他讨厌，假如犹太人待在自己家里，也一样让人讨厌。我自然很清楚这类人反对的是什么：以色列所处的地方是巴勒斯坦的领土，但这些地方不是通过暴力夺取的，也不是靠屠杀本地土著——就像在北美那样，或者是通过摧毁一些由合法国王建立的国家——就像南美那样，而是经过很长时间的移民和缓慢安置，那是没人可以反对的事情。

无论如何，每一次批评以色列政治都会让犹太人反感，都会说你是反犹太主义者；还有一个更让人不安的事情就是，对以色列政治的任何批评，马上都会被阐释成反犹太主义。

二〇〇九年

# 可恶的罗马尼亚人

意大利内政部发布了几则尴尬的通告，说近期发生的强奸案有 60.9% 的犯案人是意大利人（社会学家经过研究已经得出结论：大部分强奸案发生在家庭内部，贝卢斯科尼、卡西尼、菲尼还有其他人都离婚了，这是一个不错的选择，可以避免这种悲剧性局面），其余的犯案人中有 7.8% 是罗马尼亚人，还有 6.3% 是摩洛哥人（就像莫拉维亚和索菲亚·罗兰在六十年前展示给我们的那样）。

不要说，不是有北方联盟的巡逻队吗，怎么还会发生这种事儿？说起来，在第二次世界大战之后，罗马尼亚人也参与了维拉尔巴塞屠杀，但幸运的是那时候还有死刑，当时被枪毙的人有：拉·巴尔贝鲁、乔安·普勒、乔汉·利格托鲁伊、弗兰兹司库·萨布里杜鲁。莱昂纳达·奇昂丘鲁伊的名字听起来就是外国人，她是罗马尼亚人，杀人后毁尸灭迹；丽娜·福特也是罗马尼亚人，她制造了一九四六年圣格列高利街惨案；更不要说贝伦塔尼公爵夫人，原籍也是罗马尼亚（在婚前姓爱明内斯库），一九四八年她在埃斯特庄园向情人开枪。

玛利亚·马尔蒂拉诺不是罗马尼亚人，但杀手拉乌尔·吉亚努是罗马尼亚人，一九五八年，他受乔瓦尼·费纳若鲁的委派，谋杀了马尔蒂拉诺（所有意大利人都记得莫纳奇街上的凶杀案）；阿尔纳尔都·格拉奇奥苏是罗马尼亚人，一九四五年他在菲乌吉杀死了自己的妻子。彼得鲁·卡瓦莱鲁是罗马尼亚人，他和同伙在米兰进行了一场大胆而血腥的抢劫；奥索波街上的那个凶残的帮派里也都是罗马尼亚人。虽然一直都没破案，抢劫农业银行的悍匪（弗莱杜和文图茹都是罗马尼亚人的名字）、博洛尼亚火车站的爆炸案凶手也都是罗马尼亚人。那些试图贿赂法官的人，比如普莱维图鲁伊和贝鲁斯科斯库，也被怀疑是罗马尼亚人；一九九一年杀死自己父母的男孩马苏是罗马尼亚人，还有埃里卡（典型的外国人名字）和奥马（不但是罗马尼亚人，还是个穆斯林！），他们在诺维利古雷联手杀死了埃里卡的母亲和弟弟。

　　毫无疑问，弗兰佐内斯库·迪科涅是一个罗马尼亚女人，杀死他们的凶手辛多阿拉和卡尔伍里也都是罗马尼亚人；最近让很多储户破产的银行家也都是罗马尼亚人；"撒旦之子"是罗马尼亚人；那些在高速公路上朝下扔石头的也是可恶的罗马尼亚人；有恋童癖的神父也是罗马尼亚人；杀死卡拉布雷西警官的是罗马尼亚人；绑架和杀死莫罗、卡萨雷尼奥、巴切赖特、多巴吉、比亚吉等人的都是罗马尼亚人；杀死佩科雷利的凶手是罗马尼亚人；"白一"组织成员也是罗马尼亚人。最后总结一下，杀死马太伊、皮肖塔、毛罗·德·毛罗、罗塞利兄弟，还有马泰奥蒂的也是罗马尼亚人。

　　朱利亚努和保尔德拉·黛莱·吉内斯特莱惨案的制造者也

是罗马尼亚人；韦尔玛·蒙泰斯事件的罪人（你们记不记得阴森的比奇奥努鲁伊?）雷焦艾米利亚枪杀案的狙击手，斯堪蒂奇恶魔的同伙都是罗马尼亚人；谋杀法尔科内和博尔塞利诺法官的凶手，布雷西亚"洛贾广场惨案"，伊塔利库斯和乌斯蒂卡惨案，还有谋杀帕索里尼的凶手（可能是罗马尼亚人）；开枪打中蒙塔内利腿的也是罗马尼亚人；瓦尼街上的事件，还有谋杀科科、奥科西奥、亚力山德里尼·圭多·罗沙、佩皮诺·因巴斯塔托、毕博·法瓦、皮耶桑迪·马塔莱拉、乔治·安布罗所里、埃兹奥·塔兰泰利、萨尔沃·利马、皮诺·布伊斯神父、伊拉里亚·阿尔皮、马西莫·丹多纳、卡洛·朱利亚尼的人都是罗马尼亚人；很明显，试图谋杀教皇（是鲁普·格里吉乌组织的人）的是罗马尼亚人；绑架埃马努埃拉·奥兰迪的是罗马尼亚人。蒂米什瓦拉家族所有人都是罗马尼亚人，巴达拉门图、普罗文血努、里奇努、彭塔德乌、里耶纳拉，那些抹人脖子的纳粹法西斯图图和孔古特鲁卢伊都是罗马尼亚人，很明显他们都附属于科德雷亚努的"铁卫兵"。

这些罗马尼亚人，他们毁掉了一个诚实、畏神，反对暴力、尊敬不同种族、宗教和政治的国家形象。我们发现错在他们身上，真是大大松了一口气。现在通过组织良好的北方联盟巡警，我们终于可以让这个不幸的国家恢复秩序。

二〇〇九年

# 太羞耻了，我们居然没有敌人！

之前在这个专栏里，我已经讲过我遇到的出租车司机的故事。这类事情在纽约要比在其他任何地方都更加有趣，主要有三个原因。首先是在纽约可以遇到来自世界各地的出租车司机，他们的肤色、语言都各不相同；一个小牌子上写着他们的名字，每次搞清楚这些出租车司机是土耳其人、马里人还是俄罗斯犹太人，都是一件有意思的事儿。他们大部分人都会一直开着收音机，电台里讲着他们的语言，播放着他们的歌曲，所以从纽约"村"到"中央公园"，就好像要去加德满都。

第二个原因是：纽约的出租车司机都不是专职的，都是临时工，所以你可能会遇到学生、失业的银行家或者刚到纽约的移民。第三个原因是：纽约的出租车司机都是一批一批的：在一段时间，可能大部分司机都是希腊人，然后又都是巴基斯坦人，后面又都是波多黎各人，等等。这使人们可以观测到移民浪潮，不同种族的人在纽约成功扎根：当某个种族的人从出租车行业里消失，这就意味着他们向前跨了一大步，正在取得成功，已经开始经营烟草店或者蔬菜水果店。他们已经进入了城市的另一个区域生活，在社会阶层上了一个台阶。

因此，除了他们各自的心理差异（有的歇斯底里，有的客气，有的热衷于政治，还有的坚决反对某些事），这些出租车司机是一个极好的社会学观测点。

上星期我遇到了一个深色皮肤的出租车司机，他的名字很难记，他跟我说，他是巴基斯坦人。他问我从哪里来（因为纽约的人都是从别处来的），我说是意大利。他就开始询问起我来，好像他对意大利非常感兴趣，但我后来才明白，他实际上对意大利一无所知，他不知道意大利在哪儿，也不知道意大利人说什么语言（通常我跟出租车司机说，在意大利人人都说意大利语，他们都很震惊，他们以为全世界都说英语）。

我跟他简单介绍了意大利半岛的情况，说中间有一道山脉，海岸线很长，还有很多漂亮的城市。他问我们有多少人，我告诉他之后，他很吃惊我们的人口竟然那么少。然后他问我们是不是都是白人，或者是混合种族。我跟他解释说，刚开始所有人都是白人，但现在也有一些黑人，但没有美国黑人多。他当然很想知道意大利有多少巴基斯坦人。我说有一些，但比菲律宾人和非洲人少，他看起来有些不高兴，好像心里在想，这个国家为什么要禁止他的同胞去那里。

我说了一句不该说的话，我说，在我们国家印度人也很少，他顿时用带着敌意的眼光看着我：我真不应该把这两个民族放在一起，他觉得我不应该跟他提到这个次等、低级的民族。

最后他问我，我们的敌人是谁，我问道："你说什么？"他很耐心地重复了他的问题，说他想知道我们现在正跟哪个国家

261

因为领土问题、种族仇恨或者边境问题打仗。我说我们没有和谁打仗。他又很耐心地跟我解释了一番，说他想知道我们过去的敌人是谁，就是我们的人杀了谁，谁杀了我们的人。我又跟他重复了一遍，我们没有敌人，上一次战争是五十多年前的事了，而且那时候我们自己也不是很清楚谁是敌人，谁是同盟。他还是很不满意，他很明确地表示，他觉得我在说谎。一个民族怎么可能没有敌人呢？

我们就谈论到这里，我从车上下来，给了他两美元小费来补偿他对我们这种和平主义的"容忍"。这时候，我忽然有些"事后诸葛亮"，法国人把这个叫做"台阶上的灵光一闪"，就是你刚和别人聊完，下了台阶，脑子里忽然想起了你本应该对他说的，当时却没有想起来的话。

我应该告诉他，意大利人不是没敌人。他们没有外部敌人，但他们在任何问题上都很难达成一致，内部在不停地斗争。意大利人之间的斗争，之前是在城市之间，后来是在异教徒和天主教徒之间，然后是阶级斗争、党派斗争、党派内部各个分支的斗争，大区之间的斗争，政府和立法机关的斗争，立法机关和经济势力之间的斗争，公共电台和私人电台的斗争，各种联盟之间的斗争，部门和部门的斗争，报纸之间的斗争，等等。

我不知道他能不能听懂，但这样说的话，我就不会因为我们国家没有敌人而显得很没面子。

二〇〇九年

# 我们要抵制以色列的拉丁语学者？

二〇〇三年一月，蒙娜·贝克（权威著作《翻译研究百科》的编者）主编的英语杂志《翻译》（为了抗议沙龙的政策）决定抵制以色列大学。这份杂志要求两名以色列学者辞职，他们是杂志编委会成员。我在一篇专栏文章里表示了惋惜，众所周知，这两位学者极力反对他们国家的政府，关于这一点，蒙娜·贝克表现得毫不在乎。

我发现，需要把一个国家政府的政策（有时候甚至是一个国家的宪法）和这个国家的文化运动分开来看。明确地说，让一个国家的所有公民承担他们政府的所作所为造成的后果，这是一种种族主义的表现，持这种态度的人和那些因为某些巴勒斯坦人进行了恐怖主义袭击，就认为应该轰炸所有巴勒斯坦人的人没有什么区别。

现在，都灵抵制以色列学术＆文化同盟提出了宣言，也是为了反对以色列政府的政策。这个同盟认为，"以色列的大学、研究院和知识分子，无论属于哪个领域，只要过去或者现在为政府服务，支持他们的政府，都是政府政策的同谋，因为以色列的大学也是进行一些重要研究的地方，有的甚至以军事为目的，研发基于纳米技术、系统和心理体系的新型武器，对一个文明国家的人民进行压制"。

这时候我们难免得出结论，要拒绝和以色列的机构合作，不管是什么性质的文化和学术机构，包括终止给这些机构提供资助和援助，来抵制以色列的所有机构、整个以色列甚至所有以色列人。

我一点儿也不赞同以色列政府的政策，我欣慰地看到，生活在欧洲的很多犹太人都反对以色列人聚居区的扩张（他们的宣言也引发了一些争论，展示出在以色列内外都有很多激烈的矛盾）。"以色列的大学、研究院和知识分子，无论属于哪个领域，只要过去或者现在在为政府服务，支持他们的政府，都是政府政策的同谋。"我觉得这种说法有点夸张，因为我们都知道，过去和现在都有很多以色列的知识分子在讨论这些问题。

我能理解（为了避免以色列这个让人尴尬的话题），假如人们知道在德黑兰大学或平壤大学的物理系，科学家们在积极研究，想给自己的国家制造出原子弹，罗马大学或者牛津大学的物理系会选择和这些研究机构断绝往来；但我不明白，他们为何要和伊朗的古代文学系，或朝鲜的艺术史系断绝关系。

我看到，我的朋友詹尼·瓦蒂莫也参与了这场抵制以色列的行动。现在我们假定（荒谬的假定！）在国外有些地方，传言贝卢斯科尼政府损害了民主政权的神圣原则——立法权和执法权分离，支持一个主张种族主义、排外的党派——在这种情况下，瓦蒂莫不同意政府的做法，但美国大学再也不邀请他去做访问学者，还有一些特别委员会为了捍卫民主权利，要把他的著作从美国图书馆里清除出去，那时候会发生什么事儿？我相信，他一定会大呼冤枉，他会说，这么做就像是认为所有犹太人都是弑神者，而当时只是因为在那个星期五，犹太公会的人心情不好。

罗马尼亚人都是强奸犯，神父都有恋童癖，研究海德格尔的学者都是纳粹，这显然都是错误的看法。因此，任何一种政治态度，任何一个针对政府的争议，都不应该把整个民族和整个文化卷进来，尤其是在学术研究领域。全世界的学者、艺术家和作家应该团结起来，突破国家边界，捍卫人权。

二〇一〇年

# 虚拟式和殴打

　　十五天前，有人倡议抵制以色列的知识分子和研究机构，我的朋友詹尼·瓦蒂莫在这个倡议书上也签了字，但我对此提出了抗议。我说的不是抗议以色列政府的问题，而是说，我们不能按照倡议书提出的做法，排除那些"以色列的大学、研究院和知识分子，无论属于哪个领域，过去或者现在为政府服务，支持以色列政府的人"。我们所有人都知道，有很多以色列知识分子在这个问题上也产生了分歧。

　　我收到了瓦蒂莫一封很客气的信，同时还收到了其他一些邮件，都是和他想法一致的人写给我的。瓦蒂莫是这样写的："我被批评了，我觉得这就像我没用对虚拟式。我明白，语言对于一个符号学家非常重要。在一场关于殴打迪亚兹的讨论中……最主要的问题是：有多少位您这个级别的知识分子，对加沙的屠杀明确表示了自己的立场？有多少人会抗议乔姆斯基被挡在了国门之外？"

　　我不会谴责瓦蒂莫，但关于殴打迪亚兹，用错虚拟式，以及出于报复殴打意大利警察的事儿，我觉得任何一个正常人都不会往这方面想。假如因为一个人的错误而让整个团体或是整个民族受到了审判，这可能不是反犹太主义的问题，而是种族主义问题。他谈论的最主要的问题，不是为什么不谈论加沙（很严重的问题）或者乔姆斯基无法入境的问题（乔姆斯基也已经宣布，他反对这种抵制），问题的核心是抵制。

我收到的所有信件都拼命给我举例，他们为什么要反对以色列政府的政策，他们忘了我也反对这些政策。我在文章里问的是：在反对一个国家的政府时，非要禁止这个国家的所有学者、科学家和作家参加全球性的活动吗？

看来，我的那些反对者根本就无法区分这两个问题。比如瓦蒂莫，他为了强调自己抵制的是犹太复国主义，而不是犹太人，他是这样写的："有很多反对犹太复国主义的犹太人，他们感觉到自己的宗教身份受到了这种政治趋势的威胁，难道他们也是反犹太主义者吗？"这就是问题所在，假如他也承认有很多犹太人（有的生活在以色列）反对他们政府的政治扩张，这一点难以否认，为什么他要坚决抵制这些提出反对的人呢？

最近又有两个非常糟糕的消息。一是在以色列极端宗教分子的学校里，索福克勒斯的悲剧、《安娜·卡列尼娜》、巴什维斯·辛格的作品和阿摩司·奥兹最新的一部小说被列为禁书。这些事情和政府无关，这是一些地方"塔利班"的所作所为，我们知道，到处都有"塔利班分子"（甚至有天主教"塔利班分子"，他们把马基雅维利的著作列为禁书）。第二个糟糕的消息是，都灵抵制以色列政府的那些人表现得像"塔利班"一样。在主办方要把书展的奖项颁给阿摩司·奥兹时，他们为什么要抗议呢？无论如何，"百倍之地"（耶路撒冷的犹太人定区点）不会接纳阿摩司·奥兹，都灵（保存着神圣裹尸布的城市）也不会接纳他，这个浪迹天涯的犹太人应该去哪儿？

瓦蒂莫坚持说自己是一个反犹太复国主义者，而不是一个反犹太主义者。我相信他的话，我很清楚，两年前他也承认，他简直要开始相信《锡安长老会纪要》了。他只是想说挑衅的话来哗众取宠，因为但凡一个上过学的正常人看到《锡安长老会纪要》，都会觉察到这本书里的自我揭发有些自相矛盾，都会认为这是一本伪造的书（锡安的那些长老又不是白痴）。但瓦蒂莫在网上会看到，有人批判他，但同时也有很多网站在为他欢呼，每一个极端主义的言论都可能会得到一些疯子的认可和支持。

但是瓦蒂莫（按照我对他的了解）不会就此放过反驳的机会，他总结说："艾哈迈迪·内贾德威胁说他要毁掉以色列，真的有人相信吗?"好吧，我可能有些杞人忧天，但想让一个国家从地球上消失的人还是让我有些害怕。因为同样的缘故，我有些担忧巴勒斯坦人的未来。

二〇一〇年

# 闭嘴，臭知识分子！

　　我这个专栏每十五天才会出一期，假如有什么事情我很在意，我得等两个星期才能写出来，但怎么都不算晚。三月初，埃内斯托·加利·德拉洛基亚在《晚邮报》上写了一篇文章，对意大利自由党提出了一些批评。然后，自由党的重要人物桑德罗·邦迪、伊尼亚其奥·拉卢莎和丹尼斯·威尔迪尼三月四日给《晚邮报》写了一封信，表达了他们的不满。我就不深入说他们谈论的内容了，一个自由评论员对一个党派进行了批评，几个搞政治的人物做了回应，这再正常不过了，但让我产生兴趣的是三个代表采用的措辞。

　　他们是这样写的："有一些批评……最终是没什么用的，因为不是通过对现实的诚实思考得出的，而是一种'自指'思想，就像知识分子通常说的那样。加利·德拉洛基亚的批评，可能是典型的知识分子语言。"这种表述在这封信后面还会出现，说提出这种批评的人，表现得就像"生活在一个虚无空间里，陪伴他们的是他们最喜欢的书籍，还有那些煞费苦心搞出来，但是没什么人看的成果"。

让人好奇的是，假如知识分子是通过自己的思想，而不是通过动手来谋生的人，那么不仅仅哲学家和记者是知识分子，银行职员、保险公司职员也是知识分子，像邦迪（他还是一个诗人）、拉卢莎，还有威尔迪尼这样的政治人物，当然也算是知识分子，就我所知，他们并不是靠种地生活。假如知识分子不仅仅是那些靠脑力吃饭的人，还包括用思想进行批判的人（不管是批评什么），这封信的署名人从事的也是典型的知识分子工作。

"知识分子"这个词在历史上有不同的内涵。有人已经发现，这个词一八六四年第一次出现在巴尔贝·多尔维利写的《图谢的骑士》里。一八七九年莫泊桑，一八八六年里昂·布洛瓦也用过，在那场沸沸扬扬的德雷福斯事件中，这个词也被反复运用。从一八九八年开始，一批像普鲁斯特、阿纳托尔·法朗士、索雷尔、莫奈、雷纳德、涂尔干这样的作家、艺术家和科学家，更不用说左拉了，他写了那篇致命的《我控诉》，这些知识分子都认定德雷福斯是一个牺牲品，是反犹太分子策划的阴谋，所以他们要求重新对德雷福斯进行审判。当时每一个被克莱蒙梭称为"知识分子"的人，都会让人往坏的方面想，指的是那些不去写诗、研究科学或者其他专业（总之就是做他们自己的事儿），而是插手他们不擅长的事儿的人，比如说国际间谍还有军事审判的问题（这是军人的事儿），就像巴雷和布吕纳介。

因此，对于那些反德雷福斯事件的人物而言，知识分子就是生活在书籍里的人，他们思想抽象且不着边际，和现实没什么联系（因此他们最好保持沉默）。这种对于知识分子的丑化就是当时的推论，现在好像和邦迪、拉卢莎、威尔迪尼在他们信中表达的意思对上了。

我不敢想象，给这封信署名的三位先生当然也是知识分子，因为他们展示出，他们懂得使用"自指"这样高深的词汇，他们是地道的知识分子，因为他们知道一百二十年前的一些争议。他们的基因里都写着那些古老的、讨人喜爱的讨论，就像一个人会称呼和自己想法不一样（有想法）的人为（臭）知识分子。

二〇一〇年

# 无名妻子的丈夫

　　女性百科全书网站 www. enciclopediadelledonne. it 上收集了很多女性，从锡耶纳的圣加大利纳到缇娜·皮卡①，以及很多不该被遗忘的女性。从另一个方面来说，从一六九〇年开始，吉勒·梅纳日已经在他的《女性哲学家史》里提到了苏格拉底学派的蒂奥提玛、昔兰尼的阿莱特、墨伽拉学派的尼卡莱特、犬儒主义者伊帕尔奇亚、逍遥学派的狄奥多拉皇后（从哲学角度来说的）、伊壁鸠鲁学派的莱翁兹娅、毕达哥拉斯学派的地米斯托克莱阿，等等。对于这些女性，我们都知之甚少，现在提起这些名字也是应该的。

　　人们都说，每一位伟大的男人背后都有一位伟大的女人，现在缺少一部《妻子百科全书》：从查士丁尼和狄奥多拉皇后开始，一直到奥巴马和米歇尔（不知道反过来是不是也同样适用，看看英国的两位伊丽莎白女王）。通常来说，这些妻子都不会发出自己的声音，从古典时代开始，情人比妻子更加重要，比如说克拉拉·舒曼或阿尔玛·马勒，她们在婚外以及婚姻结束后的事迹，为众人所称道。总的来说，唯一一个经常被提起的是苏格拉底的妻子赞西佩，却也是为了说她坏话。

我手头有一本皮提格里黎的书，书中很多考证故事，但经常会写错名字（比如把荣格的"Jung"写成"Yung"），也会张冠李戴，不知道资料是在什么期刊上找到的。书里的文字让我想起了圣保罗的教诲，"melius nubere quam uri②"，这对那些有恋童癖的神父是一个好建议，但大部分伟人，比如说柏拉图、卢克莱修、维吉尔和贺拉斯，他们都是单身，但也不是彻底不近女色，或者一直单身。

说说柏拉图吧，我们从第欧根尼·拉尔修那里得知，他只给一些非常美貌的男孩子写短诗，尽管他也有两个女弟子：拉斯特娜娅和阿西俄泰娅。他说，一个贤德的男子应该娶妻。我们看到，苏格拉底的失败婚姻对他影响很大。亚里士多德先和皮西亚斯结婚了，发妻死了之后，他又和艾皮里德结合了，不知道赫皮利斯是作为他的妻子还是情人和他在一起的，但亚里士多德和她是正式夫妻，他在遗嘱里也提到过她。赫皮利斯给他生了一个儿子，也就是尼各马可，亚里士多德的《伦理学》有一章就是用尼各马可命名的。

贺拉斯从未有过妻子和孩子，但鉴于他写的东西，我怀疑他有过一些风流往事；维吉尔非常羞怯，不敢表白，但他坦白说他和瓦留斯的妻子有过一段情。奥维德结过三次婚。关于卢克莱修，历史上基本没有什么记载，圣哲罗姆说卢克莱修曾经尝试自杀，因为有一种春药让他发了疯（但作为一个圣人，宣称一个危险的无神主义者是个疯子，有他自己的目的），从这

---

① Tina Pica（1884—1968），意大利演员。
② 拉丁语，实在忍不住，你们就结婚吧。

一点出发，中世纪专家和人文主义学者推测有一个叫卢奇莉娅的女人，可能是卢克莱修的情人、妻子、女巫或一个疯狂爱上他的女人给他下了春药，也有人说，春药是卢克莱修自己喝下的，但无论如何，这个卢奇莉娅都没什么面子。或者事情像彭波尼奥·莱托说的，卢克莱修自杀了，因为他爱上了一个叫阿斯特里斯科的人，但没人认同这种观点。

再向前几个世纪，但丁一直幻想着贝雅特丽齐，但他和杰玛·多纳蒂结婚了，他从来都没提到过这个妻子。所有人都以为笛卡儿是个单身汉（他死得太早了，而且生活很动荡），但实际上他有过一个女儿弗朗欣（五岁时就死了），那是他在荷兰认识的一个女佣给他生的，这个女人名叫海伦娜，他和这个女人生活了几年，而名义上她只是家里的女佣。虽然有人说闲话，但他还是承认了自己的女儿，根据其他资料，他也有过其他绯闻。

总之，一些教士和一些差不多公开是同性恋的人物被认为是单身，比如西哈诺·德·贝热拉克（请原谅我把这样一个残酷的消息告诉那些崇拜"大鼻子情圣"的人）和维特根斯坦，但真正单身的只有康德。就连黑格尔也结婚了，听起来不像是真的，但他是个花花公子，有一个私生子，而且还很好吃。马克思更不用说了，他非常迷恋自己的妻子燕妮。

还有一个遗留问题：杰玛对但丁有什么影响？海伦娜对笛卡儿又是什么影响？更不用说其他在历史上默默无闻的妻子？假如亚里士多德的所有作品其实是艾皮里德写的呢？这一点我们永远都不可能知道。历史是由丈夫写成的，这就使妻子成了无名氏。

二〇一〇年

# 汤姆叔叔的回归

　　假如有一位读者，在五月一个下着雨的早上，在火车上看到一本别人遗弃的弗里奥·格伦堡的书（小说?），封面和前言都没有了，他可能会想，为什么格伦堡要模仿狄更斯，让他笔下的憔悴小孩忍受残忍的体罚，为什么他要提到《苦儿流浪记》中可怜的雷米，在加罗福利①先生的地盘上，为什么他要让《汤姆叔叔的小屋》里令人无法忍受的事儿又重新上演，甚至更加糟糕。他讲述的一些故事，比当时美国南方的可怜黑人的遭遇更加悲惨。"是的，主人!"那些可怜的黑人被从公共汽车上丢下来。亲爱的格伦堡，还好我们生活在另一个时代。

　　假如我们的读者很惊喜地发现了一本完整的书，有封面也有前言，会发现那本书的标题是《反对北方联盟》（拉泰尔扎出版社出版，仅售九欧元，书里讲述的耸人听闻的事情，恐怕要让斯蒂芬·金相形见绌）。这本书里写的不是虚构故事，而是详细讲述了发生在北方联盟统治的各个城市里的一些罪恶滔天的事儿：各种迫害，还有种族主义行为，事情讲述得非常详细。格伦堡作为议员，曾经在议会上揭发过这些事，有一次他受到了北方联盟的议员布里甘第的驳斥："您屁股长到脸上了！"

在这部令人悲伤的"非小说"里，作者讲述道："一个意大利故事，宪兵和民警会用铲车把盲流的营地铲平，他们在凌晨两三点行动，孩子们惊恐万分……"在这些城市里，那些辛提人的小孩，尽管也是意大利公民，却受到和其他小孩不同的待遇——他们和外国儿童一样，在学校里饿着肚子。这本书一开始讲述的是一个姓卡里斯的家庭的故事：父亲是意大利公民，已经有好几代都生活在基亚里，主要从事收购废铁的工作。中左联盟执政时，很随意地给他们分配了三间活动房屋，但在二〇〇四年，接管这里的地方政府（市长是马扎托尔塔参议员）收回了那片土地，因为"城市规划变了"，卡里斯家的房子被拆除了，市政府取消了他们的户籍，孩子们也不能去上学了，全家人挤在一个房车里。这些让人无法容忍的盲流，晚上男主人想要停下来休息一下，或者解手，那些民警就会拿铁棍敲击他们的房车。

这本书谈论的是各种类型的非欧洲公民。在泰尔莫利，民警捉住了一个来自孟加拉的流动小贩，暴打了他一顿，然后把他塞到警车的后备厢里。在帕尔马，穿便衣的民警捉住了伊曼纽尔·邦苏——一个年轻的黑人，他正要去上夜校，他们不由分说暴打了他一顿，最后才发现事情并不像他们怀疑的那样，这个黑人并没有贩卖毒品。在瓦雷泽一辆公共汽车上，有一个十四岁的男孩要求一个和他同龄、戴着面纱的女孩给他让座，

---

① Roberto Garofoli（1966— ），意大利法官。

女孩没让，男孩就和他的同伙对女孩拳打脚踢。在贝加莫市的一辆公共汽车上，有一个女乘客叫喊着说她的手机被偷了，检票员认定是一个黑人小伙子偷的。汽车停了下来，那个小伙子被扒光了衣服，但没找到手机（很明显，手机是另一个人偷的），但他们从这个小伙子身上搜到了七十欧元。检票员没收了这些钱，把钱给了丢手机的女人，她很高兴地收下了这些补偿金。

我们看到了这本"非小说"著作的第十一页，后面讲到的事情会让那些绝望的人在利比亚经受的痛苦变成小菜一碟：意大利士兵在海上拦截了他们，要把他们交给卡扎菲的爪牙。这本书简直像小说一样，他们的经历越往后越残酷。

有人送给情妇三四颗钻石，有人造几张假文凭（如果说自己在阿尔巴尼亚取得了文凭，不也是一种遭受歧视的信号吗?），这都会让意大利人大惊小怪，这实在令人匪夷所思。但很多年以来，他们都接受了上述事情的发生，这也是格伦堡那本书里清清楚楚讲述的内容。

二〇一二年

# 普鲁斯特和"德国鬼子"

　　对于那些相信欧盟的人来说,这是一个非常糟糕的时期:卡梅伦呼吁他的同胞决议是否留在欧盟(或者说,他们本来也不想加入欧盟),贝卢斯科尼前一天还宣布自己是欧洲主义者,第二天就翻脸了,他对着那些老法西斯分子,那些主张回到里拉时代的人和北方联盟做了一番发自肺腑的讲话。总之,这个局面会让欧洲统一之父在棺材里都不安生。

　　尽管如此,所有人都应该知道,在第二次世界大战中一共死了四千一百万欧洲人(我说的只是欧洲人,不算美国人和亚洲人),欧洲人自相残杀。到目前为止,除了中间发生的巴尔干事件,欧洲已经经历了六十八年的和平。假如我们和现在的年轻人说,当时法国人藏在马其诺防线后面抵抗德国人,意大利人想让希腊人屈服,比利时有被入侵的风险,英国飞机轰炸米兰,这些年轻人(可能他们正努力准备参加伊拉斯谟留学项目,去别的欧盟国家学习一年,可能这场经历会让他们遇到自己的精神伴侣,他们的孩子会在双语环境中长大)会觉得这是天方夜谭。现在,即使是那些成年人也没有意识到,他们不带护照就可以穿越的边界,他们的父亲或祖父需要带着步枪才能跨越过去。

欧洲的概念真的无法深入人心吗?贝尔纳-亨利·莱维最近提出了一个激动人心的号召,就是要建立一个欧洲身份,"要么欧洲,要么混乱"一开始就是一个让人不安的威胁:"欧洲并没有陷入危机,而是快要灭亡了。这当然不是作为领土的欧洲,而是作为理想的欧洲,作为梦想和计划的欧洲。"他的号召得到了很多人的签名支持:安东尼奥·洛博·安图内斯、瓦西利斯·亚历克萨基斯、胡安·路易斯·塞布里安、费尔南多·萨瓦特尔、彼得·施奈德、汉斯·克里斯托弗·比希、茱莉亚·克莉斯蒂娃、克劳迪奥·马格里斯、捷尔吉·康拉德和萨尔曼·拉什迪(他虽然不是欧洲人,但他受到迫害时,首先在欧洲找到了庇护)。我也在这个号召上签了名,十几天前,我和 同签名的几个人在巴黎的圆点剧场见了面,讨论这个话题。有一个问题马上浮出了水面,我觉得非常重要,那就是欧洲身份的确定。我提到了普鲁斯特《追忆似水年华》里的几句话,那是在第一次世界大战期间的巴黎,晚上,整个城市都担心齐柏林飞艇入侵,公众舆论用各种难听话来攻击"德国鬼子"。尽管如此,普鲁斯特的字里行间让人感觉到一种"亲德"的气息,在人物的对话中间也有流露。夏吕斯是一个亲德派,他对德国人的欣赏并不是在文化方面,而是出于他的性偏好。"我们对法国人的赞美,"他说,"并不能使我们鄙视我们的敌人。你们不了解那些德国士兵,你们从来都没有看到过他们昂首挺胸地走过,简直是理想的男性气质,这是巴尔贝克跟我说的……他对我说:'你看德国士兵多帅啊!他们身强力壮,非常健康，一心想着自己伟大的国家和《德意志人之歌》。'"

我们再谈谈夏吕斯，在他的"亲条顿人"言谈里，也有一些文学典故。我们就说说圣卢吧，他是一位英勇的士兵，最后在战斗中牺牲。"（圣卢）为了让我明白光和影的反差，那是'他清晨经历的魔法'……他毫不犹豫地提到了罗曼·罗兰，甚至是尼采的文字，就好像他们是一个战壕的战友。和后方的人不同，前线的人根本就不害怕提到德国人的名字……圣卢跟我谈到了舒曼的一支曲子，他在提到曲名时用的是德语，他没有采取委婉的说法。他说黎明时，他在树林边缘听到了小鸟的歌唱，那是一种沉醉的感受，好像小鸟对他说，希望战后重新听到至高无上的《齐格弗里德》。"

或者还有："实际上，我知道罗贝尔·德·圣卢的死，他是在撤退的前一天，在掩护自己人撤退时被打死的。从来都没人像他那样，没有对另一个民族的人充满仇恨……在六天前，我听见他嘴里唱出最后的歌词，那是一首罗伯特·舒曼的艺术歌曲，在台阶上，他用德语给我唱这首歌，因为担心邻居听到，我不得不让他闭嘴。"

普鲁斯特马上补充说，在那些日子里，尽管是带着一种慎重的态度，整个法国并没有禁止学习德国文化。比如说，一位教授写了一部关于席勒的重要著作，报纸上会刊登各种评论，但在谈论这本书的作者之前，就好像是一种印刷许可，他会写到他曾经参加过马恩河战役、凡尔登战役，获过五次勋章，而且有两个孩子被杀了。他会清楚地说明，这部关于席勒的作品思想深刻，脉络清晰，最后他会做出权威人士的样子说"这个伟大的德国鬼子"，而不是说"这个伟大的德国人"。

欧洲文化身份的根基是什么？一个漫长的文学、哲学、音乐和戏剧的对话。尽管发生了很多次战争，都没办法抹杀这些对话，在这个身份之上可以建立一个同盟，可以突破最大的障碍——语言屏障。

　　这种意义上的欧洲身份，假如在欧洲知识分子精英中间已经很强烈了，在普通人中间又是什么情况呢？我想到了一个事实，现在在任何一个欧洲国家，大家都还在纪念（在学校里，在一些公共游行中）自己的英雄，这些人勇敢杀死了其他欧洲人：从阿米尼乌斯（他把瓦卢斯的兵团全干掉了）开始，圣女贞德，熙德（欧洲人对穆斯林作战已经很多年了），还有意大利复兴运动的各路英雄，匈牙利英雄，直到我们对奥地利作战时牺牲的人。有没有人听说过欧洲英雄这个词？从来都不存在欧洲英雄吗？那拜伦和圣罗莎的圣托雷又是谁？他们为希腊的独立做斗争。或者还有人数众多的"辛德勒"，他们拯救了几千个犹太人，从来都没考虑过这些犹太人来自哪个国家。我再列举一些并非士兵的英雄：德·加斯贝利、莫奈、舒曼、阿登纳和斯皮内利，这都是些什么人呢？去历史深处找一找，还能找到其他这样的人，我们可以跟我们的孩子（包括成年人）讲这些事情。真的没有可能找到一个欧洲的阿斯泰里克斯[①]，来讲给未来的欧洲听吗？

二〇一三年

---

① Astérix，以高卢传奇英雄为题材创作的法国知名连环漫画人物。

# 我们这个时代的极品

极品行政法院　乔瓦尼·贝拉尔戴利在六月三十号的《晚邮报》上写了一篇文章，提出了一个非常严重的问题：有一对父母非常恼怒，因为他们在文科高中上学的儿子考试不及格，数学得了三分，物理得了四分，艺术史得了三分，所以不能升级。这对父母没有像通常那些严厉的家长，把自己的继承人暴打一顿，而是一起去找了拉齐奥大区的地方法院——行政法院。这个法院通过它至高的权威让这个孩子升级了。一个学生三门成绩不及格，而且距离及格很远，是否让他升级，这事儿应该由教师会议，或者更高一层的教学机构来决定吧？行政法院无权决定此事，但是他们的决定是不是在鼓励部分家长，当孩子分数考得很差，不应该在孩子身上找原因，而是要找老师的茬儿？这些不讲理的父母，教养出来的孩子也只会是不讲理的人。

但还有更严重的，这个法院判决的理由竟然是：在一所文科高中，物理得四分，数学得三分，这并不严重。一些研究古希腊文化的知识分子（阿涅利可能会说）可能不知道，文科高

282

中毕业的学生也可以注册理科专业，学习医学、工程、数学或者其他自然学科；还有一个原则是，所有学生都应该受到良好的人文主义教育，热力学和古希腊语法的不定过去时一样重要。*Quis custodiet custodes?*① 谁会给拉齐奥的行政法院不及格，或者让那些抗议的父母不及格？

灵活的特来西奥 我在意大利《犹太之声》上看到一个著名法西斯分子、纳粹分子和反犹太主义者名单，却发现有些街道就是以这些名字命名的：罗马和那不勒斯都有一条街道叫做加埃塔诺·阿扎里蒂，他是种族法庭的主席，还有一些街道叫做尼古拉·本德（巴里市和摩德纳市）、萨巴托·威斯克（萨勒诺市）和阿图罗·多纳乔（罗马和法尔科纳拉市），尽管这三个人物在其他领域非常有名，但在一九三八年，他们都参与了臭名昭著的《种族宣言》。

情况就是这样，大家都知道，很多城市曾是法西斯分子掌权，但也可能其他党派的人不是很了解这些著名人物都是干什么的。除此之外，这些人物在各个领域也做出了一些成就，让人原谅了他们偶尔犯下的错误，当时他们可能因为懦弱、个人利益或者过度的热情而犯了错误。我们不是原谅了海德格尔吗？他也曾经信仰种族主义。因为年少无知或者纯粹的生存需要（生活在意大利北部）。有一些可爱可敬的人物：奥斯卡·卡尔博尼、华特·基亚里、吉贝托·戈维、格尼·克雷默和乌

---

① 拉丁语，监管之人，谁人监管。

戈·托格内吉，不是也投靠了意大利社会共和国①吗？但他们中没人写过或者说过要屠杀六百万犹太人。

但最让人震惊的是，在特拉帕尼城有一条路叫做特来西奥·英特兰迪（他不是在那里出生的），他并不是一个像本德一样的科学家，也不像在战后也受人尊敬的法官阿扎里蒂。特来西奥·英特兰迪是一个龌龊的流氓，一辈子都投身于掀起种族仇恨，通过《种族保护》杂志煽风点火，他是一个纯粹的反犹太种族主义者。翻阅一下这本臭名昭著的杂志的年鉴，或者瓦伦蒂娜·皮桑蒂编写的选集（邦皮亚尼出版社，2006），你就会发现，只有一个奴颜婢膝的阴险人物才能说出那些颠倒黑白的谎言。我还忘了说一件事儿：还是在那些年，英特兰迪还发表了一篇《反犹太人》，即使那些不懂拉丁语的人也明白他的用意。

另一方面，大家在罗马讨论：一条街能否被命名为乔治·埃尔米兰特街，此人是《种族保护》杂志的编辑，他后来别有用心（毋庸置疑）地接受了民主政体，还跑去给贝林格的棺材行礼，但贝林格从来都没写过诽谤和中伤的文字。

二〇一四年

---

① 亦称萨罗共和国，是第二次世界大战末期墨索里尼在意大利北部建立的法西斯主义傀儡政权。

# 从《鼠族》到"我是查理"

我觉得我的朋友阿特·斯皮格曼是个天才，他的作品《鼠族》（尽管是一本漫画）是一部关于犹太人大屠杀的重要作品，但这次我不同意他的做法。《新政治家周刊》要他画一幅封面，是关于言论自由的，那是一幅很棒的漫画（一位思想被压制了的女性），后来这幅画发表在其他报纸上，因为斯皮格曼要求《新政治家周刊》发表他的一幅关于穆罕默德的漫画，杂志没有答应，因此斯皮格曼收回了他绘制的封面。

《查理周刊》事件激起了很多混乱的反应（关于这件事，我当时没写专栏，因为在这个悲剧发生之后，我给两份杂志交了稿，文章在十五天后才面世）。这件事让我陷入了悲痛，因为我还保留着漫画家沃林斯基送给我的一幅讽刺漫画（有一段时间我们经常在酒吧里见面，讨论 Linux 操作系统的编辑问题），他也死于屠杀。

现在我回到这个问题上，我觉得这牵扯到两种权利和义务。你们想想教皇方济各，他说假如有人冒犯了他母亲，他会回敬那人一老拳（这句话让很多人感到不安）。我想强调的一点是，他没说他会把那人杀了，因为他知道耶稣的律法禁止杀人，因此他只能批判那些恐怖主义者，还有他们的"割喉同盟"ISIS，他们代表了新形式的纳粹（种族主义，消除别的种族，控制全世界）。需要审判那些屠杀者，捍卫言论自由，上街游行，就像现在一样。

需要捍卫那些想法和我们不一样的人的思想自由（伏尔泰教导我们）。但假如《查理周刊》的记者没有遭到残酷的报复，任何一个人都有权批评他们的讽刺画，不仅仅是关于穆罕默德的讽刺画，还有那些关于耶稣和圣母的讽刺画，非常接近十九世纪莱奥·塔克希尔画的画：朱塞佩戴了绿帽子，圣母马利亚怀了一只鸽子。

不能拿别人的宗教信仰开玩笑，这是一个道德原则。出于这个原因，那些在自己家里骂神的人，不能跑到教堂里去诅咒。我们不应该因为害怕报复而远离穆罕默德的讽刺画，因为这"不礼貌"（请原谅我用了一个比较柔和的词汇）。虽然天主教徒（至少现在是这样）不会去把作者杀死，那也不应该绘制圣母马利亚的讽刺画。除此之外，我还在网上查了一下，所有抗议《新政治家周刊》没有刊登斯皮格曼的讽刺漫画的网站，都没有引用斯皮格曼的那幅漫画。为什么呢？因为对他人的尊敬，还是因为害怕？

在"查理事件"中，有两个基本原则被提了出来，但后来对于犯错误的人的恐怖惩罚，让人很难把这两个原则分开。捍卫自由言论是对的，包括用不客气的方式，比如说"我是查理"，但假如我是查理的话，就不会去挑拨穆斯林和基督教（假如有的话，也包括佛教）的关系，提出那些敏感的话题。

假如有人玷污神圣的圣母，天主教信徒会很激愤，需要尊重他们的感情——但假如你写了一篇严肃的历史论文，对耶稣"降世为人说"提出质疑，假如天主教徒向玷污圣母的人开枪，这时候你要通过各种手段来捍卫自己。

各种类型的纳粹和反犹太主义者传播了很多"可恶的犹太人"的讽刺画，但从根本上来说，西方文化接受这种类型的凌辱，尊敬传播这些讽刺画的人的自由。但是，当讽刺画过渡到屠杀，人们便开始反击。换句话说，（十九世纪）德吕蒙极端支持反犹的自由得到了尊重，而纳粹分子却在纽伦堡被绞死。

二〇一五年

# 论仇恨与死亡

# 论恨与爱

前些日子，我曾就"种族主义"和"树敌行为"发表看法，也曾谈论仇视"他者"或"异己"的政治功能。我原以为关于类似话题的探讨已面面俱到，然而，通过最近与好友托马斯·史陶德的一次交谈（谁都记不清彼此说了些什么，只记得双方的结论不谋而合），我又发现了一些新的问题（至少于我而言，具有新意）。

我们带着某种前苏格拉底哲学流派式的轻松，尝试解读"恨"与"爱"：它们是彼此相对、遥相呼应的两个极端，好比极端的"不爱"就是"恨"，反之亦然。当然，在这两个极端之间，存在许多微妙的变化。即使我们使用其比喻义，说"我爱比萨饼，对寿司则谈不上着迷"，这并不意味着我憎恶寿司，只是说喜欢的程度不及比萨饼。再来看看这两个词的本义：倘若我说爱一个人，并不意味着我憎恨其他所有人。在"爱"的对立面，还有一种态度——"不在意"（我爱我的子女，却并不在意两小时前载我的那位出租车司机）。

爱的真正特质在于排他性。假如我疯狂地爱恋某位女性，便会渴望她也爱我，而不是他人（至少在程度上有所区别）；母亲竭尽所能地爱护子女，自然也希望子女能以独一无二的方式关爱她（母亲只有一位），同时，她对他人的子女的关爱程度一定不及对自己的子女。所以说，爱是一种具有自私性、占有性和选择性的行为。

诚然，关于爱的诫命告诉我们，要像爱自己一样爱身边的人（所有人，六十亿身边人），但事实上，该诫命是教导我们不要恨任何人，而不是要我们像爱父亲或爱孙子一样，爱一个素不相识的爱斯基摩人。于我而言，对于孙子的爱一定胜于对某个海豹猎杀者的爱。即使我不曾（如某条著名的俗语所说）想过某位中国官员的去世于我无关痛痒（尤其是当我还能从他的死亡中获取某些利益时），且心知肚明终有一日丧钟也会为我敲响，我仍会觉得祖母的亡故比中国官员的去世更令我感伤。

然而，恨却是一种群体行为，且对于独裁政权而言，是一种不可或缺的行为。正因如此，法西斯学校要求我从小就憎恨阿尔比恩①的后裔；马里奥·阿佩留斯②每天晚上都在广播里朗读他的《上帝诅咒英国人》。独裁政治、民粹主义以及某些宗教激进派大都秉承这一理念：非我族类，其心必异。对于敌人的憎恨能够将民众紧紧团结在一起，令其心中燃起共同的仇焰。如果说爱能够让我针对少数人心生暖意，那么恨不仅能让我一个人激情澎湃，还能激发所有心怀同样憎恨的人，且这种情绪针对的是成百上千上万人，可能是一个国家、一个民族，

---

① Albion，大不列颠岛的古称，至今仍作为该岛的雅称使用。
② Mario Appelius（1892—1946），意大利记者、电台主持人。

也可能是其他肤色、其他语言的人种。意大利纳粹分子憎恨所有的阿尔巴尼亚人、罗马尼亚人、吉卜赛人；博西憎恨所有南方人（假如他能意识到自己的工资也含有南方纳税人的贡献，那么他对南方人的憎恨甚至可以登峰造极，不仅有仇视，还增添了一份幸灾乐祸的嘲弄）；贝卢斯科尼憎恨所有的法官，同时也要求我们这样做；此外，他还仇视所有共产党人士，即使他们有些人早已不在了，也要塑造出几个典型用来憎恨。

仇恨并非个体行为，它是如此"慷慨"、"博爱"，一阵风的工夫就能席卷成千上万人。只有小说才会告诉我们为爱而死多么美好，报纸上（至少在我小的时候）赞扬的往往是那些用炸弹炸死敌人、与其同归于尽的英雄。

正因如此，人类的历史才会充斥着仇恨、战争和屠杀，却少有体现爱意的善举（爱的震撼力有限，且若是要将爱扩展到与我们无关的人身上，那简直难于登天）。人类对于仇恨的青睐是与生俱来的，统治者若想在民众中播撒仇恨，可谓易如反掌；相反，那些通过亲吻麻风病人以示关爱的人，只会招来他人的反感吧。

二〇一一年

# 死亡去了哪里？

法国《文学杂志》第十一月刊是一期死亡文学专刊。我兴致盎然地读了其中好些文章，结果却有些怏怏。书中虽有一些我不知道的内容，但说来说去，无非是在重复一个不言自明的事实：如同爱情，死亡也是文学始终离不开的主题。有些文章细数了上个世纪的小说作品、哥特文学和前浪漫派文学中的死亡题材。其实，他们完全可以谈谈赫克托耳的死和安德洛玛刻的葬礼，或者写写许多中世纪文学作品中殉道者的痛苦。此外，哲学史通常都以经典的三段论开篇："人终有一死。"

我想谈的是另外一个问题，这或许是由于当今人们阅读量减少而造成的：如今的我们变得无力面对死亡的冲击。各种宗教、神话和古老的仪式不断提及死亡，尽管恐怖，却并不让人们感到陌生。隆重的葬礼、哭丧妇的哀嚎、肃穆的安魂弥撒，这一切都让我们对死亡习以为常；关于地狱的布道词甚至为我们铺好了走向死亡的道路。我在童年时代就曾受邀朗读鲍斯高神父的《青年手册》中关于死亡的段落，这位神父不仅让孩子们无忧无虑地玩耍，还为他们描绘出一幅刺眼的幻象。他告诉我们，人随时会与死亡不期而遇：在床上、在工作期间、在路上，由于血管破裂、黏膜炎、血崩、发烧、伤疤，在地震时、闪电时……甚至是"刚刚读完本文"的那一刻。在那一瞬间，我们会感到头部眩晕、眼部剧痛、舌头烧灼、咽喉紧缩、胸部憋闷、血液凝固、肌肉无力、万箭穿心。为此，我们着实有必要常常演习"善终"的过程："当我无法动弹的双脚告诉我，我的大去之期即将降临……当我颤抖扭曲的双手再也无法握紧，请好好将我钉在十字架上，让我在床上了结我的痛苦……当我的眼睛已昏暗无光，被近在咫尺的死亡吓得惊惶失措……当我冰冷颤栗的双唇……当我苍白铁青的面颊让旁观者面露恐怖的哀容……当我的头发被濒死的冷汗浸湿，在额头翘起，宣布临终时刻的来临……当我的想像被骇人的鬼怪蛊惑，沉浸在致命的痛苦中无法自拔……当我逐渐丧失了所有感官……仁慈的耶稣啊，请垂怜于我吧。"

有人会说，这是纯粹的虐待狂式的文字。可是如今，我们是如何教导当代人的呢？死亡在离我们很遥远的医院里发生；人们通常不再前往公墓送葬；逝者与我们不复相见。果真是不复相见吗？我们却能不断地看到死人：脑组织飞溅到出租车的车窗上，身体反弹至空中，最后在人行道上摔得粉碎；他们的脚上绑着水泥块，尸体被沉入海底；他们的头骨在地板上滚动……不过，他们既不是我们，也不是我们的亲人，而是演员。死亡变成了表演，即使媒体报道的是真实的强奸案或连环凶杀案，也会极尽表演之能事。我们看不见扭曲的尸体——那将让我们想到死亡，只看见痛哭流涕、在事发地点献上鲜花的亲友，记者们还会不失时机地提出虐心的问题："您的女儿遇害时，您有什么感受?"走到台前的不是死亡，而是友谊和母亲的痛苦，因为后者不会那么猛烈地触动我们的内心。

如此一来，死亡从我们的直接经验中消失了，这令我们在死亡逼近之时更为手足无措——尽管从我们出生那一刻起就无法抛弃死亡。其实，真正的智者一辈子都在与死亡打交道。

二〇一二年

# 追求幸福的权利

有时，我常常怀疑，那些令我们头疼的问题——价值危机、对广告诱惑的屈服、上电视露脸的需求、个人记忆和社会历史记忆的丧失，总之，就是人们在此类专栏中抱怨的各种问题——都应归咎于一七七六年七月四日颁布的倒霉的美国《独立宣言》。在那篇宣言里，大陆会议成员怀着一种共济会式的心态，笃信"人类伟大前行的命运"，宣称"任何人都享有不可剥夺的生命权、自由权和追求幸福的权利"。

通常，人们将该宣言视为人类历史上首部肯定"追求幸福的权利"（而非将民众置于一系列禁忌之下）的立国法案。乍一看，该法案的确具有革命色彩，但仔细读来，却很容易引发某些符号学层面的误读。

谈论幸福的文学作品数不胜数，伊壁鸠鲁算是前辈——或许在他之前，还有人在该领域进行过探索。然而，平心而论，我不认为有谁真正能说清楚什么是幸福。假如幸福是一种持续的状态，所谓幸福之人就是那些一辈子笑口常开，从不曾遭遇迷茫、痛苦和危机的人，那么在我看来，这样的人与白痴无异；或者说，这样的人必定是生活在一个与世隔绝的世界里，除了自己风平浪静的生活，对周边的世界一无所知，也毫无期盼。此时此刻，我想起了费莱蒙和鲍西丝①。不过，抛开史诗中的描述，他们也难免会有失意无奈的时刻，至少免不了得一场流感，或是被牙疼折磨一番。

所谓幸福，作为一种绝对意义上的欣喜若狂（好比用手指碰到了天），只可能是偶然的、零星的、短暂的状态：孩子出生时的兴奋、情人之间的两情相悦、赢取彩票时的惊喜、取得成就时（荣获奥斯卡金像奖、捧回冠军杯）的欣慰，或仅仅是郊外远足时的轻松愉悦……所有这些时刻都是转瞬即逝的，一旦快乐消失，恐惧、颤栗、痛苦、焦虑（至少是隐忧）便会接踵而至。

此外，当我们谈论幸福，首先想到的通常是我们个人的幸福，而非全人类的幸福，不仅如此，我们在追求自身幸福的过程中常常会对他人的幸福不屑一顾。尤其是在爱情方面，得到爱情之人的幸福往往会与另一个遭到拒绝之人的痛苦不期而遇，然而我们却只顾享受自己的战果，而将他人的伤痛抛到脑后了。

此种幸福观充斥于广告和消费的世界。每一条广告似乎都是为了将人们引领至更幸福的生活状态：让脸蛋更水嫩的面霜、赶跑所有污渍的洗涤剂、半价出售的沙发、在暴风雨后饮用的苦味药酒、全家人团聚于餐桌时享用的肉罐头、美观又省油的汽车、让人安心走入电梯，不用担心异味泄漏引起他人反

---

① 根据奥维德在神话史诗《变形记》中的记述，费莱蒙和鲍西丝是一对贫穷却幸福的夫妻，过着与世无争的简单生活。

感的卫生巾……

在投票选举和为孩子选择学校时，我们很少想到让生活更幸福，但在购买大量无用的商品时，我们却总会认为自己满足了追求幸福的权利。

由于人类终归与无情无义的野兽不同，我们也会偶尔顾及他人的幸福——这种情形会在何时出现呢？在媒体向我们展示他人的不幸时：被苍蝇叮咬、死于饥饿的黑人孩子；身患不治之症的病人；遭遇海啸无家可归的难民……看到这些画面，人们倒是愿意捐出一小笔钱——特别善良的人甚至可以捐出千分之五的财产。

所以说，《独立宣言》应该这样表述："所有人都有减少世界上的不幸的权利和义务，其中当然包括减少自身的不幸。"如此一来，许多美国人就会明白，他们着实不应该反对实施免费医疗制度——然而，他们现在却在顽强抵抗，因为这奇怪的制度将会对"个人追求税务幸福的权利"造成损害。

二〇一四年

# 我们的巴黎

巴黎发生恐怖袭击的当晚，我与许多人一样，久久待在电视机前。鉴于对巴黎的熟悉，我一直在脑海中定位袭击发生的地点，反复计算那些地点附近是否住着某些朋友，与我合作的出版社以及我常去光顾的餐厅离那些地方有多远的距离。好在发生袭击的地点全都位于塞纳河的右岸，而我在巴黎的活动范围仅限于左岸，想到这些，我才稍稍安心。

然而，恐惧与惊惶却丝毫没有因此减少，那感觉就好比意外地没有登上一架刚刚摔得粉碎的飞机。当然，那天晚上，我还没来得及担心类似的事件会不会降临在我们的城市里。巴黎惨案是一场悲剧，不管丧钟在为谁敲响，总之是在为别人敲响。

然而，当我听到"巴塔克兰剧院"时，忽然感到格外沉重——我似乎知道那里。我终于想起来了，大约十年前，我正是在那里宣传我的一部小说。发布会结束后，还有贾尼·考西亚和雷纳托·塞拉尼带来的精彩音乐会。那是一个我曾经去过，并且将来还想再次前往的地方。接着——准确地说，是紧随其后——我又听到了另一个地点，"勒努瓦大道"：麦格雷探长就住在那里！

大家或许会指责我，面对如此残酷的现实惨剧，居然会想起虚幻的人物和情节。然而我想说，正因为这一点，巴黎的恐怖袭击事件才让全世界的民众感到痛心，且痛心程度超过了其他也曾经历过恐怖事件的城市。对于我们中的许多人而言，巴黎是我们的"祖国"，我们的记忆不仅仅植根于真实的巴黎，也植根于想象中的巴黎。这两个巴黎都属于我们，或者说，这两个巴黎都是我们曾经生活过的地方。

花神咖啡馆所在的巴黎是真实的，同样真实的还有亨利四世和拉瓦莱克的巴黎、路易十六被砍头的巴黎、奥尔西尼刺杀拿破仑三世的巴黎和一九四四年被勒克莱尔将军解放的巴黎。然而，平心而论，关于这些事件，我们记得更为清楚的究竟是（我们不曾参与其中的）真实的历史，还是文学和影视作品中呈现的场景呢？

通过银幕上的《巴黎战火》，我们见证了巴黎的解放；通过《天堂的孩子们》，我们看到更为古老的巴黎；夜间（真实地）踏入孚日广场，我们便能感受到许多电影镜头展示的胆战心惊；尽管我们不认识埃迪特·皮亚芙，却对她的世界了如指掌；借助伊夫·蒙当的讲述，我们对勒皮克街上的一切烂熟于心。

当我们驻足于塞纳河畔的旧书摊时，这真实的巴黎漫步让我们得以重温许多文学作品中的漫游。远远地看着巴黎圣母院，我们不可能不想起卡西莫多和爱丝梅拉达。无论是在加尔默罗会女修道院决斗的三个火枪手，还是巴尔扎克笔下的交际花，亦或是吕西安·德·吕邦波莱和拉斯蒂涅的巴黎、漂亮朋友的巴黎、弗雷德里克·莫罗和阿尔努夫人的巴黎、流浪儿伽弗洛什的巴黎、斯万和奥黛特·德·凯西的巴黎，这一切全都是属于我们的巴黎记忆。

于我们而言，真正的巴黎是毕加索和莫迪利亚尼时代的蒙马特（如今也只能遥想当年了）；是莫里斯·舍瓦利耶的巴黎；盖希文的《一个美国人在巴黎》也不错，那部金·凯利和莱斯利·凯伦主演的改编版电影，虽然甜得发腻，却也值得纪念；还有沿着下水道逃跑的方托马斯以及麦格雷探长的巴黎——我们见过那里的每一日晨雾，去过那里的每一间咖啡馆，亲身经历过《犯罪河岸》中的每一个夜晚。

应该承认，正是这个如梦似幻、却又无比真实的巴黎教会我们看懂了人生、社会、爱情和死亡。从这个意义上来说，遭到袭击的是我们的家——和法律表格里的家庭住址相比，我们在这个家的生活时间要长得多。好在还有那些记忆，让我们依然抱有希望，继续看"塞纳河流啊流……"

二〇一四年

# 在宗教与哲学之间

# 每个先知，都只看见已知之事

前些日子，我在阅读露西娅修女关于法蒂玛的三个秘密①的文件时，总感到似曾相识。后来我想通了：文件中随处可见圣约翰《启示录》的痕迹。（注意，该文件的撰写时间是一九四四年，其作者并非当年少不更事的女童，而是一名心智成熟的修女）。

露西娅自称看见了一位手持燃烧之剑的天使，意欲焚毁整个世界。《启示录》第八章第八节在描写第二位吹号的天使时也曾提到大火在世间蔓延。尽管此处并未提及手持燃烧之剑的天使，我们在之后的段落中却能看到该剑的出处（其实在传统宗教作品中，手持燃烧之剑的大天使形象比比皆是）。

随后，露西娅又看见了一束仿佛被镜子反射出的神光：此处的灵感与《启示录》无关，而是来自《哥林多前书》（我们如今仿佛对着镜子观看，模糊不清。到那时，就要面对面了）。

接下来出场的是一位身着白衣的主教：此处只有一位，《启示录》中的诸多段落却提及好些身穿白衣、准备殉道的人物（如第六章第十一节、第七章第九节、第七章第十四节），数不胜数。

后来，她看见主教和神父攀登一座险峻之山，该描述来自《启示录》第六章第十五节，地上的君王"都藏在山洞和岩石穴里"。至于圣父来到一座"半成废墟"的城市，途中遇到"尸体的灵魂"，该描述同样出现在《启示录》中：第十一章第八节提到了人的尸首；第十一章第十三节提到了倒塌的城市；第十八章第十节还提到了巴比伦城。

我们继续往下看：主教和众信徒被一群士兵用剑和子弹射杀。倘若子弹算是露西娅修女的首创，那么"用尖形武器进行屠杀"的情节则与《启示录》第九章在描述第五声号角吹响时蝗虫之战的场景如出一辙。

最后，露西娅修女描述两位天使用水晶壶（葡萄牙语为 regador）洒鲜血。《启示录》里关于天使将鲜血洒向大地的段落可谓不胜枚举：第八章第五节提到了一只香炉，第十四章第二十节提到了酒醡，第十六章第三节里描述血从一只碗中倒出来。

法蒂玛的三个秘密中为何说是一只水晶壶呢？我想，这或许是因为法蒂玛距离曾经的阿斯图里亚斯王国不远。中世纪时，那里盛产以《启示录》为主题的莫扎拉布细密画，并广为流传和仿制。那些细密画常常描绘天使从某种不明材质的杯子中洒下鲜血，其形象恰似甘霖普降人间。这说明，传统宗教画中的形象也对露西娅修女的记忆产生了影响。同理，细密画中的天使号角看上去与鲜红的刀刃十分相似，这才导致露西娅修

---

① 指一九一七年圣母马利亚对葡萄牙法蒂玛的三位牧童：露西娅及她的表姐雅辛塔·马托和表弟弗朗西斯科·马托显灵，并透露了三个秘密。

女在文件开头提到"燃烧的剑"这一形象。

有意思的是（假如大家不只关注报纸上的简讯，还曾认真读过时任主教拉青格①的神学评论全文），主教先生作为一个实诚人，也曾提示教众，私人所见的幻像不足以成为信仰，《圣经》中的隐喻文字也不应被当成预言而从字面意思来解读。此外，他还明确指出该文件与《启示录》的相仿之处。

不仅如此，主教先生还强调说，在幻像中，主体看见的事物总是以其"所具备的认知水平和表现方式"为基础的，因此，他们看到的"只可能是其认知能力范围之内的形象"。换个通俗的说法（在拉青格主教的神学评论中，这一段的标题是"私人启示的人类学结构"），假如不存在所谓的荣格原型，那么每一个先知所能看见的，都是他所处的文化环境能够灌输给他的内容。

二〇〇〇年

---

① Joseph Alois Ratzinger（1927—　），教皇本笃十六世原名，二〇〇五年当选教皇，二〇一三年因身体原因辞职。

# 欧洲的根

　　在今年夏天的专栏里，曾有一场相当热闹的论战：是否应该在《欧盟宪法条约》里提及欧洲大陆的基督教渊源。支持者认为，欧洲大陆毫无疑问是建立在基督教文化基础之上的，其源头可以追溯至罗马帝国灭亡以前——至少应该从君士坦丁大帝颁布《米兰敕令》开始算起。如果说不懂佛教便无法理解东方世界，那么若要读懂欧洲文化，就不能对教会、基督教国王、经院神学以及那些重要圣人的典范视而不见。

　　反对者提出，现代民主国家是建立在世俗性原则基础上的。对此，支持者认为，在欧洲，世俗性原则是近代的产物，是法国大革命的遗产，与千百年来的修道制度和方济各传统毫无关系。相比之下，反对者更注重欧洲的未来。既然欧洲注定要成为一个多种族大陆，那么公然宣称欧洲的基督教渊源就有可能阻碍新群体与原有社会群体的融合，甚至还有可能将其他宗教传统和民间信仰（尽管信徒的数量可能相当庞大）变成所谓被容忍的文化少数派。

　　由此，众人辩论的已不仅仅是宗教，还关乎政治决策、人类学观点，以及究竟是应该基于历史还是未来去描绘未来欧洲民族的面貌。

不妨先来回顾历史。基督教文化是不是欧洲唯一的文化根基？此刻，我并不想提及数百年来欧洲文化曾从东方吸取过多少营养（印度数学、阿拉伯医学、自亚历山大大帝时代——而非马可·波罗时代——以来与东方的交流）。任何一种文化都会从临近或相距遥远的其他文化中吸取有益的元素，随后以各自的方式使之成为自身文化的组成部分。且不说我们必须感谢印度人或阿拉伯人，让我们获知了"零"的概念，这才第一次确立了用数字解读大自然的科学研究原则，难道我们能够忘记古希腊-古罗马的文明渊源吗？

从法学、哲学，甚至民间信仰的角度而言，欧洲吸取了大量的古希腊-古罗马文化。基督教不动声色地将异教仪式和神话据为己有，大量多神教形式都在民间宗教传统中被保留下来。不仅仅是文艺复兴的世界充斥着维纳斯和阿波罗，不仅仅是文艺复兴时期的人们在发掘古代世界的文明、遗迹和手稿；就连基督教会掌控下的中世纪也将其神学理论建立在被阿拉伯人发现的亚里士多德的思想体系之上。倘若柏拉图的思想大半被遗忘了，那么新柏拉图主义则在很大程度上影响了基督教的早期教父。若不了解柏拉图学派的思想，我们便无法理解基督教最为重要的神学家奥古斯丁的理论。说到"帝国"，这一概念曾数度引发欧洲诸国的混战以及民族国家与基督教会之间的纷争，然而其起源却在古罗马时期。古罗马的拉丁语也被基督教文化笼罩下的欧洲用作举办宗教仪式、表述宗教思想、确立法律权利、进行大学辩论的官方语言。

此外，若不了解犹太教的一神论，我们也就无法理解基督教的宗教传统。希伯来文的《圣经》是欧洲文化的根基，是第一部被印刷出版的书籍，是路德在翻译过程中创造的德语文本的基础，更是新教世界的扛鼎之作。正是在吟诵《诗篇》、引用先知预言、思考约伯和亚伯拉罕的言行的过程中，一个以基督教为精神引领的欧洲才应运而生，逐渐成长。不仅如此，犹太教的一神论也曾是基督教一神论和伊斯兰教一神论之间唯一的粘合剂。

　　类似的例子还有许多。谈到古希腊文明，至少是在毕达哥拉斯的时代，若是没有埃及文化的影响，是难以想象的。作为欧洲大陆最具标志性的文化现象，文艺复兴的初始灵感便来自古埃及人和古迦勒底人；而欧洲的思维，从对方尖碑文字的早期破译到商博良，从帝国模式到新纪元运动的种种极为现代且具有西方色彩的奇思妙想，这一切全都来自娜芙蒂蒂，来自金字塔之谜，来自法老的诅咒和圣甲虫形状的珠宝。

　　我倒是主张在《宪法》里提一提欧洲大陆的古希腊—古罗马渊源和犹太教—基督教渊源。正是由于这些根基的存在，今日的欧洲完全可以效仿古罗马。古罗马人通过万神殿拥抱所有民族的各路神灵，并将黑皮肤的人推上帝王的宝座（别忘了，奥古斯丁也出生于非洲）；如今的欧洲大陆亦可向各种外来文化和外来民族敞开胸怀。事实上，这种兼容并包的态度原本就是我们文化体系中最为深层的特质之一。

二〇〇三年

# 莲花与十字架

　　最近，我饶有兴致地关注着拉青格主教发起的辩论：探讨是否应该允许天主教信徒通过东方的身体技巧进行冥想和修行。没错，我们不必大费周章地去借鉴早期静修派的种种呼吸技巧，单是其祷告环节就已十分重视身体的运动节奏和姿态对思维进入冥想状态的辅助作用。然而，东方的冥想技巧主要是利用身体来消除感觉和欲望，使身体、疼痛以及其他一切与我们的物质存在有关的悲苦统统被遗忘。从这个意义上说，这些技巧与西方古代异教中"静观哲学"所追求的"痛苦和烦忧的中止"就十分接近了。

　　然而，在这一点上，我们却不得不与拉青格主教保持一致。基督教教义的根基在于"神之子"（同时也是"人之子"）向我们表明，十字架是人类摆脱恶行、获得救赎的必经之路。因此，对于基督教而言，痛苦不仅不能被遗忘，还应作为一种根本的工具，帮助信徒获得内心的完善。

　　但愿我不会被读者们误解。我所强调的与最近在高层人士中间引起热议的那场论战毫无关系。那场论战的焦点在于基督徒是否应该将减轻世界的痛苦视为己任。事实上，只要翻开福音书读上几页，就会明白基督徒的确肩负着减轻他人痛苦的责任。然而，他们也得明白如何减轻自身的痛苦。诚然，为了让他人免于受苦，也为了让世间的苦难尽可能减少，基督徒理应做出牺牲。不过，只要不伤害他人，同时能够让自身的苦难减轻（自残和自杀都是罪过），基督徒也有义务减少自身的痛苦。只可惜，（由于我们的原罪，也由于这个本不完美的人间）某些痛苦是注定无法消除的，基督徒便只好通过修行，从他无法逃脱的痛苦之中获取道德上的教益。

就理论层面而言，在一个人能够掌控的范围之内，任何旁人都不应遭受苦难；然而，鉴于一个人的良好意愿并不能消除这世间的恶行，他便该想办法接受生活馈赠于他的这份苦难，并从中获取教训。我想到了路易吉·帕莱松新近出版的一本十分精彩的小书《自由的哲学》（梅拉格罗出版社，2000），作者首先进行了一番高度严密的形而上学思考，并提出了一个可怕的问题：或许神的国度同样无法避免恶的存在（尽管听起来相当矛盾）。随后，作者开始赞颂随处可见且无法回避的痛苦，并将其视为人类超越恶的必要工具。

接受上述观点的人并不需要宣称自己为基督徒：此种观点折射出西方思想的精髓，而那些不信仰基督教的伟大诗人和哲人（如莱奥帕尔迪）最为精彩的篇章也正是因着这种社会思潮应运而生。显然，此种社会思潮与东方的各种理念并无关联。倘若拉青格主教打算禁止世俗之人或非基督徒以自己喜爱的方式进行各类修行，恕我难以苟同。同理，我也不愿针对那些天主教徒们的担保发表意见——他们提醒拉青格主教，说摆出莲花坐姿并不意味着将十字架的象征意义抛到脑后。这是教会内部的事务。然而，既然十字架提醒我们不要忘记自己的基督徒身份，那么所有人都无法置身这场论战之外。

在最近的一档电视节目（《毛里奇奥·科斯坦佐脱口秀》）中，一位哲学家宣称，为了摆脱西方世界的危机，我们必须寻求伊斯兰教的精神引领（他引用了墨索里尼的暗喻，称之为"伊斯兰之剑"）。我并不否认许多人甚至能够通过印度部落的图腾崇拜找到解决自身问题的办法。然而，犹太教-基督教的文化传统毕竟是我们成长的外环境，也是我们的哲学根基所在。对于金盆洗手的恐怖分子而言，改变皮肤的颜色或许有用，但对于哲学家而言，当他们改变自身的信仰时，考虑的却是皮肤之下的内心。

二〇〇五年

# 相对主义？

　　如今，人们（包括一些看上去并非对哲学一无所知的人）在进行某些辩论时，总爱不分青红皂白地狂轰滥炸，将一些微妙的概念如砂石一般随意使用。这或许不能完全归咎于媒体的粗俗，而是因为人们的思维已经完全被媒体牵着走。最近在意大利发起的一场论战就是典型的例子。一方面，所谓的神学保守主义者抨击世俗的相对主义学说；另一方面，某些世俗主义学说的代表也极力反驳对方是宗教激进分子。

　　在哲学范畴中，何谓相对主义？是指我们关于世界的任何理论都无法穷尽其复杂的特性，而只能代表其中的一些视角，每一视角都蕴含着一个真理的胚芽？无论过去还是现在，的确有一些基督教哲学家支持这种观点。

　　这是否意味着，针对各种不同的理论，不应从真理的角度去评判，而应将其视为不同历史文化的产物？理查德·罗蒂等哲学家的实用主义哲学对此表示赞同。

　　这是否意味着主体所认识的一切都取决于主体的认知方式？这让我们想起了亲爱的康德老先生。这是否意味着所有的论断都只在某种特定的范式中成立？此种观点名曰整体论。这是否意味着伦理价值与文化息息相关？此种思想起源于十七世纪。这是否意味着世间无所谓事实，只存在解读？尼采曾经这样认为。这是否意味着如果上帝不存在，一切皆有可能？这是陀思妥耶夫斯基主张的虚无主义。这是否意味着相对论？别逗了。

值得注意的是，假如有人支持的是康德的相对主义，那么必然不可能是陀思妥耶夫斯基的虚无主义（对于上帝和人的义务，善良的康德是坚信不疑的）；尼采的相对主义与文化人类学中的相对主义并没有多少关联：前者不相信事实，后者却对事实毫不怀疑；奎因的整体论深深植根于一种健康的经验主义，对人类从周遭环境中接受的刺激确信无疑；诸如此类，不胜枚举。

总之，相对主义一词似乎可以指代许多现代思潮，且它们之间往往相互矛盾。有时，人们会将一些深信现实主义的思想家视为相对主义者。如同十九世纪的耶稣会士谈及"康德的毒药"一般，如今的人们也会时不时给他人扣上相对主义的帽子。

假如上述所有思想流派都属于相对主义，恐怕只有两种哲学能够独善其身，一种是激进派新托马斯主义，另一种则是列宁在《唯物主义和经验批判主义》中提出的认识论。没想到这两种理论居然能结成如此奇怪的同盟。

二〇〇五年

# 偶然与智能设计

上星期，欧金尼奥·斯卡法利让一则早已被埋进坟墓（就算没被埋进坟墓，也只有美国最原始、最与世隔绝的圣经地带的人才会相信）的老生常谈重新成为争论的焦点。人们再度就达尔文的进化论掀起热议，这甚至触及"我们的学校"改革计划。所谓"我们的学校"，是指意大利天主教学校。

我之所以强调天主教，是因为基督教中的基要主义是新教的产物。该教派最明显的特征就是主张从字面意义理解《圣经》。为了践行这一理念，就得赋予教徒自由解读《圣经》的权利——新教的核心教义就在于此。在天主教范畴内，应该不存在基要主义一说，因为对于天主教信徒而言，教会才是解读《圣经》的媒介。

关于这一点，我们可以追溯至早期的教父，甚至是更早的亚历山德里亚的斐洛。那时的学者提出了一种较之今日更为灵活的解释。例如圣奥古斯丁就曾提出，应该将《圣经》视为一部充满隐喻和象征的作品。这样一来，人们完全可以将上帝创世的七日理解为七个千年。这一理论，天主教会完全赞同。

请注意，我们一旦承认"七日创世"的说法是一种带有诗意的描述，因而不必死抠字面进行理解，《创世记》与达尔文的进化论之间似乎就没有任何矛盾了：世界起源于一次光芒四射的大爆炸，随后出现了各大行星；接着，地球上发生了巨大的地质变迁（陆地与海洋分离）；植物、果实和种子，乃至水生生物（生命是从水中产生的）相继出现；后来，天空中有鸟类飞行；再后来，又有了哺乳动物（爬行动物的出现时期并没有明示，不过我们也不能指望《创世记》写得如此详细）。直到这一过程达到尾声、也是最高点，人类终于出现了。别忘了，人类并非从虚无中诞生的，而是用泥土塑造而成，这说明人类的产生是以早期生命的演化历程为基础的。如此明确的进化理论，世间恐怕独此一家了（当然，不能否认造物主的存在）。

天主教神学究竟是在哪一点上坚持与唯物主义进化论划清界限的呢？关键并不在于天主教认为所有的生命都是上帝的造物，而在于其神学理论声称，在进化的阶梯中存在一个质的飞跃——上帝赋予生命机体理性且不朽的灵魂。正是在这个问题上，唯物主义与唯心主义分道扬镳。

除了达尔文的进化论假说（别忘了，伽利略为了逃避宗教裁判所的惩罚，也曾将其理论称为"假说"，而非"发现"），美国人这场关于学校教育改革的争论还有一个值得重视的特点：为了不让宗教信仰和科学理论明显对立，他们用智设论代替了神创论。换言之，他们并不想强求民众接受一个有着人类相貌的、长着胡子的耶和华（这实在令人尴尬），只希望民众认同以下观点：生物的确是通过进化得以发展的，但这一过程并非发自偶然，而是取决于某种计划；该计划不能不受某种精神力量的控制（换言之，智设论甚至允许用一个泛神论的上帝取代一个超验的上帝）。

令我好奇的是，他们没有考虑到智设论并不排斥达尔文所说的那种发自偶然的进化。举个例子，或许是某种错误的设计导致只有在生存斗争中适应环境的物种才能留存下来。不妨想想所有智能设计中最为高贵的设计，即艺术创作。米开朗琪罗在一首著名的十四行诗中告诉我们：当艺术家面对一块未经雕琢的大理石毛坯时，他的头脑并不会在第一时间就对最终的成品形成清晰的概念。只有通过一次次的尝试，逐步拷问大理石的材质，才能将多余的部分逐渐剔除，使囚禁于其中的艺术形象脱颖而出。因此，即使摩西或囚徒的艺术形象事先便已存在，艺术家也不得不进行一次次尝试，直到最后方能将其雕琢成形。

因此，即便是智能设计，其过程也表现为对偶然的接受和拒绝。当然，首先必须确定究竟是先有一个有能力选择接受或拒绝的设计者，还是偶然本身通过接受或拒绝最终形成了唯一的智能——若是后者，那么就意味着偶然就是上帝。这可不是一个小问题。或许，相对于基要主义者的观点，这种理论只是在哲学层面上复杂了一点点而已。

二〇〇五年

# 驯鹿和骆驼

　　最近几周以来，随着圣诞节的临近，关于制作"耶稣诞生场景模型"的议论如火如荼。一方面，某些大型连锁超市不再出售用于制作模型的材料——他们声称，这些商品早已无人问津，结果引发了虔诚人士的愤慨。不过那些人的怒火并非针对淡忘传统的同类，而是指向了商家（调查显示，有家连锁超市从来就不曾销售过用于制作圣诞场景的泥塑人像）。另一方面，有人将这种对圣诞传统的淡漠归咎于过度的政治正确。他们举了一个例子，说许多学校正是为了不伤害信仰其他宗教的学生，才决定不在校园里制作圣诞场景。

　　尽管采取这种决定的学校仅是个例，但这仍然意味着某种不良的信号。作为学校，我们不应取缔传统，而应尊重所有的传统。假如学校希望不同民族的孩子们能和平共处，就应允许他们每一个人了解其他人所遵循的传统习俗。因此，圣诞节期间理应制作耶稣诞生的场景模型，而到了其他民族的传统宗教节日，也应为他们举行仪式，展示他们的宗教符号。如此一来，孩子们才会明白传统和信仰的多样性，每个人才能以恰当

319

的方式参与其他人的节庆。例如，信仰基督教的孩子知道什么叫斋月，信仰伊斯兰教的孩子知道什么叫耶稣的诞生。

至于商店不卖圣诞场景模型中的泥塑人像一事，我认为这纯属新闻媒体的夸张。在那不勒斯亚美尼亚的圣额我略堂附近，各种精美得令人惊叹的泥塑人像琳琅满目；两年前，我经过米兰的文艺复兴百货商场，看到出售圣诞场景模型相关配件的楼层人头攒动；某周刊曾在政界人士中做过一项调查，结果显示，越是左派人士和反教会人士，越是对圣诞场景模型情有独钟。究其原因，很可能是因为对于世俗人士而言，圣诞场景模型是一种象征。相反，那些热衷于去教堂做弥撒的群体更青睐圣诞树，并且用"圣诞老人"的形象取代了"童子耶稣"和"东方三贤士"。在我小的时候，负责送礼物的正是这三位贤士，所以孩子们才会欢天喜地地庆祝天国之王降临人间，收取他的玩具。

混乱的情况还不止于此。人们以为圣诞树和圣诞老人代表的是新教传统，却不记得圣克劳斯的原型是"巴里的圣尼古拉"（这个名字是对"尼古拉斯"或"尼克劳斯"的误传）。至于常青的圣诞树，其渊源却可追溯到基督教诞生以前的古代异教传统：庆祝冬至日的耶鲁节。基督教会之所以将圣诞节定在同一天，正是希望将自身传统与先前的节庆相融合。最后一项误导在于消费主义的新异教风潮彻底抹杀了圣诞树的宗教含义。圣诞树变成了四季皆宜的纯粹装饰，遭遇同样命运的还有原本只在圣诞节期间点亮的彩灯。如今的孩子和家长乐此不疲地给圣诞树挂满彩色小球，但儿时的我却更加钟情于十二月初开始动工的圣诞场景模型。每当我看见模型中（在灌肠剂神秘力量的驱动下）喷涌而出的泉水和倾泻而下的瀑布，总会兴奋不已。

制作圣诞场景模型的习俗之所以一点点丧失，是因为这是一项既耗体力又耗脑力的工作（所有的圣诞树都相差无几，但耶稣诞生的场景模型却各有千秋）。假如将好几个夜晚都花费在制作场景模型上，就很可能错过那些有利于维护家庭稳定的电视节目，更何况法律规定，只有在家长的陪同下，儿童才能观看展现女性裸体和飞溅的脑浆的镜头。

我至今仍然记得，我的父亲十分热衷于搭建圣诞场景模型。他是一个社会党人、萨拉盖特的追随者、温和的无神论者和反教会人士。想到这些，我认为对于不信教的人士而言（或许尤其是对于这类人而言），抛弃圣诞场景模型是一件相当糟糕的事情。事实上，发明它的人是圣方济各，他对于宗教的虔诚是通过与狼和鸟说话表现的：制作圣诞场景模型是用于纪念耶稣诞生的最为人性化、也最不具超验色彩的方式。它好比一幅神圣的透景画，除了掠过天空的彗星和在屋顶上方飞翔的两个小天使，其他所有元素都不带任何神学色彩。场景中的人物形象越多，就越能体现出日常生活的细节，让孩子们了解古老年代里的生活场景，或许还能勾起他们对那个还未曾遭到污染的大自然的些许怀念。

如果说关于圣诞树的世俗消费主义传统体现出明显的迷信色彩，甚至还带着些纳粹主义的意味，令人在圣诞夜感到迷失；那么关于耶稣诞生场景模型的宗教传统却在庆祝一种自然的世俗生活方式：山丘上的房子、羊群、母鸡、铁匠、木匠、担水的人、牛、驴子、骆驼……随着一阵飞针走线，这一切都脱颖而出；相比之下，那些在圣诞树下摆放昂贵礼物的人，他们是进不了天国的。

二○○六年

# 我的臭嘴，请别说话！*

　　早在十五年前，我就曾撰文说，在未来几十年内，欧洲将变成一个多彩的大陆，但这一过程的实现必定要付出血和泪的代价。我并非未卜先知的预言家，只是一个具备常识的历史爱好者。我深信针对过往进行研究有助于了解未来有可能发生的事情。此刻，我不想评论所谓的恐怖袭击，只想谈谈最近发生的一些令人不安的事件。法国的一位中学老师撰写了一些抨击伊斯兰教的文章，导致其面临性命之忧。柏林的一家剧院将莫扎特的《伊多梅纽》从节目单上撤了下来，因为那部歌剧中不仅展现了耶稣和佛祖（等神灵）被砍下的头颅，就连穆罕默德也未能幸免。我无意影射教皇。说到底，以他那把年纪，应该明白一位普通大学教授所讲的课程和教皇通过电视直播传递给全世界教徒的演讲是存在一定差异的。因此，他的言行理应更谨慎些（当然，那些试图假借过往言论挑起新的宗教战争的人绝不属于我与之共进晚餐的人选）。

　　关于法国中学老师的事件，贝尔纳-亨利·莱维发表了一篇精彩的文章（见十月四日的《晚邮报》）：人们完全可以否定那位老师的观点，却应捍卫其在宗教领域自由发表意见的权利，无论遭遇何种勒索都不应屈服。至于《伊多梅纽》事件，同一期《晚邮报》上刊发了塞尔吉奥·罗马诺的一篇评论。该评论的观点正是我想从另一个角度加以论证的（与罗马诺的立场没有任何关联）：倘若某个不惜一切代价标新立异的导演上演了莫扎特的歌剧，增添了"砍下某些宗教创始人头颅"的情节，且这一情节完全超出了莫扎特的创作意图，人们至少可以将该导演猛打一顿，但理由应该只关乎美学和考据学。同理，那些安排《俄狄浦斯王》里的人物穿条纹双排扣大衣的导演也该挨打。就在同一天，《共和国报》报道了著名音乐家丹尼尔·巴伦博伊姆的观点，尽管巴伦博伊姆也质疑剧中的场景是否真正符合莫扎特的创作初衷，却依然力挺艺术的自由表达权。

几年前，莎翁戏剧《威尼斯商人》一度遭到批判（甚至禁演），理由显然是因为该剧体现了那个时代（甚至更早，从乔叟开始）十分普遍的排犹主义倾向。然而，剧中的夏洛克却是一个令人怜悯且痛心的形象。对于这一事件，想来我的朋友丹尼尔也会感到不忿。所以说，我们面临的是关于说话的恐惧。这些禁忌不能完全归咎于伊斯兰激进分子（他们从不针对"发怒"开玩笑），而是政治正确原则造成的后果。尽管其初衷是为了尊重所有人，但实际上却剥夺了人们（至少是美国人民）讲笑话的权利。不仅不能讲关于犹太人、穆斯林和残疾人的笑

---

* 本文标题戏仿一九七二年马里诺·吉罗拉米执导的影片《我的薄伽丘，请别说话》。

话，甚至不能打趣苏格兰人、热那亚人、比利时人、宪兵、消防员、道路清洁工和爱斯基摩人（他们本不该被如此称呼，但如果我按照他们喜欢的方式称呼他们，那么谁也搞不懂我究竟在说什么）。

大约二十年前，我曾在纽约教书。为了说明如何进行文本分析，我随手挑选了一篇文章。其中有这么一段（其实只有一行）文字：一个言语粗俗的水手描写某妓女的阴道"松垮得如同……简直是个悲剧"。在省略号部分，我说了一个神灵的名字。下课后，一位穆斯林学生来到我身边，礼貌地批评我说，我不够尊重他的宗教。我坦然回答他说，我只是援引了他人的一句脏话，不过无论如何，我向他表示歉意。第二天，我在课堂上对一位基督教万神庙中的重要神灵进行了不太恭敬的嘲讽（尽管是出于调侃）。所有人都哄堂大笑，其中也包括他。下课后，我拍着他的肩膀，问他为何不对"我"的宗教表示应有的敬意。随后，我告诉他用神的名字开玩笑并不等同于辱骂神灵，并劝他应该在宗教上表现出更大的包容性。这一回，他向我道歉了，并表示自己明白了我的用意。或许，他不能完全接受的是天主教世界里的极致宽容。在他看来，在这个充满了谩骂的文化里，既然任何对上帝心怀敬畏的信徒都可以用令人难以启齿的形容词来描述那个至高无上的实体，那么谁还会比其他人更加愤怒呢？

诚然，不是所有的教学关系都能像我与那名学生之间一样平和而友善。因此，在其他情形下，最好还是闭口不言。然而，在一个人人都畏惧闯祸的文化里，大概连学者都不敢轻易提及某位阿拉伯哲学家（我仅是随意举例）了吧？这将导致所谓的除忆诅咒，即通过沉默删除那些原本值得尊敬的外来文化。这对增进不同民族之间的相互了解和理解是没有好处的。

二〇〇六年

# 偶像崇拜与轻度圣像破坏运动

在我们所处的图像文明里，文字究竟是会消失，还是会凭借互联网的发展重振雄风？我们将让电视、DVD、电子游戏置身何处？人类与图像的关系总是如此纠缠不清。关于这一点，玛利亚·贝泰蒂尼在她的《抗拒图像：圣像破坏运动的根源》（拉泰尔扎出版社，2006）里展开了论述。

对于这本仅有一百六十页的小书，我本应描述得驾轻就熟，但我不想欺骗任何人：该书的内容极为缜密，且面向的是对哲学和神学问题有一定了解的读者。由于其中的内容环环相扣，令人无法简而言之，我只好就人类打造"偶像"的本能展开一番自由发挥。

对于柏拉图而言，如果说事物是对理想模式的不完美复制，那么图像就是对事物的不完美模仿，即苍白的二手模仿。但在新柏拉图主义体系内，图像却是对理想模式的直接模仿。希腊文中的"agalma"一词同时具有雕塑、图像、光辉、装饰、美丽等含义。

希伯来世界对图像的看法有些模棱两可：一方面不允许绘

制上帝的形象（甚至不允许直呼其名），这是毫无疑问的；而另一方面，上帝却是按照自己的形象创造了人类——倘若去读《圣经》中关于所罗门圣殿的描述，便会发现其中不仅包括各种植物和动物，还有司智天使。同样，伊斯兰教也禁止对上天的事物进行描述，但书法和抽象艺术形式可以在宗教场所中被使用，且穆斯林文化为我们留下了大量灿烂辉煌的细密画。

在基督教世界里，上帝不仅有看得见的身躯，且他神圣的身躯还曾在面纱和沾血的手帕上留下表现自身面容的图像。此外，基督教之所以需要利用图像，不仅仅是为了弘扬天国的荣耀，还要表现耶稣受难时扭曲的面容，以及迫害者们残酷的嘴脸。

行文至此，情况似乎更加扑朔迷离了。一方面，以伪丢尼修为代表的新柏拉图主义者告诉我们，神圣的事物只能通过否定法来表现（而不是用合适的语言加以描述!），因此，若必须想象上帝，最好借助一些不相干的形象，如熊或豹；然而，另一方面，一些读过伪丢尼修作品的学者则提出了一种理论，说尘世间的万事万物无非是天国事物的图像，尘世间的所有生物也都是以天国事物为原型的"画"。若是没有这些"画"，我们的感官便无法体会天国的事物，因此，针对这些天国事物的"画"进行临摹"作画"，是合理合法的。

问题在于，对普通百姓而言，很容易出于对形态的迷恋而将图像等同于其表现的事物本身，继而从对于图像的崇拜不知不觉地转变为对于偶像的崇拜（再度回到关于"金牛犊"的传说）。正是基于这一考虑，才有了所谓的反圣像崇拜运动和著名的拜占庭圣像破坏运动。

罗马教会的做法截然相反，他们并没有抛弃对视觉表现手法的应用。正如他们反复强调的："绘画是通俗的文学。"对于目不识丁的百姓而言，图像是唯一的教化手段。然而，许多人质疑那些充斥修道院和教堂的林林总总的图像究竟能起到怎样的作用。查理大帝统治时期，人们得出了一个谨慎的结论：图像的确有用，但仅限于激活记忆。说到底，若是没有"titulus"，即"解说词"，很难确定某个女性图像表现的究竟是令人尊敬的圣母，还是遭人唾弃的异教女神维纳斯。当年查理王朝的学者简直像是读过罗兰·巴特关于"图像最终落脚于文字"的观点（无关崇拜上帝，而是关于如何推销新型商业偶像），提早发现了关于"文字-视觉文化"的理论。诸位且看今日的情形，简直一般无二：电视（图像和文字的集合体）取代了主教堂，人们不用前往教堂，通过电视屏幕就可以崇拜教皇，甚至将其奉为偶像。

出此，玛利业·贝泰蒂尼在结尾处还进行了其他一些（机敏却令人担忧的）思考：有些人不仅一直担心精美的图像（哪怕是神圣事物的图像）会让人忘却上帝（例如圣伯尔纳铎就有此种担心），或笼统地抱怨新时期的图像会导致神圣感的丧失（此观点不特指宗教），他们还认为当代艺术（如毕加索和非形象）首先会摧毁或扭曲传统的图像，进而将传统形象进行大量复制（如沃霍尔），最后通过一种永不停息的"轻度圣像破坏运动"将其抛弃，又使其循环、再生。

看来，我们所面临的情形比柏拉图担心的情况还要复杂。基于此，我们的探讨有必要从头开始。

二〇〇七年

# 斯卡法利与（他和我的）事实

　　上星期，欧金尼奥·斯卡法利就我新近出版的一部史学文集进行了认真的探讨（对于他的关注，我深表感激）。在发表了若干无关痛痒的观点之后，他阐述了一个令人心惊肉跳的哲学论题。我不禁庆幸，假如他真有一语中的的本事，还不知会给我带来怎样的惊喜。

　　事情是这样的：在文集的最后一篇文章里，我对尼采的"没有事实，只有诠释"的观点进行了批判。斯卡法利读到了这篇文章，他自信满满地评论道：事实是沉默不语的，只起到激发诠释的作用；简言之，我们所了解的一切都取决于我们的认知方式，即诠释视角。此外，他还批评我未能针对"事实可能影响诠释"这一论点给出合理的解释。

　　其实，我完全可以这样回应：相关的解释已经在前几部作品（如《阐释的极限》和《康德与鸭嘴兽》）中说得很清楚了，且此类问题本不适合在短小的专栏里进行探讨。但我希望至少能厘清其中一个模棱两可的问题，从而澄清误解。当我们看见天空中的群星时，天上的确存在一些事物——关于这种可能性，我想斯卡法利也不会排除，他只会说我们所知道的一切都取决于我们诠释现象的方式（的确，古人认为他们看见了天国里的神灵；帕洛马山天文台的天文学家看到的则是另一番景象；而当更为精密的仪器展示出今天尚不可见的情形时，天文学家还会再度修改他们的诠释）。

现在，我们可以作出三种彼此相去甚远的陈述。陈述一：没有事实，只有诠释；陈述二：所有的事实都是通过我们的诠释而被认知的；陈述三：之所以说存在事实，是因为某些诠释的确站不住脚，因此一定有某些缘由令我们抛弃错误的诠释。正是这三条陈述所造成的混乱令许多人（如拉青格）认为现代思想体现出一种激进的相对主义。然而，只有赞同陈述一的人才算得上激进的相对主义者——无论如何，尼采都属于此类危险人群。赞同陈述二的人只是表达了一个不言自明的道理。显然，当我在夜里看见草地的尽头闪闪发光，一定会展开某种诠释，以弄清楚那光线究竟来自一只萤火虫、一扇远方的窗户、一个点燃香烟的家伙，还是一团磷火。倘若我认定那是一只离我十米之遥的萤火虫，我便会跳起来，想要捉住它；然而假如我一直走到草地的尽头，却发现无论我再向前走多远，那团光亮始终遥不可及，我便不得不抛弃"萤火虫"的错误诠释（或许我会倾向于认为那光线来自远方，当然也不一定）。总之，在这种情况下，无论诠释视角如何，始终会有些什么东西告诉我，先前的诠释是站不住脚的。那个向我的诠释发出挑战的东西，就是我所说的"事实"。所谓事实，正是与诠释抗衡的事物。

我主张的这种关于事实的观点不仅关乎大自然，也可应用于文字。我曾讲述过一场有趣的舌战，参与辩论的都是乔伊斯《芬尼根守灵夜》的粉丝（这部作品倒是鼓励读者进行天马行空的诠释）。其中一位读者认为该书在影射苏联，他找到了一处文字游戏：作者故意将"burial"（葬礼）写作"berial"，他得出结论，说这是对拉夫连季·贝利亚（Lavrenti Beria）的影射，此人曾担任斯大林政府的部长，后来被枪毙。其他读者反驳说，乔伊斯创作该作品时，贝利亚尚未出名，因此该文字游戏不可能与他有关。还有一些读者（几乎处于妄想症的边缘）认为，不能排除乔伊斯具有未卜先知的能力。众人争执不下，直到另一位读者指出，该书的前半部分内容一直在表达一种宗教隐喻，其原型是《圣经》里的约瑟——此人曾两度被埋葬；恰好《圣经》里也有两个贝利亚，一个是约瑟之子以法莲的儿子，另一个则是约瑟的兄弟亚设的儿子。对于我来说，如此强有力的语境即是事实，令我认为基于《圣经》的假设（至少能说得通）比关于苏联的假设（什么意义也没有）要可信得多。因此，某些诠释会被事实（或相关事实）所淘汰。

所谓事实，就是那种一旦我们作出错误的诠释，它便告诉我们如果还要一意孤行，必定无功而返的东西。我明白，如此对事实进行定义，势必引起许多学者的不满，然而，哲学家和科学家恰恰是以这种方式来展开研究的。毕竟，在奔向月球的路上，伽利略的诠释要比托勒密的诠释更有说服力。

二〇〇七年

# 人民的可卡因

在最近一场关于宗教符号学的辩论中，人们从马基雅维里谈到卢梭，还提到了古罗马的公民宗教，最后似乎得出了这样一个结论：宗教是一种强制性的信仰，能够让社会产生凝聚力。我们注意到，这一观点本身无可厚非，然而，它却很容易让人把宗教视为一种统治工具，一剂被（并不信仰宗教的）政治势力用来稳定民心的良药。

某些曾经亲眼见证古罗马公民宗教的学者早已阐述过类似的观点。例如波利比乌斯就曾在《通史》第六卷谈论过古罗马的宗教仪式，说"在一个只有智者的国度里，根本无需使用此种手段，然而泱泱民众却生性无常、唯利是图、贪心不足、刁蛮暴虐，因此也只好使用此种手段制造神秘的恐惧感，对其加以管束。因此，我认为古人之所以在民众中普及宗教信仰和关于地狱的迷信，自有其道理，然而，那些想在当今社会取缔宗教的人才真是荒唐可笑……尽管罗马的高层官员和外交使节有权掌控大量金钱，却能够做到在神灵面前保持诚实。如果说其他民族中鲜有对公共财产不虎视眈眈的人，在罗马却极少有人犯此罪行。"

然而，即使共和国时期的古罗马人行为十分检点，到一定程度之后，该情形也一去不复返了。正因如此，几百年后，斯宾诺莎又对统治工具进行了另一番解读："一方面，君权统治的最大秘密和最大利益就在于让民众蒙在鼓里，以似是而非的宗教之名令其生活在恐惧之中，让他们认为被统治是理所当然的甚至还要努力维护其被统治的地位，认为只有这样才能获得救赎……另一方面，在一个自由的国度里，人们不能想象也不能尝试去创造任何比宗教更具危害性的东西。"（《神学政治论》）

此刻，我不由想起马克思的名句：宗教是人民的鸦片。

宗教果真能时刻产生催眠的效果吗？若泽·萨拉马戈的观点就截然相反。他曾多次斥责宗教是引发冲突的诱因："所有的宗教，没有哪一种能够拉近并调和不同的人群；相反，无论是在历史上，还是在今天，它们一直都是各种难以名状的痛苦、惨案、身体暴力和精神暴力的罪魁祸首，它们构成了人类悲惨的历史上最为黑暗的章节。"（见二○○一年九月二十日的《共和国报》）

在另一处，萨拉马戈总结道："倘若所有人都是无神论者，我们便可生活在一个更为和谐安宁的社会里。"他的观点是否有理，我并不确定。然而，教皇拉青格新近发表的通谕《在希望中，我们得到拯救》显然是对萨拉马戈的间接回应。拉青格如此回击："尽管十九二十世纪的无神论思想总是打着反抗世间不公的旗号，但它所带来的后果却是最为残酷的暴行和对正义的最大侵犯。"

我很怀疑拉青格是否在影射列宁、斯大林等无神论者，但他显然忘记了一些事实：纳粹分子的旗帜上写着"上帝与我们同在"；成群结队的随军牧师为法西斯分子的旗帜祝福；屠杀者弗朗西斯科·佛朗哥是虔诚的信徒，且得到了"基督王护卫队"①的支持（尽管他的对手也犯下了罪行，却是他首先挑起的事端）；反对共和派的旺代叛乱分子同样热衷于宗教，甚至还创造了一个"理性女神"（典型的统治工具），并以此为名，毫无顾忌地连年屠杀基督徒和新教徒；无论是十字军还是其敌军都是因为宗教原因而大开杀戒；为了维护古罗马的宗教，罗马皇帝让狮子吃掉基督徒；出于宗教目的，许多人被处以火刑；无论是宗教激进分子，还是摧毁"双子塔"的恐怖分子，抑或是本·拉登和其他在佛像面前安放炸弹的塔利班成员，他们都是无比虔诚的教徒；为了宗教争端，印度与巴基斯坦连年对峙；当美国人呼唤"上帝保佑美利坚"时，上帝的确保佑着美国，而小布什却入侵了伊拉克。

　　我不禁开始反思：即使宗教在过去和现在的确起到过鸦片的作用，但在多数情况下，它却是"人民的可卡因"。

二〇〇七年

---

① 二十世纪七十年代西班牙准军事恐怖组织，其宗旨是阻止国家向民主化过渡。

# 美国的上帝

对于身在美国的欧洲游客而言，一个重大的娱乐项目便是在星期天早晨收看宗教仪式的电视直播。倘若有人不曾见过那些意乱神迷的信徒，念念有词、施行诅咒的牧师和一大群酷似乌比·戈德堡、一边高喊"噢，耶稣"一边兴奋起舞的妇女，或许能从最近上映的影片《波拉特：为建设伟大祖国哈萨克斯坦而学习美国文化》中体会到些许相似之处。你或许认为该影片采取的是一种讽刺手法，包括对于哈萨克斯坦的表现也是如此。然而事实却不是这样：导演萨拉·拜伦·科恩通过偷拍将发生在他身边的情景记录下来。总之，美国的基要主义者的一系列仪式令圣亚纳略①的"圣血奇迹"看上去就像是启蒙主义学者的聚会。

上世纪六十年代末，我曾访问俄克拉何马州的奥罗尔·罗伯茨大学（奥罗尔·罗伯茨曾是当年最具影响力的电视布道家之一）。这所大学里有一座带圆形平台的大楼。信徒们向大学捐款，而这所大楼则会根据其捐款的数额通过以太网发布他们的祷告。若想进入该大学任教，需完成一项问卷调查，其中包括这个问题:"你会如使徒一样,说多种语言吗?"据说,一位急需得到工作岗位的年轻教授回答说:"目前还不能。"随后他进入了试用期。

支持基要主义的教会反对达尔文进化论、反对堕胎、主张在学校里实行强制祷告制度,必要时还会表达排犹主义和反天主教的倾向;在许多州,这些基要主义教会还支持种族隔离制度。然而,在短短几十年前,这还只是一种较为边缘化的现象,仅存在于所谓的圣经地带。整个国家所呈现的官方面貌还是致力于将政治和宗教与大学、艺术家、作家及好莱坞的电影人分而论之的。

一九八〇年,弗里奥·格伦堡就各类基要主义运动撰写了一部作品,题为《美国的上帝》,许多人都将该书视为一则充满悲观主义色彩的预言,而非一份针对某种令人担忧且日益滋长的现实情况的报告。最近,格伦堡再度推出此书(作为几星期以前的《团结报》的附录),并撰写了新版前言。这一次,谁也不会将其视作预言了。格伦堡指出,一九七九年卡特抨击里根的政治宣传是宗教进入美国政坛的起始。卡特是自由派,同时是虔诚的基督徒,属于所谓的重生派人士,因信仰而获得重生。里根是保守派,但先前是电影演员、性情开朗、热爱世俗生活。关于宗教信仰,只能说他每个星期天都去教堂。然而,事实却是,所有的基要主义团体全都与里根站到了统一战线上,而里根则以强调自身的宗教立场作为回报。例如,他曾任命一些反对堕胎的法官在最高法院任职。

---

① San Gennaro,四世纪时的基督教殉道者。

无独有偶，基要主义者开始支持所有右翼政党；主张枪支游说；反对医疗援助；某些狂热的布道者甚至还支持主战派的政策，将投放原子弹视为摧毁罪恶王国的必要手段。今天，麦凯恩决定选择一位因坚持教条而闻名的女性作为副总统，且在民意调查初期，这一决定还获得了支持，所有这些都充分证明了上述倾向。

　　此外，格伦堡还指出，以往的基要主义者与天主教势不两立，而如今的天主教会（不仅在美国）的立场与基要主义者越来越接近（举个例子，天主教会虽然早已与进化论签署了"停火协议"，如今却再度回到反达尔文的立场上）。事实上，意大利的天主教会并没有与以普罗迪为代表的虔诚天主教徒站在统一战线上，反倒与一个乐享人生的离婚人士结成了联盟。这不禁让人猜想，意大利也蔓延着一股趋势，天主教会将信徒的选票投给那些对宗教价值本身漠不关心，却能够轻易答应教会提出的各种严厉的教条式要求的人。

　　一九八六年，具有强大号召力的帕特·罗伯逊曾发表过这样一番令人回味的言论："我希望你们能考虑这样一种学校体制，取缔所有人文主义学科教学。如此，将由基要主义的教会来掌控社会生活中的一切力量。"

二○○八年

# 新年圣物

在一月三日的《晚邮报》上，阿芒多·多尔诺不仅谈到了宗教圣物，还提及世俗圣物，其中就包括笛卡儿的头骨和高尔基的大脑。众所周知，收藏圣物的传统不是基督教的专利，而是所有宗教和文化的典型组成部分。在我看来，对于圣物的崇拜一方面能够起到将神话物质化的作用——似乎一旦触摸到伟人或圣人身体的某个部位，就能获得他的能量，另一方面也代表了一种正常的古董收藏品味（正因如此，收藏家们才不惜花费大量钱财，去收集某本著名书籍的首印版本，或是曾被名人收藏的书籍）。在美国的拍卖会上，时常拍出高价的名人遗物既可能是杰奎琳·肯尼迪的一双（真）手套，也可能是丽塔·海华斯在出演《吉尔达》时戴的那双（假）手套。此外，经济因素也不容忽视：在中世纪时，拥有一件知名的圣物就意味着拥有宝贵的旅游资源，能够吸引大批朝圣者前来瞻仰，就好比如今那些位于里米尼内陆地区的迪斯科舞厅，格外受到德国和俄罗斯游客的青睐。不仅如此，我还目睹过许多游人前往田纳西州的纳什维尔去看猫王的凯迪拉克。其实，那并不是唯一的一辆，每六个月就会更换一次。

或许是出于某种（我曾在上期专栏中提到的）圣诞节情怀，在主显节这天，我并没有（像大多数人那样）上网看色情视频，而是带着一种搞怪的心态在网上搜索那些著名的圣物。

举个例子，如今大家都知道施洗约翰的头骨保存在罗马的圣西尔维斯特教堂。然而，先前的传统观点却认为该圣物保存于亚眠大教堂。不过，存在罗马的那具头骨是没有下颌骨的，因为施洗约翰的下颌骨与骨灰一同被收藏于维泰博的圣洛伦佐大教堂，而盛放施洗约翰头颅的托盘，则被收藏在热那亚圣洛伦佐大教堂的藏宝室里。据说，洛阿诺的本笃会修道院也收藏有部分圣人的骨灰，施洗约翰的一根手指收藏于佛罗伦萨圣母百花大教堂的博物馆，一条胳膊收藏于锡耶纳大教堂，下颌骨收藏于维泰博的圣洛伦佐大教堂，一颗牙齿收藏于拉古萨大教堂，另一颗牙齿连同一缕头发收藏于蒙扎，至于其余三十颗牙齿则不知所踪。一则古老的传闻称，在一座德国大教堂里保存着施洗约翰十二岁时的头骨，但没有任何文献能够证明该说法的真实性。

真十字架①是君士坦丁大帝的母亲圣海伦娜在耶路撒冷发现的，七世纪时被波斯人偷了去，又在拜占庭皇帝希拉克略统治期间失而复得。后来，十字军把真十字架带上了战场，以保佑他们战胜萨拉丁军队；结果天不如人意，萨拉丁大获全胜，真十字架从此难觅踪影。然而，有各方人士宣称自己找到了残片。关于钉在十字架上的那三枚圣钉，其中一枚很可能收藏于

---

① Vera Croce，基督教圣物之一，据信是钉死耶稣基督的十字架。

罗马的耶路撒冷圣十字圣殿。长期以来，荆棘之冠一直存放于君士坦丁堡，后来，该冠被拆解成若干部分，以便将上面的荆棘分别赠予不同的教堂和圣殿。刺中耶稣肋骨的长矛一度属于查理大帝及其后代，如今存于维也纳。耶稣的包皮曾收藏在维泰博一个名叫卡尔卡塔的小镇，每年元旦都会向公众展示，直到一九七〇年当地神父宣布圣物被盗。随后，罗马、圣地亚哥·德·孔波斯特拉、沙特尔、贝桑松、梅斯、希尔德斯海姆、沙鲁、孔克、朗格勒、安特卫普、费康、勒皮、奥弗涅等许多城市都宣称找到了这件圣物。耶稣肋骨处流出的血液被一名叫朗吉诺的士兵收集起来，很可能送到了曼图瓦，另外一个保存着耶稣血液的圆柱形容器则存放于比利时布鲁日的圣血教堂。圣摇篮位于罗马的圣母大殿。如大家所知，圣裹尸布位于都灵。童子耶稣在使徒濯足礼上使用过的亚麻布收藏在罗马的拉特兰圣约翰大教堂，但同时德国的达克斯教区也宣称拥有这块亚麻布——当然，不排除耶稣曾洗过两次脚，所以用了两块布。许多教堂都保存有圣母马利亚的头发或乳汁。圣约瑟的结婚戒指位于佩鲁贾，而他和圣母马利亚的订婚对戒却在巴黎圣母院。

　　米兰珍藏着所谓东方三贤士的衣冠。十二世纪时，红胡子腓特烈曾把它们作为战利品从米兰带回了科隆。本人不才，在小说《波多里诺》讲述了这段故事——当然，我并不奢望让那些心怀质疑的人对此深信不疑。

二〇〇九年

# 耶稣受难十字架，一个近乎世俗的象征

我已记不太清楚六年前那场关于是否应该在学校里悬挂耶稣受难十字架的激烈争论因何而起了。六年后的今天，关于该问题的争论依旧没有定论，争论的一方是意大利政府和天主教会，另一方则是欧盟。然而，就探讨的内容而言，并没有发生本质上的变化。

法兰西共和国禁止在国立学校展示宗教标志物，但许多现代天主教流派（无论是左派还是右派）却正是在法国蓬勃发展的，其代表人物包括查理·佩古伊、莱昂·布洛伊、雅克·马里顿和艾曼纽·穆尼埃，甚至不乏属于工人阶级的神父。如果说葡萄牙有法蒂玛，那么法国则有卢尔德。这说明，即使撤去了校园里的宗教标志，也不妨碍宗教精神焕发勃勃生机。在我国的大学教室里并没有悬挂耶稣受难十字架，却有大批学生加入教会领导的共融与自由团体。相反，至少有两代意大利人在悬挂着国王和墨索里尼肖像以及耶稣受难十字架的教室里度过了他们的童年，可当他们步入而立之年时，却纷纷成为了无神论者和反法西斯主义者；更有甚者，我相信他们中的大部分人一定是共和制的支持者。

鉴于欧洲文明深受古希腊异教文化和犹太教文化（《圣经》便是明证）的影响，在欧盟宪法里单单提及基督教传统实在有失偏颇；但话说回来，基督教信仰及其标志的确贯穿于欧洲众多国家的历史，这亦是不争的事实。十字架标志出现在许多意大利城市的街区旗帜上（哪怕它们在共产党政府的领导下度过了好几十年），出现在贵族家族的徽章上，出现在众多国家的国旗上（英国、瑞典、挪威、丹麦、瑞士、爱尔兰、马耳他等），已然成为一种脱离宗教含义的独立的标志。不仅如此，一名严肃的基督徒理应怒斥罗马涅地区那些专门蒙骗德国游客的小混混用十字架金项链装饰自己长着浓密胸毛的胸口，以及那些戴着十字架吊坠、却袒胸露乳的女士（我不禁想起红衣主教兰贝蒂尼，看见一位漂亮女士挂在乳峰上的十字架时，他忍不住盯着那甜蜜的"受难处"，目不转睛）。如今，许多姑娘一面身穿露脐装和迷你裙（连腹股沟也遮不住），一面佩戴十字架项链，此情此景随处可见。倘若我是教皇，便会主动要求这个被随意冒犯的标志从学校的教室里消失。

除了在教堂里，我们在生活中所见的十字架已经成为了一种不带宗教色彩的，甚至是世俗化的标志。在这种情形下，究竟哪一方更为虔诚呢？是坚持保留十字架的教会，还是主张去除它的欧盟？

伊斯兰教的新月标志出现在阿尔及利亚、利比亚、马尔代夫、马来西亚、毛里塔尼亚、巴基斯坦、新加坡、土耳其和突尼斯的旗帜上。尽管如此，人们却在探讨让举着新月旗的土耳其加入欧盟。倘若一位天主教高阶神职人员受邀在伊斯兰教区举办一场会议，也得接受在装饰着《古兰经》经文的会议厅里宣讲基督教教义。

　　如今，居住在欧洲的非基督徒越来越多，我们该如何对待他们呢？要知道，这世上存在许多风俗习惯，其根深蒂固的程度甚至超过了对信仰的坚持和反对。因此，风俗习惯是应该被尊重的。出于这种尊重，在参观清真寺时，我应该脱下鞋履，否则便不应进入；出于这种尊重，一位持无神论观点的女性在参观基督教教堂时应避免暴露的穿着，否则就只能前往博物馆。十字架代表了一种人类文化，它的形状能够触动一个群体的敏感性。来到欧洲生活的外国移民应该去适应所在国各种群体的敏感性。我知道，伊斯兰国家禁止饮用含酒精饮品（除了某些特定场所，如专门接待欧洲客人的酒店），我便不会拿着一瓶威士忌在清真寺门口招摇过市，向当地居民挑衅。

　　非欧盟成员国公民与欧洲公民的融合应该建立在相互包容的基础之上。我认为，一个信仰伊斯兰教的青年不应对悬挂着十字架的教室表示反感，与此同时，他的宗教信仰也应得到尊重。尤为重要的是，学校的宗教课应该转变为世界宗教历史课，向学生介绍他所信仰和不信仰的所有宗教的基本常识。

　　当然，若要真正解决这一问题，或许可以在学校里悬挂一个光秃秃的十字架（某大主教的书房里也摆着一枚这样的十字架，如此就可避免体现过于明显的宗教倾向）。不过，我敢打赌，如此合理的解决之道一定会被某些人视为退缩之举。所以，我们还得继续争执下去。

二〇〇九年

# 东方三贤士，三个陌生人

　　最近，我偶然目睹了以下两个场景：先是一个十五岁左右的少女津津有味地翻看一本艺术画册，后是两个十五岁的少年饶有兴致地参观卢浮宫。这三人都是在非宗教国家里的不信教家庭中出生和成长的。因此，他们在观看《梅杜萨之筏》时能够看懂这幅作品表现了一些刚刚从海难中死里逃生的幸存者，也能明白收藏于布雷拉美院的哈耶兹作品表现的是两个相爱的人。然而，他们却无法理解安杰利科为什么要画一个与长着翅膀的两性人交谈的姑娘，也不知道那个身负两块沉重的石板，从山上踉跄跑下，衣冠不整却头顶光环的男人是谁。

　　当然，当他们看到表现圣婴诞生或耶稣受难的作品时，多少能够猜到些什么——或许他们先前已经看过类似的作品；然而，当他们看见耶稣诞生场景模型里那三位身披斗篷、头戴王冠的贤士时，就很难知晓他们究竟是何许人、来自何方了。

　　若是不了解《旧约》和《新约》以及各位圣人的生平故事，便无法理解四分之三的西方艺术作品。那个用盘子托着眼睛的姑娘是谁，难道是《活死人之夜》里的人物？那个将自己的斗篷劈成两半的骑士在做什么，是要进行"反阿玛尼品牌"的宣传吗？

在许多文化教育体系下，孩子们在学校里详细了解赫克托耳之死，却对圣塞巴斯蒂安之死一无所知；对卡德摩斯与哈耳摩尼亚的婚礼了如指掌，却对迦拿的婚礼知之甚少。有些地方始终坚持研读《圣经》这一传统，孩子们对"金牛犊"的故事倒背如流，却对"圣方济各的狼"一头雾水。而另一些地方则不遗余力地灌输什么叫做"苦路"，却对《启示录》里"身披太阳的女人"只字不提。

当一个西方人（不只是十五岁的少年）遇到其他文化的艺术品时，情况就更加糟糕了——如今，我们热衷于前往神秘的东方国度，而那些国家的人们则纷纷涌入我们国家。我姑且不提一个西方人面对非洲面具时的茫然，也不提他们在一脸横肉的佛像面前发出的爆笑（不过你若是问他，他倒会肯定地告诉你，佛是东方人的神灵，好比穆罕默德是穆斯林的神灵）；在我们身边，真有许多人认为印度某庙宇的外立面是由共产党人设计的，其目的是为了展现切尔托萨别墅①里发生的一切；当他们看见印度人煞有介事地崇拜一位身体蜷缩、长着大象脑袋的男子时，更是会不停地摇头。他们并没有想过，当印度人看到一个被描绘成鸽子的基督教神灵时，并不会横加指责。

因此，即便不论宗教立场，单是从最为世俗的角度来看，我们都应该让孩子们在学校里有机会了解各种宗教传统的基本常识。倘若认为此举毫无必要，就等于认为我们不必教给孩子

————————
① 意大利前总理贝卢斯科尼位于撒丁岛的私人别墅。

们谁是朱庇特、谁是密涅瓦——因为这些都是比雷埃夫斯的老妪们的无稽之谈。

从文化角度来看，若是想用某一种特定的宗教教育取代宗教通识教育，这显然是危险的。一方面，我们无法阻止非信徒及其子女拒绝参加我们的宗教仪式，从而对我们的文化传统一无所知；另一方面，我们也将其他的宗教传统排除在自身的教育体系之外。不仅如此，天主教宗教仪式还有可能会演变成某种关于种族的讨论，重在探讨我们对于同类的义务，或是信仰的内涵——这当然无可厚非，但我们却很可能会忽略那些关于宗教差异的信息，令我们不知如何将一幅《弗娜芮娜》与《忏悔的抹大拉》区分开来。

的确，我这一代人很熟悉荷马，却对摩西五经①知之甚少；中学时期的艺术史课极其匮乏，老师们只教布尔奇洛，却不提莎士比亚；然而，尽管如此，我们还是克服了时代的局限，这显然是因为周遭的环境令我们得以获取必要的信息。可我在文章开头提到的那三位不识东方三贤士的十五岁少年却让我反思：他们所处的信息社会能够提供的有价值的信息相当有限，垃圾信息却四处横行。

三位东方贤士只好用六只神圣的手挠头，为此事冥思苦想。

二〇〇九年

---

① 指希伯来《圣经》最初的五部经典，分别为：《创世记》《出埃及记》《利未记》《民数记》和《申命记》。

# 探寻希帕蒂娅！

　　亚历杭德罗·阿梅纳瓦尔的电影《城市广场》上映了，广告宣传如火如荼，影片本身也引发了热议。在这种情况下，人们对于希帕蒂娅这个名字多少会有所耳闻。至于那些不甚了解该影片的读者，我可以做一个简要的介绍。公元五世纪初叶，在一个皇帝已经成为基督徒的帝国里，在异教贵族还在做垂死抵抗的埃及亚历山大城，在以西里尔主教为代表的新兴宗教势力的控制下，在一个庞大的犹太教群体里，生活着一个名为希帕蒂娅的女性。她是一位新柏拉图主义哲学家、数学家、天文学家、（据说）面容姣好、深受学生的爱戴和景仰。然而，一群属于护理员组织的基督教兄弟会成员——当年的基督教"塔利班"分子、西里尔主教的私人卫队与希帕蒂娅发生了冲突，并将她碎尸万段。

　　希帕蒂娅没有留下任何著作（或许统统毁于西里尔之手），相关文献（包括基督教的和异教的）也非常有限。仅存的文献无一例外地表明西里尔与希帕蒂娅之死不无关系。在很长一段时间里，希帕蒂娅一直处于被遗忘的角落，直到十七世纪才被重新重视。吉本、伏尔泰、狄德罗、奈瓦尔、莱奥帕尔迪，及至普鲁斯特和卢齐都对希帕蒂娅推崇有加，后来，她甚至成为女权主义运动的标志性人物。

毫无疑问，影片对基督徒和西里尔毫不留情（对异教徒和犹太人的暴行也未加掩饰），所以有传闻称，某些未公开身份的组织正在暗中采取措施，试图阻止该片在意大利流传，据说已有数千人联名签署相关文件。据我所知，意大利发行方原本持观望态度，因为播放该片有可能引起天主教会的抗议，然而联名上书这一行为反倒促使发行方决定冒险一试。在此，我无意就影片本身发表意见（除了几处明显的年代错误，整部片子的质量还是不错的），而是想对该片引发的一系列阴谋综合征谈谈想法。

我在网络上找到一些天主教派针对影片的抗议，说该片只展现了宗教的暴力面（然而，导演不断重申，他的抨击对象是各种类型的基要主义思想），但是没有人试图否认西里尔（他不仅是教会主教，也是政界要人）的残暴——无论是对犹太教徒还是异教徒，他都从未手软。正因如此，在他去世几乎一千五百年后，教皇利奥十三世才将他奉为圣人和教会博士。当年，以共济会为代表的新异教组织和反对神职人员的宗教自由派在罗马拥有相当大的势力，令利奥十三世苦恼不已，这才搬出了西里尔。更为令人尴尬的是，在二〇〇七年十月三日的庆祝仪式上，教皇拉青格只是称赞西里尔的管理"大刀阔斧"，却并未花费只言片语为其在历史上留下的恶名辩白。

面对西里尔，所有人都不知如何是好：我在网上发现，里诺·卡米勒里（《现代错误学说汇编》的辩护者）为了申明西里尔的无辜，居然扯上了该撒利亚的优西比乌。真是个好证人啊！只可惜早在希帕蒂娅惨死的七十五年前，优西比乌就已经去世了，因此他什么也见证不到。我说，就算是想挑起宗教大战，也请事先查查维基百科好吗？

回到关于阴谋论的话题：网上有许多传闻，说已经开始实行审查制度（由谁?），目的是为了掩盖关于希帕蒂娅之死的丑闻。举个例子，有人说乔凡尼·莱阿雷的《古希腊罗马哲学史》（邦皮亚尼出版社，2004）第八卷已经神秘地从各大书店消失了，因为该卷谈到了新柏拉图主义思想，还提到了希帕蒂娅。通过电话沟通，邦皮亚尼出版社向我澄清了事实：该作品共有十卷，的确只有第七卷和第八卷售罄（所以他们正在重印）。究其原因，无非是这两卷谈到了诸如《秘义集成》等作品，还涉及新柏拉图主义的某些思想，这些内容不仅令专业的哲学研究者感兴趣，也会吸引大量痴迷于神秘科学（包括真科学和伪科学）的读者。随后，我在自己的书架上找到了这本"臭名昭著"的第八卷，发现莱阿雷作为一个哲学史专家，只是谈到了那些有据可查的文献。关于几乎没有任何史料的希帕蒂娅，莱阿雷只写了七行（只有七行），也只提到了那仅有的一点点可靠的信息。既然如此，又有什么可审查的呢？

阴谋论观点还不止于此。网上还有传闻，说所有关于新柏拉图主义的书籍都从书店消失了。对于这种愚蠢至极的说法，即使是大学一年级的哲学专业学生也会忍不住哄然大笑。好了，各位如果想了解一些关于希帕蒂娅的可靠信息，可以前往该网站查询：www.enciclopediadelledonne.it，上面刊登了西尔维·科亚德撰写的一则相当不错的词条。若是还想进行更为深入的探索，则可在谷歌网站的搜索栏里输入"Silvia Ronchey Ipazia"，会有一款适合您牙口的面包等着您。

二〇一〇年

# 万圣夜、相对主义与凯尔特人

万圣节期间，天主教会内部响起了一片针对"万圣夜"的斥责之声。在万圣夜，孩子们会点亮南瓜灯，打扮成巫婆和吸血鬼的样子，在街上四处游走，向成年人讨要糖果。由于这个节日的主旨是通过纪念"圣人"或"逝者"来驱逐对死亡的恐惧，因此万圣夜被斥责为堕落的美国习俗，并被打上了相对主义的标签。

我并不清楚万圣夜是如何与相对主义扯上关系的，但相对主义这个字眼与六八学潮期间"法西斯分子"一词的遭遇颇为相似。当年，一切对学潮主流思想持保留意见的人都会被扣上"法西斯分子"的帽子。我要强调一点，本人对万圣夜这一习俗并没有任何特殊兴趣（若说有那么一点，也是因为查理·布朗对这个节日情有独钟）；我也十分清楚，这个节日常常遭到恶棍和恋童癖者的利用，趁着某些头脑简单的家长允许孩子在夜间独自出门的机会对儿童施行暴力伤害。但我不同意将这一节日称为"来自美国的堕落习俗"。没错，这个习俗的确是从美国而来，不过却是从美国返回欧洲的——事实上，万圣夜最初起源于欧洲大陆凯尔特人的异教传统，后来又在北欧诸国被基督教同化了而已。

与万圣夜类似，圣诞老人（Santa Claus）的概念也经历了相似的演变。该形象起源于巴里的圣尼古拉，随后传入了土耳其，后来似乎是由荷兰传统节日圣尼古拉斯（sinterklass）演变成了圣克劳斯。再后来，圣诞老人与奥丁的形象合二为一。在日耳曼神话系统中，奥丁是给孩子们送礼物的神灵。如此一来，异教仪式就与基督教节庆紧密地结合起来。

从个人角度而言，我并不喜欢圣诞老人。在我看来，送礼物的人应该是童子耶稣和东方三贤士——正因如此，我最近才会特意前往科隆大教堂查看三位贤士的圣龛是否还在那里（早前，科隆大主教里纳德·冯·达塞尔和红胡子腓特烈曾将其从米兰的圣欧斯托焦圣殿掳掠至此）。我在小的时候时常批评身边的小伙伴，因为他们并不期待东方三贤士送来礼物，而是指望贝凡娜婆婆。说起来，贝凡娜婆婆同样源于异教传统，其形象也与万圣夜的老巫婆十分相似。教会之所以没有对这一形象横加贬斥，是因为她与显圣这一概念较为契合[①]，如此也就融入了基督教传统。正是基于这个前提，一九二九年法西斯政府与梵蒂冈签署《拉特兰条约》后，教会也接受了法西斯主显节这一概念。

在关于万圣夜的争论中，罗贝托·贝雷塔发表了一个与众不同的观点（见十月二十三日的《未来报》）。他主张在发表诅咒和宣布宗教征讨时务必采取谨慎的态度："基督教会遭到了

---

① 在意大利语中，贝凡娜婆婆（Befana）与主显节（Epifania）一词发音相似。

以牙还牙的报复。没错,至少从四世纪开始,凭借神父们的智慧……早期基督教会就选择了调和,而非摒弃;选择了覆盖、转化而非消灭、摧毁、埋葬、审查。换言之,我们的祖先成功地完成了异教传统的基督化改造。"

圣诞节便是最好的例子。这个节日之所以定于十二月二十五日(福音书里没有任何一本提到耶稣是在这一天诞生,不仅如此,根据天文学计算,那颗圣诞星本应出现在秋季),正是为了迎合异教传统以及日耳曼和凯尔特民族的习俗:冬至日——耶鲁节,装扮圣诞树的风俗也有着同样的渊源(当然,我个人更喜爱搭建方济各派的"耶稣诞生场景模型",那更能发挥想象力;相比之下,一只训练有素的猴子也能将圣诞树装扮得花花绿绿)。

所以说,与其撕破脸皮,不如将万圣夜也纳入基督教体系。正如贝雷塔所说:"倘若万圣夜(从字面上解释,意为万圣节前夜)能够重新穿上凯尔特传统风俗的外套——真的也好,假的也罢——而不是披上消费主义的亮片,或是将自己打扮成恶魔式欢庆的模样,那么该节传入欧洲无非是一种对于故土的回归;而我们只需认真反思,为何没有这样一种文化(或精神)动力,让我们将老祖宗的拿手好戏再次上演呢?"

二〇一一年

# 该死的哲学

　　四月六日的《共和国报》上刊登了一则新书预告：斯蒂芬·霍金和列纳德·蒙洛迪诺的《大设计》（蒙达多利出版社，2010）即将面世。文章的副标题引用了书中的一句话："哲学已死，唯余物理学家解释宇宙。"关于哲学的死亡已是老生常谈，不值得大惊小怪，令我费解的是霍金这样的大人物居然也会说出如此愚蠢的话。由于担心《共和国报》断章取义，我特意购买了这本书，读过之后，我最初的疑虑得到了证实。

　　这本书显然出自两位作者之手——对于霍金而言，我的这一表述倒像是某种令人痛苦的影射：众所周知，霍金的肢体是不受他非凡的大脑指挥的。所以，从根本上而言，该书是第二位作者撰写的。从封面勒口就可看出，这位作者有多么擅长编写和推广《星际迷航》那样的情节（本书精美的插图也可证明这一点：这些插图仿佛是为少儿百科全书绘制的——色彩鲜艳、图像生动，就是无法解释那些复杂的物理‐数学‐宇宙学定理，从而丧失了插图的基本功能）。将哲学的命运交给那些长着兔耳的人物，这或许有失谨慎了。

一开篇，该书便以斩钉截铁的口吻断定，当今的哲学已无话可说，只有物理学才能够解释以下问题：一、我们应该如何理解我们所处的世界；二、真实的本质是什么；三、宇宙是否需要一个造物主；四、（世界上）为什么有物体存在，而非一片虚无；五、我们为什么存在；六、为什么存在某些特定的法则，而不是另一些法则。很明显，这些都是典型的哲学问题。有趣的是，本书试图向我们展示物理学如何能以某种方式来回答后四个最具哲学色彩的问题。

　　然而，为了回答后四个问题，就必须先回答前两个问题，即大致说明"某些东西是真实的"意味着什么，以及我们所认识的世界是否真实的世界。大家一定会想起上学时接触到的哲学理论：我们是否因为思维对于事物的适应而了解事物？是否有存在于我们认知范围之外的东西？（伍迪·艾伦还曾追问："倘若有，那堆东西是什么？"）或许我们只是贝克莱式的存在，如普特南所说，是所谓的"缸中之脑"？

　　该书提供的一系列答案完全是基于哲学的思考。不仅如此，倘若没有这些哲学答案，物理学家也无从解释"为什么要进行认知"以及"认知什么"的问题。事实上，两位作者谈论的是一种"依赖于范式的真实"，换言之，他们认为"若是没有描述和理论，就不存在任何关于真实的概念"。因此，"针对同一种现象，不同的理论可以根据不同的概念结构各自做出令人满意的描述"。这样一来，我们所感知、认识并将其称为"真实"的一切都是一些在我们之外的东西，而我们则是通过感知器官和大脑的模式，才得以了解上述一切。

　　疑心较重的读者甚至还能从该书中找到康德的灵魂。当然，两位作者呈现给读者的理论在哲学中叫作整体论。在某些人看来，是内在实在论，对另一些人而言，则是构成主义。

瞧瞧，这哪里是物理学发现，而是不折不扣的哲学论断，正是这些哲学论断在为物理研究提供理论支持。一个优秀的物理学家不可能忽视自身研究方法的哲学根基。说起来，这道理是显而易见的，正如我们早就了解那些所谓的重大发现（当然，我们得为此感谢蒙洛迪诺和《星际迷航》）："古代人会出于本能将自然界的暴力现象归咎于那座各种恶毒神灵云集的奥林匹斯山。"该死啊，真该死！

二〇一一年

# 逃税与暗销

在世界各国，逃税现象都屡见不鲜，因为纳税时的郁闷属于人性的深层组成部分。然而，有人认为意大利人的逃税恶习尤为严重，这是为什么呢？

我得追溯到从前，搬出一位我非常敬仰的，彰显伟大人性、智慧和仁慈的嘉布遣会老神父。这位和蔼可亲的老人在向我和其他年轻人阐述一系列道德准则时曾告诉我们，即使走私和逃税是罪行，也只是轻微的、可以被原谅的罪行，因为上述行为并不违反神的法则，只违反了世俗国家的法则。

他原本可以引用耶稣的原话："恺撒的物当归给恺撒"，也可以引用保罗致罗马人的箴言：凡人应得的，你们要付清：该给谁完粮，就完粮，该给谁纳税，就纳税。然而，他或许知道在过去的几百年里，某些神学家曾表明税法并不涉及良知，只关乎制裁。如今，《神学伦理学》期刊的主编路易吉·洛伦泽蒂在重申这一观点时指出："倘若忽略当年的社会经济环境，便无法理解那些神学家为何会炮制出这套理论，从而错怪他们。那时的社会结构丝毫谈不上民主，征税制度非常不合理，无休无止的苛捐杂税令穷人饱受压迫。"

我所喜爱的嘉布遣会神父谈到的是另外一种现象：暗销。简单说来，假如一位劳动者认为自己没有获得公正的酬劳，那么他在暗中取回他原本有权获得的那部分酬劳，就不算是犯罪。但是，采用此举必须遵循两个前提：首先，他的酬劳明显是不公正的；其次，他的确没有任何向工会组织提起申诉的可能。关于这一问题，圣托马斯的态度也有些模棱两可。他一方面认为"一个人有生命危险……这时他就可以使用别人的东西去解救他自己的急需，无论这些东西是公开的还是暗中取得的。这并不是真正的偷窃或抢劫"（《神学大全》Ⅱ-Ⅱ，66，7）；然而，另一方面，他又说："谁若偷偷地把他自己的，而被别人不公道地扣留住的东西取回，他固然犯了罪，不过由于他没有加重保管者的负担，所以不必归还或赔偿。可是由于他不顾公义的秩序，对于自己的财务擅自专断，犯了违反一般义德的罪"（《神学大全》Ⅱ-Ⅱ，66，5）。在关于权利的规则上，圣托马斯的观点清晰而严肃，与贝卢斯科尼的论调（他宣称"设法逃避过重捐税的公民是可以被理解的"）存在明显区别。对于圣托马斯而言，法律就是法律。

可见，圣托马斯关于物权的观点具有一种天主教式的社会性。在他看来，所有权指的是某物归属于谁，而不是该物应被谁使用：倘若我凭自己的诚实劳动获得了一公斤面包，我的确应被视为这些面包的所有人；然而，如果我身边还有一个快要饿死的流浪汉，我就应该把面包分给他一半。

Totus Tuus① 网站刊登了一篇《论神学伦理学》。该文一方面嘱咐人们遵循现行法律，并且指出良民都应纳税且不应有走私行为；另一方面，该文也承认"逃税行为并不会对荣誉造成损害（即使是法律，也只将其视作违法行为，而非罪行），只会造成道德上的负疚感"。这么说来，蒙蒂将逃税者称为"小偷"是不对的——他们只是一些理应从道德上感到愧疚的人。

当然，我先前提到的那位神父并没有就上述细节进行诡辩。他只是认为逃税和走私行为并非严重的罪过，因为它们"只是"违反了世俗国家的法律。在我看来，他的观点反映了他年轻时接受的教育（那时，《拉特兰条约》还不曾签订）：国家是个不值得理会的坏东西。如此，可以看出这些老旧的观念已经完全渗透进意大利人民的基因里了。

二〇一二年

---

① 拉丁语，全属于你。

# 神圣实验

教皇方济各起了一个方济各会的名字（他本人却属于耶稣会），长期住在酒店，只差没有脚趿一双凉鞋，身穿一件粗呢袍。他将乘坐奔驰车出入的主教逐出梵蒂冈，又独自前往兰佩杜萨岛，与地中海的难民结成了同盟——仿佛“博西-菲尼”法案根本不是意大利的国家法案。难道他是唯一一位还在按照“左派的思想”说话行事的人吗？事实上，早先的传闻一直在指责他对阿根廷军事独裁政权的态度过于谨慎；说他反对解放派神学家；还特别强调他对流产、干细胞移植、同性恋等现象的纵容，简直像是一位四处给穷人派发避孕套的教皇。贝尔格里奥[①]教皇究竟是何许人也？

我认为，将贝尔格里奥视为阿根廷耶稣会士是不对的：他是一位巴拉圭的耶稣会士。他的成长过程不可能没有受到当年巴拉圭耶稣会士的“神圣实验”的影响。对于巴拉圭的耶稣会士，人们唯一的了解途径或许是那部名为《战火浮生》的电影。然而，用两小时的镜头压缩一百五十年的历史，难免以偏概全。

在此，有必要对"神圣实验"进行简要介绍。由于某些神学家的怂恿（他们认为印第安土著如同猩猩，其兽性难以驯服），早期西班牙殖民者曾在墨西哥和秘鲁制造了大量令人发指的惨案。只有一位多明我会传教士巴托洛梅·德·拉斯·卡萨斯勇于反对科尔特斯和皮萨罗等人的残暴，以另外一种视角看待土著居民。十七世纪初，一批耶稣会传教士决定承认土著居民（尤其是生活在史前状态的瓜拉尼人）的权利，以"耶稣会集合化传教村"为单位将他们组织起来。所谓传教村，是一些独立自主、自给自足的团体。传教士们并不要求他们为殖民者服务，而是教他们如何进行自我管理，摆脱一切奴役状态，共享一切劳动成果。这种村庄的结构及其共产主义模式令我们不禁想起莫尔的《乌托邦》和康帕内拉的《太阳城》——后来克罗齐的确将其称作"所谓的康帕内拉式共产主义"。然而，当年的耶稣会士畅想的却是一些原始的基督教团体。他们组建了完全由当地土著居民构成的选举委员会（当然，司法权仍旧保留在传教士手中），向他们传授建筑、农业、畜牧业、音乐、艺术，甚至教给他们文字（尽管并非所有人都接受了这种教育，但居民中的确涌现出若干艺术家和作家）。毫无疑问，耶稣会传教士建立的是一种严格的家长式政治体制，因为教化原始的瓜拉尼人意味着让他们脱离杂交、懒惰、仪式醉酒[2]甚至是食人肉等原始习俗。因此，就好比所有的理想城市，传教村逐渐成为人人羡慕、却无人愿意前往居住的完美所在。

由于传教村拒绝实行奴隶制，而殖民地时期专门负责抓捕

---

① 教皇方济各原名豪尔赫·马里奥·贝尔格里奥。
② 原始异教徒通过醉酒与神灵进行沟通的方式。

奴隶的先锋探险队又经常发动袭击，耶稣会士还组建了一支民兵队伍，与奴役者和殖民主义者勇敢抗争。然而，随着历史的发展，十八世纪时，耶稣会士被视为民众煽动者和危险的国家敌人，先是被西班牙和葡萄牙取缔，后来又遭受到镇压，"神圣实验"也因此终止。

对于上述以神权为中心的政治体制，许多启蒙派知识分子感到十分憎恶，称其为全世界最为恐怖的暴君政权；另一些学者（如穆拉托里）则认为该政权代表了具有高度宗教信仰的自愿共产主义；孟德斯鸠称传教村是医治奴隶制度之疮痍的起始；马布利将传教村与利库尔戈斯的政权进行了比较；晚些时候，保尔·拉法格还将其视作有史以来第一个社会主义政权。

如今，当我们尝试以这种角度解读贝尔格里奥教皇的行为时，应该考虑到：四个世纪已经过去了，哪怕是对于基督教基要主义者而言，民主自由的观念也已成为普世价值。当然，贝尔格里奥并不想在兰佩杜萨岛进行任何世俗或神圣的实验——只要能理清梵蒂冈银行的那些烂账，他就该谢天谢地了。不过，时不时看见历史的灵光闪现，这倒也不是一件坏事。

二〇一三年

# 一神教与多神教

战争之风又在徐徐吹起了：这并非一场区域范围的小型冲突，而是一场将要席卷各大洲的大规模战争。

目前，战争的威胁来自一种宗教激进主义思潮：将包括罗马在内的全世界伊斯兰化，尽管尚无人宣称要在圣彼得教堂的大圣水池里饮骆驼。

这一切令人不得不怀疑：大规模的洲际威胁似乎总是来自单神宗教。古希腊人和古罗马人从来不曾有过征服波斯和迦太基，从而强迫其居民信仰自身宗教的想法。他们有过领土和经济方面的野心，但从宗教角度而言，每当他们遇到外族的神灵时，便会迫不及待地将那些神灵迎入自己的万神庙。你叫赫尔墨斯？没问题，我把你称作墨丘利，从此以后，你便成了我们的神。腓尼基人供奉阿斯塔尔塔？很好，古埃及人将她改称为伊西斯，到了古希腊人和古罗马人那里，她又相继变成了阿弗洛狄忒和维纳斯。总之，没有人为了铲除对阿斯塔尔塔的信仰而行讨伐之举。

最初的基督徒之所以殉难，是因为他们承认以色列的上帝

（这是他们自己的事情），却不承认其他神灵的合法性。

没有任何多神宗教会为了将自己的神灵强加于其他民族而发动一场大规模战争。这并不是说信仰多神宗教的民族不曾打过仗，但那都是一些部族冲突，与宗教无关。北部的蛮族曾入侵欧洲，蒙古人也曾入侵伊斯兰教的领地，但他们都不是为了进行宗教扩张，相反，他们迅速被当地的宗教所同化。有意思的是，来自北部的蛮族在成为基督徒并建立了基督教帝国之后，居然又投身于十字军东征，试图将自己的上帝强加于信仰伊斯兰教的民族——说到底，基督教和伊斯兰教都是一神宗教，两者所信仰的，归根结底也是同一个神。

有两个一神宗教都曾为了将自己的神强加于其他民族而发动侵略战争，这便是伊斯兰教和基督教（除了以征服为目的的战争，还有殖民主义。尽管殖民主义有其经济目的，却总是打着将所有征服地的居民基督化的伟大旗号，先是阿兹特克人，后是印加帝国，最后还将埃塞俄比亚列入了文明化进程，他们似乎已经忘了，埃塞俄比亚早就信仰基督教了）。

颇有些古怪的例子是犹太人的一神教。自古以来，犹太人从未信仰过多神教，犹太教《圣经》提到的战争也只是为了保护被上帝选中的子民的领土，而不是为了让其他民族信仰犹太教。当然，犹太民族也从未吸收外来民族的任何宗教信仰。

上述这一番话并不代表我认为信仰北美印第安人的大神和约鲁巴教诸神优于信仰神圣的三位一体和穆罕默德先知所说的唯一真主。我只是想说，没有人以大神或巴西坎东布雷教某位神灵的名义去征服全世界——即便是伏都教的萨姆堤男爵也从来不曾唆使信徒越过加勒比的狭小领地。

因此，可以这样认为，只有一神教信仰才有跑马圈地不断扩张的需求。但话说回来，印度次大陆从来不曾尝试输出自己的神灵；幅员辽阔、却不曾信仰唯一的造物主的中国（直到今天）也不曾尝试朝欧洲或美洲扩张。或许如今的中国正在这么做，但却是通过无关宗教信仰的经济层面，尽管他们大量收购西方国家的企业和股份，却允许当地居民继续信仰耶稣、安拉和耶和华，对于中国人而言，其他民族的宗教信仰无关其痛痒。

能够与传统一神宗教相提并论的，或许是世俗层面那些伟大的意识形态。然而，少了一位如磁铁一般吸引海量信徒的"万军之主"，他们的征服战争最终停下了步伐。

二〇一四年

好的教养

# 谁被引用的最多？

意大利大学监控教学质量的各种举措，通常会采用其他国家的标准。这些评估标准中有一条，就是一位大学老师或者参与某个岗位竞聘的人，他的论文在专业领域里被引用的次数。还有一些机构专门从事这方面的统计，表面上看来，这种控制非常有效，但就像所有的质量检测系统一样，也有其不足之处。这有点儿像以前我们用毕业人数来判断一个大学的教学质量，后来这个原则也得到了推广。当然，一所大学每年出炉很多毕业生，看起来好像很高效，但这个标准很容易出现问题。也有可能一所非常糟糕的大学，为了招到很多学生，在考试上很宽容，对毕业论文也要求不高，所以这个原则会带来一些负面影响。假如有些大学更希望毕业生少而精，那这该怎么判断呢？一个比较合理（说得过去）的原则就是通过注册学生和毕业学生的比例来进行判断，假如一所大学有一百个新生注册，后来有五十个人毕业了，可能要比一所有一万个学生注册，但只有两千人毕业的大学要高效。

总之，纯粹的量化原则就会引发这些问题。我们回到之前的话题上，就是关于论文的引用次数。我马上要申明的一点是：这个原则对于那些硬科学（数学、物理、医学等）可能会有效，但对于那些软科学，也就是人文科学并不是那么有效。我们举个例子，我出版了一本书，说耶稣是共济会的创建者（可能为了使我的参考书目更加丰富，我会把那些不怎么可靠的书也列进来），假如书里有一些非常有力的证据，那么这本书会在宗教和历史研究领域掀起轩然大波，会有几百篇文章引用书里的话。我们要承认，那些引用我的人，大部分是为了反驳我的观点，有没有一种量化的考察，可以把正面引用和反面引用区分开呢？

但假如一本书写得有理有据，也激起了很大争议，可后来书中的观点被推翻了，比如说霍布斯鲍姆的《短暂的二十世纪》，我们要用哪些标准，把那些为批评而引用他的言论的情况排除出去呢？同样，我们要因此拒绝达尔文吗？不让他登上大学讲台，是因为引用他的人半数以上都说他的观点错了？

假如一直保留纯粹的量化原则，我们应该看到，在最近十年被引用最多的作者中，有两位作者：迈克尔·贝金特和亨利·林肯，他们写了一本关于圣杯的书，出版后非常畅销。书中有一些无稽之谈，但他们的著作被引用了很多次，将来肯定还会有人引用。假如只推行量化的原则，某所大学邀请这两个人来讲授宗教史，那么这所大学在宗教研究领域的排名应该马上会遥遥领先。

这些与软科学相关的疑问，有时候也适用于硬科学。十几年前，美国科学家庞斯和他的同事推出了一个关于冷融合的理论，在科学领域掀起了一场很大的争论。他们的论文被引用了无数次，几乎都是为了驳斥他们。假如只考虑被引用的次数，那我们应该非常重视他们的研究。有人可能会提出反对，说在这种情况下，这种量化原则应该只适用于那些权威杂志——这样一来，又成了关于质的原则了。假如在那些严肃的权威杂志上，这些学者只是被批判了呢？若要引入质的原则的话，我很想知道，爱因斯坦的广义相对论激起了多少批判。我们也可以列举一个更有争议的观点，就是宇宙大爆炸，我们知道有很多让人敬仰的科学家对此都持批判态度。假如出现一种新理论，推翻宇宙大爆炸，我们要删除那些依然支持这种理论的引用吗？

我说这些事情，并不是因为我已经想好了合理的解决方案，我只是想提醒大家，要建立一些以量化为标准的绩效原则是非常困难的，同时，引入质的标准也是非常危险的（最终来说，在苏联，斯大林主义的官方文化把那些不支持辩证唯物主义，不认可李森科理论的人都从科学研究者的队伍中清除出去了）。我也不想说，在这方面不存在标准，只是要制定这些标准很难，问题非常棘手。

二〇〇三年

# 白痴混球！

政治正确是一场真正意义上的文化运动，产生于美国的大学，从"自由和激进"（liberal and radical）中获得启发，因此它是左派的运动，致力于承认不同的文化，减少语言中对少数派带有歧视意味的表达方式。人们开始用黑人（blacks），然后是非裔美国人（Afro-Americans）取代之前的黑鬼；用 Gay 取代之前无数对同性恋者鄙夷和歧视的称呼。很自然，这种净化语言的运动成了一种真正意义上的激进运动，有一些非常突出的事件，比如一些女权主义者要求不再用 history（历史）这个词（因为 his 让人想到历史是"他的"，而要说 herstory——"她的"历史。很明显，这些女权主义者无视了这个词的希腊语和拉丁语词源）。

但是，这种趋势也体现出一些新保守主义或者明显反动的因素。假如你不再把一个坐轮椅的人称为"残疾人"或者"残废"，而是称为"身体障碍者"，但在公共建筑里，你不给他们修专用通道。你抹去了那个词，但没有解决实质问题。对于那失业者，把他们称为"一定时间内闲着的人"，或者把那些被解雇的人称为"在重新规划职业的人"也会面临同样的问题。不知道那些银行经理为什么不对他们的职业名称感到羞耻,他们没坚持要大家称他们为"储蓄领域的操作员"。有时候把称呼换了,那也是为了掩盖问题。

关于政治正确还有其他无数问题,爱德华多·克里萨弗里写了一本书,书名是《政治正确与语言自由》(瓦勒奇出版社,2004),他把反对和支持这场运动的各种思想,以及所有矛盾症结都揭示出来了,此外,这本书还非常风趣。我在看这本书时,想到了我国的情况,在别的地方流行的是"政治正确"运动,但在我们国家"政治不正确"却越来越严重了。假如之前我们的政治家读着一张纸条,可能会说:"需要求同存异,允许不同的观点存在,要避免冲突,尽可能做出让大家都可以接受的决定。"可现在呢? 搞政治的人更倾向于这么说:"想要对话? 让那些婊子养的滚蛋吧!"说真的,以前在共产主义者圈子里,习惯于用苍蝇马夫①来描述他们的对手和敌人。现在议会里争吵时,那些议员的用词比码头的卸货工人还要粗鲁,但这算是在特定场合大家接受的做法,就像在我们古老的记忆里,窑姐儿也可以像现在的议员一样口无遮拦。在议会说粗话的这些场面都可以在电视上播放,这是民主价值一种不可动摇的信仰。

这可能是博西引领的潮流,他用简单粗暴的言辞影射别人不行、软弱无能,"贝卢斯科屌"这个称呼是个典型的例子,后来得到了效仿和推广。斯特法诺·巴特扎吉在《共和国报·

① 柏拉图《对话录》里提到的寓言人物,一个自大的苍蝇觉得驾车的是自己,而不是拿着鞭子的马夫。

周五特刊》的专栏上提出了一些通用的骂人话，都不算很刺耳。我也想让意大利的"政治不正确"不要那么粗暴匮乏，我查阅了一些方言词典，请允许我提供一些比较温和的辱骂对手的方式，譬如说：白痴、混球、脑残、瓜娃、傻子、傻逼、憨包、蠢货、笨猪、孽障、羞先人的、糟蹋行当的、呆子、蠢人、直娘贼、吃闲饭的、智障、弱智、贱人、恶棍、王八蛋、鼠辈、兔崽子、败类、孽畜、窝囊废、歹人、王八羔子、烂货色、杂种、狗崽子、乌龟王八蛋、酒囊饭袋、吃货、面袋子、面片儿、棒槌、造粪机器、猥琐男、邋遢鬼、猪猡、跳梁小丑、小蹄子、下流坏子、腌臜鬼、马屁精、小人、软骨头、淫贱、酒鬼、落水狗、丧家犬、草包、坏种、老鬼、贼样、废柴、小气鬼、矬子、酒色之徒、黑心、文盲、奸诈、闷货、胸无点墨、混混、傻蛋、莽汉、盲流、畜生、混人、二逼、二球、二杆子、二愣子、变态、卑鄙无耻下流、蠢驴、贼娃子、闲人、丫头养的、坑蒙拐骗偷、老货、老糊涂、土鳖、软蛋、浪货、骚货、吃白食的、阿飞、流氓和憨货。

二〇〇四年

# 说到做到

　　在最近一期《快报》上，欧金尼奥·斯卡法利在他的专栏最后写道："禁止说'伊拉克抵抗运动'这样的话，说这种话的人不是煽风点火，就是头脑混乱。"有人可能会觉得这太夸张了。但同一天在《晚邮报》上，安杰洛·帕内比安科写道："……抵抗者——有些天真的西方人是这样称呼他们的……"某个火星观察员可能会说，四处都在杀人放火，火车和宾馆都被炸飞了，意大利人还在玩文字游戏。

　　那个火星人会说，语言没什么重要的，因为他看到莎士比亚的作品中写道："无论你怎么称呼，玫瑰始终是玫瑰。"尽管如此，把一个词用在另一个地方，事情还是很重大的。很明显，有些人在谈论"伊拉克抵抗运动"时，认为这是一场人民战争，他们持支持态度；其他人认为把这些杀人放火的暴徒称为"抵抗者"，简直就是给意大利的抵抗运动抹黑。让人觉得奇怪的是：那些认为使用这个词是辱没意大利抵抗运动的人，正是试图消解抵抗运动合法性的那些人，他们把历史上参加抵抗运动的游击队员描述成杀人放火的党徒。这么说吧，事实上人们已经忘记了"抵抗"是一个中性词汇，里面不包含任何道德判断。

首先让我们说说内战，当说同一种语言的人民开始相互射击，内战就爆发了。法国旺代叛乱是一场内战，西班牙战争也是内战。我们的抵抗运动也是，因为作战双方都有意大利人。另外，我们的内战也是一场抵抗运动，因为这个词汇一般用于激励自己的国民起来抵抗入侵者。假如英美联军在西西里或安济奥登陆之后，意大利人拉帮结派，出人意外地对联军进行进攻，这也是一种抵抗，认为联军是好人的那些人，也会认为这是一场抵抗。甚至南方的匪帮，也是一种支持波旁王朝的抵抗运动，后来皮埃蒙特人（好人）干掉了所有坏人，我们只记得他们是匪帮。另一方面，德国人把意大利游击队也称为匪帮。

一场内战很难打到要野外作战的地步（但在西班牙就发生了这样的事情），通常内战都是各个派别的战争。派别战争也是一种抵抗，也会打了就跑。有时候在一场派别战斗中，还会加入"军阀"——他们率领着私人军队，没有任何主张，他们会趁火打劫，从中获利。现在，伊拉克发生的战争有内战的一些特征（有一些伊拉克人在屠杀另一些伊拉克人），也有抵抗运动的特点，再加上各种类型的帮派。有些帮派针对外国人，他们不管这些外国人是好是坏，也不管有的伊拉克人欢迎这些外国人，接纳他们。假如本地人和占领那里的外国军队作战，那就是抵抗运动，没什么可说的。

最后也存在恐怖主义，它的性质、目的和策略都不一样。意大利曾经有过恐怖主义，不能算抵抗运动，也不能算内战；在伊拉克有恐怖主义，涉及抵抗者和内战的各个帮派。在内战以及在抵抗运动中，大家都知道谁是敌人，敌人在哪里（差不多知道），但是恐怖主义者，大家就不知道他们是谁，他们在哪里了，恐怖分子可能就是火车上坐在我们身边的一位先生。内战和抵抗运动是面对面作战，或者围捕，但恐怖分子是通过密探作斗争。内战和抵抗运动是在原地作战，但恐怖主义是在别的地方作战，可能是在他们的藏身之所，或者他们的"圣殿"。

伊拉克的悲剧在于那里什么类型的战争都有，可能会有一些抵抗组织，采用恐怖主义手段，或者说那些恐怖分子，他们不仅仅驱赶外国人，也会作为抵抗者出现，这让事情变得非常复杂，但拒绝使用术语来称呼他们，会让事情更加复杂。譬如库布里克的《杀手》是一部非常好的电影，里面有正面人物，也有反面人物，有些人拒绝把那些拿着武器抢劫银行的人称为"武装抢劫者"，而要称为"偷窃惯犯"，但是那些惯犯，只要几个在火车站和旅游景点巡逻的便衣警察就可以打击他们，通常警察都认识在这些地方作案的惯犯，但为了防止银行被抢劫，需要非常昂贵的电子设备，还需要特种武警，因为他们对敌人并不了解。因此，选择一个错误的称呼，可能会让人们放松警惕，导致选择错误的对策。用通常打击抵抗运动的方式——围捕和扫荡，来打击那些恐怖分子，这不切实际；但要用打击恐怖分子的手段来对付那些又撕又咬要逃走的小毛贼，这也不对。因此需要使用正确的术语，不能过于随意，也不能虚张声势。

二〇〇四年

377

# 三年毕业的学士

　　现在有很多文章都在讨论意大利大学教育日益衰败的问题。当然，一个国家的科研经费很少，而且不要求大学生的出勤率——想来就来，不来就算了，这个国家的大学当然好不到哪里去（我们是全世界少有的国家，可以在从来没见过老师的情况下，年底参加一门课的考试——并不是老师不想见学生，而是学生从不来上课）。的确，有一些文章不是非常可信，因为是一些很高雅的知识分子写出来的，他们只是纸上谈兵，他们不用费力气去当教书匠，为了赚稿费，真是什么话都敢说。最后要说的，是大部分反对意见所针对的三年"短期毕业"。

　　大家批评"短期毕业"，因为这是按照速成教育模式建立的，严格按照学分来控制，因此学生不用递交一定页数的论文（这样一来，出版社不得不针对"文盲"重新编写教材），"短期毕业"做得好的话就成了超级高中。

　　"短期毕业"存在于所有国家，意大利应该和别的国家统一。我们看到，约翰·肯尼迪毕业于哈佛，这就意味着他在大学里上了三年大学，得了一个"短期毕业"证。现在美国的三年大学教育，可能要比我们之前的好高中能多学一点儿东西（美国的中学简直糟糕透顶）。然而他们认为，三年大学教育可以让他们的国民完成必要的高等教育，然后进入职场。为什么美国的三年大学要比我们的"短期毕业"好呢？

首先，在美国上了三年大学之后，他们不会说那些毕业生已经是学士了（为了鼓励学生学习，他们也会颁发"优秀毕业生奖"或者"总督奖"，这又是另一回事儿了）。在美国，学生都必须去上课，每门课都要求出勤，他们每天都和别的学生一起生活，每天都和老师见面接触——看起来不算什么，但这一点非常重要。因此核心不在于大学的时间很短，而是出勤率很高。

怎么样才能弥补我们的大学不要求出勤率带来的问题呢？我可以说说五十年代我读哲学专业的经验和体会。当时我也可以不去上课，但要参加十八门考试，每一门要求都很高，我们的老师（附带说一下，他们是阿巴尼阿诺教授、波比奥教授、帕莱松教授，等等）达成了协议：在四年的时间里，通过一场又一场的考试，让所有学生读完哲学的基本著作，从柏拉图到海德格尔。就我所知，根据不同的年份，他们可能会跳过黑格尔，但你可能会遇到斯宾诺莎、洛克和康德（三大批判都有），因此你已经被这个等级的哲学家磨炼过了，你可以自己读那些老师没有讲的哲学家。想一想有些考试会涉及一千多页资料，其他考试的资料也少不到哪里去，最后你考完十八门考试，你已经仔细研读了至少一万两千页资料。对于一个学生来说，这种质的教育非常重要，要在四年之内获得毕业证（当时谁要是没按时毕业，会被认为很迟钝），一共有十八门考试，前三年每年考五门，最后一年考三门，就是为了有时间写论文。写论文很花费力气，但也没听说谁写论文写死了。

假如这四年要打造一个哲学方面的专家，有些考试却是和哲学没直接关系的，比如说拉丁语、意大利语或者历史课。在十八个月以内①，要考过奥古斯都·罗斯塔尼教授②的拉丁语（需要对罗马帝国衰退时期的文学进行专题研究，要研究奥索尼乌斯、克劳狄安、纳马提安努斯及其他人的作品，我要说的是所有作家——维吉尔或者贺拉斯的所有作品，都要求即兴翻译），也是激动人心、收获极大的事儿，当然要比去当兵强。现在的大学新生在中学已经学了语文、历史和拉丁语，至少可以取消其中三门考试，这样哲学课程就剩下了十五门，分散在三年里（没有毕业论文），他们应该阅读经典原著，学习所有应该学的东西，不用那些缩减本。

为什么不这样做呢？为什么要采用这种碍手碍脚、严格的学分制度呢？而且学分也并非必不可少的，但这需要单独讨论。

二〇〇八年

---

① 按照当时意大利政策，上大学的人可以不用服兵役，但要在十八个月内通过大学一系列考试。
② Augusto Rostagni（1892—1961），意大利著名拉丁语学者。

# 誊写工整的思想

　　十几天前，玛利亚·诺维拉·德卢卡和斯特法诺·巴特扎吉在《共和国报》上用了整整三页的篇幅（哎呀，是印出来的）探讨人们的字写得越来越糟糕的问题。大家都知道，我们的下一代都在用电脑和手机短信，这些孩子都已经不用手写字了，他们写东西很费力。在一次采访中，有一个老师说，学生也会出现很多拼写问题，但这貌似是另一个问题：医生都懂得拼写，但他们的笔迹都很潦草，可能也存在一些书法家，他们不知道"笔记"这个词怎么写，可能会写成"笔纪"或者"毕记"。

　　实际上我认识一些孩子，他们上着很好的学校，他们的字写得相当不错，但我刚才提到的那篇文章说，意大利孩子中有百分之五十都写字很困难，可能是机缘巧合，我遇到的是另外百分之五十（同样的事情也发生在政治中）。

　　问题在于，这个悲剧在电脑和手机出现之前就已经发生了。我父母的字体有一点点斜体（他们会把纸斜着放），从现代的眼光来看，他们写的每个字都是艺术品。当年确实流行这种观点，可能是那些字写得差的人流传出来的，说笨蛋才想把字写好呢！很明显，一个人字写得好并不意味着他很聪明，但无论如何，看一个写得很漂亮的字条或文件是一种享受。

我这一代人从小受到的教育就是要把字写好，在小学最初的几个月要学习写好笔画，老师还告诫学生要握紧笔，手腕要稳，然后开始学写字，当时用的是佩里牌笔尖，写出来的字母中间粗，边上细。但后来人们认为，这些练习过于压制学生的个性，不仅如此，墨水瓶通常会把课桌、笔记本、手指还有衣服弄脏，从墨水瓶里蘸墨水写字，有时候会搞出来一个墨疙瘩，十分钟也擦不干净，纸上也乱七八糟。

书写危机是在第二次世界大战之后，伴随着圆珠笔的到来出现的，其实刚开始，圆珠笔也容易弄脏纸，你写完之后，用手摸一下刚写好的一行字，字就花了，这让人很没有心情把字写好。无论如何，用圆珠笔写字，即使写得很干净，也已经没有书法的灵魂、风格和个性了。

但为什么大家还要为字写得不好而感到遗憾呢？学会在电脑上快速打字，可以训练一个人的思维，让人更加敏捷。通常（也不是全部），自动修订拼写和语法错误的功能会用红色下划线标出你写错的地方，比如当你把"医生"写成了"易生"。对手机的使用，让年轻一代把"你是不是迷路了？"写成"你484迷路了？"这时候不要忘记，我们的祖先在我们把"gioja"（快乐）写成"gioia"时也会觉得难以接受，中世纪的神学家写出"respondeo dicendum quod①"这样的句子，西塞罗看到肯

---

① 拉丁语，回答曰。

定会气得脸色发白。

　　事实在于，大家都说书法艺术可以让人控制自己的手、脑和手腕的协调。巴特扎吉提出，用手写字要求人们在下笔前就已经构思好了句子，但无论如何，书写时因为有笔和纸的摩擦，会压制人的反应。但有很多作家，尽管他们已经习惯用电脑写作，假如有可能的话，他们依然希望像苏美尔人一样，在一张陶制的板子上刻字，这样他们就可以慢慢思考了。

　　现在的年轻人越来越多地在电脑和手机上写字。全人类都在进步，人们会把那些因为进步而被淘汰的东西变成体育锻炼，或者一种美的享受。我们现在不用骑马代步了，但有人会去马术学校；现在已经有飞机了，但有人像三千年前的腓尼基人一样，还是在玩帆船；现在已经有了隧道和铁路，但人们还是很热衷于爬山，穿越阿尔卑斯山山口；在这个电子邮件的时代，还是有人收集邮票；打仗时大家都扛着卡拉什尼科夫，但还存在和平的击剑比赛。

　　妈妈们会把孩子送到书法学校，让他们参加各种比赛和竞赛，这是我们拭目以待的事情。这不仅仅是要让他们写好字，也是让他们获得一种精神上的享受。现在在意大利已经有了这样的学校，只要你们在网上输入"书法学校"就能找到，可要成为一个行业，还有些为时过早。

二○○九年

# 加塔梅拉塔<sup>①</sup>怎么看？

每到六月底，每家报纸都会用一两页篇幅来评论高考试题。这时候，人们会召集这个国家最清醒的大脑进行评论，当然，最能引起关注的是每年的语文考试。因为对于大部分读者而言，很难解释那些数学方程式，同时也很难批评每年历史题都会问学生对复兴运动的反思，这是一个刚毕业的大学生都能做到的事儿。这些"对高考作文进行批评"的文章，都写得如行云流水，而且很机智，但（我是带着敬意说的）一点儿用处也没有。

实际上，只要题目里没有明显（我记得发生过一次）或者说很离谱的错误，比如说"迪拜的玫瑰种植"一类的题目，出什么题目都无所谓。

通常，高考作文所涉及的题目应该是学生已经听说过的——可能是那一年经常提到的问题。假如一个人对于政治谋杀没有任何概念，那他可能会听说过大众社会，或者对大脑的研究。我想说的是，学生可以完全忽视关于脑科学的所有信息，但他应该知道人脑的运作机制是怎么回事儿。他甚至可

384

以认为：人的灵魂是不可探测的，要去研究人脑那简直是浪费时间。这也是一种观点，可以通过辩论以及大胆的唯灵论展开论述。

事实上，高考作文只测试两项能力。一是考生能不能用浅显易懂的意大利语写作，没人说要达到文豪加达②的水平（真要有人在高考作文中像加达那样写作，一定会引起怀疑，因为他没搞清楚，高考不要求他把作文写成让人费解的天才高度，而是要他用国内通用的、一般人能理解的语言来书写）。考察的第二个方面是考生有没有展开论述、表达自己思想的能力，他不能把原因和结果搞混，他应该能分清什么是前提，什么是结论。为了展示这些能力，任何一个主题都行，夸张一点儿说，他也可以通过论述来支持一个显然谬误的观点。

我上高中时，同桌有一天让我写这样一个题目：分析但丁诗句"那个罪人把嘴从野兽般啃着的食物上抬起来③"，不要用加塔梅拉塔理解的食物，而是要用克里斯蒂安·迪奥理解的食物来进行分析。我记得——按照同桌当时的看法，我写了一篇非常棒的作文，那篇文章结构完整，我模仿了课本里文学批评的写法，但我展示出我可以从那个缺乏关联的前提中，汲取一系列有理有据的思想。

伴随着对高考作文题目的抱怨，报纸上还出现了一些讨论，要么说现在的高考题目对学生要求过高，要么说过于宽

① 文艺复兴时期威尼斯共和国雇佣兵队长 Erasmo da Narni（1370—1443）的绰号，意为"狡黠的猫"。
② Carlo Emilio Gadda（1893—1973），意大利随笔作家、小说家。
③《地狱篇》第三十三章第一句，此处引用田德望译本。

容。也出现了我那个年代的人的一些怀念之词，他们回忆起在那时候高中三年要学习的所有课程。说真的，高考意味着要在考前的几个月一直关在家里，天气日渐炎热，有些人就靠咖啡因和尼古丁支撑着，有过那种可怕的经历，有些人可能终身都会做噩梦，会梦见参加高考。尽管如此，我记得在我上学的过程中，有两位同学在十岁时死了，一个是死于轰炸，另外一个是掉在河里淹死了，但我的高中同学没有任何一个死于高考。这是一场考验，要比德国的决斗或者詹姆斯·迪恩①扮演的那些颓废青年经历的考验更人性化，也更加有益。经过这场考验的人会更加强大，我说的不是知识方面，而是性格。

为什么我们要用一场过于简单的高考来惩罚年轻人呢？

二〇一三年

---

① James Byron Dean（1931—1955），著名美国电影演员。

# 在文化节上面对面

秋季的这段时间，全国各地涌现出了各种文学和哲学文化节。每个城市都想模仿曼托瓦文化节的成功模式，找到最受欢迎的文化名流，办一场自己的文化节。有时候，这些名流辗转于各个城市的文化节，但无论如何，参与这些文化节的嘉宾等级都很高。现在，让报纸和杂志振奋的不是组织了这些文化节的人——可能是某些文化专员不切实际的幻想，而是这些文化节吸引的人非常多，就像一场比赛盛事吸引到体育馆的人一样多。大部分人都很年轻，来自别的城市，用一两天时间倾听一位作家或思想家的谈话。要组织这些活动，还需要很多志愿者（这也是年轻人），他们在这件事上投入的时间，就像他们的父辈在佛罗伦萨发大水时把书籍从淤泥里挖掘出来投入的时间一样多。

一些道德主义者较真了，他们认为这些文化节是思想上的麦当劳，在他们的同类人中，其实只有很少一部分参加。我觉得这种看法很肤浅，也很愚蠢，我认为值得关注的是：为什么这些年轻人不去迪厅，而要去参加文化节。这两种活动的确不是一回事儿，因为我从来都没有听说过有人半夜两点从文化节回来，在"迷幻"的状态下出了车祸。

我只是想提醒一下，尽管在这些年里，这种现象直线攀升，但这也不是什么新事物，因为从八十年代开始，市政府图书馆就已经组织过类似的活动（付费的），比如说"现在的哲学家都在做什么？"这个主题讲座，听众有可能是坐着大巴车，从一百公里之外的地方赶来的，那时候大家都在问：这到底是为什么？

我觉得，把文化节的繁荣和巴黎巴士底狱广场上的哲学小酒馆相提并论也不合适，通常在星期天早上，人们在那里喝着绿茴香酒，谈论着可以治愈心灵的哲学小零碎，就像一种非常昂贵的心理分析。不，我们这里谈论的集会，是这些听众会在一个大学教室里听几个小时的讲座，他们待在那里认真听讲，之后还会再去。

这时候，只有两个答案来解释这种现象。第一个原因，在天主教最初的聚会中，我们已经谈论过了：对于那些轻松消遣的读物、报刊上的简单评论（除了一些特例）、小窗口跳出来的十几行简讯、夜半之后才会开始的电视节目——谈论一本书，一部分青年人感到厌倦了，因此他们对一些比较严肃的活动充满热情。说到文化节的几百位或者几千位参与者，对于这一部分人来说，只能算少数。这些人就是经常去逛多层书店的人，当然是一些文化精英，但只能是大众精英，也就是说，他们是这世界上七十亿人口中的精英。一个社会至少要知道那些"自控者"和"他控者"之间的比例，这个比例没办法统计，但假如没有这种比例和差别，那就麻烦了。

第二个原因是，这些文化聚会揭示了新兴的虚拟社交的不足。你可能在"脸书"上有上千个联系人，假如你没吸毒的话，但最后你会发现，你不是和一些有血有肉的人在交往，你会找机会和那些与你有共同爱好的人聚会，分享你的体验。正如伍迪·艾伦讲的那样，我不记得他是在哪里说的：假如你想找姑娘，那你要去听古典音乐会，不要去摇滚音乐会。因为在摇滚音乐会上，大家都对着舞台上的歌手大喊大叫，你不知道你旁边的人是谁，但交响音乐会还有室内音乐会，在中间歇息时间，你可以跟周围的人建立一些联系。我不是说，你可以去文化节找个伴侣，但大家去那里可以有一个面对面交流的机会。

二〇一三年

# 慢的乐趣

　　大约二十多年前，我在哈佛大学开设了诺顿讲座，我想到卡尔维诺八年前也做过这个系列讲座，后来他去世了，没能写完他的第六课（他的讲座后来被整理出版，标题是《新千年文学备忘录》）。出于对卡尔维诺的敬意，我从他提到的"快"中汲取灵感，我也想到他对快的颂扬，并没有否决慢的乐趣，因此，慢的乐趣是我讲座的主题之一。

　　安布洛先生并不喜欢慢的叙述，作为奥伦多夫出版社的编辑，他拒绝了普鲁斯特的《追忆似水年华》的稿子。他是这样写的："我可能比较迟钝，但我实在无法理解一位先生要用整整三十页来描述他入睡前在床上翻来覆去的情景。"拒绝慢的乐趣使我们没办法阅读普鲁斯特。但除了普鲁斯特，我还想到另一个典型的慢的例子，那就是曼佐尼的《约婚夫妇》。

　　堂安保迪奥神父一边背诵他的日课，一边散步回家，这时候，他看到了他一点儿都不想看到的场景，就是有两个强徒在那里等着他。假如是另一个作者，可能会马上满足我们的好奇心，告诉我们发生了什么事儿。但这时候曼佐尼用了好几页的文字向我们介绍了这些强徒到底是谁。当他最后要告诉我们发生了什么事情时，还迟疑了一下，堂安保迪奥的手指伸进领子里，掉过头看看身后有没有人能帮他，最后他心想："怎么办？"（比列宁同志更早提出这个问题。）

曼佐尼有没有必要交代历史背景？他很清楚，读者会试图跳过这些信息，每一个阅读《约婚夫妇》的人都会那么做，至少是在第一次阅读时。尽管如此，翻过那些跳过不看的篇幅用的时间，也是讲述的策略之一。拖延不仅仅加强了堂安保迪奥的痛苦，也增加了读者的焦灼，让这个情节更加容易被记住。你们说，但丁的《神曲》是不是一个放慢的故事？但丁的旅行可以像梦境一样，一个晚上就可以完成，但要达到最后的欢喜场面，他用了一百章。

慢读提倡一种不匆忙、缓慢的阅读。伍迪·艾伦提到了速读的技艺，可以匆匆忙忙扫一眼文本，他差不多是这样总结的："我匆匆阅读了《战争与和平》，它讲的是俄国的事儿。"

关于慢读，安娜·丽莎·布左拉写了一本书：《高速时代的慢读》（斯克利普塔出版社，2014），她不仅呼吁人们在阅读上要放慢脚步，还把这个问题和我们这个时代的快节奏联系在一起，进行了人类学分析，把讨论的主题放到了一系列挽救做法上，甚至讲到了慢食运动。

关于文学，布左拉（我觉得很遗憾，因为一种被误解的政治正确，大家都避免像之前一样，把她称为布左拉女士，在国外也一样）分析了热内特、什克洛夫斯基还有其他人的理论，她仔细分析了哈维尔·马里亚斯、麦克尤恩、布法力诺、德卢卡、萨拉马戈、昆德拉、德莱姆、卢米斯、巴里科等作家的作品，关于"慢"有一大串作家名单。我毫不谦虚地说，她也分析了我的作品。

从这里产生了一种"慢"的现象学，最后使读者产生了一种愿望，就是想要学会慢读——尽管他们要承受三十页文字都在讲述一个人睡前翻来覆去睡不着的情景。再说，除去序言和书目，这本书只有一百三十页，也应该慢慢读。

二〇一四年

# 我们要停办文科高中吗？

　　十一月十四日，在都灵举行了一场公开审判（由大法官阿尔曼多·斯巴达罗主持），审判的对象是文科高中。安德烈亚·伊奇诺部长列出丰富的统计数据，提出了这些控诉：首先，有人认为文科高中可以为理科学习和就业做好准备，这是不对的；其次，一个纯粹学习文科的人对现实的认识可能会产生偏差，对世界的认识过于片面（但伊奇诺部长也坦率承认，这种情况在纯粹学习理科的人身上也会出现）；第三个原因是，文科高中是法西斯时期詹蒂莱主持的教育体制改革的产物。但最后法院决定赦免文科高中，因为那些起诉理由过于武断。比如说，有权威证人证实了詹蒂莱改革是借鉴了之前的自由主义改革，当时在法西斯的环境中并不是很受欢迎。总的来说，詹蒂莱改革的问题是：他想培养一个领导阶层，这个阶层主要是人文科学出身，他不是很重视自然科学的学习。

　　我是文科高中的"辩护律师"，从我的角度来说，那些控诉很多都是有道理的。我补充说，詹蒂莱的文科高中不仅仅理科课程太少，也没有艺术史和现代语言课程。至于那些"死去的语言"，我那个年代的文科高中毕业生在学了八年的拉丁语之后，他们通常看贺拉斯都还有些吃力。为什么不能让这些学生用初级拉丁语交流呢？就像近代那些欧洲博学之士的做法。文科高中毕业生不一定要成为拉丁语学者（这是大学的事儿），但他应该了解古罗马文化是怎么回事儿，要认识词源，要明白很多科学术语的拉丁语（希腊语）词根，这一点可以通过阅读中世纪的拉丁语和宗教经文来掌握，也容易一些；把拉丁语和现代语言的句法和词汇进行对比，这也很有益处。比如说希腊语，荷马的作品对于专业人士都很难了，为什么要让学生学习这种语言，还要鼓励他们翻译古希腊时期的著作，比如亚里士多德的作品？为什么要学习西塞罗当时都不会说的语言？

我们可以设想一个文理科兼顾的高中，包含那些人文学科。我记得埃德里亚诺·奥利维蒂是电子计算机研制的先锋人物，他雇用了一些在信息科学方面当之无愧的天才工程师，也聘请了一些非常优异的文科大学毕业生，他们的毕业论文可能写的是古希腊的色诺芬，并以满分毕业。他已经明白了，那些工程师对于研发硬件来说必不可少，但要研发一些软件（或者说程序），则需要接受过创造力训练、受过文学和哲学熏陶的头脑。我想，现在那么多年轻人创造了各种各样的手机软件（这个职业在之前是不存在的，但他们还是获得了很好的成绩），他们是不是都是文科出身？

但我考虑的不仅仅是信息科学。一个人接受过古典教育，意味着他会回顾历史和人类的记忆，以史为鉴。科技是存在于当下的东西，总是会忘记它的历史背景。修昔底德给我们讲述的雅典人和米洛斯人的故事，对于我们理解现在一些政治事件很有帮助。假如小布什读过那些好的历史学家的著作（在美国大学里没有），他就会明白为什么在十九世纪，英国人和俄国人无法控制和征服阿富汗。

从另一个方面来说，那些像爱因斯坦一样伟大的科学家，都有着坚实的哲学文化背景。因此，我们要进行教育改革，但依然要保留文科高中，不仅仅是因为这可以使我们想象那些从来没有想象过的东西，也因为这是建筑师和地产商之间的差别。

二〇〇四年

关于书籍及其他

# 哈利·波特对成人有害？

　　关于哈利·波特，差不多在两年前我就写过一篇专栏，那时已经出版了最初的三个故事，在英语国家掀起了一场热议，大家都在讨论给孩子看这些魔幻故事会不会带来坏的影响，让他们对这些魔幻故事信以为真。现在电影也拍出来了，哈利·波特正在成为全球现象。两个星期前，我在电视节目《面对面》上看到奥特尔玛巫师露面了，他很高兴"哈利·波特系列"对于魔法的推波助澜，这对于像他那样的人是一种宣传（此外，他上节目时穿得稀奇古怪，估计艾德·伍德也不敢让他出现在自己拍的恐怖片里），另外还有一个著名的驱魔师——阿摩特神父（人如其名），对于他来说，哈利·波特的故事传播了恶魔的思想。我们换句话来说，当时在场的大部分人都很理性，他们觉得那些黑白巫术都是无稽之谈（但要知道，有很多人对此信以为真），驱魔神父会严肃对待任何形式的魔法（白的、黑的甚至是粉色波点的），就像恐怖片里演的。

　　假如事情是这样，我觉得应该捍卫一下哈利·波特，那确实是关于魔法和巫师的故事，很明显，这些故事非常招人喜欢，因为孩子们一直很喜欢仙女、侏儒、龙还有巫师，没有任何人会想到白雪公主是魔王撒旦的一个阴谋。这类故事过去很受欢迎，未来也一样，因此哈利·波特的作者（我不知道是因为精于算计，还是才情迸发），她是按照这类故事的古老原型，按照套路把这些情景呈现出来的。

哈利·波特是两个非常出色的巫师的儿子，他的父母被邪恶势力杀害，但刚开始他不知道实情，他和蛮横的姨妈一家生活在一起。最后他得知了自己的身世，顺从内心的召唤去一所魔法学校学习，学校里男生女生都有，在那里发生了很多让人惊异的事情。这是第一个经典模式：塑造一个娇弱年幼的形象，让他遭受各种折磨，但注定有一个光辉的前途。这种模式不仅出现在《丑小鸭》《灰姑娘》《雾都孤儿》里，在《苦儿流浪记》里的雷米身上也得到了体现。霍格沃茨学校是哈利·波特学习魔法的地方，这所学校和很多英国学院都很相像，在学校里他们会进行一些英式运动，比赛规则会让英吉利海峡那边的读者很入迷，但住在内陆的人却搞不明白。这让人想到另一个原型，就是《保罗街上的男孩》还有《淘气包日记》里的某些因素，那些小学生联合起来组成小集团，来对付那些怪异（有些是变态）的老师。在这些原型上，还增添了一些骑着扫把飞行的孩子，我们可以提到《彼得·潘》和《欢乐满人间》。最后，霍格沃茨魔法学校还有那些我们在萨拉尼出版社（也是出版《哈利·波特》的意大利出版社）"孩子们的图书馆"丛书里看到的神秘城堡。在这些故事里，那些穿着短裤的男孩，他们同仇敌忾，还有留着金色长发的少女，他们会揭发一个不诚实的管理员、一位腐败的叔叔，或者一个流氓团伙，他们最后会发现一个宝藏、一份遗失的文件，或者一间藏着秘密的地下室。

哈利·波特里出现了一些令人震撼的魔法，一些令人毛骨悚然的动物（但这个故事是给那些看着兰巴尔蒂的鬼怪故事和日本动画片长大的孩子看的），这些孩子就像大部分童子军一样，他们有战斗动力，听老师的话。那些老师道德高尚，几乎可以和《爱的教育》（需要去伪存真，排除历史因素）里的"真善美"相提并论。

让我们想想，那些孩子阅读了魔法故事，等他们长大成人，还会相信巫婆吗（奥特尔玛巫师和阿摩特神父是这么想的，尽管立场不同，但他们简直心心相印）？我们所有人在面对食人魔和狼人时，都有些正常的恐惧，但等我们长大了，尽管现在有臭氧层空洞的问题，我们不再害怕有毒的苹果。我们小时候都相信孩子是仙鹤送来的，但这并没有阻止我们长大成人之后接受一种更加合理（更让人愉快）的制造孩子的方法。

真正的问题不在孩子身上，他们生来就相信猫和狐狸的故事，但后来他们学会了为其他事情——那些比较切实际的问题操心。令人担心的是大人，可能是那些小时候没有看过魔法故事的人，他们现在有时候会出现在电视上，通过咖啡杯底的图案和塔罗纸牌给人算命，占卜的、招魂的、拜鬼的和各种变戏法的人，那些揭示图坦卡蒙秘密的人也出现了，成年人开始相信魔法师，慢慢地他们又开始相信猫和狐狸。

二〇〇一年

# 如何对抗圣殿骑士

　　我刚刚收到皮尔斯·保罗·里德写的《圣殿骑士的真相》（牛顿康普顿出版社，2001）和《历史和档案》杂志的副刊《犯罪策略》（2001 年 8 月刊），副刊里刊登的是芭芭拉·弗拉尔写的《美男子腓力和圣殿骑士的秘密仪式》。《圣殿骑士的真相》有三百页，弗拉尔的书只有六十页，但这两本书都很严肃，没有生编乱造。在这些前提下介绍恺撒的生平或者清教徒前辈移民的故事，这显得很奇怪，但涉及圣殿骑士，就要事先声明一点。

　　假如你是一个想赚钱的编辑，你要找个写手，写一本关于圣殿骑士的书。你把在历史上越不靠谱的事情放进去，就越能吸引读者，他们会渴望了解这些秘闻，迫不及待地掏腰包买来看。假如你想了解一本关于圣殿骑士的书可不可信，那你要看看目录，假如这本书从第一次十字军东征开始写起，并于一三一四年圣殿骑士被送上火刑柱（顶多在附录里带着疑虑提到一些后来发生的事情）结束，那这本书可能是严肃的；假如作者信心满满地写到了我们这个时代的圣殿骑士，那就是瞎编。

除非作者真的想（从历史学家的角度）讲述这个传奇是怎么产生和发展的。关于这个问题，记载最详细的是勒内·勒福雷斯捷的巨著《十八十九世纪神秘主义圣殿骑士共济会》（奥比埃出版社，1970）。神秘主义者、诺斯替教派、撒旦兄弟会、招魂巫师、玫瑰十字会、毕达哥拉斯兄弟会、启蒙运动时期的"光明会"、追寻飞碟的人，对于那些想在这个错综复杂的密林里探索的人，你们可以看看马西莫·英特罗维吉的《魔法师的帽子》（苏加尔科出版社，1990）。假如你们需要一本简史，通俗易懂，内容可信，适合我们现在的社会，那你可以看看《历史和档案》杂志副刊出版的弗兰克·卡迪尼写的《圣殿的秘密：密教和圣殿骑士》（2000 年 4 月刊）。无论如何，关于圣殿骑士的真实故事，你们可以读一读让·法维耶的《美男子腓力四世之谜》（尤旺斯出版社，1982），阿兰·德缪热的《圣殿骑士团的生与死》（加尔赞蒂出版社，1987），以及彼得·帕特纳的《圣殿骑士》（埃瑙第出版社，1991）。

为什么圣殿骑士有这么多传说？因为他们的故事值得用一本副刊小说来讲述。你们塑造一个修院骑士团，让他们完成一件了不起的事业，拥有巨额的财富；你们塑造一个国王，他想把一股正在国内崛起的势力清除出去；要设计一些密探，让他们搜集各种消息，有真有假，然后把这些消息汇集在一起，形成一张可怕的拼图（阴谋、可怕的犯罪、难以名状的邪教、巫术，加上一定剂量的同性恋情节）；把那些值得怀疑的人抓起来拷打，告诉他们，谁要是认错就能获得一条生路，谁要是说自己是清白的，就会被送上断头台……那些让你们虚构的审判（还有接下来的传说）成立的，就是牺牲品。

骑士团的故事很快就悲剧性地结束了，之后开启了其他政治、意识形态，对他们的审判一直持续到我们这个年代。面对残酷的压制，一个无法回避的问题产生了：那些躲过火刑的圣殿骑士后来去哪儿了？他们可能会在某个僻静的修道院里度过余生，试图忘记那些残酷的经历；或者他们像那些密谋的人一样，变得更加多疑，会重新建立起自己的秘密组织，经过几个世纪，组织越来越隐秘，机构越来越严密？没有任何历史证据来证明第二种推测，但会激发人们无穷的想象。

假如你们在网上搜索，可以找到很多活跃的圣殿骑士，没有任何法律规定人们不能相信某个传说，任何人都可以宣布自己是冥王奥西里斯，反正也不会有法老来揭发他。因此，假如要看一些魔幻故事，你们可以读一读路易·夏庞蒂埃的猎奇伪历史作品《圣殿骑士的秘密》（阿塔诺尔出版社，1981），或者罗伯特·L. 约翰的《圣殿骑士但丁》（欧伯利出版社，1987，第一版是1946年出版的）。在这本书里，你们可以看到议论文风格的典型代表："贝雅特丽齐散布在大地上的四肢……这些（我们重复一下）是无数的成员，散布在整个意大利，他们就是圣殿精神的代表，是以这位高贵女士的名字来命名的。"（第三五一页）

假如你们喜欢这个口味，你们可以选择一部更加肆无忌惮的虚构作品，那就是贝金特和林肯写的《圣杯》，这本书充满想象力，瞎编乱造如此明显，读起来就好像在玩角色扮演游戏一样有趣。

二〇〇一年

# 汉堡老头令人无法承受之轻

　　要说明保罗·德贝内代蒂这个人物，并没那么容易。从他的名字我们就能看出，他的祖先是犹太人，但不知从什么时候开始，他成了基督徒，作为基督徒，他非常虔诚（他写了一些宗教类书籍，在报上也写宗教专栏）。他是有史以来最犹太化的基督徒，他当然可以作为《圣经》和犹太世界的专家，在神学专业当教授。不仅如此，他是现存最熟悉犹太法典的人，这一点我可以证实，因为我们一起在邦皮亚尼出版社工作过。他负责的是《著作及人物词典》，他要求对一个法国专家写的词条进行修订，因为这个专家写到一个以泰亚尔·德·夏尔丹命名的基金会，基金会主席是萨伏伊的玛利亚·若泽殿下。

　　德贝内代蒂抹掉了"殿下"一词，他只提到了"萨伏伊的玛利亚·若泽"，我觉得这不是出于雅各宾思想和精神，而是出于一个百科全书学者清醒理智的头脑。这则词条的作者很明显具有保皇倾向，他写了一份言辞激烈的信痛斥这种修订。他说："先生，正统的王权是无法抹消的。"德贝内代蒂是这样回答的："但这位公主从来都没有得到加冕。"事实的确如此，在埃玛努埃莱三世传位给翁贝托二世直至意大利实行共和制的过程中，"神圣"不复存在，当然加冕仪式也不是神圣的。形式是形式，仪式是仪式，那个抗议他的人没什么话好说。你们说说，这个德贝内代蒂是不是一个刚正不阿的人？

尽管他一生都投入到对宗教经文的研究中，他也难免有一些世俗的爱好，他的爱好说起来几乎有些神秘，就是（研究和写作）五行打油诗和废话。而且他追根究底，后来，邦皮亚尼出版社让他翻译了艾略特的《擅长装扮的老猫经》。除此之外，他还崇拜那个肆无忌惮的天才费尔南多·英卡利加（Fernando Incarriga）——但我认为他的名字的正确写法是英卡利卡（Incarrica），我有英卡利卡在一八六〇年出版的著作；德贝内代蒂还是坚持自己的错误拼写，尽管他知道，要是有人把犹太教的《妥拉》修改一个字母，这个世界就会被一把火烧光。

英卡利卡是一个法官，他一本正经地写了一本小说，一点儿也不让人觉得好笑，里面有类似这样吃喝玩乐的格言："天文学是一门怡人的科学，人们可以去探测——星星、太阳还有月球，看一看上面有什么。你探测到太阳——这个世界的火炬：这个圆球——一直都是神赐予的。"德贝内代蒂做了这样的戏仿："瓶子就是那些放在牛奶周围的东西，假如有人把瓶子碰破了——我的天呐！糟糕，牛奶没了。"或者："木乃伊就是那种玩意——在上面涂满了东西——就是为了把它好好保存在一个巨大的金字塔里。"最后再举一个例子："纪念碑就是那玩意儿——放在公园里教育市民——上面放的是加里波第。"

德贝内代蒂关于废话的创作和文章，通过施维勒出版社出版了（《废话以及其他》，2007，十二欧元）。我不知道这本书里对于废话诗律和历史考证，以及作者在这方面的自由创作是不是让人赏心悦目。关于他的打油诗，我可以举个例子："从前一个女的名叫克拉利丝——她很不高兴地抱怨：重音在倒数第二个音节上，叫我克拉丽丝才好，我要爬上这棵松树。"还有一个是："汉堡有个老头——他吃面包就酱——吃饱肚子时——他后悔了，就出家了——这个汉堡的禁欲老头。"最后再举一个例子："有一个印度人，名字叫做跋弥——他写出了疯狂的半行诗——被巨大的蚂蚁窝埋了——他做了很多年土匪之后——高喊，妈呀！妈呀！后悔了。"在这个引经据典的小书后面我们可以看到，跋弥是《罗摩衍那》的作者，里面有九万六千句半行诗，如果"和翁加雷蒂的一首五行打油诗或一首诗歌相比"，好像有些辛苦。为了让读者觉得自在，德贝内代蒂还引用了跋弥的八句梵语半行诗，每个人可以自己判断。

在德贝内代蒂的创作活动中，猫的作用非常大，他给猫创作了很多优美的小诗，这些诗和那些著名的诗歌相比也不相上下。还有一些关于天使的诗歌，他们虽然不是猫，但也是很稀奇的生物。

该怎么说呢？假如你们在看维斯帕和桑托罗的间隙还剩下一点儿时间，你们可以看看德贝内代蒂。疯狂和智慧之间的差别那么的细微，偶尔跨越一下，也是一种很好的体验。你们不要抱怨我没举例子，其实我很乐意告诉你们，我希望你们花十二欧元来阅读剩下的东西。

二〇〇二年

# 触摸书籍

　　最近几个星期，我有几次有机会谈论"藏书癖"这个话题，交谈对象有很多年轻人。谈论自己的"藏书癖"是很艰难的。广播三台的那个《华氏度》栏目（主要目的就是激起人们的阅读热情）采访我时，我说这事儿有点儿像一个性变态在和山羊做爱。假如你说你和超模娜奥米·坎贝儿或者邻家一个漂亮姑娘过夜了，大家都很高兴听你的经历，对你会产生羡慕、嫉妒或者嫉恨。但你要说你和山羊结合时产生的快感，那大家都会很尴尬，会很快岔开话题。假如你收藏文艺复兴时期的绘画或者中国的瓷器，客人来到你家时，他会满怀热情地欣赏那些让人惊叹的作品。但假如你让人看一本出版于十八世纪的小破书，十二开，书页有些发黄，你说有这些藏品的人屈指可数，这位到访者可能会很厌烦，想赶快离开。

　　藏书癖爱好的是书籍，但不一定爱书里的内容。若一个人只对书里的内容感兴趣，他可以去图书馆，但一个有藏书癖的人，尽管他很在意内容，但他更想获得的是书本身，假如可能的话，他想得到从印刷机里印出来的第一本书。在这种情况下，有些人会收藏一些没有裁开的书，他们不想破坏这些书的完整性——这种事我不会做，但我可以理解。对于这些人来说，把书裁开，就像一个收藏钟表的人把钟表砸开，要看看里面的结构。

有藏书癖的人并不是那些热爱《神曲》的人，他爱的只是某个版本或者某个时期出版的《神曲》。他渴望抚摸、翻阅这些书籍，用手掠过装订线。从这种意义上来说，他们和这些书对话，这些书只是物体，每本书都有自己的来源和故事，还有抚摸过它的无数只手。一本书讲述的故事是由指纹、空白处的注释、下划线、扉页上的签名，甚至是蛀虫咬出来的洞组成的。假如一本书有五百年历史，它那洁白清新的纸张还会在手指下面窸窣作响，那么它的故事会更加精彩。

但书作为物体，尽管它可能只有五十多年的历史，也可以讲述一个非常精彩的故事。我有一本埃蒂安·吉尔森的《中世纪哲学》，是五十年代初期的一本书，从我大学写论文开始一直伴随我到如今。那个时期的纸质量很糟糕，翻阅的时候，书页简直要散开。假如对我来说，它只是一个工作工具，我完全可以找一个更新的版本，而且价格也不贵，但我想拥有那个版本，它的脆弱和古老，还有里面的下划线、笔记、不同阶段的阅读留下的各种颜色的笔迹，都让我想起了我读书的那些年以及后来的岁月，它是我记忆的一部分。

这些事儿要跟年轻人讲讲，因为通常他们以为，收藏古书是有钱人的爱好，当然了，有些非常古老的书籍可能会值几千万里拉（《神曲》的第一个古老版本几年前拍卖，价格飙升到了十五亿里拉），但出于对书籍的热爱，值得收藏的不仅仅是那些古老的珍本，也可能是一些旧书，比如一本现代诗歌的第一版，有人就收藏了萨拉尼出版社"孩子们的图书馆"系列所有小书。三年前，我在一个摊位上看到了帕皮尼①的《高格》第一版，还保留着当时的纸质封面，我用两万里拉就买到了。说真的，迪诺·坎帕纳的《俄耳浦斯之歌》第一版，我十年前在一个目录上看到过，那时候已经值一千三百万里拉了（看来，当时这个可怜的诗人印量真的很小），但一个人要收藏一系列二十世纪的书籍，只要省掉偶尔晚上出去吃比萨饼的钱就可以实现。

我的一个学生经常逛书摊，他收集各个时代的导游书。刚开始，我觉得这是一个很怪异的做法，后来这个学生根据这些图片掉色的册子，写了一篇非常棒的论文，来说明在不同的年代人们看待城市的目光是多么不一样。从另一个方面来说，那些没什么钱的年轻人，也可以在罗马波特赛门跳蚤市场或者圣安布罗焦展览会上去碰碰运气。十六七世纪的十六开本，花上一双好球鞋的价格就能买到，虽然不是罕见版本，但它们也能讲述那个时代的故事。

总之，在收藏书籍时，会发生一些和收藏邮票一样的事情。那些伟大的收藏家当然会有很值钱的东西，但我小时候从文具店里买一些装着邮票的小盒子，里面随意装着十张或二十张邮票，我晚上看着那些彩色的方块邮票，长时间地梦想着马达加斯加岛、斐济岛。那些邮票当然并不罕见，但当时的感觉很神奇，真令人怀念啊！

二〇〇四年

---

① Giovanni Papini（1881—1956），意大利翻译家、文学评论家和小说家。

# 这就是直角

长期以来人们一直相信，可以通过事物的定义来了解它们。在有些情况下是这样的，比如化学方程式，只要对化学基本元素有所了解，我们看到 NaCl 就会明白，这是氯和钠的化合物，尽管这个定义没有明说——但人们可以想象这是盐。但我们关于盐的所有知识（用于保存食物，给食物增添味道，会抬高血压，盐是从海里或者盐湖里获取的，甚至在古代盐要比在现代珍贵），都不是这个化学定义所能告诉我们的。要知道，我们对于盐的了解，也就是说所有有用的知识（可能会忽略一些细节问题），并不是源自这个定义，而是听过的一些故事。对于那些想了解盐的人，这是一些神奇的历险故事，会伴着那些沙漠商队，沿着"盐路"旅行，从马里帝国一直到大海，或者最初的医生用盐水清理伤口……换句话来说，我们的知识（不仅仅是神话传说，还包括科学知识）是由很多故事交织而成的。

一个孩子要了解这个世界，有两个途径：一个是通过展示的方式来习得，也就是说，孩子问狗是什么，妈妈会指给他看

（假如第一天妈妈给他展示的是一只短腿猎犬，他第二天认出了一只长腿猎犬——可能夸张一点说，他把看到的第一只羊也当成了狗，但他很难认错一条狗）。

第二种方式就是通过定义："狗是一种有胎盘的哺乳动物，食肉目，裂脚亚目，犬科。"（你们可以想象当孩子们看到这种表述时会有什么反应），但这时我们还是需要讲故事："你记不记得，有一天，我们去了奶奶家附近的公园，那里有这样一只动物……"等等。

实际上，孩子不会问一条狗或一棵树是什么……通常，他们都是先看到这些东西，有人给他们解释这是什么。但通常他们会问为什么。无论是栎树还是山毛榉，它们都是树，要明白这一点并不很难，但真正让孩子们好奇的是，为什么它们会出现在那里，它们从哪儿来，怎么生长，有什么用处，为什么树叶会落。这时候就需要讲故事了，这些知识是通过故事得以传播的：先种一颗种子，然后种子发芽，等等。

孩子们也想知道那些真实的事情：孩子到底是从哪儿来的。不能给他们讲之前人们一直讲的，说孩子是从白菜里长出来的，或者是仙鹤叼来的，而要说，爸爸给了妈妈一颗种子。

我非常认可这种观点，我相信很多人和我一样，认为科学知识也要通过故事的形式表现出来。我一直对我的学生讲皮尔斯书里的一页，是关于锂的定义，皮尔斯用了大约二十多行讲述了在实验室里怎么才能获得锂。我觉得，这一页的描述非常富有诗意，虽然我从来都没有目睹过锂的产生。后来有一天，我遇到了一件让人高兴的事儿，就好像自己处于炼金术士的作坊里——尽管那是纯粹的化学。

有一天，我的朋友弗兰克·洛比巴罗做了一场关于亚里士多德的讲座，他引起了我的注意。他提到了欧几里得，这位几何学之父在定义直角时，不是说一个九十度的角就是直角。这个定义当然是正确的，但对于那些不知道角是什么，也不知道角度的人，这个定义没有任何意义。我希望没有任何一个妈妈对他们的孩子说："一个九十度的角是直角。"那样的话，孩子就被毁了。

　　欧几里得是这样说明一个直角的："当一条直线在另一条直线上升起时，在它们之间形成了两个相邻的、一样的角，这两个一样的角就是直角，那条竖起来的直线，就是垂线。"

　　你明白了吗？你想知道什么是直角？我告诉你怎么制造一个直角，或者产生这个直角所需要的步骤，之后你就会明白了。除此之外，关于角的度数的问题，你们之后会学到，两条直线还会相遇。

　　这件事让我觉得很有教育意义，而且富有诗意，这让一个想象的世界距离我们更近。为了编故事，人们会想象各种世界，同时为了让人们了解世界，要创造一些故事。

　　（为什么我要给你们讲这些？因为在一九八五年，我写第一篇专栏的时候就说过，我脑子里想起来什么就是什么，而这就是我今天想到的事儿。）

二〇〇五年

# 在儒勒·凡尔纳的作品中旅行

　　当我还是个孩子时，身边的伙伴分成了两派，一派喜欢萨尔加里，另一派喜欢凡尔纳。我要马上申明的一点就是：我当时是支持萨尔加里的。重读萨尔加里，我可以背诵其中一些篇章，但现在，我不得不重新回顾之前的看法。很多在儿童时代喜欢萨尔加里的人，会发现萨尔加里不再吸引（至少不像当时那么吸引）新一代读者，说实在的，包括那些老年人，他们在重读时要么会带着一丝怀念和讽刺，要么会读得很辛苦，那些巨獠猪还有热带植物让人很厌烦。

　　二〇〇五年，大家都在纪念儒勒·凡尔纳去世一百周年，不仅是在法国，世界各地都有很多报纸、周刊以及研讨会在重新解读他的作品，他们想展示有多少预言成为了事实。看一看意大利那些出版目录，我发现凡尔纳的再版频率要比萨尔加里高，更不用说在法国了。在法国甚至有一个凡尔纳古董商经营那些古版书，当然了，这主要是因为埃策尔出版社的书做得很精美（在巴黎左岸至少有两个商店专门经营这些漂亮的红色和金色的线装书，价格高得让人不敢问津）。

我们要承认萨尔加里的成就，但这个创造了桑德坎的人并没有多少幽默感（他就好像他笔下的人物，除了亚涅斯不一样），但凡尔纳的小说里充满了幽默，只要回顾一下《沙皇的信使》里精彩的篇章，科雷万战争结束后，《每日电讯报》的记者哈利·布朗特为了阻止他的仇敌阿尔奇德·若利韦把电报发往巴黎，他占领了电报办公室，念着《圣经》里的句子，就是为了堆砌文字，后来若利韦终于获得了电报窗口的位子，他用一首贝兰杰的歌曲打断了布朗特。他念着歌词："'啊！'哈利·布朗特喊道。'事就这样成了①！'阿尔奇德·若利韦回应说。"你们说，这是不是很有特色？

另一个原因是，有很多预言性的故事，在小说家虚构时令人振奋，但我们隔一段时间再看，当小说里提到的事情已经变成现实，会让人有些失望。但在凡尔纳身上不会发生这样的事情，没有任何核潜艇像"鹦鹉螺号"那么让人惊讶，也没有任何飞船或者波音飞机，能和征服者"罗布"螺旋桨飞船一样迷人。

第三个吸引人的因素（这一点作者和出版社都有功劳）就是小说中的版画。我们这些喜欢萨尔加里的人，都会一直记着德拉瓦莱、甘巴，或者阿玛托绘制的神奇插图，那些绘画就好像是海耶斯或拉斐尔的黑白画。凡尔纳小说里的版画要更加神秘和迷人——让人想用放大镜仔细看。

尼摩船长透过"鹦鹉螺号"舷窗，看到了一只巨大的八爪鱼，"罗布"上布满了接收信号的各种天线，还有那个落在神

———————————

① 《圣经·旧约·创世记》中的句子。

秘岛上的气球（"我们在上升吗？不，正好相反，我们正在下降！西罗先生，更糟糕的是，我们正在坠落！"）。一颗巨大的炮弹对着月亮，地球中间的溶洞，就像阴暗深处冒出来的影像，是由一些纤细的黑色和白色线条勾勒而成，是由刮痕、划线和空白的反射构成的。这是一个没有色彩的世界，线条非常统一，这是动物，可能是牛、狗或者蜥蜴的视网膜所看到的，是通过软百叶窗看到的，百叶窗上的条纹很纤细，有些像夜晚的世界，包括天空，雕刻和抹平的地方产生了一种光效，几乎像是水下的世界。

假如你们没有钱买埃策尔出版社的古董书，现在重版的那些书又无法满足你们的愿望，那怎么办呢？你们可以上网去看，网址是 http://jv.gilead.org.il/。在这个网上，有一位名叫兹维·哈雷尔的先生收集了关于凡尔纳的所有资料，包括在世界各地举行的纪念活动，完整的书目，还有论文集，以及三百〇四张让人惊异的、各个国家的纪念邮票图案，还有希伯来语版本（这位兹维先生是一个以色列人，他创办这个网站是为了纪念他十九岁早逝的儿子，这很让人感动），尤其是，上面有一个虚拟图书馆，你可以看到凡尔纳各个语言的完整版本。法语原版的所有版画，你都可以下载下来放大看，图像有颗粒感，看起来会更加迷人。

二〇〇五年

# 开瓶器形状的空间

我给一本我作了序的书写评论，有人可能会觉得这不太合适。一般人都期望评论是客观的，不掺杂个人利益，但这个专栏可以说是个人喜好、好奇心和兴趣的体现。假如我为一本书作序，那是因为我喜欢那本书，也乐意谈论那本书。我说的是雷纳托·乔瓦诺力写的《维特根斯坦很简单!》（美杜莎出版社，2007）。尽管题目听起来有些调皮，但实际上，这是一本非常严肃的书。

除此之外，雷纳托·乔瓦诺力还写了一本激动人心的"科学"书籍——《科幻小说中的科学》（邦皮亚尼出版社，2001）。这本书是对于那些虚构的科学思想，也就是存在于科幻小说里的科学（机器人定律、外星人或者变异人的本性、超空间、四维空间、时空旅行、时间悖论、平行世界，等等）一个比较系统的回顾。这些思想有理有据，好像形成了一个系统，和科学系统的统一性、连贯性非常相似。这些思想并不荒唐，因为科幻小说的作者也会读这些书籍，有些理论会在多部小说里出现，就好像他们创造出了一种平行于官方科学的世界；其次，这些小说家并没提出和科学相违背的东西，而是把一些科学成果扩大到极致；最后，有些科幻小说提出的思想（从凡尔纳往后）后来被科学证实了。

在侦探小说的群岛上，乔瓦诺力也采取了同样的原则，他搜集了小说里的侦查和分析方式，就像哲学家和科学家那样。这种做法本身不是新的，但他采用材料的广泛性和论述的严密性都非常值得肯定。这时候，就像作者在后面提出来的一样，我们会想这本书到底是一部侦探小说的创作理论呢，还是一部哲学著作？用来论证的例子都是从侦探小说里汲取的。我不知道是应该推荐给研究侦探小说的人，还是那些想了解哲学的人，慎重起见，我给这两类人都推荐这本书。

可以看到，不仅仅是侦探小说家熟悉这些哲学和科学命题（你们可以找到达希尔·哈米特、相对论和拓扑学之间的关系），假如有些思想家没读过侦探小说，他们（可能）从来不会想到一些问题——我们可以看到维特根斯坦从硬派小说里获得的启发。

我不知道是哲学先出现，还是侦探小说先出现，因为从根本上来说，《俄狄浦斯王》也是一个犯罪调查。从爱伦·坡的《哥特小说集》开始，侦探小说对于学者和思想家的影响可能就超过了我们的想象。乔瓦诺力用逻辑表、图表还有其他令人愉快的方式，给我们展示出了从犯罪调查到采取行动的过渡，最后引申到了维特根斯坦从《逻辑哲学论》到《哲学研究》的过渡：这是一个推理模式（假定有一个有秩序的世界，一个可以解释的链条，因果关系清楚，好像在侦探的大脑中有一种和谐的、事先确定好的秩序，映射着事实之间的秩序和必然的联系），在这个模式里，通过侦查追究其原因时，也会带来后果。

在一本侦探小说中，侦探调查当然是一种形而上学的研究模式，因为这两者都要解决这个问题："这是谁干的？"在哲学上称之为"whodunit"。切斯特顿认为，这些侦探小说是最高秘密的象征；德勒兹说，一本哲学书应该写得像侦探小说一样。圣托马斯不也是在他的书里通过五条途径来证明上帝的存在吗？不是只能遵循调查模式，才能分析上帝留下的痕迹吗？但还有一种隐形的"冷硬"哲学。通过帕斯卡打的赌我们可以看到什么，我们试试把牌弄乱，看看会发生什么，等等，这是马洛或者山姆·斯佩德的问题。

关于阿加莎·克里斯蒂和海德格尔之间可能存在的关联，我很愿意多讨论几句。乔瓦诺力并没说《十个小印第安人》（1939）影响了《存在与时间》（1927），尽管他之前曾多次提到，时间悖论可能会让他得到这个结论；我觉得从中世纪文献中找到根据，来揭示英国太太克里斯蒂"向死而生"的思想，这是大师的做法。我的最后一个要求：你们去看一看达希尔·哈米特有关的章节，还有开瓶器形状的空间。

二〇〇七年

# 关于没有读过的书

　　我记得（正如你们所见，我不一定记得很准），我看过乔治·曼加内利一篇非常棒的文章，在这篇文章里，他展示了一个高级读者如何在没打开一本书的情况下，就能判断这本书的好坏。他说的不是那种专业读者（或者爱好者），他们可以从内容简介、目录或者偶然翻开的两页，更多时候是通过后面的参考书目，来判断一本书是不是值得一读。曼加内利说的不是这些，他讲的是一种类似于悟性的东西，是一种天分和直觉，很明显也很矛盾。

　　皮埃尔·巴亚尔（心理分析师，大学的文学教授）写了《如何谈论一本你没有读过的书》（埃克塞西奥一八八一出版社，2007）。在这本书里，他讲的并不是在没看原文的情况下，你应该知道什么。他说的是如何心平气和、面不改色地谈一本自己没读过的书，甚至是讲给学生听，尽管那是一本非常重要的书。他的计算是科学的，那些好图书馆会收藏几百万本图书，哪怕我们每天看一本书，一年也只能看三百六十五本，十年才能看三千六百本，从十岁到八十岁之间，我们差不多能读二万五千二百本书，真是杯水车薪。从另一个方面来说，每个受过好的高中教育的人，都能听懂一场讲座，我是说，一场关于班戴洛、弗朗切斯科·圭恰迪尼、博亚尔多的讲座，还有阿尔菲耶里无数的悲剧，甚至是涅沃的《一个意大利人的自白》，学生们也不过是在学校里听过这些名字，或者在评论里看到过，但从来都没有看过原著的任何一行。

对于巴亚尔来说，文学评论非常重要。他毫不羞愧地坦白说，他从来都没有看过乔伊斯的《尤利西斯》，但他可以谈论这本书，说明这本书是对《奥德赛》的重写（他也承认自己没有看完《奥德赛》），他说《尤利西斯》是一场内心独白，是在都柏林这个城市里一天之内发生的事情。他写道："我在上课时经常会提到乔伊斯，眼睛都不眨一下。"认识到一本书和其他书的关系，这意味着要比看了这本书知道得还要多。

巴亚尔展示出，假如我们读一些被历史遗忘的书籍，就会发现，我们对那些书的内容非常熟悉，因为我们已经看过了其他谈论、引用这本书的书，或者和这本书的思想不相上下的书。还有（他对一些文学作品做了非常有趣的分析，都是一些从来都没有看过的作家的书，穆齐尔、格雷厄姆·格林、瓦莱里、阿纳托尔·法朗士，还有戴维·洛奇）。让我觉得荣幸的是，他用了整整一章内容谈论了我的《玫瑰的名字》，巴斯克维尔的威廉展示出，他非常了解亚里士多德的《诗学》第二卷，尽管他是第一次拿到那本书，他通过亚里士多德写的其他著作推测出了这本书的内容。在小说的最后，我纯粹是出于虚荣才引用了那一段。

这本书最错综复杂的部分并没你感觉的那么荒谬，那就是我们忘记了大部分真正读过的书，这些书会在我们脑海中形成一些影像，我们记住的并不是书里说的，而是我们读书时脑海中的所思所想。因此，假如有人没有看过某本书，假如他引用了这本书里不存在的一些段落和情节，我们马上就会相信，他谈论的正是那本书。

实际上，巴亚尔（在这里，他更多的是一名心理分析师，而不是文学教授）关注的并不是人们读不读书，而是每次阅读（或者说非阅读，非完美阅读）都会有创新成分，也就是说（简单来说），在一本书里，读者会加入自己的东西。这让人希望能有一所学校，学生可以创造一些他们想读的书，因为谈论那些没看过的书也是了解自己的一种方式。

后来，巴亚尔说，当一个人谈论一本从来没看过的书时，那些读过这本书的人也不会发现他的引用是错的。在一段分析的最后，他坦白说，他在对《玫瑰的名字》、格林的《黑狱亡魂》和洛奇的《换位》的简述中，加入了三则虚假的信息。有趣的是，我在读他写的简述时，马上就发现了格林作品中的错误，我对于洛奇的那段有些怀疑，但我却没有发现他谈到我的书时犯的错误。这就意味着，我没仔细看巴亚尔的书，我只是浏览了一下（无论是他，还是我的读者都有理由怀疑这本书）。但最有趣的是，巴亚尔没意识到，他宣布自己故意犯错时，他明确提出了比较正确的阅读方式，就是"非阅读"，但需要细致阅读，才能发现书里的错误。这个矛盾是那么明显，不免让人产生疑问：巴亚尔并没读过他写的书。

二〇〇七年

# 关于载体的稳定性

上个星期天，在威尼斯，在翁贝托和伊丽莎白·毛里书商学校的最后一天，大家谈论了信息载体的可靠性问题。过去人们把信息记在埃及的石碑上，写在泥板、莎草纸和羊皮纸上，当然还有后面出现的印刷书籍里。也就是说，这些书已经有五百多年了，用的是布浆纸。十九世纪中叶，人们开始用木头做纸，这种纸张的寿命好像是七十年（的确，你拿起一本战后印刷的书籍或报纸就能发现，轻轻一翻，这些纸就会解体）。一段时间以来，各种研讨会都在讨论如何拯救堆积在图书馆里的书籍，其中一个最常提到的办法，就是把这些书籍扫描下来（但不可能把所有现存的图书都扫描一遍），转成电子版本。

这会产生另一个问题：所有用于传播和保存信息的载体，从照片到电影胶片，从 CD 到我们目前在电脑上使用的 U 盘，其实都没有书籍那么耐用。就我所知，其中一些载体，比如以前我们听的磁带，用不了多久，里面的带子就会拧在一起，会卡住，我们要用一根铅笔伸到磁带上的小孔里搅一搅，把带子理顺了，然后再卷进去，但有时候磁带卡死了，我们一点办法也没有。影碟很容易掉色，看不清楚，假如播放很多次，快放或快退，那坏得就更快了。时间已经证明一张黑胶唱片在正常使用的情况下能保存多长时间，但我们还没时间证明一张 CD 可以用多久。我们说这种新发明可以取代书籍，但它们很快就从市场上消失了，同样的内容可以在网上查到，而且价格更便宜。我们不知道一部刻在 DVD 上的电影能保存多长时间，我们只知道用影碟机多播放几次之后，DVD 就会开始出问题。我们也没办法知道，电脑上用的软盘能用多长时间，但我们知道这些软盘已经被 U 盘取代了。随着一些载体的消失，那些能读这些载体的设备也消失了（我相信，现在已经没人拥有能读软盘的电脑了），假如一个人没有及时把之前的信息转移到新载体上（按照目前的节奏，两三年就有更新），他就会永远失去那些信息（除非你在地窖里保留十几台过时的电脑，用来读那些被淘汰的载体）。

因此，所有电脑和电子载体，有的很快会被淘汰，有的我们不知道它们还能存在多久，可能我们永远都不会知道。

最后，还可能忽然跳闸、花园里遭到雷电袭击，或者发生其他常见事故，它们都可能会使一个存储器消磁。假如长时间停电的话，有些电子存储器就没办法使用。假如我把《堂吉诃德》存在电子设备里，我就没有办法在烛光下、吊床上、船上、浴盆里和秋千上阅读它，假如我有一本书，我就可以在各种不方便时阅读。假如我的电脑或电子书从五楼掉下去，我肯定是什么都找不回来了，但假如是一本书掉下去，顶多是书页散开了。

现存的这些载体主要目的是让信息得到更广泛的传播，但并不注重信息的长期保存。但是书籍不仅仅是信息传播（你们想想，对于宗教改革来说，拥有《圣经》的纸质版有多么重要）的主要工具，也是信息保存的主要工具。有可能过了几个世纪，我们可以获取过去信息的唯一途径就是古版书，可能所有电子载体都已经消磁了。在现有的书中间，那些用高级纸张或无酸纸印刷的书籍会存活下来。

我不是一个守旧的人，在一个 250 G 的移动硬盘上，我保存了世界文学以及哲学史上最杰出的代表作，在这些文档里寻找但丁或者《神学大全》里的某句话用不了几秒，但要爬到高高的书架上去找一本书，那就不太方便了。但我很高兴我的书架上保存着那些书，在电子设备出毛病时，这些书对我是个保证。

二〇〇九年

# 未来主义不是一场灾难

在《未来主义宣言》发表一百年纪念之际，各地举办了很多展览，就是为了重新评估这场运动。巴黎的画展认为，未来主义的作品是对立体派的模仿，但意大利的展览强调其原创性，这场争议众所周知。在所有展览中，我觉得最突出的就是在米兰王宫举办的那场。我不记得是哪份报纸，在评论这场展览时，说这场展览缺乏未来主义大家之作，比如翁贝托·薄邱尼的《足球运动员的活力》，或者卡洛·卡拉的《无政府主义者加利的葬礼》。但这也没什么好奇怪的，这些作品在很多展览上都有，那场展览展出的作品要好得多。米兰的展览虽然没有展出未来主义代表作，却展示了这场运动出现之前以及与这场运动同时代的一些作品，尤其是未来主义进入法国之前，在米兰发展时期的作品，还有未来主义之后，直到一些近现代画家的作品。假如说一种艺术潮流总会带来影响，但在一九〇九年这个命中注定的一年之前，发生的事情并没那么显而易见。

从根本上来说，我们都习惯于认为，未来主义之前是米凯蒂式的现实主义，那时候人们喜欢邓南遮，推崇类似于博蒂尼的肖像画家，还有象征主义或者以普莱维亚蒂为代表的印象派画家，所有这些艺术家都令那些逛博物馆和画廊的高级资产阶级大为着迷；之后就出现了一个出人预料的逆转，一种会改变历史的剧烈变化，就像某些革命或者自然灾害，一些先锋派横空出世，在这些先锋派中间就包含意大利的未来主义。

很多人都知道托姆提出的关于突变①的数学理论：从某种意义上来说，突变就像一场急速的"逆转"，就是之前什么也没有，之后什么都有了，或者正好相反。在这种意义上来说，睡梦和死亡都是突变（帕里斯先生在死前的最后一刻还活着），但按照某些解释，一些历史事件，比如叛乱或者监狱里的动乱（奇迹般的痊愈）也算得上是突变。现在，米兰的展览让我们亲眼看到（更不用说在十九世纪末期还有像梅达尔多·罗索这样的雕塑家，采用了融化的表现形式），未来主义不是一场灾难。你们只要看看展出的作品就会发现，在二十世纪的最初几年，在未来主义的杰作出现之前，在卡拉、巴拉和薄邱尼绘制他们的形象作品之前（长期以来，评论家都认为这是未来主义的萌芽），未来主义的活力隐藏在出人预料或是人们没留心的地方。一九〇四年，佩里泽·达·沃尔佩多创作了《经过本尼奇山口的汽车》，在这幅作品里，基本上看不到汽车，只能看到画笔匆匆画出来的一条道路。一九〇七年，普莱维亚蒂绘制了一幅《太阳车》，在让人疲惫的象征主义表现手法中，他加入了一种明显的、星球快速运动的动态表现，画面有些扭曲。这里有几个例子，是象征主义的最后几个代表，比如阿尔伯

---

① Catastrophe，法语本意为"灾难"。

特·马提尼，他们证明了当时的未来主义者和后来的未来主义者都很关注象征主义和印象派。更不用说在一九〇四年到一九〇七年间，安杰洛·罗马尼创作了一些画像，造型很难描述，我可以说是一些"象征—未来—表现—抽象主义"作品，比未来主义后期的作品更加大胆。这时候，我们就明白为什么罗马尼要加入《未来主义宣言》，但后来又脱离了，好像他在寻找其他东西。

米兰的展览让人想到这场艺术运动之外的很多事情。我们已经习惯了把历史上的所有大事件都看成灾难：四个激进主义者攻进了巴士底狱，爆发了法国大革命；几千个衣衫褴褛的人（从照片上看来，好像是专门装扮的）攻进了冬宫，俄国革命也爆发了；他们向奥地利大公开枪，那些同盟者发现不能和中央集权的帝国共存；法西斯分子杀死了马泰奥蒂，决定建立独裁政权……但我们知道，这些事实都符合人们的期望，或者说这些事件就像书签，可以标识某些事件的开始。具有象征性的大事件，都是长期形成的，受到了各种因素的影响，发展起来，然后又瓦解。

历史是慢悠悠、黏糊糊的，我们需要铭记的一点就是：明天的灾难是在今天萌芽和成熟起来的。这真是阴险啊！

二〇〇九年

# 假如你听过，你可以打断我

有些作品尝试通过喜剧的方式给出一些心理学或哲学定义，这些作品一般都妙趣横生。我们可以在弗洛伊德的书中找到最好的犹太小故事，在伯格森关于笑的作品中，我们也可以看到对拉比什的引用，简直字字玑珠："停下！只有上帝才有权杀死自己的同类！"这些作品引用此类段子，一般用于阐释某种理论。

这里我要说的一本书，理论只是作为前提，为讲段子做好铺垫。吉姆·霍尔特不是哲学家，他写了《关于精神生活，听听这些富有哲理的话和小故事》，这是他写给《纽约客》的（最初的题目是《假如你听过，你可以打断我》）。吉姆·霍尔特也引用了一些前后矛盾的理论（他表现得对这些理论很了解），就是为了给我们讲一大串段子。他的书不能给小学生看，因为他喜欢的段子有些"荤"。除此之外，他还选了一些美国段子，就像兰尼·布鲁斯之类的喜剧演员讲的，假如你不了解语言和文化背景，通常会很难理解。比如："为什么新泽西被称为'花园州'？因为每个小区都有一个罗森布拉姆（Rosenblum）。"

只有知道"罗森布拉姆"是典型的犹太人名字，且英语发音听起来是"盛开的玫瑰"，而且在新泽西有很多犹太人，你才会觉得好笑。假如你生活在纽约，听到这个段子就不会觉得好笑。

你们可以想象，阿方索·威尼沙·德莱尼在翻译时会遇到多大的困难，需要做多少注解。大家都知道，解释一个段子是多么悲哀的事儿。但我不得不说，译者在翻译下面这个段子时，做的注释并不完善，这个段子是讽刺主教把圣职授予一些同性恋者。段子是这么说的："为什么主教棋下得不好？因为他们不会区分'象'和'后'。"听起来好像没有什么内涵，同性恋不分男女，这是个错误的观点。德莱尼注释说，"象"的英语是"bishop"，也就是"主教"，这样段子才说得通，因为都是教会的事儿。但他没有解释，在俗语里，"后"（queen）的意思是同性恋，而且是一种非常鄙夷的说法。因此，这个段子说的是："他们不会区分'主教'和'娘娘腔'。"这个段子政治不正确，而且很刻薄。

总之，翻译段子是一项苦差，但说起来，这本书里的很多故事都非常好笑，有几个值得一提。有些是古希腊文学里的（"你想怎么剪头发？"理发师问。顾客说："不说话剪！"），吉姆·霍尔特还引用了一个段子，但传到现在，已经不是很完整了：有一名阿夫季拉人（这个城市的居民以愚蠢著称）问一名太监有几个孩子，太监说他没孩子，因为他没生殖器。但这个段子里缺少阿夫季拉人的回答，吉姆·霍尔特对此很不安。我觉得阿夫季拉人可以这样回答："这有什么关系，我的生殖器也不管用，但我太太给我生了三个漂亮的孩子。"

关于波焦·布拉乔利尼的《俏皮话》那一章也很棒，那些性变态甚至从美国十几年前死去的孩子身上汲取灵感，一些施虐狂的段子："一个红色的、摇晃的东西是什么？一个孩子挂在屠夫的钩子上。"还有一个人类学家的让人感动的回忆，说的是阿兰·邓迪（他创作了关于苏联专政的段子《十五年》，并得了一等奖）还有他的研究，有很多关于大象很蠢的段子。我还看到一个非常文雅的段子："一只蜗牛骑在乌龟背上，会说什么？太刺激了！"这个段子也可以给孩子讲。这个关于克林顿节食的段子不太适合小孩子："他现在瘦了，都能看见实习生的脸了。"还有另一个段子也很有趣，讲的是一个人进入一家酒吧，说所有警察都是混蛋。有一个坐在吧台前的人表示不赞同。"为什么？你是警察啊？"那人回答说："我不是警察，我是混蛋。"对于孩子，我们可以讲一个段子，是一个骷髅进入一家酒吧（可能和上面的段子是同一家酒吧），他要了一杯啤酒，还有一块擦地板的抹布。

吉姆·霍尔特什么都敢说，我引用一则关于弑神的段子，据说是里昂·维森特尔讲的："为什么会闹出这么大乱子？我们只杀死了他两天而已。"[①] 我跳过那些逻辑学兼哲学的段子，因为只有这个领域的人才会理解，但如果不讲这个逻辑研讨会的段子，我会很遗憾。逻辑学中的肯定前件："如果 P，则 Q。"英语听起来就是"if pi then chiu"。在一场研讨会期间，一个学者去上厕所，看到有人排队，他说了一句"if pee then queue"，

---

① 耶稣第三天就复活了。

听发音是那个肯定前件："如果 P，则 Q。"但当时他说的是："想撒尿，要排队。"

二〇〇九年

# 纪念论文集

在学术行话里，"纪念论文集"是一本学术文集，是一些朋友和学生为一位老学者祝寿用的。假如这本书要汇集关于这个学者的研究论文，那些写文章的人要付出很大的心血，最后可能只有最忠诚的弟子会写，而那些著名的同行，会因为没有时间也没有心思在同行身上花费那么多精力而放弃参与。或许，正是为了获得一些名人的参与，这些文集也可以是自由主题的，于是，这些交上来的文章不是"关于品科·巴里诺"，而是"献给品科·巴里诺"的。

尤其是第二种情况，让人很容易想象，一篇用于纪念论文集的文章相当于石沉大海，没人会知道你在那个文集里发表了论文。无论如何，过去大家都愿意做出这样的牺牲，虽然后来会把这篇文章用在别的地方。但现在和以前的情况有所不同，以前，在品科·巴里诺教授六十岁时，人们会做一本纪念论文集，那时候六十岁已经很高龄了，假如一切正常的话，他会在七十岁之前去世。现在呢？医学发达了，巴里诺教授可能会活到九十岁，他的那些学生要在他六十岁、七十岁、八十岁和九十岁时，各做一本纪念论文集。

除此之外，国际交流也更加密切。最近半个世纪里，每个学者都会和很多人物有直接的交往和友情，这是前所未有的事。每个学者每年平均要收到大约二十到三十个邀请，来庆祝他们在世界各地已经进入古稀之年的同行的生日。我们算一下，一篇论文——要看起来不那么单薄，至少要有二十多页，每个学者平均每年要写大约六百多页，最好都是有创建性的文章，用来给那些备受崇拜和喜爱的朋友祝寿。正如大家所知，这事儿是无法实现的，假如你拒绝的话，可能显得对老学者很不敬。

只有两个办法来避免这个悲剧。要么希望那些老学者在八十岁时才开始制作这种纪念文集；或者像我一样，给任何纪念论文集的文章都一样（我只改前面十几行和后面的总结），从来都没人发现。

二〇一〇年

# 老霍尔顿

在塞林格去世的那段时间里，我读了一些关于《麦田里的守望者》的回忆文章。我看到，这些文章可以分为两类：第一类是一些非常感动的回忆，因为这本小说是他们青春期非常神奇的体验，第二类是批评和反思，这些人（要么太老，要么太年轻）就像读一本普通小说那样读了这本书。他们有些不安，他们想，霍尔顿进入文学史是不是因为他代表了一个时代和一代人的一些现象？但是当贝娄去世，人们阅读《赫索格》，或者梅勒去世，人们阅读《裸者与死者》时，都不会提出这些问题。为什么对《麦田的守望者》他们会有疑问呢？

我相信自己是一个很好的代言人。因为这本书是一九五一年出版的，第二年就被翻译成了意大利语，按照卡西尼出版社的风格，书名被翻译成了《男人的生活》，当时并没有多少人注意到它。只有在一九六一年，这本书在埃瑙第出版社再版时，才火了起来，这时候书名是《年轻的霍尔顿》。书中的霍尔顿是六十年代那批青少年的风向标，就像普鲁斯特的马德琳蛋糕。我那时候已经三十多岁了，当时很关注乔伊斯，所以把塞林格漏掉了。后来，十几年前我看了他的书，几乎是作为一种文献来看的，我没有什么感触。为什么会这样呢？

首先，这本书没让我重温青少年时期的激情；其次，有可能是因为这本书里那些年轻人的语言已经过时了（大家都知道，每个时代的年轻人都有自己的暗语），因此书里的语言看起来很虚假；最后，从六十年代开始，塞林格风格取得了巨大成功，很多小说都是仿照他的语言写的，因此我看这本书时已经没有什么大惊小怪的了。这本书因为取得了太大成功，所以变得没那么有意思了。

由此可以推测，历史上每一部"幸运"的作品所处的社会、历史背景很重要，另外还要看读者。还有另一个例子：我不属于特克斯<sup>①</sup>一代，每当我听人说他是在特克斯"神话"中长大的，我都觉得很惊讶。这非常容易解释，特克斯出现在一九四八年，那时候我已经是高中生了，不再看漫画了。我三十岁时又重新看起了漫画，那是查理·布朗的时代，重新发现《至尊神探》或《疯狂猫》的时代。同样的道理，我读过的雅克韦蒂<sup>②</sup>是比伯、佩尔迪卡和帕拉（四十年代），而不是可可·比尔。

但我们要当心，不能认为阅读只是个人的事儿。很明显，有人会很痛恨《神曲》，可能因为在学习这部作品时，他正遭遇一场可怕的失恋，但这种情况在看托托<sup>③</sup>的电影时也会发生。然而，不能沉浸在那种"伪心理解构"中，认为一个文本，如

① Tex，意大利系列漫画名称。
② Benito Jacovitti（1923—1997），意大利漫画家。
③ Totò（1898—1967），意大利著名喜剧演员。

果没有读者解读的话，就会是一个没有任何意义的文本。一个人在回忆起《托托、佩皮诺和坏女人》时充满忧伤，可能因为在看那部电影时，正好他的姑娘抛弃了他，但这不能排除一个公正的看法，即写给道林·格雷的那封信是一个充满节奏和喜剧效果的杰作。

然而，假如可以独立分析艺术家的一部作品而不考虑接受者的个人情况，那就剩下一个问题，即在特定的时代，一部作品成功或者不成功的原因。一本书的成功和它出现的那个时期（文化背景）息息相关吗？为什么《麦田里的守望者》会让五十年代初的美国年轻人入迷，但同时代的意大利年轻人却不感兴趣呢？为什么意大利青少年在十年之后才发现了这本书？不能只考虑出版社之间的对比，说什么埃瑙第出版社更有名，广告做得好。

我可以列举很多这样的例子，一些获得广泛关注和评论家欣赏的作品假如早出版十年或者晚出版十年，就不会获得那么大成功。从希腊哲学开始，人们都知道"正确的时刻"或者说"时机"是一个很严肃的问题。一部作品有没有在合适的时机出现，并不能解释为什么那是一个"合适的"时机，这是个难解的问题，就好比一个乒乓球星期一在海上漂着，很难预测它星期三会在哪里。

二〇一〇年

# 亚里士多德简直成精了！

彼得·里森写了一本让人好奇的书：《海盗经济学：资本主义的秘密诱惑力》（加尔赞蒂出版社，2010）最近在意大利出版了。在这本书里，这位美国资本主义历史学家解释说，经济和现代民主的一些基本原则，就像十七世纪一条海盗船上的模式（是的，就是那些"黑海盗"或者皮耶特罗·罗罗内笔下的海盗，旗子上画着骷髅。起初这些旗子并不是黑色的，而是红色的，因此才有"Jolie rouge [①]"这样的称呼，后来在英语里为了发音方便，就成了"Jolly Roger [②]"）。

彼得·里森指出，每个海盗都会遵守铁一样的秩序，这些海盗组织都是启蒙的、民主的、平等和容纳异己的，简单来说，这是一个完美的资本主义社会模式。

这些内容，朱里奥·乔莱洛在这本书的前言里字斟句酌地说了一通，我不会着重于陈述他的话，而是会谈一谈这种概念的类比让我想到的。啊！有一个人，他尽管对于资本主义一点儿不了解，但他从海盗和商贾（也就是说自由企业家，后来的资本主义模式）之间也找到了一种平行关系，这个人就是亚里士多德。

　　亚里士多德是第一个提出隐喻概念的人，无论是在《诗艺》还是在《修辞学》里，他都提到过隐喻。对于隐喻的开创性定义中，他认为，隐喻不是一种纯粹的修饰，而是一种认识世界的方式。这并不是一件容易的事，因为在之后的几个世纪里，隐喻始终被认为是修饰一段演讲的方式，对事情的本质不会有任何影响，直到现在还有人这么想。

　　他在《诗艺》里说，理解那些好的隐喻意味着"能在内心产生一些类似或近似的概念"，他用的动词是"theorein"，也就是察觉、调查、比较和判断。关于隐喻的这种认知功能，亚里士多德在《修辞学》里会展开论述，他说那些能激发人思想的隐喻，能让人发现一些出乎意料的类比，就好比"在我们的眼皮底下"（他就是这么说的）放了一个我们从来都没有注意过的东西，会让我们产生这样的感慨："看呐！事情就是这样，我居然不知道。"

　　就像我们看到的，通过这种方式，亚里士多德认为那些好的隐喻几乎有科学的功能。尽管这种科学不是去发现某种已经存在的东西，而是创造出一种看待事物的新方式，让人好像第一次看到某个东西。

　　我们要举一个什么样的例子，来说明让我们眼前一亮的隐喻，让我们对一件事宛如初见？有一个隐喻（我不知道亚里士多德是从哪儿找到的）就是把海盗称之为"供给者"或者"供货商"。就像其他比喻，亚里士多德建议把两个明显不同、无

————————————

① 法语，红海盗旗。
② 英语，海盗旗。泛指海盗用来表明其身份的旗帜。

法协调的事情进行对比，它们至少有一个性质是相同的，然后再看它们之间的不同。

尽管通常人们都认为，商人都是好人，他们漂洋过海去销售他们的商品，合情合理，但那些海盗是土匪流氓，他们会袭击商人的船只，把商品据为己有。这个隐喻揭示的是：那海盗和商人的共同点是他们都是商品与消费者之间的中介。毫无疑问，那些海盗洗劫了受害者之后，会去某个地方出售他们的战利品，因此他们也是商品的运输者、储存者和供应者——尽管他们的客户可能会因为参与销赃被控告。无论如何，这种洗劫者和商贾之间的类比，让人产生了一系列怀疑，读者会说："事情是这样啊，以前我想错了。"

一方面，这个隐喻让人们重新看待地中海经济，还有海盗的角色；但另一方面，也会让人对于那些商贾的做法和角色产生反思和怀疑。总之，在亚里士多德眼里，这个隐喻就像布莱希特之后也说过的：真正的犯罪不是抢劫一家银行，而是占有它。当然了，亚里士多德无法预料布莱希特的大胆论断。但最近一段时间，看看国际金融市场发生的事情，再想想布莱希特的话，这让人有些不安。

总之，我们不用期望亚里士多德（他是一个独裁君主的门客）像马克思一样思考，但是这些关于海盗的故事让我觉得很有趣，亚里士多德简直太妙了。

二〇一〇年

# 蒙塔莱和接骨木

　　《蒙塔莱和狐狸》是一本让人赏心悦目的小书，玛利亚·路易莎·斯帕齐亚尼在书中提到了她和蒙塔莱交往的一些往事。她讲了这样一件事情，我觉得值得让学校里的学生研究。有一天，她和蒙塔莱经过一排接骨木，她一直都很喜欢接骨木花儿，因为"仔细看看这些花儿，你可以看到它们像星空，花瓣像星星一样迷人"。她想，因为这个原因，在蒙塔莱的作品中才会出现这样的句子："接骨木树梢在高高地颤抖。"她都可以背诵。

　　蒙塔莱看到斯帕齐亚尼那么沉迷地站在接骨木前，就说了一句"多好看的花儿"，然后问她那是什么花儿，然而，他得到的回应是"一声受伤猛兽般的尖叫"。怎么会这样？关于接骨木，诗人写了那么富有诗意的句子，他竟然不认识接骨木？蒙塔莱解释说："你知道，诗歌是用词语写成的。"我觉得，这件事情对于弄明白诗歌和散文之间的差别非常重要。

　　散文会讲述一些事情，假如一个作家在他的文章里提到接骨木，他应该了解这是什么植物，并且仔细地描述它，否则他应该避免提及。散文"抓住事实，语言就会浮现"，也就是说，你对所讲述的东西要非常了解，然后你会找到合适的语言。假如曼佐尼没有长时间观察两道连绵不断的山脉、海峡和另一面宽阔的海岸，一座桥连接着的两岸，他就没法在他的小说里写出那么精彩的一个开场（一段九音节诗句），然后是一段让人称赞的风景描写，更不用说描写莱杰哥内了。在诗歌上正好相反，你先是爱上了那些词汇，然后才会考虑它们对应的实物："抓住语言，事实自然会浮现。"

因此，有可能蒙塔莱从来都没看到过那些小土堆、海星、剑草、上面开满海桐花的篱笆、粘在一起的羽毛、岁月磨损的瓦楞、疯狂的粉蝶、石鸡的合唱、"弗留利舞蹈"和"里戈东舞"，护城壕中长满青草的小径？谁知道呢？但这就是语言在诗歌中的价值，小溪在"汩汩"流动，只是因为要和树叶"沙沙"作响对应，否则的话，就我所知，他也可以用嘟囔、喘息、涌出或者嘀咕。出于一种纯粹的韵律需要，他要笔下的溪流汩汩流动，"永远——世界形成了一个循环——就像白日，就像记忆一样确切……"

二〇一一年

# 说谎和假装

　　读者会注意到，在最近几期专栏里，我多次谈论谎言的问题，因为我在准备一场讲座，那是我上个星期一在米兰内西亚娜论坛上讲的，属于今年的"谎言和真理"系列讲座。我也谈到了文学的虚构问题。小说属于谎言吗？比如在《约婚夫妇》里，堂安保迪奥在莱科遇到了两个打手，听起来像一句谎言，因为曼佐尼很清楚，他讲的是一个虚构故事，但曼佐尼并不是故意说谎：他假装讲述的事情真的发生过，他让我们和他一起假装，就像一个手里拿着棍子的小孩假装手里拿的是一把剑，我们也假装这是真的。

　　当然了，虚构的文学要求封面上有"小说"这个说明，或者这个故事是由"从前……"开场，但很多小说通常是由虚假的"可信性"表述开始的。举个例子来说："莱缪尔·格列佛先生……三年前，他住在莱得里夫的房子里，但他厌倦了那些好奇的人的拜访，他在纽瓦克附近买了一小片地……在离开莱得里夫之前，他交给了我这些笔记……我仔细看了好多遍，我得说……这些笔记里的每页纸上写的都是真事儿。实际上，写这些东西的人也是以正直诚恳著称，在莱得里夫邻居的眼中，他是典型的实诚人，这些邻居为了支持自己的某个说法，他们会说：'这是真的，就像是格列佛说的一样。'"

我们可以在《格列佛游记》第一版的扉页上看到这些文字，你们没看到乔纳森·斯威夫特的名字，他是这个虚构故事的作者，你们看到的名字是格列佛，这是他个人的真实经历。也许有的读者不会上当，因为从琉善的《一个真实的故事》往后，那些对真实性过于夸大的保证正是虚构的标志。但通常在一本小说里，那些想象和真实世界混合在一起，让读者晕头转向。

这样一来，就会出现这种情况，读者会以为小说是真的，就好像小说讲的是真实发生的事情，他们认为小说人物的观点就是作者的观点。作为小说作者，我向你们保证，假如一本书销售了一万册，那么它什么样的读者都会遇到，从习惯于文学虚构的读者到那些野蛮的读者——他们觉得小说里的事情都是真实的，所以在木偶剧场里，有人会咒骂演加尼隆①的人是个恶棍。

我记得，我的小说《傅科摆》里的人物迪奥塔莱维和他的朋友贝尔勃开了一个玩笑，这个朋友对电脑非常着迷。他在第四十五页对这个朋友说："这个机子是存在的，但不是在'硅胶谷'里产生的。"有个教理科的教授提醒我，"Silicon Valley"的翻译是"硅谷"。我跟他说，我很清楚电脑是用硅做成的，假如他去看第二百七十五页，他会看到当噶拉蒙特告诉贝尔

---

① 《罗兰之歌》里面的背叛者。

勃，在《金属的故事》里要加上电脑，因为电脑是由硅做成的。这时候，贝尔勃回答说："但硅不是一种金属，而是一种类金属。"我告诉他，第四十五页那句话不是我说的，而是迪奥塔莱维说的，他有权不了解科学，也不懂英语。另一方面，很明显迪奥塔莱维在拿这个英语单词开玩笑，就好像有人把"hot dog"翻译成"热的狗"。

我的同事（他不信任人文主义学者）面带怀疑地笑了，他觉得我的解释是一个可怜的补救，想挽回一点面子。

这类读者尽管受教育程度很高，但首先他不知道小说应该从整体上来看，要把各个部分结合起来，其次他缺乏幽默感，不知道什么是玩笑，最后他无法区分作者的观点和书中人物的观点。一个这样的非人文主义学者，他不知道"假装"这个概念。

二〇一一年

# 相信和感同身受

　　我记得，上个星期有很多读者难以区分一本小说里的虚构和现实，他们都倾向于把书中人物的思想或者感情归到作者身上。为了说明这一点，我在网上找了一些表达作者思想的句子。在翁贝托·埃科名言中，我看到了这条："意大利语是谎话连篇、阴险、怯懦和充满背叛的语言，它用匕首要比用剑自在，它用毒而不是用药，在交涉时油头滑脑，它在见风使舵方面非常得力。"这话有些道理，但这是外国一些作家几百年前对意大利语的成见，这句话在我的小说《布拉格公墓》里出现，是一位先生写的，当时他三百六十度地表现自己的种族主义思想，说了一大套陈词滥调。我尽量避免写那些平庸的人和事儿，否则的话，有一天人们对我的评价就成了"提出妈妈只有一个哲学论调"的人。

　　我读到欧金尼奥·斯卡法利最近写的《吹制玻璃》一文，他重提了我上一篇专栏里写的内容，并提出了一个新问题。斯卡法利承认，有人会把小说中的虚构当成是真实的，但他认为（他认为我也是这么想的），文学的虚构有时候要比事实更加真实，更能引起共鸣，让人们对一些故事情节感同身受，创造出一些新的感受方式，等等。这种观点，我不同意才怪呢。

不仅如此，文学虚构还会带来美学上的结果：读者很清楚包法利夫人从来都没有存在过，但他还是会很享受福楼拜塑造这个人物的方式，正是美学维度让我们进入了与之相反的模态维度（这是科学家、逻辑学家或法庭里的法官关于真实的一种概念）。这是两个不同的维度，因为一个有罪的人会把他的谎话讲得很感人，假如法官感动了，那就糟糕了。说万娜·马尔奇洗发膏会让头发长出来，这是假话吗？从模态维度来看，这是假话。说堂安保迪奥遇到了两个打手，这是假话吗？从模态角度讲，这是假的，但叙述者没有告诉我们他所叙述的是真的，他只是假装这是真的，也要求我们假装。这就要求我们就像柯勒律治提议的一样，要"暂停怀疑"。

斯卡法利引用了《少年维特的烦恼》，我们知道有很多浪漫的少男少女都模仿书中的人物自杀了。也许他们以为这个故事是真的？但并不需要这个前提，正如我们所知，包法利夫人从来都没有存在过，但我们还是为她的命运垂泪。我们能看出来，这些故事是虚构的，但还是会让人感同身受。

我们知道，包法利夫人从来都没存在过，但世上有很多像她那样的女人，我们每个人都多少有点儿像她，我们会从她身上学到一些人生经验。古希腊人认为，发生在俄狄浦斯身上的事情是真实的，他们通过这些故事反思命运。弗洛伊德知道俄狄浦斯从来都没有存在过，但他通过解读俄狄浦斯王的故事，揭示深层潜意识的运作方式。

对于那些无法区分真实和虚构的读者，在他们身上会发生什么事儿呢？他们非常忧虑，没有美学欣赏能力，他们对那些故事信以为真，他们从来不会想这个故事讲得好还是不好，他们不会从故事中吸取经验和教训，也不会感同身受。他们只是做出一种可以称之为"假装无能症"的样子，他们没办法"暂停相信"。这些读者要比我们想象的多，需要照顾他们，因为我们知道，他们会错过其他美学和精神的享受。

二〇一一年

# 三个有益的思想


投资  发生了这样一件事，一位先生把二十万欧元投给了卡拉布利亚的黑社会组织光荣会，我记得他好像是为了得到四千张选票，这让所有人都觉得不可思议。他真的不该这么做，但有三个问题大家没有考虑到。首先，这位先生的二十万欧元是从哪儿搞到的（无论如何，这都相当于四亿里拉）。好吧，我们就权当是他自己辛苦赚来的。其次，为了获得一个地方议员的位子，他为什么要花那么多钱呢？这些钱相当于一个小职员十五年的工资。我们假定他有积蓄，如果他把积蓄花光了，那么他接下来的日子可怎么过？可能他的新职位能让他获得比二十万欧元更多的钱。

第三个问题是，在米兰有四千人以每张五十欧元的价格卖掉了他们的选票。这些人要么太绝望，要么太狡猾。无论哪种情况，这都是一件让人悲哀的事情。


不投资  所有那些喜欢书的人，都为德卡洛先生的行径感到愤怒，他是那不勒斯哲罗姆图书馆的经理和盗窃者。他让人痛恨的原因是,很多年以来,他不仅出售偷来的书籍,还弄虚作假,出售伪造的古书。看看肯奇塔·圣尼诺在《共和国报》上刊登的文章,你就会发现,这些书有很多在 eBay 网上销售。他提到一本名为《纽伦堡编年史》的书,是一本著名的古版书,售价三万欧元。在这个事件中,德卡洛并不是唯一的罪人,任何一个看图书目录的人(只要在网上花十五分钟搜索一下)都会知道,舍德尔的这本《编年史》,根据书籍的品相,至少要卖七万五千欧元,最高售价甚至高达一百三十万欧元。这样看来,一本三万欧元的《纽伦堡编年史》要么不完整,要么品相非常糟糕,那些诚实的书商会把这类书称为"研究用书"(但在这种情况下,应该不值三万欧元)。因此,那个花了三万欧元在 eBay 网上买了这本书的人,如果宽容一点的话,可以说这是一个不慎重的行为,如果说得严厉一点,那就是销赃。我们真的是被流氓无赖包围了,有人以五十欧元出卖了自己的选票,有人还打了六折。

从小开始 在雅虎问答上,我看到了这样一则让我万分惊讶的求助:"帮个小忙!我需要翁贝托·埃科的小说《老调重弹》的简述。你们能帮帮我吗?万分感谢。"这个提问没人回答。但另一个请求帮忙写作业的要求得到了回应:"技术对于孩子的影响?请帮帮我,拜托了。"所有这些请求后面都有微笑的表情符号。有一个叫路易奇娅的人回应说:"哈哈哈哈!我要说,科技带来的结果是:这些孩子已经失去独立组织自己思想的能力,他们在社交网络上寻找一个简单答案,他们等着有人喂给他们,网络成了无所不知的妈妈,把他们惯坏了,让他们越来越不动脑子了……哈哈哈哈！"

路易奇娅真棒，真是个耿直仁义的姑娘。但回到之前我说的事儿，肯定有一位老师或者教授，要求学生写我那篇小说的内容简介，这让我很荣幸。我觉得，他不只是提到了这篇小说的题目，让学生们去查找，那篇小说很短，他可能给学生发了复印件。无论如何，残酷的事实是：我的那篇小小说（我不告诉你们是在哪儿发表的，假如你们想知道，你们可以查一下）只有五页，我确信只有五页内容。因此，那个在网上发了求助的人，他要打开电脑上网，写一则信息，然后在网上等着，还不如直接看看那篇小说；或者说他已经看了，但他没办法转述小说的内容（我向你们保证，那篇小说的语言非常简单，即使小孩子也能看懂）。

我觉得，问题还是在于懒。小时候，大人告诉我：一个人如果开始偷一个苹果，后来会偷钱包，最后会坏到连自己的母亲都会掐死。他们现在问别人要一篇内容简介，之后会以五十欧元的价格把自己的选票卖掉，最后他会偷一本古版书，正如有人说的：工作让人疲惫。

二〇一二年

# 谁害怕纸老虎？

七十年代初期，马歇尔·麦克卢汉曾宣布说：我们的思想和交流方式正在发生深刻的变化。他察觉到的第一件事就是我们正在进入一个地球村。当然！网络世界也按照他的预测实现了。麦克卢汉在《古腾堡星系》里分析了印刷术对于文化发展的影响和我们个人的敏锐感受，现在，他通过《理解媒介》及其他作品宣布：文字阅读会衰落，图像会成为主宰，也就是说，传播的东西会越来越简化。大众传媒把这句话阐释为："人们不再读书了，只会看电视（或者是迪厅里频闪的图像）。"

麦克卢汉死于一九八〇年，正好在这个阶段，电脑进入了人们的日常生活（在七十年代末已经有一些实验性机型上市，但大众市场是一九八一年才通过 IBM 个人电脑开启的）。假如麦克卢汉能多活几年，他应该承认：表面看来，图像主宰着整个世界，但正在形成一种新的文字文明。要使用个人电脑，要么你会看会写，要么你什么事儿都干不了。现在的小孩子，学龄前就已经会用平板电脑了，但所有他们从网络、电子邮件和手机短信接受的信息，都是建立在识字的基础上。雨果的《巴黎圣母院》中有这样一幕，副主教弗罗洛先是指着书，然后指着从窗口望见的大教堂，教堂上充满了图像和其他象征，然后他说："这个会杀死那个。"这句话用在电脑的出现上再合适不过了。电脑是地球村的有力工具，里面含有多媒体链接，让我们也可以看到"那个"哥特式教堂，但这都是建立在新"古腾堡"的基础上。

让我们回到字母上，伴随着电子书的发明，一种情况也随之出现，就是大家不再读纸质书，而是在一面屏幕上看书。从这时起就涌现了一系列预言，说纸质书和报纸会消失（一方面是书籍销量的下滑让人产生的推测）。这样一来，那些缺乏想象力的记者，他们最喜欢的活动之一就是询问那些文化名人怎么看待纸质媒介的消失。图书在承载和保留信息方面依然具有非常重要的作用，我们现在有科学证据来展示纸质书的优点，那些五百年前印刷的书籍到现在还奇迹般地得到了保存；我们同样有科学证据证明那些磁盘只能用十年（实际上我们也不能证实此事，因为现在的电脑已经无法读取八十年代的软盘了）。

如今又出现了一些令人不安的事情，报纸上也报道了，但我们尚未搞清楚这些事情的意义和结果。今年八月，当大家都在叹息报纸已经走向衰落时，亚马逊的创始人杰夫·贝索斯买下了《华盛顿邮报》，沃伦·巴菲特最近又收购了六十三家地方报纸。正如费德里科·兰皮尼在《共和国报》上说的，沃伦·巴菲特是传统经济的一个巨人，他不是一个创新者，但他在投资方面的敏锐度是罕见的，他能抓住一些很难得的时机。似乎硅谷的其他"鲨鱼"也在向报纸靠近。

兰皮尼在想，最后的一击会不会是比尔·盖茨或者马克·扎克伯格买下《纽约时报》。尽管这一天还没有到来,但很明显,数字世界正在重新发现纸质世界。是商业计算、政治投机、保存印刷品的渴望,还是对民主的捍卫?我觉得,现在还没有办法解释这件事情,见证一个预言被推翻,也是很有意思的。"一切反动派都是纸老虎",毛泽东曾经说过,但如今,我们应该严肃对待那些"纸老虎"。

二〇一三年

第四罗马帝国

# 第四罗马帝国的灭亡

大约在二十五世纪前后，一个代号为 "edwardgibbon@history.uk" 的作者写了一本非常有名的书，就是《西方帝国衰亡史》。在这本书里，作者讲述了二十世纪创建的第四罗马帝国的终结，那是一个巨大的网络，是由众多联邦王国组成的中央帝国。作品文字优美，引人入胜，但在分析第四罗马帝国灭亡的原因时有点儿过于机械，他和一些前辈在记叙第一罗马帝国灭亡时所使用的术语一样。

比如，第四罗马帝国的辉煌是建立在打败萨尔马提亚人的第三罗马帝国的基础上的，用另一种方式验证了"豁免臣服者，击败高傲者"这句话。第四罗马帝国并没有建立自己的军团，而是允许黑社会自由发展、自由交易。第一罗马帝国的灭亡是因为当时过于依靠雇佣兵，他们不愿意为对抗蛮族而牺牲；第四罗马帝国形成了一种作战模式，不会让雇佣兵中的任何一位牺牲，至少表面上如此，也不会有任何蛮族杀死他们。第四罗马帝国的问题在于，他们意识到他们在战场上不会打败仗，但也不会打赢，所以战争（本质是作战双方有一方取得胜利，战争才能结束）一直都无法结束，第四罗马帝国始终无法维护自己的和平。

在第一罗马帝国期间，一个独裁者通过宫变杀死自己的对手才能登上王位。但在第四罗马帝国出现危机时，王位上同时出现两个皇帝，他们都是民主产生的，没人可以辨别哪个是合法的。王朝战争都转移到了帝国比较偏远的地区，也就是附庸国之中，但大家都不注重获取权力，而是致力于使对手失去权力，因为有两派人物在争权夺利，每派人物内部都保持高度的团结，他们的目标就是使敌人阵营里产生分裂和危机。在第四罗马帝国的附庸国里，双方的武装力量经常会陷入僵局，一方不会主动进攻另一方，因为担心自己内讧，假如一方获得胜利，往往是因为它的对手（更强大的一方）首先自行毁灭了。

edwardgibbon@history.uk 讲得很对，他对于这个新的衰落时期有比较清晰的认识。帝国的第一次衰落是因为边境上遭到"身材高大的白皮肤蛮族部落"的进攻，第二帝国忧虑的是那些矮小的有色人种的和平入侵。在这两个时期，帝国采取的对策都是创作（诗人是这么描述的）"慵懒的藏头诗"，人们沉湎于声色，一群群袒胸露乳的少女在盛大的社会活动中载歌载舞，活跃气氛，那些掌权的男人怀抱着放浪的宫女，高唱着享乐的颂歌，大家都忘记了祖先的教诲。人民沉迷于竞技比赛，把十几个年轻人关在一座监狱里，让他们相互残杀。先辈的宗教也已经陷入了危机：那些信徒不会再考虑信仰根基方面的重要问题，而是沉迷于神秘主义，他们崇拜那些会说话、会哭泣的雕像，他们相信神谕，把传统仪式和疯狂的行为混为一体。

二〇〇〇年

# 他真的是一个"大传播者"吗？

这篇文章刊登出来时，我们的总理最近发布的声明所引起的争议可能已经平息了。这个声明是他在国际官方场合发布的，关于他的家庭。我不得不说，各路媒体表现得都很慎重，简直堪称典范，在事发当天就忠实地报道和评论了此事，但并没有添油加醋。事情已经过去 段时间了，我今天再谈论此事，并非没话找话，而是因为在未来的几年里，我们应该以"科学至上"为原则，在传媒学课上讨论此事。

因此，我希望事情过去两个星期之后，大家都忘记了：我们的总理在接待一位外国元首时说，自己的太太和另一位先生可能发生了关系（是传言，小声说的事情），他说太太是一个"可怜的女人"。第二天我读报纸时，人们就这件事情做出了两个推论。第一个是我们的总理很愤怒，他在公众场合说了这件非常私人的事情，通过批判太太来发泄他的私愤。第二个推论说，我们的总理是一个"大传播者"，他知道外面已经流传着这个与他有关的令人尴尬的谣言，他为了果断解决这个问题，就自己公开说了，让人没有说闲话的趣味。

很明显，在第一种情况下，"可怜的女人"这个称呼对他的妻子是一种冒犯，但在第二种情况下，可能对第三者是一种冒犯（他暗含的意思是，假如这事儿是真的，她真是一个可怜的女人——但实际上，这并不是真的，我都能拿这事儿开玩笑）。假如第一种推论是真的，这是政治科学精神病理学要研究的问题，我倾向于排除这种可能。因此我们说，第二种情况比较可信，此类事件不仅仅可以成为传媒学研讨会讨论的对象，也可以是历史讲座的主题。

实际上，"大传播者"好像忽视了一个很明显的事儿：辟谣就是把一则消息说两遍，而且不止两遍。比如说，我从来都没听人说起过这个闲话（也许是因为最近一段时间我经常出行，在一些对我们国家的事情没那么热衷的国家）——可能这件事情只在一些政治人物、知识分子和在"翡翠海岸"游艇上度假的人之间流传。我们就往多了估计，算是有一两千人知道吧，但在我们的总理把这件事公布时，考虑到欧盟的存在，可能会让上亿人知道。这种"大传播者"的做法，我觉得简直是出奇制胜、超凡脱俗。

好吧，但我们要建议学生避免这么做，因为如果一则牙膏广告一开始就反驳那些认为牙膏会致癌的人，可能会让观众产生怀疑，进而造成销售额下降。我们会解释说，贝卢斯科尼像荷马一样，有时候也会犯糊涂，可能是年龄的缘故吧。

但从历史角度来看，第二种推论也很重要。通常，那些政治家会把家事和国事分开。克林顿被逮了个正着，手里还攥着内裤，但他想尽一切办法略过此事，他甚至让自己的妻子对着电视说，这事儿无伤大雅。墨索里尼做的其他事儿就不说了，但他和拉凯莱之间的问题也是在家庭范围内解决的，他没在威尼斯广场上谈论此事，假如他把很多人派到俄国去送死，那是因为他要实现自己辉煌的梦想，而不是为了取悦情妇克拉雷塔·佩塔奇。在历史上，什么时候政治权利和个人事务能这么融为一体？就是在古罗马帝国时期，皇帝是整个帝国的绝对主宰，已经不受控于议会，只要禁卫军支持就可以了，因此他可以对母亲拳打脚踢，把元老院议员当马骑，让那些不赞美、不欣赏自己写的诗句的宫廷侍臣割腕自尽……

这类事会发生，但不是在个人兴趣（个人生活兴趣）和国家产生利益冲突时，而是当两者完全融为一体时。这完全是独裁的征兆。看到此处你可能会想，除了罗马帝国后期，这和其他时代的独裁没有任何共同点。但你们记不记得，白金汉公爵为了避免女王（他的情人）的珠宝被米乐狄获取，他要求关闭海港，对法国作战（按照人仲马《三剑客》的说法）。当国家元首和国家的利益一致时，就会发生这样的事情。

二〇〇二年

# 杀死小鸟

　　贝卢斯科尼政府越来越"专制"，在讨论这个问题前，我们需要进一步明确一些概念：保守派、反动派、法西斯、随风倒主义、民粹主义，等等。反动派认为存在一种古老的智慧，一种社会和道德的传统模式，因此需要不惜一切代价来恢复这种秩序，他们反对所有形式的进步，无论是自由民主思想还是现代科学技术。反动派不是保守主义者，而是"向后倒退"的革命者。在二十世纪有一些伟大的反动派，他们的思想丝毫没有受法西斯意识形态的影响，正好相反，相对于典型的反动派，法西斯算得上是"现代化的革命者"，因为他们赞美现代科技的速度（你们看看未来主义者），尽管后来，各种理论被轻率地混合在一起，因为历史原因，在反动派里也加入了像埃佛拉这样的人物。

　　保守派不是反动派，更不是法西斯分子。比如丘吉尔是保守派，但他具有自由主义反独裁思想。民粹主义是一种专制形式，试图越过议会，在领袖和民众之间建立一种直接的关系，领袖非常具有感召力，民众一呼百应。在历史上，曾经有过一些革命性的民粹主义者，通过人民决议推行一些社会改革，也存在过一些反动的民粹主义者。民粹主义是一种简单的方式，会激起人民发自肺腑的情感，或者最深得人心的偏见（这种感情被称为"布热德主义①"，或者人云亦云），比如博西，他就擅长使用民粹主义方式，唤起大家共有的一些情感，诸如"仇外"、对国家的不信任，等等。从这种意义上来说，贝卢斯科尼的人云亦云倾向，表现在能唤起人们内心深层的野蛮情感，比如逃税有理，所有政客都会贪污受贿，不应该相信司法机构，因为他们会把我们关进监狱。一个严肃负责的保守主义者永远不可能鼓励公民不缴税，因为这样会使他们捍卫的系统陷入危机。

关于这几种不同的态度，有很多政治辩论的主题都是多层面的，比如死刑，这个问题保守主义者既可能支持，也可能反对；通常反动派会支持死刑，因为他们相信光荣牺牲、杀人偿命，还有报仇雪恨的神话（详见德·麦斯特的书）；对于民粹主义者，这是一个很好的话题，在一些残暴的罪行面前，他们会利用普通人义愤填膺的情绪。在环境问题上，人们的态度完全不同：保护大地母亲，或付出灭绝人类的代价，但有可能，无论是负责任的保守主义者（不是小布什，因为他要支持无节制发展的工业势力），还是极左派的革命者都会为环境保护做斗争。

民粹主义者可能会支持环境保护，但通常他们会考虑到人民的情感。在过去几个世纪里，农民尊敬环境也仅仅是在他们

---

① 法国政治家皮埃尔·布热德（Pierre Poujade，1920—2003）在二十世纪五十年代推行的一种政策。

力所能及的范围内，因为耕作技术有限。有时候，他们也会顺便砍伐周围的树林，并不考虑对环境的影响。我们会觉得以前的农民要比现在的农民更重视环境，那只是因为当时树木和森林数量非常多，农民的砍伐对环境还不构成威胁。"每个人都有权在任何地方修建自己的房子，根本不受环境限制！"这可能会成为一个成功的民粹主义口号。

这些天，大家在谈论一个要出台的法律，说是要增加狩猎许可。打猎是很多人的爱好——这基于一种古老的情感。鉴于人类社会允许养鸡、牛和猪，然后杀掉食用，那么也可以允许有一些地方——在距离人们聚居处很远的专门保护区，在特定的季节，作为一项运动，人们可以去那里捕猎动物来食用。从某种程度上来说，狩猎会让这些动物的繁殖得到控制。但是，现在的讨论试图把这件事夸大到生态层面。为什么？因为这种提议可以唤起人们的古老冲动，即不管任何批评和传统的改变，都是布热德文化的精髓。

这条法律提案突出了媒体民粹主义、人云亦云的本性，就是建立在对于选民的本能号召和激发的基础上，简直不受控制，而这些选民也没有批判精神。

二〇〇四年

# 关于"媒体民粹主义"专制

　　贝卢斯科尼在《面对面》节目上宣称：意大利不会介入伊拉克事件。那几天我正在巴黎，因为那里正举行书展，于是我有机会和法国人谈论意大利问题。法国人最不能理解发生在我们国家的事儿，这也情有可原。

　　第一个问题是：为什么我们的总理要在电视节目中，而不是在议会上宣布一件这么严肃的事情，难道他不需要询问大家的意见，征得大家的同意？我解释说，贝卢斯科尼正在建立一种"媒体民粹主义"专制，在这种制度下，国家元首可以通过大众媒体直接和人民进行交流，这样可以架空议会（国家元首不需要获得议会的同意——议会慢慢就成了公证人，只要记下贝卢斯科尼和布鲁诺·维斯帕之间的协议就可以了）。

　　我还解释说，意大利是一个很奇怪的国家，对语义很不考究。美国报纸或广播在谈论伊拉克问题时，会用"insurgency"（叛乱）这个词（在意大利翻译成"起义"，或者大规模的游击战），假如意大利有人用了类似于"抵抗"这样的词，那肯定会吵成一团，就好像有人要把这些极端主义恐怖分子和我们意大利辉煌的抵抗运动搅在一起。他们无法接受"抵抗"像"反抗"和"暴动"一样，是一个中性词，"抵抗"指的是一个国家的人民拿起武器，抵抗外来侵略者，尽管我们不喜欢那些抵抗者，而且很多暴乱明显都是恐怖分子掀起的。我也解释了有些人义愤填膺的抗议，他们一方面抗议有人给我们意大利抵抗运动抹黑，另一方面又千方百计地说明：抵抗运动是一帮土匪和杀人犯的运动，但这是另一回事儿。

因此我申明（另一个在语义上让人觉得好奇的事儿），提到贝卢斯科尼"专制"时，有很多人都会撕破衣服来论理，他们坚信意大利只有一次专制，那就是法西斯时期。他们马上会指出：贝卢斯科尼没让意大利小伙子都穿上黑衬衣，去征服埃塞俄比亚（我觉得即使是斯多拉奇，也不会去做这事儿）。但是"专制"是一种政府组织形式，人们会说民主专制、独裁专制、共和专制，等等。贝卢斯科尼想要建立的是一种前所未有的统治形式，和《宪法》规定的形式不同，正是我刚才提到的"媒体民粹主义"，正是因为这个目的，贝卢斯科尼正在修订《宪法》，使这种形式更加完美。

后来几天，问题越来越多了，在小布什和布莱尔的严厉谴责下，贝卢斯科尼说他从来都没说过要从伊拉克撤军。我的对话者问我，他怎能出尔反尔，前后矛盾呢？我解释说，这就是"媒体民粹主义"的好处。假如有一件事情你在议会上讲，很快就会成为事实，你就不能说自己没说过。但在电视上说说，贝卢斯科尼马上就得到了支持（为竞选获得一些人气），但之后他可以说，他没说过这样的话，一方面可以让小布什放心，另一方面也不会失去他获取的认可和支持。因为那些追随大众媒体的人（他们通常不看报纸），他们的优点就是第二天就会忘记你前一天说过的话，他们最多隐约记得，贝卢斯科尼说了一件比较有趣的事。

这是电视购物的典型模式：一个卖洗发乳的人在早上八点半说他的产品能够促进头发生长，他给大家看了一个人的两张照片，一张是完全秃顶，另一张头发茂密；到了十点半，他又说产品很可信，很严肃，虽然不能保证脱落的头发会长出来，但能神奇地阻止头发继续脱落。这时候，观众已经换了，可能有一些早间的观众还在，但他们已经忘记了推销员两个小时前说过的话了。他们唯一的印象就是：这个销售员销售的东西有理有据，并不是虚假的。

但我的对话者问，意大利人难道没有发现，贝卢斯科尼（意大利和他）这么做不仅仅在希拉克和施罗德跟前，也会在布莱尔和小布什那里失去威信？不，我回答说，那些读报纸的意大利人能发现这一点，但相对于那些只看电视的人，他们毕竟是少数。电视上只会播放贝卢斯科尼喜欢的消息，这正好说明了"媒体民粹主义"专制的实质。

二〇〇五年

# 一个美国女人在罗马

爱丽丝·奥克斯曼有些软肋。首先她是个美国人,这可能会让极左派对她有些抵触,但她没有参加"美国日",这样的集会上会有身披美国国旗的太太参加,这让她成为不受报纸欢迎的人。她是个犹太人,这些日子里可能会让很多人——无论是左派还是右派——觉得不愉快。她是个左派人士,这让右派很不愉快。除此之外,她还是弗里奥·格伦堡的妻子,这会让左派和右派都很怀疑。幸运的是,这也不是什么坏事。

当然了,她写的《贝卢斯科尼时期:一个美国女人2001—2006年在罗马的日记》(里乌尼蒂出版社,2007)是一本很苦涩的书。她用第一人称写了这本书,这让人感到很苦涩;比如说她把女儿(生活在纽约,经历了9·11事件)的电子邮件也收录进来了;她在谈论丈夫的新闻工作时,也很苦涩;尤其苦涩并让人震惊的是,她没有添加任何评论,而是在书中收录了一些报纸和出版物的剪报,都是我们历史上最黑暗、最古怪的事,这为那些忘记过去的人提供了一个惊心动魄的档案。我选出一些段落,请大家体会一下。

二〇〇一年："我的目标是把这个国家从法律的赘疣中解放出来！"（卡洛·陶尔米纳）"'热那亚真棒！''总统，外面在打仗，有个人死在街上。''噢，是的，我知道，那真是悲剧。'"（小布什在八国集团会议上）"这是一场宗教战争。"（法拉奇）"小布什和贝卢斯科尼观点完全一致！"（TG2）

二〇〇二年："比亚吉、桑托罗和鲁塔兹对于电视的利用简直是犯罪。"（贝卢斯科尼对索菲亚说）"在撒丁岛，我朋友普京的女儿在我这儿。"（贝卢斯科尼）"罗通多港就是意大利未来的戴维营。"（《全景》）"南方人跟在我后面，唱着歌儿，就好像我是圣人。"（贝卢斯科尼，意大利国家电视一台）

二〇〇三年："阿皮赛拉在调吉他，您让他听一下调子，作词的总理开始倾情演唱。我们的总理的情感和音乐世界就是这样，他和意大利的'胡里奥·伊格莱西亚斯'你弹我唱。"（《自由报》）"这些法官都是疯子，他们脑子有问题。"（贝卢斯科尼）"假如我被杀了，那一定是安东尼奥·塔布齐和弗里奥·格伦堡找人干的，你们要马上通知警察。"（朱利亚诺·费拉拉）"贝卢斯科尼是一个绝对自由人士，他好心得不得了，好到无法描述。费拉拉把他比作莫扎特，他说得太好了，贝卢斯科尼简直和莫扎特一样有才，一样纯洁。"（桑德罗·邦迪）"把房子给那些刚来意大利的'噼里啪啦①'？开什么玩笑？"（翁贝托·博西）

二〇〇四年："贝卢斯科尼？你不知道他有多厉害，我很欣赏他。普京对我们示好，小布什对我们示好，终于有人对我

---

① 这个象声词指的是非洲移民，因为非洲人爱打鼓。

们示好了！"（西蒙娜·文图拉）"人们对着贝卢斯科尼大喊：'你回家去吧，你这个不要脸的！'我们也喊了。他对我说：'你这个不要脸的贱人！'"（安娜·加利，市民）"诗人马里奥·卢齐被任命为终身议员，我觉得很羞耻，这种人会冒犯我们的世界……任命迈克·邦焦尔诺①做终身议员要好得多。"（毛里奇奥·加斯帕里）

二〇〇五年："您有多高？一米七八？别夸张了！来镜子前，您看我，一米七一。您觉得一个一米七一的男人能被称为小矮人吗？"（贝卢斯科尼，《新闻报》）"教皇的去世让选民分了心，这毫无疑问也影响了弃权论的数据。"（恩里克·拉洛基亚）"意大利人很富裕……我儿子班里，每个孩子都有两部手机……"（贝卢斯科尼，TG2）"从我的别墅向外看，风景很美……我看到今年有很多船。假如这都是有钱人的船，这就意味着我们意大利有钱人很多。工资要比通货膨胀涨得快，我们意大利人家庭的财富，整个欧洲都没法比。"（贝卢斯科尼，《新闻报》）

二〇〇六年："这些死基佬真恶心。"（罗伯特·卡尔代罗利）"我是一个法西斯主义者，我感到自豪，法西斯要比娘娘腔好。"（亚历山德拉·墨索里尼在《面对面》节目上）"事情很顺利……昨天我和几个朋友去吃饭，饭馆没位子，他们不得不说有我在呢，最后让几个人腾出了位子。"（贝卢斯科尼，La 7）

几个人被抬得很高，幸运的是，这不是专制。很遗憾，这

---

① Mike Bongiorno（1924—2009），意大利记者、主持人。

本书只写到了二〇〇六年，她本可以在"家庭日"那天，从报纸头版剪下各种各样的有关离婚、长期有效的包养，以及那些因为怀疑婚姻而拒绝结婚的单身人士（从统计角度来说，这些人里有些有恋童癖）的新闻。

二〇〇七年

# 我的心属于"爹地"

第一点思考　我看到我们的总理说，选一些漂亮女人当议员，这没什么不好。问题在于，这话该怎么说。大家都知道耶稣会修士和多明我会修士的那个段子。他们都在修行，那个耶稣会修士在背诵日课时很舒服地抽着烟。多明我修士问他怎么能那么做，他说他已经请示过上司了。那个天真的多明我修士说，他也请示过了，但被拒绝了。"你是怎么说的？"耶稣会修士问。多明我修士回答说："我问上司：祈祷时可以抽烟吗？"那当然会被拒绝了。耶稣会修士问的是："我抽烟时可以祈祷吗？"上司说当然可以了，任何时候祈祷都可以。

假如贝卢斯科尼说，一个参加选举的女人假如外表也很美，这没什么不好，所有人，包括女权主义者也会鼓掌。但他让人领会到的是，假如一个漂亮女人被选上，这没什么不好，难就难在长得漂亮。一个女人当选，仅仅是因为她漂亮，这就有问题了。

第二点思考　关于一位那不勒斯小姑娘把贝卢斯科尼称之

472

为"爹地"的事儿，我们当然不应该妄加揣测，然而我们还是自然而然会想到科尔·波特的那首经典歌曲——《我的心属于爹地》，玛丽莲·梦露和厄莎·姬特都唱过，让这首歌更加出名。这是一个小姑娘，用性感的声音讲述着她没办法和同龄的男孩子建立关系，因为她的心属于"爹地"，也就是"爸比"。关于这个那不勒斯姑娘的热情，报纸已经花费了很多笔墨（乱伦？恋童癖？对于家庭的依恋?），但大家并不了解真相，科尔·波特只是一个引子……除此之外，这首歌儿很美，也很性感，不知道阿皮赛拉熟不熟悉。

第三点思考　好像我们总理说，意大利不想成为一个多民族融合的国家，因此就像北方联盟提议的那样，我们要严控移民。听起来好像是法西诺说的话，需要控制非法移民，帮助那些合法移民。但这话里有另一层意思，就好像要不要成为一个多民族国家，这是一个人可以决定的，就好像罗马帝国（第一罗马帝国）可以决定要不要被蛮族入侵。那些蛮族到了边境，会毫不犹豫地进来，没什么可以商量的。罗马帝国的智慧（这使得它延续了好几个世纪）就是制定一些法律，让蛮族聚居地合法化，让那些定居在帝国境内的人获得公民身份——甚至让他们当兵。这样一来，罗马帝国曾经有过"伊利里亚"和非洲皇帝，还有一个土耳其人扫罗①建立的新宗教，它最伟大的思想家是一个叫奥古斯丁的北非柏柏尔人。

大量人群出现在我们的边境，他们想要进来，我们不能假

_____

① 耶稣的使徒之一，也称"保罗"，是基督教建立初期的核心人物。

装允许，或者不允许他们进来，假装那是我们可以决定的事儿。不能回避一个事实是，假如意大利这几十年来对外展示的是一个贫穷落后的形象，可能成千上万的非洲人（还有巴尔干地区的人）不会想着来这里。实际上，他们能收看到意大利电视，尤其是 Mediaset 旗下的频道，从这些频道上看，我们国家好像全是靓女，只要回答出"加里波第不是个自行车手"就可以得到金币。很显然，大家看到这些才前赴后继跳到海里游过来，他们不知道游过来之后，只能睡在火车站地下通道的纸盒子里。

第四点考虑　新闻上说，"黑客"不仅能侵入银行系统，他们也能进入美国中央情报局的网站，这已经让世界上大部分特工陷入险境。现在我想，过不了多久（可能事情已经发生了），只有那些搞婚外恋的人才会在网上交流，但他们不知道，那个被戴绿帽子的伴侣会知道他们说的每个字。还有少数傻子还用电子银行，他们会眼睁睁看着自己的账号上的钱被清空。特工呢？他们会长时间放弃网络，从伦敦发出一则秘密信息，马上会到达纽约，这当然很方便。但现在特工要在早上九点从伦敦出发，并于当地时间半夜前到达纽约。更加便捷的办法是把信息放在鞋跟里，背诵下来，或者塞到括约肌里。算了吧！我们是在倒退着向前发展！

二〇〇七年

## "我是个种族主义者？可他的确是个黑鬼啊！"

美国总统大选时贝卢斯科尼的言论引起的争议在意大利可能已经平息，但国际上还在热议。我还收到几个外国朋友的电子邮件，他们问我，贝卢斯科尼总理怎么能说出这样的傻话。他说，新当选的美国总统除了年轻，皮肤也很黝黑。

有很多人都设法对贝卢斯科尼的言论作出解释。那些怀有敌意的人，他们的阐释是灾难性的（贝卢斯科尼想嘲讽这位新当选的总统）。有人说，这只是他经常说的那类废话：贝卢斯科尼非常清楚自己在说傻话，但他也知道，他的选民很享受这些傻话，他经常说这样的话，人们会觉得他很可爱。至于那些善意的解释，有一些是完全宽容的，说贝卢斯科尼特别喜欢照太阳灯把自己晒黑，他想赞美奥巴马——这个阐释有些搞笑了；那些比较宽容的人会说，他只是说了一句俏皮话，我们的反应不要过激了。

外国人无法理解的是：为什么贝卢斯科尼不替自己辩解，说这是一场误会，他想说的不是这个意思（这也是他惯用的技俩），他坚持认为自己这么说没什么错。现在唯一一个真实的回答是，贝卢斯科尼是一片好心，他觉得自己说了一件非常正常的事情，他到现在还不知道自己错在哪里。

他说（他这么想）奥巴马是个黑人，难道他不是黑人吗？这一点没人否认吧？贝卢斯科尼想说的是：奥巴马是个黑人，这一点很明显，所有美国黑人都很高兴，因为现在有一名黑人入主白宫。很长时间以来，美国黑人都在重复一句话："黑就是美！""黑"或者"黝黑"是一码事儿，因此也可以说"黝黑就是美"，难道不是吗？

不是。你们记不记得，那些美国白人把非洲来的黑人称为"黑鬼"，他们用这个称呼表达他们的鄙视。后来，这些非洲人争取到了被称为"黑人"的权利，现在，他们可以出于挑衅或者玩笑，称自己为"黑鬼"，但只能他们自己说，要是一个白人说了，那他们可要撕破脸皮。同样的情况，那些同性恋者在称呼自己时可以用那些难听的称呼，但假如一个异性恋的人用这些词，那他们一定会很恼怒。

现在说一名黑人入主白宫，这是一种事实陈述，可以用心满意足的语气说，也可以带着仇恨说，但大家都可以说。把一名黑人说成"黝黑"的人，这是故意的，说了好像又没说，不敢直接说他是个黑人，就找另一个词来取代。说奥巴马是黑人，这是明显的事实，说他很黑是说明他的肤色，但说他黝黑就是恶意的玩笑。

当然了，贝卢斯科尼也不愿意和美国搞出一场外交事故。但有些做法或者说法，可以用于区分不同社会阶级或者文化水平的人。有些行为可能是赶时髦、装绅士，但在有些场合，一个人说"management①"，马上就会遭到鄙视。同样，那些说"哈佛的大学"的人，很明显不知道哈佛不是一个地方（有人甚至说成"哈弗"，那就要贻笑大方了）；在一些场合，那些把《芬尼根守灵夜》写成"Finnegan's Wake②"的人是进不去的。这有点儿像在过去，有人在用高脚杯喝酒时，会把小拇指翘起来，这会让人判断出他们来自下层社会。假如你请他们喝咖啡，他们会说"我会回请您"。还有那些不说"我妻子"，而是说"我媳妇"的人，也能看出他们的出身。

有时候，一个人的行为会暴露他的出身：我记得有一个公众人物，他是出了名的不苟言笑。在一场展览活动开幕时，我做完演讲后他过来和我握手，很客气地说："教授，您不知道，您让我多舒服！"在场的人都有些尴尬地笑了，但那个好人一直和那些敬畏上帝的人来往，他不知道这种表达已经仅限于肉体的感受，至于精神上的愉悦，他可以说："这真是　种精神享受。"贝卢斯科尼会说："这难道不是一回事儿吗?"不，不同的说法从来都不是一个意思。

在有些场合可以点明一个人的种族，但不能通过肤色来暗示，就好像不能用刀子吃鱼一样，事情很简单，贝卢斯科尼不和这类讲究的人来往。

二〇〇八年

---

① 英语，管理。
② 正确的写法是"*Finnegans Wake*"。

# 贝卢斯科尼和皮斯托瑞斯

　　关于贝卢斯科尼的文学作品有很多。在最近出版的作品中，我可以推荐《贝卢斯科尼现象学》。我看的是初稿，书籍很快会出版。作者是皮耶弗朗克·贝利泽蒂，内容很广泛，从这位领导人的审美一直谈到他的性欲，充满了坦然的恶意。但有一本已经出版了的书，就是马尔科·贝尔波利蒂的《领袖的身体》（冠达出版社，2009），作者只谈论这个人物非常特殊的一个方面，就是他和自己身体的关系，是他想展示出来的形象。

　　这事儿听起来好像很奇怪，并不是所有领袖都有身体；你们想想，曾经的领袖德·加斯贝利，那些五十年代过来的人都会记得他凶巴巴的样子，但看到的仅限于他的面部。你们可以看到，他在特兰托的纪念馆里也没有身体，他的身体消失在一件皱巴巴的西装里面。但从另一个方面来说，过去的一些领袖也没有身体（除了一张能辨识出来的面孔），比如说南尼、范范尼，甚至是陶里亚蒂，毫无疑问，他们对于别人的影响都是精神层面的。在其他国家也是同样的情况：没人会记得法国总统的身体，除了戴高乐（因为他的身材和鼻子太有特点了）；英国人隐约记得丘吉尔的样子，也不过是一张好喝酒、叼着雪茄的面孔，最多再加上他有点儿超重的身材；罗斯福的身体让人没任何印象，他好像没有肉身（如果不是另有所指，因为罗斯福下肢是瘫痪的）；杜鲁门长得好像保险公司的推销员；艾森豪威尔像个普通大叔。第一个关注自己身体形象的人是肯尼迪（也是仅限于面部），他在大选中打败了尼克松，是因为他在电视上有几个角度比较好的镜头。

过去的领袖也有身体吗？有些有，比如奥古斯都，在很多雕刻作品中都能看到他。我们可以推测，其他领袖获得权力是因为他们很强大，但他们影响到的并不是人民（因为人民没有机会看到他），而是跟随他们的人，其余的就要靠传说了，比如说，据说那些法国国王的身体有治愈淋巴结核的功能。但我相信，拿破仑带着他的士兵去送死，并不是因为他的身体有魅力。

领袖有一具身体，他们开始狂热关注自己的形象（不仅仅是面孔，而是整个身体），这需要等到大众媒体阶段，从照片时代开始。

就像贝尔波利蒂写的那样，他研究了墨索里尼和他的身体的关系，他的身体和权力已经融为一体了，为了彻底让他倒台，必须要推翻和破坏他的身体，把他头朝下挂起来，后来情况就是如此。

至于贝卢斯科尼和墨索里尼之间有相似之处，我要说得清楚一点儿，以免引起误会。我不是说贝卢斯科尼是法西斯分子，而是说他像墨索里尼一样，也想通过对自己的形象近乎病态的关注，和民众建立一种民粹主义关系。我不想继续介绍贝尔波利蒂的分析，他侧重的是对照片的分析，比如贝卢斯科尼在船上唱歌的照片。读者可能会抱怨：那么多分析，照片的数量却不是很多。他们可能想看到更多照片（书里收录了大约二十多张照片，真的"非常有说服力"，让人看完之后还想看）。

作为阅读指南，我建议你们仔细阅读作者对于手势、微笑进行分析的章节，还有这个人物女性的一面，这是出人预料、具有挑衅性的论述，还有他的自恋的几个发展阶段（贝尔波利蒂采用了各种比较权威的观点和资料：荣格、福柯还有桑内特），对家人的运用——家人也是他身体的延伸（作为配饰）。

要说，墨索里尼和贝卢斯科尼之间最根本的差别就是：墨索里尼运用自己的身体扮演不同的身份，包括光着膀子出现（这是妈妈给他的身体），还有特别突出自己秃顶的照片，但贝卢斯科尼会选择人工介入，改变自己的本来特征（贝尔波利蒂提到，贝卢斯科尼和带着义肢奔跑的奥斯卡·皮斯托瑞斯有类似之处），他除了植发，还做了拉皮，他是想给他的崇拜者展示一种冻龄形象。这种对于永恒的渴望和贝尔波利蒂最后分析的"转眼即逝的恒星"，让人感觉很惊讶。

二〇〇九年

# 姓名不详的共餐者的奇怪事件

我眼前忽然跳出这样一篇短文，刊登在七月十三日的《日报》上，我是后来才看到的，晚点没关系，总比没看到的好。文章说："翁贝托·埃科教授喜欢'世界料理'，他作为左派的代表人物，上个星期午饭时分，在米兰，有人看见他和一个姓名不详的人在圣约翰区一家亚洲餐厅进餐。这是一个朴素的地方，不属于高级餐厅，《玫瑰的名字》的作者喜欢的经典菜肴是：广东炒饭、咖喱鸡、竹笋炒粉条，还有其他创新性的菜肴。他筷子用得很好，这应该是社会主义者的共同爱好。在这家中印餐厅里，最近有人看到圭多·罗西也在那里出没，他是一个法学家、议员、意大利电信前总裁，二〇〇六年那个炽热的夏天'电话门事件'中意大利足球协会的特派员。中国更近了。再加一把椅子就好了。"

这篇文章其实没什么大不了的，有些记者就靠写这类小道消息谋生。我怀疑，这篇短文的作者经常在这家普通的中餐馆出没（在这些馆子里，你可能很难遇到宝拉·比内蒂和洛可·希佛帝，或者卡拉·布吕尼和雷纳托·布鲁内塔部长的烛光晚餐）。狗仔队也经常出入这里，因为这个餐馆干净明亮，价格实惠，对于中等收入的媒体人员，这是一个很好的选择。但是老吃春卷也很烦，这个不知名的记者可能当时一下子从凳子上站了起来，因为他好像看到了一个"独家新闻"，可以让他的事业发生转机。

去中餐馆吃饭是再正常不过的事情了，我和圭多·罗西去那里吃饭也没什么特别的。我不知道他也去那里吃饭，但这家餐馆距我们的住处都只有一百多米远，假如不想吃几百欧元的刺海胆，这家中餐馆是一个理想的选择。

为什么要写这样一篇很没意思的报道呢？比报道狗咬了人的消息还要糟糕，就好像是为了说狗会汪汪叫。

我试着对此事进行推测，对于那些和你想法不一致的人，首先要传播对他的怀疑，哪怕是捕风捉影的事儿。你们会记得早间5电视台的那个报道，是跟踪麦西阿诺法官拍摄的视频（他的罪名是对于罗德·蒙达多利的审判让我们的总理很不高兴），他出门散步，抽几根烟，去理发店理发，最后坐在一张长椅上，露出了蓝色袜子。所有这些事情，都被评价为"奇怪的行径"，是想展示这个恶棍法官脑子不正常。

这个节目有说他的坏话吗？一点儿也没有。为什么有人会迫不及待地告诉我们这些信息，一个人穿着蓝色袜子去理发（其他正常市民顶多穿一双普通的深紫色袜子），就好像要给我们发一个密信？这种新闻报道技术简直应得普利策奖，但这可能会让那些穿短袜的人觉得震惊。

可能《日报》的编辑想，一位上了年纪的选民（妻子是一个只吃蔬菜煮面的女人）会觉得，有人去吃中餐很可怕，或者一个住得非常偏远的人，他们从来都没听说过中餐馆，或者那些对任何外来民族的东西都持怀疑态度的人，更别说中国人了；或者说（有人这么说）使用筷子是"激进分子"的共同爱好，因为那些朴素的正常人会像妈妈教的那样用叉子吃饭；甚至是，他们认为中国还是毛泽东时代，因此吃中餐就意味着宣布："中国很近！"

至于我和一个"姓名不详的人共餐"，这又是什么意思呢？我难道应该准备一个牌子，上面写上他的名字，他从哪里来，为什么和我吃饭？为什么在一家中餐馆，而不是像在达希尔·哈米特的小说里写的，在皮斯托亚小山①或者在美丽的那不勒斯？这个"姓名不详的人"，记者不了解他，我当然很了解，因为他是我的朋友。但说一个人和"姓名不详"的人来往，而且是在一家中餐馆，特别像在说傅满洲②和"黄祸"。

这就是激进分子做的事儿，还好有媒体监控。

二〇一〇年

---

① 从名字可以看出是托斯卡纳风格的餐饮。
② Fu Manchu，英国小说家萨克斯·罗默创作的"傅满洲"系列小说中的虚构人物形象，极为不堪，是"黄祸"的拟人化形象。

# 来吧，克力同……

我们的政府正式要求巴西引渡切萨雷·巴蒂斯蒂，我们不得不提出支持。我觉得，那些出于大胆猜测，认为巴蒂斯蒂是被冤枉的人应该这么想：即使是审判错误，那也不应该由巴西政府来决定，除非他们宣布——正式公开宣布：意大利政府从宣判时一直到现在都是一个独裁国家，践踏了公民的政治权利，压制了公民的自由。

引渡请求是必须的，因为意大利法院对巴蒂斯蒂进行了三次审判，这意味着一个民主国家，一个独立于任何党派的司法机构，对他进行了公正审判（除此之外，那些怀疑贝卢斯科尼政府的人要知道，这场审判进行时，贝卢斯科尼还只是一位普通的意大利公民）。

在这种情况下，要求引渡巴蒂斯蒂就意味着捍卫我们国家的司法尊严，每一个民主国家的公民都应该支持自己国家（以及共和国总统）的决定。

贝卢斯科尼总理真的很厉害，我们说，他的行为简直无懈可击。但尊贵的贝卢斯科尼在接受法官审判时（并不是要判他终身监禁，只是让他去出席一些针对他的指控，也可能是些没根据的指控，而且他也享有各个方面的法律保护），为什么他不仅仅拒绝出现在法官面前，而且还说，法官无权过问他的案子？他是不是想支持巴蒂斯蒂，要否决意大利法律的合法性？他也许正打算移民到巴西，要求当地政府对他提供庇护，就像巴蒂斯蒂获得庇护那样，来抗议意大利法官的贪赃枉法？或者说，他觉得审判巴蒂斯蒂的法官都是好人，他们的尊严应该得到捍卫，这也是捍卫意大利的尊严。而审判他的伊尔达·波卡希尼法官正好相反，不是什么正经人，或者在不同情况下，要用不同的眼光来看问题，要就事论事：在审判巴蒂斯蒂时，她值得尊敬，富有权威，但在调查露比时，她就不值得尊敬，没有任何权威。

　　那些捍卫尊贵的贝卢斯科尼总理的人会说，巴蒂斯蒂逃脱意大利的法律，他做得不对，因为他内心觉得自己是有罪的，然而贝卢斯科尼有权这么做，因为他觉得自己是无辜的。这个观点站得住脚吗？

　　使用这个论调的人，好像他从来没有反思过高中的一篇课文（就像发生在贝卢斯科尼身上的事儿），那就是柏拉图写的《克力同篇》。有些人可能忘了，我还记得那个故事的前提：苏格拉底被判了死刑（我们知道这是误判，他自己也知道），他在监狱里等着他的那杯毒酒。他的学生克力同来探望他，说已经为老师的出逃做好了所有准备。克力同想尽一切办法，试图说服老师出逃，因为他有权躲过这不公正的判决。

　　但苏格拉底告诉克力同，一个人应该如何面对城市法律的尊严。苏格拉底生活在雅典，享受公民的所有权利，他承认这些法律是好的。假如他敢于否认这些法律，那也只是在某些时候，当这些法律对他不利时，他会不赞同这些法律，会设法让这些法律失效，毁掉它们。我们不能期望法律是对我们有利的东西，当我们不喜欢某些东西时，我们可以拒绝，但法律是一种协定，我们不能按照自己的喜好来破坏这些协定。

我们要注意到，苏格拉底并不是政府的人，假如是的话，那他会讲更多道理。假如一个人认为不遵守自己不喜欢的法律，这是一种权力，那作为政府的人，他就不能期望别人会遵守他们不喜欢的东西，不能期望他们缴税、不闯红灯、不抢银行（还只是举个例子）或者不性侵未成年人。

这些话苏格拉底没有说，但他说出来的话现在还是那么有效、无上和崇高，像磐石一样坚硬。

二○一一年

# 规则和清教徒

我们国家总理的表现又遭到了批评，这激起了很多喜欢重口味的人的反对。首先有一批人，与其说是为总理开脱，不如说是在取笑那些批评总理的人。他们说："你们这些参加了六八学潮的人，你们期望有自由性爱、随便吸食大麻，现在怎么忽然变成了虔诚的清教徒啦！你们对丁总理的生活说三道四，是性生活，而不是喝无糖可乐当晚餐。"（真是让人忧伤的晚餐，真是一点儿"佳味"或者"托福格来克"著名葡萄酒都没有！）关于六八学潮中的自由性爱，我不是特别了解，因为那时我已经三十六岁了（当时是非常成熟的年纪了），是大学老师，有两个孩子，因此我从来都没留着长发，光着身子，抽着大麻出现在摇滚音乐会上。但我觉得，那时候的性自由是两个人出于自主选择，一起做爱，而且（尤其是）是免费的。这让很多人对那时的混乱关系充满了怀念，但这次他们谈论的事情和六八年的性自由完全不一样，他们做爱是自由的，但不是免费的。

有人说，那些批评总理的人是清教徒，这一点是对的，因为总理交往的是一些道德上非常不稳定的女孩子。每个人都有权享受让他满意的性生活（同性恋或者异性恋，温柔，狂野，等等），只要他和那些愿意这么做的人做，没有伤害到不想加入的人，或者不知情的人（这就是为什么法庭会审判那些恋童癖、强奸和电话性骚扰）。所有这些事情应该在封闭的地方进行，不能触犯清教徒的神经，这就像人们不能在公众场合亵渎神灵，就是为了不冒犯那些信徒的神经。

我必须承认，通常那些反对总理的人，过于强调"露比事件"中性的因素。很自然，事情就是那么发生了，假如给意大利人讲这中间的利益冲突，还有法官的腐败，来路不明的资金或者个性化定制的法律，人们都不会关注，他们会跳过去不看。但假如你把露比的事儿放在报纸第一页，他们就会把这份报纸从头看到尾，连天气预报也不放过。但对我们总理的反对，不等同于对于他的性品味的反对。他们反对的是这样一个事实：他花我们的钱，来报偿陪他吃饭的女人，他把这些人安插在欧洲、意大利的大区或城市的一些机构里。假如给大区顾问米内蒂女士的钱是我（可能是占一定的百分比）和那些一个月靠一千欧元生活的人（可能出很小一部分）出的，这和清教徒没关系，这是贪赃枉法的事儿。

道德问题不是说不应该做爱（就像六八学潮提出的口号：做爱！拒绝作战！），但不能让那些无关人员来掏钱。马拉佐议员被批评了，并不是因为他和人妖来往，而是因为他开着宪兵队的车子去找人妖。

但我们假定受邀出席总理晚餐的女人没用国家的钱，那是另一回事儿。我已经说了，一个人在自己家里想干什么都可以，这对于一个银行职员、医生或者加入工会的工人来说都没有问题。但假如在一个政治要人的家里发生这样的事情，那就很难不成为一桩丑闻。对于约翰·普罗富莫和加里·哈特来说，只有一次和同一个女人（每人一个）的出轨行为，就让他们葬送了政治前途。但这次涉及的女人很多，要用面包车把她们送过去，就不能阻止"露比门"的段子，不能阻止这桩丑闻出现在朝鲜的报纸上，或者突尼斯的电视里（你们可以上网看看）。

那些维护我们国家总理的人可能会说，发生这样的事情是因为有些清教徒从门缝里窥探了其他公民的隐私，他们捕风捉影，大肆宣扬。但这次是我们总理先开始的，他先是去参加了诺埃米的生日晚会，而且对于释放露比的事情，他和警察局交涉，这都是公众事件。当一个国家元首解释说，他真的相信露比就是穆巴拉克的孙女，因为这是她亲口说的（她还亲口说自己是成年人），很明显，在海外大家可能要笑破肚皮，因为一个男人——一个要对整个国家承担责任的元首，居然对于一个艳舞女郎的话深信不疑、奉若圭臬。

二〇一一年

## "CagÜ"

所有人都发现，自从贝卢斯科尼离开国家总理职位后，他就从报纸的头几个版面上消失了，也不是他自己想这样。他依然会去看他的朋友普京，就像瓦努图阿"扶轮社"总裁去看普京一样；他还是会带着一帮新姑娘从直升飞机上下来。人们会想，那是他自己的事儿，但在民意测验中，他的地位一落千丈。

现在，他宣布要重新出山，于是又回到报纸的头版头条。他一直都朝三暮四，反复无常；你们仔细看着吧，不管他会不会真的出山，至少现在他的微笑已经回到了每个角落。

没人可以否认，贝卢斯科尼是广告天才，他秉承的一个重要原则是："你们要谈论我，即使是说我坏话，也要谈论我。"这也是所有爱出风头的人惯用的技巧。当然，假如一个人站在一所女子高中门口，把裤子褪下去，把生殖器露出来，这种行为应该得到批判，但假如你这么做的话，一定会上头版头条，有些人为了上头条，甚至成为连环杀手。

在这种情况下，可以推测，贝卢斯科尼影响力的一部分

（其实是很重要的一部分），是因为不仅仅那些选民看到他做了什么，说了什么，更因为他的敌人为了批评他，总是把他放在封面上。

在他将来参加竞选时，我们应该怎么对待他呢（我说的不是从支持者的角度，而是从那些害怕他，认为他是我们脆弱的共和国一个祸害的角度）？

有一个故事是家人经常跟我说的，那时候我刚学会说话，在开始说"妈妈""爸爸"还有"奶奶"之后，有一天我忽然开始高喊："cagÜ！""Ü"是北方方言里的音，和法语里的一个音很像，意大利南部人发不出来。我是怎么学会那个单词的，这真是一个谜，因为这个词不存在。也许我是听到了一个脏话，就是"cagòn"（屎坛子），是在我们对面建房子的那帮泥瓦匠说的，我从阳台上一直看着他们。事实上，无论家里人怎么说我骂我，拍我的脑瓜子，都没什么用，我一直在重复"cagÜ"这个词，而且大人的反应每次都让我很满意。

直到后来，我搞得家人很丢脸。一个星期天中午，妈妈抱着我在大教堂做弥撒，高举圣体的铃铛刚刚敲响（这时候，教堂里苍蝇飞过的声音都听不到），我受到了这种忽然出现的寂静的鼓舞，就用尽全力对着祭坛喊了一句："cagÜ！"

一刹那间，神父好像停止了祭祀动作，信徒们严厉而且惊异的目光都落在我身上，我的好母亲羞得满脸通红，不得不带着我离开了那个地方。

很明显，需要找到一个解决方案，后来办法找到了。在接下来的几天里，每当我喊"cagÜ！"的时候，我妈妈总是假装没有听到。我继续坚持："妈妈，cagÜ！"她继续整理床铺：

"啊，是吗?"我继续说:"cagÜ!"妈妈对爸爸说:"晚上法奇奥姐妹会来拜访我们。"

亲爱的读者，你们已经知道事情的结果了。我看到，我求关注的这一招不再产生任何效果，我就再也不说"cagÜ"了!我开始学习一些丰富、复杂的语言，我后来口齿清晰，词汇丰富，让我父母都非常满意，他们都很高兴拥有一个咬文嚼字的儿子。

我不想运用我儿时的记忆给那些搞政治的、在报纸上写文章、编排的人提供建议。但假如不想当对手的扩音器，他们可以学学我妈妈这一招。

二〇一二年

# 贱民的种姓

乔凡娜·科森扎在最近写的《政治短片》（拉泰尔扎出版社，2012）一书中，研究了意大利的政治阶层在和选民沟通时采用一种循循善诱的方法，但一直表现很无能。当然了，"官僚政治"已经基本被淘汰了（尽管科森扎很无情地指出新一代的"大传播者"，比如说温多拉，都表现出这方面的倾向）；这不是从贝卢斯科尼开始的，可以说从肯尼迪时代就已经有了。政治传媒不是建立在象征或者政治计划之上的，而是建立在竞选者的图像（身体）之上，我们见证了这样一个过程，就是从人民大会到"广告短片"，这种彻底改变是无法避免的。但我觉得，在这一点上，这本书从头到尾讲得很清楚：我们的这些政治家没办法和人民沟通，因为他们说话时不能设身处地为民众着想，而是侧重于"自指"他们个人的问题。

贝卢斯科尼不是也会用浅显易懂的话，一些非常有效的口号来沟通吗？他的方法是建立在微笑，甚至是讲段子之上？的确如此。也许是在这些幸福的时刻，他能从听众的角度来说这些问题，说出他们最难以启齿的欲望，他说，不缴税是对的。

尤其是最近一段时间，他一直在谈论他的敌人，那些和他对着干的人、痛恨他的法官，而不是人们已经感受到的、已经没法隐瞒的经济危机。

现在，科森扎不放过任何人的那种犀利（可能被抨击最多的人是贝尔萨尼），我们让读者自己去品味。我想问这样一个问题：为什么政府的这些人没法设身处地为普通人着想？不久前，汉斯·马格努斯·恩岑斯贝格尔在一篇文章里做出了回答（我不记得这篇文章的题目了，也忘了他是在哪里发表的）。他揭示出，现在的这些政客已经完全脱离了普通人的生活，他们生活在一个受保护的堡垒里，出门时开着防弹汽车，周围也有保镖，普通人只能远远看着他们，你从来都不会在一家超市，在买东西的队伍里看到他们，或者在市政府办事时遇到他们。政治受到了恐怖主义威胁，催生了这样一个种姓阶层，他们已经不了解自己统治的国家了。他们的确是这样的，就像印度的贱民种姓，已经不能和其他人接触了。

解决的方案呢？需要做出规定，这些政界人物既不能在政府，也不能在议会待太长时间（我们说，立法会的任期是五年，或者宽容一点，这些政客可以工作两年），之后他们应该像普通人那样生活，没有保镖，一切都恢复到之前的样子。在等待了一段时间之后，他们会重新上台，那他们就会有几年种姓之外的体验。

这可能会让人产生另一个想法，也就是说，不应该存在一个职业的政治阶层，议会和政府应该让普通公民短期服务国家，但这会出现一个错误，非常有害，比"格里利主义"更加低级。那些投身政治的人，在不同的机构会掌握一些公共管理的技巧，我想说献身精神，就像天主教民主党和意大利共产党两个党派的专业人士，他们白手起家，先是在年轻人的机构里工作，后来服务于党派。他们没把那些私人企业、小工厂或者建筑公司联合在一起，出于自愿，他们进入了议会，或者成为政府人员，他们并没有想方设法保护甚至是增加自己的财富——就像其他人那样。他们是被一个领袖安置到议会的，他们要还这个人情，就要从领袖的利益出发，追随他们的领袖。最后，在党派里工作也可能会导致腐败。希望不会出现这样的事故，这不是机制的一部分。

二〇一二年

# 我们读一读《宪法》

关于这个问题，我两年前就在专栏里讨论过了，但我不是在重复我自己。实际上，在关于政府、议会、和《选举法》的讨论中，我不得不再一次提到这个问题。有两个信念，在昨天好像还是右派民粹主义的团体财富，但现在政治上层，有一定文化积淀的人也在重申这两个定论。

第一个论断是，这一届议会是不合法的，因为它依据的是《猪圈法》（《选举法》俗称）选上的，这是一部不符合《宪法》的法律。但这一届议会当选时，《猪圈法》是国家法律，不可能按照别的法律来选举，因此议会是按照当时有效的法律选举的。当然，需要按照新的法律来重新选一次，但决定新法律的，依然是这届议会。

我明白，这样的局面可能会让人很不安，"要么喝了这碗汤，要么从窗子跳出去"，没别的选择，关于这届议会不合法的论断，都像是耳旁风。

另一个流传于世的观点是，现在的政府首脑和部长都是人民选出来的。说真的，马泰奥·伦齐作为政党选出来的首领出现在政治舞台，并且获得了大部分人的认可，但这并不意味着这个未来的政府首脑是人民选举出来的。这是贝卢斯科尼的伎俩，他把自己的面孔、名字作为选民册上的象征，不知道说服了多少选民，让他们以为自己可以选中他作为国家元首。没有比这更加虚假的事儿，说真的，贝卢斯科尼也可以赢取选举，然后让另一个人担任国家总理：桑坦切、西里波迪或拉兹，无论如何都不违背《宪法》的规定。

《宪法》规定，人民选出议员（通过开放式名单或封闭式名单，但有另外一个问题《宪法》没有说明），议会选出国家总统。总统听完各个政党代表的陈述，任命国家总理和各个部长，原则上他甚至可以任命他奶奶，或者洛卡卡努奇亚的火车站站长为国家总理，如果占主流的政治力量推举他们的话。

议会应该对共和国总统任命的政府表示信任和支持（通过这种方式，人民代表可以对政府实行监控），假如议会对政府表示不信任，一切都得从头再来，直到共和国总统组建出一个议会认可的政府。这样一来，共和国总统任命了一些国家总理，比如说迪尼和钱皮，他们并不是议员，而且还任命了一系列技术人员作为部长。当国家总统任命蒙蒂做总理之前，先是任命他为终身议员，所以蒙蒂并不是人民选举出来的，而是总统任命的。

最有意思的是，这些是《宪法》第六十四条通过一种迂回的方式说出来。在这一条里，后面有一句话解释说："政府成员尽管不是众议院和参议院的成员，假如要求的话，他们有权参加会议，每次他们要求发言时，都应该允许他们发言。"明白了吗？很明显，对于那些立宪者来说，政府成员完全可以不参与议会，然后还具体说明他们可以或者说应该通过哪些方式参加会议。要诚实一点说的话，大家批评贝卢斯科尼在议会里出现的次数太少，不应该用他国家总理的身份指责他，而应该说，作为众议员或者参议员，他过于懒散了。

二〇一二年

# 保持低调

　　大家都在等待民主党取得决定性的胜利，以及贝卢斯科尼的黯淡补救，但这个预测没有实现。这样的事情已经有先例了，当年奥凯多宣称他已经建起一台辉煌的"战争机器"，然而，贝卢斯科尼时代开始了。同样，在上次的选举宣传中，民主党的所有策略都鼓舞人心，非常高调：贝尔萨尼非常肯定会得到多数人的支持，他扬言获胜的人（他自己）会组建政府。这样一来，我们很多人都觉得民主党的领袖像大佬一样在做宣传，没像对手那样胡说八道，因为民意测验让他们非常放心，觉得民主党已经赢了，但结果并非如此。

　　定律：每当左派做出必胜的姿态时，都必定会输。中邪了？我不记得是在哪个脱口秀节目里，保罗·米埃里说，这已经成了一个破解不了的魔咒，至少六十年以来，在意大利有百分之五十的选民不希望左派或者中左翼上台。这可能是源自对"克里姆林宫里那个红色食人兽"的古老恐惧（我的推测），那是法西斯时期的《巴利拉少儿周刊》每个星期给孩子们讲述的故事，可能是出于对在圣彼得大教堂圣水池里饮马的布尔什维克的恐惧（在这一点上，一九四八年的《公民大会》宣传起到了很大作用）。现在，对左派的持续恐惧是因为担心他们会抬高税收（左派的确一直是这么宣传的，但右派从来都没这么做过），实际上，那些中老年资产阶级不读报纸，他们只看Mediaset 的电视节目，当共产主义的风又刮起来，对他们产生威胁时，他们便投靠贝卢斯科尼。人们会想，对左派政府的担忧和害怕，有点儿像对于土耳其人的恐惧，在勒班陀海战结束后，奥斯曼帝国衰落之后的很长一段时间里，这种恐惧还在继续。

我们回到米埃里的那些话上，假如意大利一半选民都怀有这种恐惧，他们会不由自主地投向那些提供解药的一方，所以五十年是天主教民主党掌权，二十年是贝卢斯科尼掌权。

我相信，米埃里在做这些分析时，他觉得蒙蒂上台或许会带来另一种可能，他也看到贝卢斯科尼利用这种恐惧心理，掀起了一场针对蒙蒂的斗争，这让人觉得米埃里是左派的一个傻仆人。好吧，蒙蒂最后没撑住，对左派的抵抗成了贝卢斯科尼的专利。我觉得有一件事很明显：当左派说服选民他们一定能掌权时，右派总是能赢。左派真的能赢的时候，就像普罗迪那样，在宣传时没显示出充分的信心，他只是很低调地说了一句"我希望能办到"，在大家都没有料到的情况下，左派赢了。

有时候，示弱非常有必要，这会让对手松弛下来。格里洛在竞选中表现得胜筹在握，这使得他被排除在电视节目之外，他不得不去广场上宣传——这样一来，电视上到处都是他，他扮演了体制的牺牲品。陶里亚蒂很会哭诉，他说那些工人被排除在外，他们没有决定权，一定会起来反抗。巴内拉总是抱怨说，媒体无视激进党派，他们无法吸引电视和报纸的注意力。贝卢斯科尼也总是表现得像一个受害者——一个被报纸、强权和法官迫害的人，当他执政时，他总是抱怨说，很多人都和他对着干，不让他好好办事。因为有一个原则非常重要——扮猪吃老虎，或者换一个中听的说法，就是"要保持低调"。

假如左派向前走一步，势力上升的话，那么有些中年男子可能会受到惊吓，他们本来想弃权，这时候可能会跑去投票。假如左派的激进分子可能会赢，那些中间派就会支持"上帝选中的人"①。

二〇一三年

---

① 暗指贝卢斯科尼。

# 要怀疑那些审判你们的人

　　类似这样的问题，我一九九五年已经在专栏里写过了，时隔十八年之后，我们国家还是老样子，这不是我的错。另外，《共和国报》庆祝创刊二十周年时，我也写过一篇文章，和二十年前是同一篇，凸版印刷，原样照搬。我有些漫不经心，把这两篇文章搞混了，后来我很仔细地看了看，文章只有在最后有些不同。我看到，报纸上当时只有两个电台的节目介绍，这让我对年代产生了怀疑，除此之外，二十年代之前的消息在二十年之后还是一样，我觉得这不是《共和国报》的错，而是意大利的错。

　　一九九五年，我抱怨说，有些报纸不讨论被告是不是无辜，而是发表一些隐晦的、具有暗示性的文章，并不是责问被告，而是要让法官失去合法性。

　　现在我们都看到，在一场官司中，要证明指控是有偏见的、不正当的，这是民主的一个很好的体现，假如各种各样的独裁国家能采用这样的审判方式就好了，但这都是一些特殊情况。在一个社会里，假如不仅仅是控告者，就连陪审团都被抹

502

去了合法性，显而易见，这个社会一定有什么地方不对劲儿。要么是司法部门有问题，要么是辩护律师团有问题。

这就是最近一段时间里我们见证的事情。调查的第一步不是去证实控告的事实是否成立，而是向公众暗示这个起诉值得怀疑。假如这一步调查清楚了，官司的进展是次要的事情。因为在电视直播的审判中，有人左右了大众舆论，首先让审判者失去威信，然后试图说服陪审团，他们如果顺从法官的意思，那是不得人心的事儿。

因此这场官司不是原告和被告双方拿出证据，进行一场论战，而是在审判前的大众媒体的决斗，是被告和未来的检察官还有陪审团之间的斗争，是被调查的人否认法官的审判权。

假如你能证明控告你的人通奸，或者犯过其他一些错误，无论是大的罪过还是小的作风问题，尽管和审判没有任何关系，那你也赢了。没必要证明审判你的法官犯过什么罪（这就是历史），只要你拍到他正在朝地上扔一个烟屁股（这当然不应该，哪怕是无意的），但我要说，假如他恰好穿着绿色袜子（已经发生过这种事儿了），那个审判的法官马上就变成了被审判的人，因为这些事情暗示他很怪异、不可信，以此类推，他根本就不是一个称职的法官。

这种做法，鉴于在二十年前就已经存在了，看来很管用。从另一个方面来说，这些含沙射影的方式会激起一般人最糟糕的本能，他可能因为乱停车被罚过款，他会抱怨交警有毛病，他对那些开宝马的人心怀嫉妒。在任何调查中，任何人都会觉得自己是卡夫卡小说里的人物 K，一个无辜的人，正面对无法捉摸、偏执的法律。

因此（我在十八年前就已经说过了），你们要记住，下次你们被警察当场抓获时，在殴打抓住你们的警察时，在用斧头砍你们奶奶的头颅时，你们不要担心，不用清洗血迹，或者证明你们当时正在别的地方和某个主教交谈。你们只要证明那个当场抓获你们的人（看到你们拿着斧头的人），十年前他没向检察官申报：过圣诞节时，有个公司送给过他一块米兰大蛋糕（最好，这个送礼的公司总裁和揭发你的人已经有很长时间的交情了）。

二〇一三年

# 孩子，将来这些都是你的

我写这篇文章时，玛丽娜·贝卢斯科尼非常坚决地表示，她不会继承父亲的政治事业，她觉得继续做企业家是一个比较明智的选择（假如有人改变主意的话，我提前向大家道歉，因为这事儿很常见）。这可能就像米兰俗话说的："做你擅长做的蛋糕。"建议糕点师傅做他擅长做的，而不是冒险去做大蛋糕。

排除了玛丽娜，没有任何事情可以阻止贝卢斯科尼在他的家庭成员中找另一个人来继续他的王朝，他家人丁兴旺，子女很多，还有一些侄子外甥。这个男人野心勃勃，他觉得自己可以和维罗妮卡·拉里奥生一个球队，假如拉里奥太太不同意，为什么不考虑领养一个呢，比如说米内蒂女士、露比，或者住在奥格提纳街上的某个姑娘？

要说在民主制度中没有世袭，只有在君主制度下才会有，这是站不住脚的。在古罗马帝国时期就曾有这种世袭的情况。不仅如此，在现代民主制度中也会发生这样的事情，你们可以看到，勒庞把权力交给了女儿。如果要进一步说的话，甚至可以提到肯尼迪家族（他们家族的权力交替，中断在谋杀者鲍勃的手中)、布什家族的两位总统,这事儿在克林顿太太身上重演,也不是没有可能。

在美国,总统不能直接把权力交给兄弟、妻子或者孩子,他们需要人民的投票,让一位前总统家庭成员执政,无论如何,权力不是像接力赛那样传递下去的,而是要等几年。同一个家族的人又回来执政,毫无疑问,会让人有一种王朝的感觉,这让人觉得:好血统不会说谎。

在贝卢斯科尼把他的权力交给另一个人的过程中,除了世袭以及血统的因素,还有其他的东西。贝卢斯科尼觉得,自己可以把权力移交给家里的某个人,这很正常、合情合理,因为他觉得,他建立的那个政党是属于他的,资本是他的,因此附属的东西也可以转移。他的做法就像那些大企业的创建者的做法,对于他们来说,企业就是家族财富,要一代一代传递下去。我们在阿涅利家族得到印证:爷爷乔瓦尼把权力交给了孙子詹尼(瓦莱塔做辅助,一直到詹尼成年),詹尼去世之后,阿涅利家族没继承人了,一个有阿涅利家族血统,但姓氏不同的人成了总裁。你们想象一下,一个美国大地主(在不同电影中都有展示)指着一大片草场还有成群的牛羊,对自己的继承人说:"孩子,将来这些都是你的。"

但把一个政党当作生产金属部件或者饼干的企业,也视为家族财富,这正常吗?一方面,即使是墨索里尼,也从来都没想过类似这样的事儿(当时法西斯党是真正属于他的,所以后来他死了之后,党也解散了),但你们可以想象一下,假如德·加斯贝利想把天主教民主党交给妻子马利亚·罗马纳,克拉克西把社会党作为遗产交给他的孩子博博或者斯特凡尼娅,或者说贝林格像天赋人权一样，把意大利共产党交到妻子比安卡手上，你们能想象吗？不能！因为这些党派不是他们创造的，也不是他们出资的，他们应该意识到，在人民大会选出他们时，党派就不能有世袭概念。

一个领袖决定把权力交给后代，这意味着他知道这个政党是自己创造的，假如没有这个领袖的姓氏，这个政党是没法存在的。这个政党是领袖出资的，政党的其他成员并不是领袖的选民，而是他的员工。任何一个私有的政党都应该有自己的继承人，就像每条"鲨鱼"都有权有自己的"小鲨鱼"。

二〇一三年

# 左派和权力

　　我要讲的这件事并非我亲眼所见，而是一个值得信赖的朋友讲给我听的。一九九六年，普罗迪当选为意大利总理，这是意大利左派第一次执政，我记得好像是在人民广场，当时举行了很大的庆典，人山人海。马西莫·达莱马走向主席台时，有一位女士拉住了他的胳膊，高喊道："马西莫同志，现在我们可以好好反抗一下！"

　　这事儿过去了，但带来的后遗症并没完。这些积极分子明白他们的党派取得了胜利，但他们不一定明白，执政党必须对许多事情进行妥协。他们一直以为，左派作为一股英勇、固执的力量，可以对所有不认同的事儿说"不"。

　　在这位女士身上，集中体现了欧洲左派的悲剧：在一百五十年的历史中，左派都是一股反对力量和革命性党派。是的，左派经历了长期的痛苦，就是等着革命爆发。

　　因为这个缘故，左派总是在说"不"，总是用狐疑的目光看待那些吞吞吐吐、欲言又止说"是"的左翼人士，他们会像排斥社会民主党那样排斥他们，或者那些积极分子会放弃他们的政党，建立一个更加激进的党派。因为这个缘故，左派一直是分裂的，它的内部一直在进行"有丝分裂"。当然，它从来都没有足够强大，成为执政党派——我很不客气地说，这也是它的幸运，因为如果执政的话，它就不得不一直说"是"，要在做决定的时候进行妥协。假如说"是"的话，它就失去了那种纯粹的精神，它一直在顽强地拒绝权力的诱惑，如果说"是"，那它就完全溃败了。要知道，它拒绝的那种权力总有一天会毁掉它。

人民广场上那位女士的故事，可以解释现在发生的很多事。

二〇一五年

# 从愚蠢到疯狂

# 不，不是污染，是空气不洁

随着战争之风日盛，我们的命运也被攥在世界上最强大的人——小布什——手中。如今，已无人如柏拉图一般，奢望国家交由哲学家治理，只要统治者能够明辨是非就是万幸。诸位不妨上网查查那些收集小布什经典言论的网站。我就找到了好几句（具体发表时间和场合不详）："假如我们不能成功，就面临着失败的危险。""人类进军太阳系的时刻已经来临。""对环境造成威胁的并非污染，而是不洁的水和空气。"

答记者问　"我应该向先前问我的人提一个问题。此前，我没有任何可能去问那个先前向我提问的人到底问了什么。"（得克萨斯州奥斯汀，2001 年 1 月 8 日）"在我看来，倘若您知道自己信仰什么，我就能更容易回答您的问题。"（俄亥俄州雷诺兹堡，2000 年 10 月 4 日）"那个女人知道我有阅读障碍——好吧，我从未采访过她。"（加利福尼亚州奥兰治，2000 年 9 月 15 日）

关于政治　"我们应该探讨的违法现象是一种并不存在的现象。"（1996 年 5 月 20 日）"我相信我们正走在一条不可逆转的、通往自由和民主的道路上。然而，事情总是有可能发生变化。"（1998 年 5 月 22 日）"我不仅想为我自己，也想为我的前辈们保留行政权。"（华盛顿，2011 年 1 月 29 日）"我们双方将通力合作，力争将恐怖等级带到一个双方都能接受的水平上。"（华盛顿，2001 年 10 月 2 日）"我知道华盛顿不乏野心勃勃之人，这很正常。但我要提醒那些心怀野心的人士，去做成功之事要比做失败之事更容易成功。"（美联社采访，2001 年 1 月 18 日）"在美国，最大的事就是每个人都应该参与投票。"（奥斯汀，2000 年 12 月 8 日）"我们希望每一个能够找到工作的人都有能力去找一份工作。"（新闻节目《60 分 II》，2000 年 12 月 5 日）"我找到的公分母之一就是：围绕被期待的事物，总会燃起许多期待。"（洛杉矶，2000 年 9 月 27 日）"如果有更多的贸易往来，就会有更多的贸易。明白这一点相当重要。"（美洲国家首脑会议，魁北克城，2001 年 4 月 21 日）

关于教育　"坦白说，教师是唯一向我们的孩子传授知识的职业。"（1995 年 9 月 18 日）"我们美国人是全世界最有教养的群体。"（1997 年 9 月 21 日）"我希望人们会评价小布什的管理是注重结果的。因为我相信'将儿童教育聚焦于阅读'这一举措能够带来的结果，相信如此能让他们拥有一个关注儿童和家长的教育体系，而不是一个一成不变的教育体系。这将让美国成为一个我们所期待的国家，一个人人都懂得阅读和希望的国家。"（华盛顿，2001 年 1 月 11 日）"公共教育系统是我们的民主的根基之一。无论如何，教育能够让美国的孩子们学会做有责任感的公民，同时学习必要的能力，从我们这个神奇的机会主义社会里获得利益。"（2002年5月1日）

关于科学 "火星基本上与我们处于同一轨道。它与太阳之间的距离几乎等同于我们与太阳之间的距离，这是非常重要的。我们认为看到了一些水流的图像。只要有水，就有氧气，只要有氧气，我们就能呼吸。"（1994年11月8日）"对于国家航空航天局而言，太空是他们的专长所在。"（1993年9月5日）"天然气是半球形的。我之所以喜欢将它描述为半球形，是因为它是一种我们可以就近采集的产品。"（奥斯汀，2000年12月20日）"我知道人类和鱼可以和平相处。"（萨基诺，2000年9月29日）。

关于外交 "我们在谈论非洲问题上花费了许多时间，这无可厚非。非洲这个国家正遭受一种令人难以置信的疾病。"（新闻发布会，2001年6月14日）"我与墨西哥新任总统比森特·福克斯进行了会谈，希望美国能从墨西哥进口石油。如此一来，美国就不用再依赖国外的石油了。"（第一轮总统大选辩论，2000年3月10日）"法国人的问题在于他们没有一个词可以表达'entrepreneur'①。"（与布莱尔的探讨）"你们那儿也有黑人吗？"（提问对象是巴西总统费南多·卡多佐，圣保罗州，2002年4月28日）"无论如何，一个礼拜以前，亚西尔·阿拉

————————
① 法语，企业家。

法特还被困在拉姆安拉的大楼里。毫无疑问，那幢大楼里满是德国的和平主义者和其他类似人士。如今，那些人都离开了。阿拉法特终于重获展示其领导权，从而管理世界的自由。"（华盛顿，2002 年 5 月 2 日）"我们进口的许多产品都来自海外。"（全国公共广播电台《晨报》栏目，2000 年 9 月 26 日）"我明白，中东的动荡会引起整个地区的动荡。"（华盛顿，2002 年 3 月 13 日）"我的亚洲之行之所以从日本开始，有一个重要原因。一百五十年前，美国和日本正是在这里结成了近现代以来最为重大且持久的同盟，从而开启了太平洋的和平时代。"（东京，2002 年 2 月 18 日）

二〇〇二年

# 如何借他人之痛赚一己之财

　　各位若是对自己的经济状况不满，想要换个职业，那么算命可谓是收入最高，且（与各位的想象完全相反）难度最小的职业之一。只要具备一定的亲和力、一点点看人的眼力和一张厚脸皮就足够了。即使不具备上述"才干"，还有统计学可以帮上忙。

　　各位不妨做个实验：随机挑选一个人（当然，如果对方乐意配合你验证超能力，那就最好不过了），走到他身旁，看着他的眼睛，对他说："我感到有什么人正在非常强烈地思念您。那是一个您很久没见的人，但您曾经非常爱他，并因他的冷漠而备感痛苦……现在这个人已经意识到他曾让您痛苦，所以悔恨万分，尽管他知道为时已晚……"想想看，世界上有谁（只要不是一个孩子）不曾经历过一段不幸的爱情，至少是一段未能获得同等回应的爱情？所以，实验对象必然会向你求助，并主动配合你的猜测，说自己已经想到你说的那人是谁，称赞你一眼就看穿了他的心思。

　　换一个实验。你可以对一个人说："您曾经贬低过某人，四处说他的坏话，事实上，您当时的行为只是出于嫉妒而已。"几乎不会有人回答你说他深受所有人的喜爱，因此不明白你指的是谁。相反，对方一般会迅速找到一个人对号入座，并夸赞你有过人的直觉。

再换一个实验。你可以宣称自己能够看到有些人身边飘荡着亲人的亡灵。你不妨走到某个上了年纪的人身边，告诉他你看见一个因心脏疾病去世的老人的幽灵就站在他身旁。这世上，任何人都有父母双亲和四位祖父母，有人还有叔伯，或是亲爱的继父继母之类。假如你的实验对象年龄较大，那么他的上述亲人有可能都已去世，在六位已故家人之中找出一个因心脏衰竭而死的人，这并不困难。倘若你们实在倒霉，没能说对，也无伤大雅。即使实验对象本人的情况没有被言中，他身边还站着好些对你的超能力同样感兴趣的人。此时，你可以辩解说先前看错了，那幽灵其实是旁边某人的已故亲人。毫无疑问，他身边的人听了这话会迅速说那灵魂属于自己的父亲或母亲。如此一来，你便可以化解危局，大谈特谈那个幽灵散发的热量与爱，对方必定对你的各种言论洗耳恭听。

细心的读者一定能够看穿那些令人着迷的所谓算命手法（包括电视节目里的占卜术）。对于刚刚丧子的家长、丧母的孩子、丧夫的妻子来说，没有什么比让他们相信其亲人的灵魂并未化为乌有，而是会从另一个世界里发来讯息更容易的了。我再说一遍，算命很简单，对方的痛苦和轻信会为算命先生带来诸多便利。

当然，你得小心防范"意大利超自然现象调查委员会"的人在附近出现。诸位若想了解这个组织，可以查找 www.cicap.

org 网站或阅读《科学与超自然现象》杂志。该委员会的探员专门调查所谓超自然现象（如驱魔人、漂浮、通灵、麦田圈、不明飞行物、幽灵、未卜先知、用意念力拧弯叉子、塔罗牌解读、流泪的圣母像等），解开关窍，揭露骗局，从科学的角度解释貌似奇迹的现象。他们通常会用重复的实验向公众表明，一旦了解其中的原理，所有人都能成为巫师。

马西莫·波利多罗和路易吉·加拉斯凯利是意大利超自然现象调查委员会的两名探员。最近，两人联合出版了一部作品（委员会其他探员的文章也收录其中）：《探秘者：关于超自然现象的十年调查》（阿维尔比出版社，2000），其中讲述了许多有趣的案例（但愿诸位不是那种因"圣诞老人并不存在"而失声痛哭的人）。

然而，这部作品却并不让我觉得好笑。意大利超自然现象调查委员会之所以会如此忙碌，正说明民众的轻信行为比我们想象的要普遍得多。说到底，这本书的销量只有数千册；当女灵媒罗斯玛丽·阿尔提亚在电视上对他人的痛苦头头是道地点评时，成百上千万的观众为之吸引。然而，有谁能指责民众的素养越来越低呢？毕竟，收视率高才有话语权。

二〇〇二年

# 世界小姐、宗教激进分子与麻风病人

　　当本期《快报》上市时，可能大部分读者都已将"尼日利亚事件"抛诸脑后了——在那场惨案中，两百多人遭到屠杀，其目的只是为了抵制"世界小姐"的竞选活动。既然如此，本文倒是可以阻止这一事件过快淡出公众的视野。事实上，即使"世界小姐"竞选地点后来改到了伦敦，事态却在进一步恶化。所有人都心知肚明，参选小姐抵达尼日利亚只不过是引发紧张局势和一系列破坏行为的借口，暴力行为的真正目的另有所在。最令人不解的是，为了抵制"世界小姐"竞选，为何要杀害基督徒、烧毁教堂呢？基督教神父与这一活动的策划毫无关联。然而，随着事态的发展，我们的确有必要针对这一"借口"事件与极端恐怖行为之间的关系进行更为深入的思考。

　　诺贝尔文学奖得主沃莱·索因卡曾因试图在其不幸的国家维护人的基本自由权而遭受多年的牢狱之灾。最近，他撰写了一篇文章（发表于《共和国报》），就尼日利亚事件发表了精彩的个人观点。此外，他表示（主要观点如下），自己对国内和全球范围内的各类选美比赛并不热衷，但面对宗教激进分子的愤怒，他认为有义务捍卫身体的权利和美丽的权利。假如我是尼日利亚人，我也会赞同他的观点。然而，既然我不是尼日利亚人，我倒想站在外国人的角度来谈谈这一事件。

毋庸置疑，宗教激进分子出于对宗教的过分笃信，为了抵制（让身着泳装的妙龄女子招摇过市的）选美比赛，屠杀了两百多名毫不相干的人，这一暴行是不容辩白的。假如事件的前因后果仅限于此，所有人都毫无疑问会站在美女们这一边。但在我看来，"世界小姐"的主办方决定将选美比赛放在尼日利亚，的确是犯下了一个不折不扣的"流氓式错误"。我并不是说他们早该想到选美将会引发什么样的民众反应。我想说的是，尼日利亚是一个经济萧条的国家，大量儿童死于饥饿，大量有通奸行为的妇女被处以石刑。在这样一个国家举办一场如此虚荣的比赛（且不说赛事的高昂花费足以让好几个部落在一个月内免受饥饿之苦）就好比在盲人收容所里兜售色情录影带和喜剧影片，或是在麻风病医院推销美容产品，并用娜奥美·坎贝尔的靓照做广告。别跟我说什么选美比赛有利于改变古老的陋习，这类刺激即使管用，也得采取微剂量的顺势疗法，而不是如此庸俗的挑逗行为。

很明显，这一"流氓式错误"纯粹是为了提高广告效应，且充满了玩世不恭的意味。除此之外，这一事件之所以在最近格外引人关注，还因为它涉及全球化带来的一系列问题。与大多数人一样，我也认为全球化所引发的十个现象之中，至少有五个能产生正面的效应。但若说到全球化的负面影响，其中之一就在于发达国家总会蛮横地将西方世界的模式强加于欠发达国家，推销那些国家的人们原本接受不了的消费和价值观……

举个例子，如果说主办方让"世界小姐"身着泳装示人是为了促进西式泳装的销售（那些泳装很可能是东南亚的贫困儿童缝制的），使尼日利亚那些不受饥饿威胁的人也能购买此类产品，那么他们理应考虑到，即使某些尼日利亚人具备购买能力，他们的钱也是靠剥削死于饥饿的同胞挣来的。这些人与西方人一起，让大部分尼日利亚人一直处于殖民早期的境况之下。

因此，倘若某些勇敢的反对全球化的人士能在选美期间齐聚尼日利亚召开会议、采取行动，我倒认为是可取之举。他们应分为"白衫派"和"暴力黑块派"。白衫派应以和平（却有效）的方式惩罚选美竞赛的主办方，让他们（和选美小姐一样）身着泳装，身上涂上蜂蜜，粘上鸵鸟或其他飞禽的羽毛，让他们游街示众，被人嘲弄。黑块派则应对当地的宗教激进分子（那些人是西方殖民主义者的帮凶，巴不得自己的国家一直处于落后状态），使出浑身解数阻止他们大开杀戒——相信所有人都会为这些和平卫士鼓掌（仅此一次），既然是"暴力派"，就得勇于跟配得上的敌人对决。

至于那些令人血脉偾张的选美小姐呢？或许，她们会在温和派反全球化人士的鼓励下改过自新（反正也是仅此一次），（穿着裤子）摇摆着她们性感的臀部前往乡村分发肉食罐头、肥皂、抗生素和盒装牛奶。若能做到这些，才会被认为是真正的"美女"。

二〇〇二年

# 带着回执开枪

有句老话说:"战争太正经,只能交给军人打。"如今,我们可以戏仿一番:"天下太复杂,只能交给下台的执政者管理。"这就好比将制造原子弹的"曼哈顿计划"托付给米兰地铁线切尼西奥站的隧道开挖专家来完成一般。两星期前,我在华盛顿想到这些问题。当时,"狙击手事件"尚未平息,那个著名的狙击手开心地射杀着在加油站停留,或是从餐馆里走出的人。他隐蔽在高处,使用伸缩式步枪,专门在高速公路交界处或僻静的山头杀人。警方接到报警之后才赶往遇害现场,将道路封锁两三个小时,最后显然是一无所获——因为狙击手有充分的时间转移到别处。那一段时间里,人们根本不敢出门,更不敢让孩子去上学。

当然,早有人发出警告,说武器的自由交易会导致此类事件发生,但枪支游说者们却认为问题并不在于拥有武器,而在于如何正确地使用武器。难不成人们购买步枪,通常是为了给自己做灌肠手术?

华盛顿特区的狙击手之所以落网,是因为他故意四处留下痕迹——说到底，这种人无非是想在报纸上出名而已。假如他不愿暴露自己，完全可以继续多杀好些人，其数量甚至会超过"双子塔"惨案。正因如此，美国政府才会寝食难安，至今仍不敢放松警惕：他们明白，倘若某个恐怖组织（不再劳神筹划什么劫机事件）向美国各地派出三十名狙击手，就足以让整个美国陷入瘫痪。不仅如此，该组织还将引发一连串模仿性事件，某些并非恐怖分子的疯子将会以同样的形式群起狂欢。

对此，那些明显不具备掌管天下能力的人提出了什么建议呢？制造一批能够在子弹和弹壳上自动留下"签名"的武器，如此一来，只要从被害者的身体里取出子弹，就能获知凶手的身份。他们似乎没有想过，假如我想杀人，必然不会使用自己的步枪，而是从别处偷来的武器——我杀了人，却有人替我去坐牢；假如我是恐怖分子，自然有办法弄到偷来的武器、篡改编号的武器，或使用非美国生产的武器。我十分好奇，为什么我会产生上述质疑，而所谓的安全专家却想不到这些。

事情还不止于此。我在十一月八日的《共和国报》上读到：出于对通货紧缩的担忧（民众消费减少，价格下跌，我们面临的危机更甚于通货膨胀），美联储官员（他们可不是毛头小伙子）建议让美元贬值——通过"磁铁"效应，让钱币逐渐失去价值，假如不尽快花掉，即使存在银行里，钱币也会失去其原有价值。

我得想象一下，拼命工作才能挣到一百美元日薪的水管工史密斯先生将如何应对呢？首先，他应该减少自己的工作量，因为他拼死拼活挣到的钱在一段时间后将不值分文，他甚至不能将钱存入银行，攒着去买房子。他每天只要挣够三十美元，能买啤酒和牛排就行了。要么他就得将每天赚的一百美元投资于无用的消费：毛衣、果酱、铅笔等等。过不了多久，人们就将迎来"以物易物"的经济时代：三罐果酱换一件毛衫。最终，人们将在家里储存一大批无用之物，而货币则几乎不再流通。在那种情形下，史密斯先生还能买房，不过按揭期将极其漫长，只有他手头有一百美元花不出去时才能去还贷款。若真是如此，不仅按揭利息额将翻滚十倍，更严重的情况则是房屋的原主根本就不会卖房！因为一旦把房子卖了，他本人便无家可归，只能守着时不时下起的一阵"美元雨"，却不知该如何将它们花出去。所以说，房产市场将被冻结，有房产的人绝不会卖房。另一方面，由于存钱也无法避免贬值，有谁还会去银行储蓄呢？

当然，我对经济学并不精通，静候某位经济学家指出我的逻辑错误。但无论如何，我的确感到目前的好些举措——包括这场伊拉克战争（据说是为了震慑成千上万潜伏于美国高速公路交界处的潜在的宗教激进主义狙击手）——都应验了那句话："天下太复杂，只能交给下台的执政者管理。"

二〇〇二年

# 多来几个死者

我在《共和国报·周五特刊》上读到了以下消息：法国政府有意像我们一样（但比我们更早）实行驾照记分制度。经过一年的试行，交通事故发生次数有所减少，事故死亡率下降了18.5%。这是一个好消息。然而，法国的"全国汽车修理协会"（即修车行组成的协会）却表示，作为法国公民，他们自然为本国交通事故死亡人数的减少感到欣慰，然而，作为修车行，他们却不得不承认同行们正遭遇危机。事故越少，修车的次数就越少。面对这一持续的经济悲剧，某些修车行的老板不仅手足无措，要求国家援助，有的甚至呼吁相关部门放松交通管控标准。假如消息属实，就意味着修车行老板要求交通管控部门少开罚单，以便多发生几次撞车事故。

我倒不认为他们会希望多死几个人——按照常理，死于交通事故的人是没有办法把车送去修理的，而他的继承人会直接把车送去垃圾场。因此，修车行希望看到的是只有伤者、没有死者的严重事故（当然，车本身不能被撞成一口棺材，否则也只能直接报废了）。

上述消息并没有什么值得大惊小怪的。每一次科技革新都是人类前进的步伐，这一过程常常会引发失业。早在十八世纪，担心丢饭碗的纺织工人就曾发起过捣毁纺织机的运动。我想，当出租汽车出现的时候，不少出租马车的车夫都曾面临失业危机。我还记得一位名叫彼得的老先生。我小的时候，每到下乡度假，他总是应我们的要求，推着三轮车把我们和行李送到火车站。没过几年，出租汽车出现了，可他年岁已大，来不及考取驾照，成为一名出租车司机。好在那个年代，科技革新的节奏还比较缓慢。当彼得彻底失业时，也基本挨到了退休的年龄。

　　如今，一切都在飞速变化。我想，人类平均寿命的延长很有可能会让殡葬服务业和公墓员工遭受职业危机。好在这一现象变化也较为缓慢，当人们逐渐意识到需要被安葬的六十岁老人越来越少时，他们已经在安葬那些没有死于六十岁的八十岁老人了。因此，作为工作类别而言，这类工作永远不会消失（"人皆有一死"是所有三段论的王牌前提）。然而，（姑且不论某种令人长生不老的血清）倘若未来出现能让人类的平均寿命立刻延长至一百二十岁的药物，我就不信殡葬行业的从业人员不会跑到广场上示威，向政府讨要援助。

　　这就是问题所在：科技革新会让越来越多的行业遭遇整体危机。上世纪八十年代的打字机修理员就是明证。那个群体的成员要么足够年轻、机灵，能够迅速转变成电脑专家，要么就会在一瞬间丢了饭碗。

　　所以说，有必要建立良好的职业教育体系，使学生们具备快速转型的能力。过去，纺织工人面对新兴的纺织机，无法实现迅速的自我转型，变身为纺织机制造者。然而，在今天，机械已经成为遍布生活的工具，与控制软件相比，其物理结构简单得多。这样一来，经过短暂的培训，专业控制洗衣机程序的工程师很快就能转变为控制汽车仪表盘程序的专家。

因此，为了提升快速转型的能力，职业教育应专注智力培养、软件操作训练，而非硬件操作培训——硬件无非是一堆金属，根据不同的程序被塑造成不同的机械。

基于此，我们并不需要一些在某一时刻让学生分流的中学：一部分人备考大学，另一部分人准备走上工作岗位。我们的中学应该培养成熟的文科生和理科生：即使做清洁工，也必须具备一定的智力素养，才能思考和规划在未来的某一时刻到来的职业转型。

这并非某种抽象的民主平等思想，而是现代信息化社会的需求。如今的社会要求所有人都接受平等的教育，向高标准看齐，而非以低标准凑合。若非如此，未来科技革新的结果将会（且只会）是失业。

二〇〇三年

# 凭执照说话

一九八一年初，我在谈论海湾战争①时曾将"队友伤害"这一概念解释为"某个屎一般的队友误将炸弹投到你身上"。在经历了尼科拉·卡利帕里事件之后，如今的人们或许会更为敏感地意识到"队友伤害"的确会令人死无葬身之地；然而，在十五年前，许多人却对我群起而攻之，倒不是因为"队友伤害"用词不当，而是抗议"屎"一词是脏话。当年，读者的信件如雪片般飞来，假如我没记错，还有许多发表于其他报刊的评论文章，以至于我不得不在后面的专栏里为自己辩白，说许多意大利知名作家都曾用过类似的表述。

十五年来，习俗发生了变化。如今，里佐利出版社甚至还出版了哈里·G.法兰克福的作品《论扯淡》（标价六欧元，一小时就能读完）。法兰克福是普林斯顿大学的名誉哲学教授，英语书名中的"bullshit"字面含义为牛屎，与意大利语中的"stronzata"一词用法相当。

在我看来，"stronzata"可以指那些没有实际功用、不值得花钱购买的废物（例如，"这把电动开瓶器是个废物。"）。但在更多的情况下，"stronzata"还可以形容某些断言、说法和言论，例如"你简直是瞎扯淡"，"那部电影是名副其实的胡说八道"等。法兰克福从另一位哲学家马克斯·布莱克为蠢话下的定义出发（蠢话是一种通过矫饰的言行对自身思想、感情和态度进行的具有欺骗性的错误表达，但其欺骗程度不及谎言），就扯淡一词明显的符号学色彩进行了探讨。

要知道，美国的哲学家们对我们的陈述的真假十分敏感，因此他们会花大量时间去思考：倘若奥德赛不曾存在，那么"奥德赛回到了伊萨卡"这句话究竟是真还是假。法兰克福教授想做的有两件事：一是表明"扯淡"比"蠢话"更严重，二是阐述什么叫做"在不说谎的前提下对事物做虚假的表述"。

若要了解这后一个问题，不妨去读一读从奥古斯丁时代至今的海量文学作品：说谎者知道自己所言不实，其目的在于欺骗。然而，一个人若是并不知道自己说了不实的内容，那么这可怜的家伙并没有说谎，只是说了错话，或是疯话。举个例子，假如有人宣称太阳绕着地球转，且对此深信不疑，我们只能认为他说了蠢话，也可以说他在胡扯。在布莱克的理论体系中，说蠢话的人不仅对外在现实进行虚假的表达，也对自身的思想、情感和态度进行虚假的表达。

同样的情况也发生在说谎者身上。倘若某人声称自己口袋里有一百欧元（其实并没有），他不仅想让别人相信在他的口袋里的确有一百欧元，还想让别人相信他拥有这一百欧元。对此，法兰克福做了区分：与谎言不同，一个人说蠢话的首要目

————————

① 指一九八〇至一九八八年的两伊战争，在一九九一年之前简称海湾战争。

的并不在于要对他所谈论的事物本身进行虚假描述，而是要让他人对说话者头脑中的想法产生虚假的印象。既然秉承的是这样的宗旨，"蠢话"与"谎言"自然是存在程度上的差异的。法兰克福举了一个例子：一位美国总统可以使用各种冗长繁琐的修辞手法，表明美国的建国领袖是受上帝指引的，他的目的并不在于宣扬那些连他自己也不相信的事情，而是为了表明自己是一个仁慈善良的爱国者。

与"蠢话"相比，"扯淡"的特点就在于说话者的目的是为了让他人相信某些（与我们相关的）明显错误的内容，但说话者本身却毫不在意自己所说的内容的真伪。"扯淡的人没有向我们表明……言论的真伪并不是他关注的焦点。"此话一出，我们不由得竖起了耳朵。随后，法兰克福证实了我们最糟糕的疑虑："如今，在与政治密切相关的广告宣传和公关工作中，到处是胡言乱语，仿佛扯淡已经成为这一领域不可动摇的标准模式。"扯淡的目的并不在于就事物状态进行欺骗性表达，而在于利用听众不擅（或不屑）区分是非的弱点，对其进行狂轰滥炸。我想，善于扯淡之人一定认为听众的记性不好，如此才敢说出一连串前后矛盾的话："胡言乱语的制造者……总是想尽一切办法蒙混过关。"

二〇〇五年

# 相容的矛盾

　　直到几年前，在提起矛盾修辞法时，总得就其含义进行一番解释。例如，在提到诸如"平行的交汇"①等著名的政治术语时，就必须指出，这一术语使用了矛盾修辞法——将两个具有对立含义的词放在了一起。类似的例子还有许多，如"强大的虚弱""绝望的希望""温柔的暴力""麻木的知觉"（语出乔治·曼加内利）等。拉丁语里的同类表述也有不少：美丽的畸形、冲突的和谐、迅速的从容，不胜枚举。

　　如今，人人都在使用矛盾修辞法：我们不仅时常从报刊上读到，还频繁地从政治家们的电视宣传里看到——这要么是因为大众对修辞学情有独钟，要么就是因为社会上出现了一些充满矛盾的怪现象。当然，有人会提出反驳，说这无非是一种源自懒惰或模仿的语言潮流——如今的潮流甚多，有的昙花一现，另一些则更为持久。举个例子，五十年代的姑娘喜欢说"野兽般的"，现在的流行词汇却是"荒谬的"，但这既与动物学无关，也与荒诞派剧作家尤奈斯库扯不上关系。有一段时间，人人都喜欢说"一小会儿"，这也不表示时间真的缩短了。

再比如，有人喜欢说"正确"，而不是说"是"（在教堂的婚礼上也是如此），这也无关数学上的谨慎，而是受到电视台智力竞答类节目的影响。更令人难以忍受的还有"结合"一词，有一段时间，人们不说这是我"丈夫"，而是说这是我的"伴侣"，只有上帝才知道为什么！

然而，我怀疑矛盾修辞法之所以这么有市场，是因为各种政治理想（那些理想一直试图强行减少矛盾，营造某种大一统的局面）坍塌之后，人们一直在某种充满纠结的环境下争执不休。"虚拟的现实"就是一个令人心服口服的例子，类似的还有"具体的虚无"。"智能炸弹"尽管看上去不像，却是不折不扣的矛盾修辞——炸弹原本是随时随地都有可能爆炸的愚蠢之物，若是受到控制，反而有可能变成"队友伤害"。说到"队友伤害"，这一矛盾修辞可谓相当精彩——伤害原本不是针对友人的。"输出自由"一词也带有矛盾的含义：自由是一个民族或一个群体通过自身决定争取到的利益，不应是他人强加的结果。此外，若是仔细品味，"利益冲突"也是一个隐含的矛盾修辞，一方面可以理解为"以群体之善为目的的个人利益"，另一方面也可理解为"以个人之善为目的的群体利益"。

我还想说，"反全球化人士的全球动员""武装的和平""人道主义干预"（假如在别人的家园发动战争也算是干预）等表述全都有矛盾的意味。听着贝卢斯科尼的新盟友们的参选计划，我似乎看见了一个"左派法西斯"。至于马尔切罗·佩拉和朱利亚诺·费拉拉等"无神论神职人员"，就更是自相矛盾

① 指持有不同理念和政见的政党和运动可以在某些问题上找到交汇点。

了。另有一些我们已然熟悉的，具有矛盾色彩的词汇，如"人工智能"、"电脑"（脑子原本是装在我们头骨里的那一堆软乎乎的东西）、"具有灵魂的胚胎"，甚至还包括"山口捷径"①（山口原指两座山之间唯一的通道）。为了实现两党合作（告诉我，将两只脚分别放入两只鞋，然后勇敢地表明立场，这是不是一种矛盾？），最近，橄榄树党鼓吹的"义务义工"活动是不是也很具有矛盾色彩？

总之，当人们不知如何在鱼和熊掌之间进行选择的时候，就会通过"相容的矛盾"（多么精妙的矛盾修辞！）制造一种印象：原本无法共存的事物共济一堂。此类例子数不胜数："伊拉克维和战争"、"反法官的法律"（法官原本是执行法律的主体）、"电视政治"、"议会闹剧"、"针对未经批准的嘲讽进行的审查"、如法蒂玛的第三个秘密一般"追溯历史的预言"……"阿拉伯特别攻击队"颇有些"撒拉逊神道信徒"的意味，还有"为贝卢斯科尼打工的六八学潮成员"、"自由派民粹主义"，以及"与离婚的情夫势不两立的民事互助契约"。

二〇〇六年

---

① 意大利 A1 高速公路上一段长三十七公里的路段的别称。

# 人类对序言的渴求

此刻，我要谈论的话题并不只关乎我一个人。相信所有出过书、发表过文章、在某一领域享有一定知名度的人都深有体会。他不必是伟大的诗人、诺贝尔奖得主，抑或知名学者。我想（并且确切地知道），就算是某村镇的中学校长也会遇到类似的经历；尽管他的声望仅限于当地，也可能从来不曾发表任何作品，却不妨碍他在人们心中成为一个有素养的、值得尊敬和信赖的人物。更有甚者，他们可能既没有学问也不值得信赖，甚至不值得尊重，但同样声名远扬——或许只因为他们曾穿着内裤在某电视脱口秀节目里露过脸。

上述我提到的所有人都有可能被要求给其他人的作品写序。面对此类要求，每个人都有权作出不同的反应。对于某些人而言，这种要求代表了社会对个人声望的认可，因而来者不拒；另一些人（自然也包括我）每个月都要面对数十次类似的要求。请求作序的作品五花八门，作者亦来自各行各业：既有优秀的同行，也有自费出版的蹩脚诗人，既有新兴的小说作家，也有新一代永动机的发明者。

如今，我经常给出的答复是：先前已拒绝了许多好友，此刻若是应允其他人，便是对友人的冒犯（再说，我也没有时间去读那么多文稿，把自己弄成一个按字数收费的专业作序人）。通常，事情就这样作罢。然而，倘若对方是一位朋友，我便要花上许多时间，写一封言辞委婉的信，用我几十年写书的经历向他解释：我之所以拒绝他的要求，是不愿对他的作品造成任何负面影响。

只有在两种情形下，为他人作序是无害的。第一种情形是作者已经去世。在这种情况下，即使是一位二十岁的小伙子也可以对新版《伊利亚特》进行介绍，而荷马的声名则不会受到任何影响。另一种情形是德高望重的老教授为初出茅庐的新作者作序。这显然是出于长者对后辈的关爱。作为年轻的后辈，作者不但不觉得丢脸，反而感到荣耀，因为他对作序者无与伦比的声望发自内心地感到敬仰和崇拜，自然也渴望他能为自己的处女作保驾护航。

第一种情况是生者为逝者作序，第二种情况是前辈为后辈作序。其他所有情况都是生者为生者作序，或成年人为成年人作序，对于接受作序的作者而言，这都是致命的打击。

在大多数情况下，作者或出版社邀请某人为一位不知名作家的作品撰写序言，是认为序言作者的名望有助于提升作品的销量。这种逻辑或许成立（哪怕效果并不那么明显），但真正机敏的读者却会这么想："假如这位我不了解的不知名作家指望依靠序言作者的名望而出名，那么我对他一无所知也是情有可原的。很显然，他的确没什么分量，所以序言作者才会出于友情、怜悯、政治上的关心，甚至是金钱交易或性交易来为他作序。"

倘若我走进书店，看到一本名不见经传的作品（假定是一部后威廉时代的回忆录），我的第一反应将会是："噢，我这么无知，居然没听说过这位作家，他应该是研究后威廉时代的重要史学专家！"这是非常自然的反应：假如某人在学术会议期间或在一本书的注释里提到某位不知名作家的作品，我（只要足够明智）的第一反应将是自己在文化上的欠缺之处，并敦促自己尽快去了解该作品。然而，假如我从书店里看到一本没有名气的书，其中还收录了好些名人的序言，反而会觉得心安理得：这个作家靠其他人的声望给自己贴金，我也不必专门去研究他了。

在我看来，我这套逻辑既浅显又直白，很有说服力。当我把这番话说给那些请我作序的人的时候，总会再添上一句，说我本人也不愿请别人作序（我承认，我或许是自负过头了）——从某种意义上说，我甚至反对大学教授为学生的作品作序，因为此举将彻底暴露作者的幼稚和青涩（原因如上所述）。

只可惜，对于我的解释，对方往往并不理解，反而认为我在强词夺理。于是，随着我的年岁渐长，许多被我出于好意而拒绝的人都成了我的敌人。

只有一种情况例外（我发誓，此事的确发生过）：某人在自费出版的作品中将我用婉转言辞写就的拒绝信原封不动地搬了上去，用作序言。这果然证明了人类对于序言的极度渴求啊！

二○○六年

# 一位犯错的非友人

　　一个名为"隐匿的历史"的网站引用了一段貌似我接受西班牙《国家报》采访时发表的言论："'红色旅'试图打击跨国公司的理念是正确的，但他们错误地陷入了恐怖主义的泥沼。"基于此，该网站推断我会认同以下表述："犯错的友人""理念无可厚非，方式不能苟同"。最后，该网站还得出如下结论："假如这是针对意大利文化作出的反思，那么很遗憾，在阿尔多·莫罗遇刺三十年之后，它已然成了一部看过的电影。"

　　网站收集了访客的评论，其中一条匿名留言颇有深意："我有些怀疑埃科教授发表过如此浅薄的言论。他在《傅科摆》中曾对'灰色年代'表达过个人意见，对恐怖主义毫无赞扬之意。我很好奇埃科教授的真实观点是什么，而不是发表于报纸的这个版本。"至于该网站的管理员，他不仅没有读过我的《傅科摆》，也没有读过我在莫罗遇刺后发表于《共和国报》的一系列文章（当然，这是他的权利）——后来，我又将它们集结在一起，收录在《七年之欲》中再次出版，甚至西班牙《国家报》上的采访他也不曾完整读过。他所引用的仅仅是从某些意大利报刊上摘录的概括性短文。从某些不完整且谬误百出的前提推导出结论，这属于逻辑错误，不属于应被认同的权利了。

出于对那位真正读书的谨慎的读者的敬意，也为了避免其他（天真善良的）读者在访问该恶意造谣的网站时误入歧途，我要在此作出回复。

我在接受西班牙《国家报》采访时发表的言论与我在三十年前写的文章有着相同的观点。我曾写道：当"红色旅"率先宣布所谓"跨国公司的帝国主义国家"这一概念时，媒体认为这是他们的诳语，然而我却认为，在整个事件中，这是唯一一个不属于诳语的概念（尽管听起来有些乡土气息）。当然，这一概念并非"红色旅"的原创，而是从《每月评论》等欧美期刊上借来的。当年人们谈论"跨国公司帝国"时，主要是担心全球大部分政治事务（包括战争与和平）将不再取决于各国政府，而是受制于跨国经济团体。那时，"石油七姐妹"便是最具说服力的例子。然而，时过境迁，如今就连小孩子也将"全球化"挂在嘴边。所谓全球化，意味着我们吃的蔬菜沙拉是在布基纳法索种植，在香港清洗和包装，随后发往罗马尼亚，最终在意大利和法国进行销售——这就是所谓的"跨国公司"的"政府"职能。倘若这个例子太肤浅，不妨想一想，大型跨国航空公司是如何影响我国政府在处理意大利航空公司的问题上所采取的决策的。

在"红色旅"及类似恐怖主义组织的思想体系里，真正的诳语是他们从种种分析之中所得出的结论：首先，为了反对"跨国公司帝国"，必须在意大利发动革命；其次，为了让跨国公司陷入困境，必须刺杀莫罗和其他国家栋梁；最后，他们的行为将会推动无产阶级革命。

这些结论为什么是诳语？理由如下：其一，对于跨国公司而言，发生于单个国家的革命所产生的影响根本无关紧要，来自全球的压力将迅速使其恢复原先的秩序；其二，在利益游戏中，一个政治领袖的分量是无足轻重的；其三，他们应该明白，无论恐怖分子杀害多少人，工人阶级都不会发动革命。明白这一道理并不需要具备多少洞察世事的能力，只要看看拉丁美洲的"乌拉圭国家解放运动组织"及其他类似组织的命运就能一目了然。他们顶多能劝说某些阿根廷上校发动政变（而非革命），无产阶级大众却连手指也不会动一下。

从大致正确的前提中得出三个错误的结论，此人绝非"犯错的友人"。假如某位同学因每日看到日出日落就宣称太阳绕着地球转，我不仅不会将他视作"犯错的友人"，还会把他当成一个彻头彻尾的傻瓜。如今，我们居然还能看到打着北方联盟的旗号策划清真寺谋杀案的红色恐怖主义分子，这恰好说明他们的头脑不够灵光。

这么说来，唯一的"犯错的友人"（谁的友人？）只能是网站的管理员了。

二〇〇八年

# 俄罗斯的男性舞者

这些日子，那首作为高考考题的蒙塔莱的诗歌已是家喻户晓了。鉴于这篇专栏在这件大事发生后的第八天才会发表，我在此对事情的原委进行简要的介绍。在高考试卷中，学生们被要求对蒙塔莱的一首描写"神秘的微笑"的诗歌撰写评论。诸位若没读过这首诗，便很难理解我在下文中表达的观点，所以有必要将原诗呈现给大家：

> 又勾起我的思念，你的微笑
> 有如一汪碧水
> 偶然发现在沙滩乱石间，
> 有如一面明镜
> 映照常春藤一蓬如盖的绿荫，
> 拥抱洁白而静谧的云天。
>
> 那是我的回忆；
> 我不晓得怎样表述才好，

噢，远方的人

当你的微笑中

漾着一颗自由、纯朴的魂灵，

它又多么真实，

当你是一位漂泊无定的游子，

把苦痛当作护符随身携带，

人世的邪恶把你折磨得心力交瘁。


但我可以告诉你，

你的深思的身影

把沉沉忧伤亲切抚慰，

你的诚挚的微笑

融入我的灰色的记忆

有如棕榈树青翠的华盖①……


　　坦白说，在蒙塔莱所有的诗歌中，这一篇可谓艰深晦涩，高中生并没有专门学过蒙塔莱的作品，因此，指望他们写出深刻的评论未免强人所难。然而，众所周知，教育部的考题却有过之而无不及，居然特意留下了线索（与我上学时的考题风格类似），事实上是对考生应表达的观点做了规定：本诗的核心在于赞颂女性的救赎者身份，对于女性的回忆集中在她的微笑，如此等等。在考题的末尾，出题者还鼓励考生发表独到的见解——在我看来，最为独到的见解都被教育部的官员自己说

---

① 本首诗原名《又勾起我的思念，你的微笑》，参考吕同六先生译本，并根据上下
　文进行了微调。

完了。事实上，整个事件最有意思的地方（如今已是路人皆知）在于这首诗的赠予对象（"写给 K"）并不是一名女子，而是一个男人。这足够令人震惊：此人是一名俄罗斯男性舞者，尽管所有人都认为蒙塔莱是异性恋，但俄罗斯男性舞者的身份还是免不了会引发哄堂大笑。五十年代有一部喜剧电影讲述的正是这一主题。

当我在报刊上读到相关消息时，脑子里一时记不起这首诗（《乌贼骨》中的很多篇章我都能背出来，但这一首我不记得，这也从侧面说明该诗的诵读性不及其他篇目）。随后，我的第一反应是没必要继续纠缠作者的生平八卦。作者已逝，留下的只有他的文字。既然文字中提到了微笑，那么读者就有权将其想象成任何人的微笑。这就好比当人们读到莎士比亚的"黑夫人"时，并不一定将其想象为一位妙龄女郎。然而，正当我反复思考解读文字的权利时，我把整首诗的原文找了出来，发现正是文字本身表明该诗的赠予对象是一位男士。文中提到"噢，远方的人"①，这显然是一种呼唤，不能牵强地理解为"来自远方"或"尽管你在遥远的地方"。这么看来，教育部的专家并没有读过原诗——其中的文字已经对诗人谈论的对象给出了提示。所以只要读懂了原诗，即使没有查阅注解也能理解。当然，马里奥·宝迪诺在《新闻报》上发表的一篇文章指出，孔蒂尼和贝塔里尼编写的评论版将该诗放在了第三十页，关于 K 的身份，却只在第八百七十二页才提供了十分简短的信息。

---

① 意大利原文中"远方的人"一词使用的是阳性名词，表明此处所指是一名男性。

不过，某些人针对教育部负责人的"恐同"指控同样有些夸大其词。控诉者认为，假如考官们不愿让学生猜测这首诗是献给一个男人的，完全可以选择另一首作品。我觉得有些冤枉，教育部的专家真的只是没有透彻理解考题本身而已。

倘若我们果真要对教育部的官员们追责，也不能对他们的批评者太过宽容。一家重要的全国性日报花了两页篇幅来证明这首诗创作于一九七五年，而《乌贼骨》则是撰写于上世纪二十年代（甚至还指明了这首诗真正所属的诗集，其页码位置是相同的）。随后，该报还宣称 K 的原型西尔维奥·拉玛特，说此人是蒙塔莱的学生。这是根本不可能的：蒙塔莱从来没有当过大学教授（拉玛特的确是大学本科毕业，但我想，蒙塔莱并不是他的老师，而是他的毕业论文的研究对象）。这说明信口开河已经成了非常普遍的恶习。更有甚者，一家网络日报居然在匆忙之间宣称 K 是蒙塔莱的同学。对此，我们能说什么呢？只好与诸君相视一笑罢了。

二○○八年

# 道歉

  在上期专栏里，我针对忏悔的小布什向伊拉克道歉一事谈到了如今泛滥成灾的道歉行为。做了原本不该做的事，随后仅道歉了事，这是不够的——至少还得表态将来绝不再犯。小布什倒是不会第二次入侵伊拉克了，因为美国人已请他退位让贤。若非如此，恐怕他还要卷土重来。没错，许多惯于在背后放冷箭的人都很喜欢道歉，其目的就是继续像从前一样为非作歹，反正道歉并不需要任何成本。

  这与忏悔者的行为颇为相似。从前，为自身恶行忏悔的人总会以某种方式弥补以往的罪孽，随后投身于赎罪的生活：要么在底比斯用尖利的石头捶打胸口，要么前往黑非洲医治麻风病人。如今，忏悔者只需揭发同伙，随后就能以全新的身份享受特殊优待：有的在隐秘的公寓里养尊处优，有的还可提前出狱、著书立说、接受采访、受到国家领导人接见、接收纯情少女热情洋溢的来信。

  倘若在地址栏中输入以下地址：http：//www.sms-pronti. com/sms＿scuse＿3.html，便可找到一个专门罗列道歉用语的网站，其中最简洁有力的一句是："抱歉，我显然是一坨美国狗屎。"若是输入以下网址：http://news2000.libero.it/noi2000/nc63.html，便可以找到另一个名为"道歉艺术"的网站（仅限与恋爱相关的道歉）。我们可以读到以下道歉技巧："一个放之四海而皆准的根本原则是，在道歉时，永远不要将自己视为失败者。道歉并非示弱，而是彰显自身的控制力。道歉表明自己已迅速回归理智，以退为进，令对方不得不倾听你的理由。承认自己的错误也是一种自我松绑的行为：它有助于释放情感，而不是一味将其压抑，它有助于更加热烈地体会内心的感受。"总之，道歉是一种鼓起勇气、从头再来的行为。

　　问题在于，倘若作恶之人尚在人世，他自然可以亲自道歉；可假如作恶之人已逝，又该由谁来道歉呢？教皇约翰·保罗二世为"审判伽利略"而作出的道歉为我们指明了道路。尽管审判伽利略的错误是由他的某位前任（或是贝拉明主教）犯下的，但他却是道歉行为的合法继承人。然而，在很多情形下，我们很难说清楚谁才是道歉的合法继承人。举个例子，谁该为"屠杀无辜婴儿"道歉呢？鉴于造孽的是耶路撒冷的统治者希律王，那么唯一合法的继承人就只能是以色列政府。相反，根据圣保罗的描述，耶稣之死的直接责任人并非臭名昭著的犹太人，而是古罗马政府，且站在十字架脚下的并非法利赛人，而是百人团团长。鉴于神圣罗马帝国早已灭亡，古罗马政府的唯一合法继承人就是意大利：因此，该由意大利共和国的总统纳波利塔诺为"将耶稣钉死在十字架"道歉。

　　谁该为越南战争道歉呢，究竟是下一任美国总统，还是肯尼迪家族的某个成员，又或许是可爱的约翰·克里？至于在俄国革命中被灭门的罗曼诺夫家族，毫无疑问，列宁和斯大林的唯一且忠实的合法继承人非普京莫属。谁该为圣巴托罗缪大屠杀道歉？按理说，法兰西共和国是法兰西王国的合法继承人。然而，鉴于当年的王后凯瑟琳·德·美第奇才是整桩事件的始作俑者，如今，道歉的任务便责无旁贷地落到了卡拉·布吕尼的肩上。

还有一些令人尴尬的情形。鉴于托勒密是导致伽利略遭难的罪魁祸首，有谁该为托勒密闯下的祸事道歉呢？既然托勒密出生于昔兰尼加，那么道歉者就应该是卡扎菲；假如他的出生地是亚历山大城，道歉者就应该是埃及政府。谁该为纳粹集中营道歉呢？目前活跃的纳粹主义继承人是各类新纳粹主义运动的发起者，但这些人似乎根本没有道歉的意思——不仅如此，一旦条件允许，他们还指望东山再起。

谁该为马泰奥蒂和罗塞利兄弟的遇害道歉呢？关键在于找到谁才是法西斯主义的"真正"继承人。我承认，这的确是个令人尴尬的问题。

二〇〇八年

# 为太阳昏头的人

　　爱德华多·邦奇内利在博洛尼亚大学开设了一系列关于进化论（的起源和发展）的硕士课程。令我感到震惊的并不是那些证实进化论（及后来发展的新达尔文主义）的如山铁证，而是许多相关的评论。这些评论不仅来自反对方，也来自支持方，却显得相当天真和混乱。举个例子，有人认为达尔文主义就是主张人是由猴子变来的。（从前，大仲马曾这样讽刺某个嘲笑他混血身份的花花公子："我或许是由猴子变来的，可是您，先生，却在从人变回猴子。"依我看，面对今天的种族主义事件，我们完全可以作出类似的评价。）

　　事实上，科学一直在与公众的看法进行比照，而公众的看法却远比我们想象的要落后得多。所有受过教育的人都知道地球绕着太阳转（而不是太阳绕着地球转），但在日常生活中，我们的言行却是以天真的感官为依据。例如，我们在使用"日出""日落""如日中天"等表述时，总是那么心安理得。究竟有多少人可以算得上"受过教育"呢？一九八二年，《科学与生活》杂志在法国举行了一次民意调查，发现有三分之一的法国人认为太阳绕着地球转。

上述消息是我在《研究所手册》（二〇〇九年第四期）上看到的。该期刊所说的"研究所"是一家专门研究"疯狂文人"的国际研究机构——那些文人宣扬的都是不可能的论断，多少有些疯狂。关于这一领域的研究，法国是相当领先的。在一九九〇和二〇〇一年的两篇专栏中，我曾列举过一系列相关书目，还曾谈及这一领域的顶级专家——安德烈·布拉维尔。在本期《手册》里，奥利维尔·尤斯塔夫雷谈到了一些否认地球公转及地球的球形外观的人。

在十七世纪末，否认哥白尼的理论（哪怕是一些知名学者）无可厚非；令人惊叹的是，直到十九世纪末二十世纪初，持这种观点的学者仍然大有人在。尤斯塔雷尔仅仅列举了法国学者的作品，就已然令人瞠目结舌了。玛塔莱纳修士于一八四二年宣称太阳的直径仅有三十二厘米（伊壁鸠鲁也曾提出类似的论断，但那却是在二十二个世纪以前了）；维克多·马尔古奇则认为地球是扁的，其中心位于科西嘉岛。

十九世纪，各类观点可谓五花八门。最为令人无语的是莱昂·马克斯于一九〇七年出版的《实验科学的理性验证》（由一家严肃的科学出版社出版）和某个名为雷奥维奇的人于一九三六年出版的《地球不旋转》。后者宣称太阳比地球小，比月球大（尽管另一位名为的布厄哈特的修士曾于一八一五年提出过相反的观点）。一九三五年，（自称毕业于巴黎综合理工大学的）古斯塔夫·普莱桑撰写了一部奇葩的作品《地球真的在旋转吗?》，一九六五年，莫里斯·奥利维尔（他也自称是巴黎综合理工大学的毕业生）的作品也坚称地球是纹丝不动的。

关于法国之外的文章，尤斯塔夫雷只提到了塞缪尔·伯尔利·罗伯特姆的作品：此人认为地球是一个以北极为中心的圆盘，距太阳六百五十公里。起初，该作品是于一八四九年出版的一本小册子，题为《探索的天文学：地球并非球体》。三十年后，这本小册子被扩充至四百三十页，并直接催生了宇宙探索学会，该组织一直维持至第一次世界大战前夕。

一九五六年，皇家天文学会的成员之一塞缪尔·申顿继承了宇宙探索学会的衣钵，成立了地平说学会。上世纪六十年代，美国国家航空航天局发布了从太空拍摄的地球照片。从此以后，谁也不能否认地球的球形外观。然而，申顿却认为该照片只能欺骗非专业人士的眼睛。他宣称整个太空计划都是一场骗局，登月之旅纯属科幻电影，其目的是用地球是球形的说法欺骗公众。申顿的继承者查尔斯·肯尼斯·约翰逊继续控诉"反地平说"是一场阴谋。一九八〇年，他发表文章说明"地球是一个旋转的球体"是阴谋论，摩西和哥伦布都是该阴谋论的反对者……约翰逊强调，倘若地球呈球形，那么大片的水面就应显现弧度；然而，据他探测，太浩湖和索尔顿湖的湖面却没有任何弧度。

话说至此，对于那些不承认进化论的人，我们又有什么好大惊小怪的呢？

二〇一〇年

# 不该做的事

诸位，假如某人对你们的文学或艺术作品发表了辱骂性的意见，千万不要试图通过法律渠道解决，哪怕对方的表达已经越过了无情的批判和恶意辱骂之间的界限（有时，这界限仅一线之隔）。一九五八年，因言辞犀利而屡遭非议的音乐批评家贝尼阿米诺·达尔·法布罗在《日报》上发表了一篇文章，将卡拉斯——他不喜欢的一位女歌唱家——的某场演出批评得一无是处。文章的具体内容我已经记不清了，只记得那位笑容可掬、极尽嘲讽之能事的批评家留下了一首短诗，一时成为米兰布雷拉区一家牙买加酒吧的笑谈："埃皮达鲁斯剧场的女歌唱家，只配得到一枚'波米达鲁斯①'"。

暴脾气的卡拉斯一怒之下将贝尼阿米诺告上了法庭。对此，贝尼阿米诺曾在牙买加酒吧作过绘声绘色的描述：在贝尼阿米诺的律师发言的当天，贝尼阿米诺身穿一套黑色西服，好让他的律师将他描述为一位刚正不阿的严谨学者；而在卡拉斯的律师发言的当天（据贝尼阿米诺说，卡拉斯的律师使用了一些卑劣的手段，将其说成恶魔），贝尼阿米诺则身着一套宽松的白色亚麻西服，还戴了一顶浅黄色的巴拿马草帽。

自然，法庭维护了贝尼阿米诺自由发表评论的权利，判他无罪。但整件事情的可笑之处在于，关注这一事件的广大民众将这个结果与法理学和宪法所规定的自由发表意见的权利混为一谈，换言之，在民众眼中，法庭维护的并不是贝尼阿米诺自由发表评论的权利，而是贝尼阿米诺的评论内容，即卡拉斯的演唱水平的确很差。就这样，尘埃落定之后，卡拉斯（不公平地）被意大利共和国的法庭打上了"蹩脚的歌唱演员"的烙印。

所以说，在遭到他人诽谤的情况下，我们不应诉诸法律。一来因为法庭很可能维护对方的表达权，二来也因为在无知的民众眼中，法官会再次证明：我们理应成为谩骂的对象。

根据上述两条古老的原则，我们可以得出以下结论：辟谣无异于对谣言进行重复，因此，当你身陷泥潭时，应静观其变，避免再起波澜。

面对辱骂者，应该如何应对呢？置之不理。倘若你从事的是文艺工作，就应该作好心理准备，接受来自他人的抨击和否定意见，并且认识到这也属于你所从事的职业的一部分。你最好按兵不动，直到好几百万读者替你反驳那个因嫉妒而对你破口大骂的对手。这样的例子不胜枚举：路易斯·施波尔曾评价贝多芬的《第五交响曲》是"一堆嘈杂之声与低俗之声的混合狂欢曲"；关于艾米莉·狄金森，托马斯·贝利·阿尔布莱特认为"她蹩脚的诗歌前后不一，形式不完整，除了'可怕'，

---

① 番茄的戏谑说法。

我不知道该用怎样的言语来评价它";弗雷德·阿斯泰尔试镜之后,一位米高梅电影公司的高层领导说:"他不会念白,不会唱歌,还是个秃子。或许只有他的舞蹈还值得挖掘。"事实证明,这些评价后来都不攻自破了。

此外,若是有人发表了批评你的观点,而他恰好又在(或曾经在)某奖项的评选中与你角逐,那么此举也是不明智的,至少在品位上有失水准。以前,曾有一位才华横溢的知名作家,他的妻子正参与大学竞选,而他则发表了一篇评论,严厉抨击其妻竞争对手的作品。的确,卡拉瓦乔算不上道德典范;弗朗西斯·培根也曾因贪腐而被剥夺了所有公职(按照当时的习俗);然而,我所提及的那位作家,尽管其文学才华不容置疑,但在许多人眼里,他却理应遭到道德层面的封杀。

二〇一二年

# 神奇的莫尔塔克

为了缓解关节疼痛，大夫向我推荐了一种药。为避免无聊的法律争议，在此我姑且随意编一个假名"莫尔塔克"取而代之。

和每一个正常人一样，我在服药前看了药品说明书——那张告诉你在何种情况下（喝了一大瓶伏特加，夜间驾驶一辆货车从米兰开往切法卢，身患麻风病，怀有三胞胎等）不应服药的小纸片。这张说明书告诉我，服用莫尔塔克可能会引起某些过敏反应，面部、嘴唇和喉咙肿胀、头晕、困倦、（老年人）意外跌倒、视力模糊或失明、脊柱损伤、心脏和/或肾脏衰竭、排尿减少。某些患者曾表现出自杀和自残倾向，因此建议患者服药时（我想，应该是患者试图从窗口纵身跳楼时）应遵循医嘱（依我看，应该听从消防员的指挥）。自然，莫尔塔克会引起便秘、肠麻痹、抽搐等反应，倘若与其他药物同时服用，还有可能引发呼吸衰竭和昏迷。

至于驾驶汽车、操作复杂机械以及从事具有潜在危险的活动（例如在一幢摩天大厦的五十层的工字梁上操作一台压力

554

机），这些显然都是禁止的。倘若超量服用莫尔塔克，很可能会感到心慌、困倦、激动和不安；但若减量服用或突然中止服用，又会导致失眠、头疼、恶心、焦虑、腹泻、抽搐、抑郁、出汗和头晕等不良反应。

十分之一以上的服用者会出现食欲增加、心浮气躁、意识混乱、性欲下降、暴躁易怒、注意力无法集中、行为笨拙、记忆力受损、寒颤、语言困难、肢体发麻、视力模糊、重影、眩晕、平衡障碍、口干、呕吐、胀气、勃起障碍、身体浮肿、头重脚轻、行动异常等不良反应。

千分之一以上的服用者会出现血糖降低、自我知觉异常、抑郁、脾气反复无常、语言组织障碍、记忆力丧失、幻觉、噩梦、恐慌、消沉、自我意识异常、无法达到性高潮、射精延迟、思维障碍、麻木、眼球运动异常、眩光降低、皮肤过敏、味觉丧失、灼烧感、运动时发抖、意识减退、晕厥、对噪音敏感、眼干、眼肿、流泪、心律不齐、低血压、高血压、血管舒缩障碍、呼吸困难、鼻干、腹胀、口水分泌增加、胃部灼烧、口腔周围敏感度丧失、出汗、颤抖、肌肉收缩和痉挛、关节疼痛、腰背疼痛、肢体疼痛、大小便失禁、尿痛、尿障碍、身体虚弱、容易摔跤、口渴、胸口收缩、验血指标异常、肝功能异常等症状。至于那些低于千分之一几率的状况，我就不提了：谁也不至于那么不幸吧。

最终，我一片药也没有吃，因为我坚信一旦服药，肯定会引发膝关节滑囊炎（正如不朽的杰罗姆·K.杰罗姆说的那样）——尽管这一条并没有列在说明书上。我本想将所有的药片统统扔掉。然而，倘若我将药片扔进垃圾站，又担心引发鼠类的基因突变，造成瘟疫。最后，我把所有药片都装进一个金属盒子里，将它埋在某公园地下一米深的坑里。

在这一过程中，我的关节疼痛居然逐渐消失了。

二〇一二年

# 乔伊斯与玛莎拉蒂

　　诸位若是翻看佳士得、苏富比等拍卖行的目录，就会发现一个现象：除了艺术品、古书、名人签名和各类古董，另有一些纪念物也是拍卖的对象：某位影星在电影里穿过的鞋子、里根总统用过的一支钢笔，如此等等。在此，有必要对"古怪物件收藏癖"和"恋物式猎奇"加以区分。说到收藏家，这类人多少有点不正常，可以为了一套古版《神曲》搞得倾家荡产。然而，这种癖好是可以理解的。倘若我们去看看他们收藏的物品清单，便会发现居然有人热衷于收藏白糖包装袋、可口可乐瓶盖，甚至是各类电话卡。我承认，集邮比收集啤酒瓶盖更能彰显品位，不过这毕竟是萝卜白菜，各有所爱。

　　不惜一切代价去收藏某位明星穿过的鞋子，这就是另一码事了。假如能集齐从乔治·梅里爱往后所有明星的鞋子，倒也算是一种有意义的收藏行为，但若只收藏一双，又何用之有呢？

　　三月二十八日的《共和国报》上刊登了两则有趣的消息。第一条（其他日报也进行了报道）说的是伦齐将若干辆蓝色汽车放到 eBay 网上拍卖。或许有人对玛莎拉蒂格外钟情，希望趁机买入一辆——哪怕此车的里程数已经很高，哪怕必须叫出压倒性的价格，哪怕随后还得花费大量金钱进行保养——这一切我都还能理解。然而，若是不依不饶地非要买下那辆曾被伊尼亚齐奥·拉鲁萨（用我们纳税人的钱）买下的车，动辄一掷千金，甚至花上比四轮汽车网站的报价高出两三倍的费用，究竟有什么实际意义呢？拍卖会上那些蓝色汽车属于同一种情况。这属于明显的恋物行为——能够坐在某位名人曾经坐过的车座上，将是多么满足——尽管我对此无法理解。更有甚者，他们倾其所有，只为在某副国务卿或议会助理的臀部触碰过的地方取一取暖。

我们再看另一则表面上并不相关的消息。该消息刊登在同一期《共和国报》上，占据两页篇幅。拍卖行推出了伊恩·弗莱明二十六岁时写的一系列情书，每一封情书的价格约为六万欧元。在这些情书中，这位保密级别还不算太高的年轻间谍公然写道："我想吻你的嘴、乳房和下面。"如今，手稿收藏已然成为一个收藏门类。就手稿本身而言，具有刺激性的手稿很可能更有意思。即使是一个对收藏并没有特殊爱好的人也会欣然收藏一封乔伊斯写给诺拉的情书："我是你的孩子，我喜欢你打我，用鞭子抽我，甚至……不是玩耍，而是打在臀部和裸露的肉体上。"奥斯卡·王尔德写给爱人道格拉斯勋爵的情书同样露骨："你鲜红的双唇如同玫瑰花瓣，既用来唱歌，也用来满足亲吻的疯狂，简直是个奇迹。"若是朋友小聚，共度一个调侃名人私生活的夜晚，那么上述文字都是绝佳的段子。

然而，我并不认为这些零星的发现可以作为探讨文学史或进行文学批评的依据。不错，二十六岁的弗莱明的确写过一些情书，表达了那个血气方刚的年龄特有的热情；但读过这些情书，难道会改变我们阅读詹姆斯·邦德的故事时的乐趣吗？又或者会改变我们对这位作家写作风格的看法？若是想了解乔伊斯笔下的情欲，大可去读一读他的《尤利西斯》（尤其是最后一章）——尽管作者本人的生活是极其纯洁的。在许多名人身上，我们都会发现这样的矛盾：文字放荡，生活正直；或者文字正经，生活不堪。既然如此，哪怕有一天我们知道床榻上的曼佐尼花样百出，他的两任妻子都因其淫欲力竭而死，我们对《约婚夫妇》的评价难道会有所改变吗？

我知道，收藏拉鲁萨的玛莎拉蒂和展示一些用以证明某些知名作家在生理上（或仅仅在心理上）能够勃起的文献，这两件事情之间并没有直接的联系。但无论如何，它们都体现了两种不同形式的恋物行为。

二〇一四年

# 根本没有拿破仑

圣诞将近，该给圣诞树下准备些有趣的礼物了。此外，也该对如何驳斥各种各样的"猎谜人"提出若干建议。最新的"猎谜人"出现在近几个月来一档名为《原人亚当》（这名字很有点喀巴拉的味道）的电视节目里，主持人总是蒙面出镜。关于这档节目，我并不想多费口舌，反正克洛扎每周都会在他的节目《胡说八道》里品评一番。此刻，我倒是想对历史上的那些"克洛扎"们表达敬意。

很早以前，我收藏了一本让·巴蒂斯特·佩雷斯撰写的《根本没有拿破仑》的意译版（1914）。最近，我居然找到了该书的第一版（1835），原题为《众多谬误的巨大谬误之源》。作者声称拿破仑只是一个关于太阳的神话，并不辞辛苦地找出了拿破仑与太阳神之间的诸多类似之处（拿破仑这个名字的拉丁语写法"Napoleo"的确意为"灭绝者阿波罗"）。与阿波罗一样，拿破仑也出生于地中海里的某个岛屿，母亲莱蒂西亚的名字意为"曙光"，其发音与阿波罗的母亲勒托近似。拿破仑有三个姐妹，是美惠三女神的象征。他的四个兄弟代表四个季节，两任妻子分别代表月球和地球。拿破仑麾下的十二位元帅是十二星座的化身，而他本人则像太阳一样，于南部辉煌，在北部衰亡。

拿破仑终结了法国大革命的浩劫，就好比阿波罗杀死了巨蟒皮同。太阳东升西落，拿破仑自埃及来，统治法国，十二年后在西部的大海里逝世——这十二年无非象征一天里的十二个时辰。"综上所述，本世纪所谓的英雄人物只是一个臆想出来的人物，其特征全部来源于太阳神。"

佩雷斯清楚自己所写的全都是一派胡言——他之所以这么做，是在对查理-弗朗索瓦·杜普伊的《一切宗教之源》（1794）进行滑稽的模仿。在那部作品里，杜普伊宣称一切宗教、寓言、神谱和谜团都是对物理和天文现象的暗喻。

随后，一个名为阿里斯塔克·纽莱特的人仿照佩雷斯的思路，写了一本《历史的确定性》（1851），我有幸找到了该书的原版。作者采用类似的论证方法，批驳戴维·斯特劳斯的《耶稣传》及其对四部福音的理性批判解读。此外，在佩雷斯以前，还有一位名为理查德·惠特利的人出版过一本《关于拿破仑·波拿巴的史学疑点》——我买到了该书一八一九年的原版。惠特利是一位英国神学家，曾担任都柏林大主教，也曾就宗教和哲学问题写过若干相当严肃的学术作品——其中一部逻辑学专著还曾让查尔斯·桑德斯·皮尔斯获益匪浅。在《关于拿破仑·波拿巴的史学疑点》中，惠特利不遗余力地反驳众多理性主义作家（尤其是休谟），批判他们因缺乏可采集的实证经验就矢口否认某些真假难断的历史事件（如《圣经》里记载的事件和诸多关于奇迹的描述）。惠特利并未直接批驳休谟及其他作家，而是探讨其理论导致的最终结果，从而表明如果坚持理性主义原则，那么大量关于拿破仑生平（包括某些奇迹）的描述都不能算作第一手史料。许多与拿破仑同时代的人都不曾见证那些事迹，大部分都只是道听途说而已。

我所提到的这些古老的揭秘类书籍只能代表藏书家的某种癖好。一九八九年，塞雷里奥出版社将上述三部作品结集出版，名曰《不存在的皇帝》（编者是萨尔瓦托雷·尼格罗），这倒也算是读者之幸。若是作为圣诞树下的礼物，这本价值七欧元的书也是不错的选择。无论如何，于我而言，发掘这些历史上的胡说八道是一项非常有趣的工作。尽管这三位作家讽刺的并非"猎谜人"，而是那些力图消除谜团的思想家（因此，从根本上说，这三位作家的立场都是反动的），但他们所采用的方法却很有启发性：先将批驳对象的理论推演到极致，最后用哄堂大笑将其彻底掩埋。

二〇一四年

## 我们都疯了吗？

在过去的几个星期里，我们经历了一些毋庸置疑的疯狂事件。毫无疑问，那个辜负所有乘客信任、令他们命丧黄泉的德国飞行员是个疯子；那个在法院大楼前大开杀戒的米兰企业家也是个疯子。同样令人担忧的还有那个在自家开枪的飞行员。据说，他先前曾因酒驾遭到起诉——不过这事可能发生在任何人身上。然而，令人生疑的是，一个曾经驾驶过我国总统专机的飞行员居然会养成这样的恶习。

那些在迪亚斯政府执政期间因墨西哥大屠杀遭到起诉的警察是疯子吗？直到事发前一分钟，他们都还是正常的执法人员。可就在那一刻，他们着了魔，以暴力的方式激发了内心的疯狂，仿佛不曾考虑过（抛开人性不论）自己的所作所为最终会被他人发现。

此刻，我想到了欧文的观点："世界上所有人都是疯子，除了你和我。仔细想想，其实你也是疯子……"事实上，我们一直生活在理智与疯狂之间，理智是常态，疯狂则是某些被执念控制的时刻。果真如此吗？或许疯狂才是常态，理智不过是短暂的过渡？其实，这两种观点并不矛盾。每个人都具有若干疯狂因子：对于许多人而言，这些因子一辈子都潜伏在体内；对于另一些人来说，这些因子却会不时爆发——其爆发方式并不会导致致命的危害，甚至还会带来丰硕的成果（所谓的天才、先锋及其他乌托邦式的人物）；还有一部分人，他们的疯狂会导致罪恶行为——或许，这才是最为谨慎的观点？

假如这种观点成立，那么世界上共存的芸芸众生（有七十亿之多）便隐藏有许多疯狂的嫩芽，只在某些特定的时刻突然爆发。在日常生活中的大多数时刻，伊斯兰国的割喉者很可能是忠诚的丈夫和慈祥的父亲，每天会在电视机前度过几个小时，也会带着子女去清真寺做礼拜。某一天，他们八点起床，挎上卡拉什尼科夫冲锋枪，在吃完妻子准备的奶酪夹心面包和油炸点心后，便出门击中某人的头颅或扫射成百上千的孩子。说到底，艾希曼的生活不也是如此吗？一方面，他是最凶残的谋杀者，但另一方面——按照他母亲的事后描述——直到事发的头一天，他还是个模范儿子，至多表现出些许紧张和忧郁的情绪而已。

假如事实果真如此，我们就不得不生活在一种持续的不信任状态下，时刻警惕我们的丈夫、妻子、儿子、女儿、每天上楼都打招呼的邻居、最好的朋友……担心他们突然拿起一把斧子劈开我们的头骨，或是在我们的汤里投放含砷的毒药。

这样一来，我们的生活便无法继续，我们不能相信任何人（包括火车站用高音喇叭广播开往罗马的火车即将从五站台出发的那个工作人员，因为他可能是个疯子），于是变成持续发作的妄想症患者。

所以说，为了活下去，我们必须对一些人抱有信任。当然，我们也应该清楚不存在绝对的信任（恋爱的某些阶段亦是如此），只有或然的信任。倘若我最好的朋友多年来都是可信之人，我们便可赌一把，对他抱有信任。这与帕斯卡的赌注颇有些类似：相信永生比不相信永生具有更大的益处。但无论如何，这种相信始终是一场赌注。生活在赌注之中显然是有风险的，然而，这个赌注（即使不是关于永生的赌注，而是关于朋友的赌注）却是我们维持精神健康的不可或缺的条件。

　　记得索尔·贝娄曾表达过以下观点：在一个疯狂的时代，认为自己与疯狂绝缘，这原本就是一种疯狂。所以说，对于刚才所读到的一切，诸位切勿奉为金科玉律啊！

二〇一五年

# 蠢货与有责任感的媒体

我对于网络上那些蠢货的故事乐此不疲。诸位或许有所不知，网上和某些报刊报道了一条消息，说我在都灵的一场所谓"大师班"课程中曾谈论"蠢货充斥网络"这一议题。这是一条假消息，"大师班"课程谈论的主题另有其他。由此可以看出，报章和网络是如何传播消息，又是如何令其走样的。

关于蠢货的论述是我在课程结束后的一场新闻发布会上发表的。在回答一个记者的提问时，我不带丝毫恶意地表达了自己的观点。必须承认，在七十亿地球居民中，不可避免地存在一些蠢货。以前，他们中的许多人都只会将自己的胡言乱语说给酒吧里的知己好友——在这种情况下，他们的观点只在一个非常有限的范围里流传。如今，相当一部分人可以通过社交网络平台发表个人观点。因此，这些观点会被极高数量的人聆听，并且与智慧之人表达的睿智观点混在一起。

请注意，我对于蠢货的定义绝不带任何种族主义色彩。没有人是职业蠢货（极少数人除外），但一个优秀的商贩、外科医生、银行职员也会就某些不在行的话题，或是某些没有经过深思熟虑的问题发表一些愚蠢的观点。尤其是在网络上，大多数人都不给自己反思的时间，迫不及待地进行表达。

诚然，即使有人想说一些毫无意义的蠢话，网络也应保证他们有自由表达观点的权利。但泛滥的蠢话的确令网络环境乌烟瘴气。对此，我在网上看到的一些五花八门的反馈有力地证明了我的言论不无道理。有人甚至这样反驳，说在我看来，一个傻子和一位诺贝尔奖获得者的观点会获得同等的关注。随后，大批人开始（无谓地）讨论我有没有获过诺贝尔奖，却没有一个人前往维基百科网站查询。这说明民众已经习惯了信口开河。如今，已经可以大致估算出蠢货的数量：至少三亿。没错，维基百科的用户数量最近减少了三亿。所有那些不使用网络搜索有用信息的上网者都在线上津津有味地跟自己的同类（信口开河地）聊天。

一个正常的网络用户应该具备一定的鉴别能力，能够区分哪些言论无法自圆其说，哪些观点逻辑缜密，只可惜并非人人都能达到这一水准。这就引出了筛选的必要性，这不光涉及那些发表于博客和推特的观点，也是所有网站亟待解决的重要问题。如今的网络既能提供相当有用和值得信赖的信息，却也充斥着各种各样的胡言乱语、莫须有的控诉、否定主义言论、种族主义言论，以及大量虚假的、不准确的、粗制滥造的信息。

如何进行筛选呢？在查看与我们专业相关的网站时，任何人都有能力进行筛选。但是，当我看到一个关于弦理论的网站时，却很难确定其观点的正确性。学校也无法告诉我们如何筛选信息，因为老师们也处在同样的状态下。面对一个谈论突变理论或三十年战争的网站，一位教授希腊文的老师也会感到束手无策，难以应对。

所以，只有一个办法。报纸往往屈从于网络，因为他们会从网络上收集信息或传闻，传播自己最大竞争对手的声音，因此总是处于相对滞后的地位。这些报纸每天应该辟出至少两版的篇幅，对网站内容进行分析（好比书评和影评），指出哪些消息属实，哪些纯属胡编乱造。这是一件造福公众的大事，或许大量瞧不起报纸，埋头于网络的用户还会因此重拾每天读报的习惯。

当然，为了完成这一工作，报社需要组建一支分析员团队，还要邀请许多编外成员。此举必定耗费大量成本，然而，从文化角度而言，这是极为可贵的，传统媒体的全新功能也将就此开启。

二〇一五年